杭州师范大学浙江省高校人文社会科学重点研究基地（艺术学理论）科研资助项目成果

美育学刊

《美育学刊》文萃第一辑
· 美育与艺术教育研究卷

《美育学刊》杂志社 ◎ 编

中国社会科学出版社

图书在版编目(CIP)数据

《美育学刊》文萃第一辑·美育与艺术教育研究卷/《美育学刊》杂志社编.—北京：中国社会科学出版社，2016.10

（《美育学刊》文萃.一）

ISBN 978-7-5161-7675-7

Ⅰ.①美… Ⅱ.①美… Ⅲ.①美育-研究②艺术教育-研究 Ⅳ.①G40-014②J-4

中国版本图书馆CIP数据核字（2016）第174939号

出 版 人	赵剑英
责任编辑	任　明
特约编辑	李晓丽
责任校对	王　斐
责任印制	何　艳

出　　版	中国社会科学出版社
社　　址	北京鼓楼西大街甲158号
邮　　编	100720
网　　址	http://www.csspw.cn
发 行 部	010-84083685
门 市 部	010-84029450
经　　销	新华书店及其他书店

印刷装订	北京市兴怀印刷厂
版　　次	2016年10月第1版
印　　次	2016年10月第1次印刷

开　　本	710×1000　1/16
印　　张	20.25
插　　页	2
字　　数	336千字
定　　价	68.00元

凡购买中国社会科学出版社图书，如有质量问题请与本社营销中心联系调换
电话：010-84083683

版权所有　侵权必究

总　序

《美育学刊》于2010年6月获批创刊，2010年11月出版创刊号，自2011年1月起逢单月出版（双月刊），每期120页，统一刊号为CN33-1367/G4（ISSN2095-0012），系中国学术期刊网络版总库全文收录期刊、中国科技期刊数据库收录期刊、万方数据——数字化期刊群全文入网期刊、中国核心期刊（遴选）数据库收录期刊。主要栏目有美育研究、艺术教育研究、文艺理论研究、艺术研究、审美文化研究等，并适时设立专稿，开展美育相关前沿问题的研究。《美育学刊》由杭州师范大学编辑出版，为目前国内唯一的美育研究学术刊物。

杭州师范大学前身浙江省立第一师范学校毕业生吴梦非、刘质平、丰子恺等于1920年4月创办了中国第一本美育学术杂志《美育》，刊名由当时已出家的原浙江省立第一师范学校艺术教师李叔同（弘一法师）题写。为继承美育优良传统，响应全国美育界日益高涨的美感教育之呼声，杭州师范大学决定编辑出版《美育学刊》。创刊至今，适逢党和国家大力弘扬美育之时。2013年，党的十八届三中全会通过《中共中央关于全面深化改革若干重大问题的决定》，其中第42条提出："改进美育教学，提高学生审美和人文素养。"这是党中央首次将美育问题写进重大改革事项，表明立德树人离不开美育，民族素质的全面提高也离不开美育，且必须从提高学生的审美和人文素养入手。2014年1月，教育部发布1号文件《教育部关于推进学校艺术教育发展的若干意见》，并着手制订改进美育教学的实施方案。2015年9月，国务院办公厅发布《关于全面加强和改进学校美育工作的意见》，这也是首次以国务院办公厅的名义颁布的关于加强学校美育工作的文件，是继党的十八届三中全会对全面改进美育教学作出的重要部署后，国务院对加强学校美育提出的明确要求，文件强调整合各类美育资源，促进学校与社会互动互联，形成全社会开展美育的氛围。可见，加强美育已经成为国家战略之急需。有效的美育实践需要美育理论研究的支撑和引导。是故，《美育学刊》作为目前国内唯一的美育学术刊物，其重要性和特殊性日益得到彰显。

《美育学刊》自创刊起即将刊物定位于面向国内外学者的美育研究学术刊物。刊物由北京大学资深教授叶朗、山东大学资深教授曾繁仁、浙江大学资深教授徐岱、中国人民大学教授张法担任顾问，著名美育专家杜卫教授担任主编。创刊六年来，影响力日益扩大。在 2012 年公布的《人大复印报刊资料》2011 年转载率统计结果中，《美育学刊》在全国 141 家艺术类期刊及其他相关综合性期刊中列第 14 位；在中南财经大学文献索引中心公布的 2012 年、2015 年《人大复印报刊资料》美学类论文转载数据中，《美育学刊》列全国第 1 位。澳大利亚国立大学主办的学术刊物《中国文化遗产》2011 年第 28 期也刊发了介绍《美育学刊》的文章，并全文刊发了《美育学刊》的发刊词。2015 年和 2016 年，《美育学刊》被连续评为"中国最美期刊"。

为展示《美育学刊》创刊以来的学术成果，《美育学刊》杂志社决定出版"《美育学刊》文萃"，选择 2010 年至 2015 年的优秀论文先行出版 3 辑，第一辑为《美育与艺术教育研究》，第二辑为《美学研究》，第三辑为《艺术研究》。各辑所收论文按发表之先后排列（同期发表者，按作者姓氏笔画排列）。我们希望通过此三辑"文萃"的展示，既作为办刊初期的学术小结，又能体现我国学者在美育与艺术教育研究乃至美学、艺术研究领域的一些优秀成果，更期待得到国内外学者对《美育学刊》的大力支持，共同为我国的美育事业贡献智慧，以顺应时代之呼唤。

《美育学刊》杂志社
2016 年 10 月

目　录

朱光潜论美育 …………………………………………… 杜　卫（1）
中华民族母语音乐教育中的审美观念 …………………… 杜亚雄（13）
美术文献与美术教育 ……………………………………… 沈语冰（27）
"诗乐"教育的理念与其传统 …………………………… 郑祖襄（42）
重评鲍姆嘉滕的"感性教育"思想 ……………………… 曾繁仁（59）
21世纪初中国基础教育改革中综合美育发展的
　　新形态 ………………………………………………… 赵伶俐（69）
面向社会的创新美术教育 ………………………………… 钱初熹（76）
美育的游戏与会通之道 …………………………………… 王柯平（92）
论美育功能的多层次性 …………………………………… 潘必新（105）
1990—2010年中国美育研究脉络 ……… 王旭晓　孙文娟　郭春宁（119）
论美育学学科的三维构成及内在机制 …………………… 刘彦顺（138）
美育与人生 ………………………………………………… 朱立元（148）
引领全社会重视艺术教育 ………………………………… 叶　朗（154）
艺术审美并不等同于艺术欣赏
　　——由"音乐教育以审美为核心"理念引发的思考 …… 郭声健（159）
戏剧美育与公共生活
　　——论卢梭与狄德罗的戏剧之争 ……………………… 范　昀（166）
审美教育与人格塑造 ……………………………………… 王元骧（178）
深层审美心理与人格的完善
　　——深层审美心理与思维艺术综合型人格 …………… 张玉能（188）
论日本明治时代美术教育的特征 ………………………… 臧新明（208）
我与《美育》杂志 ………………………………………… 陈望衡（229）

"视觉性"的培养
　　——一个当代美育需要关注的话题 …………………… 易晓明（260）
席勒《美育书简》的汉译 …………………………………… 赖勤芳（269）
戏剧艺术的审美价值 ………………………………………… 王廷信（286）
碰撞与融合
　　——对中国当代专业音乐创作审美价值的思考
　　　　………………………………………… 张小梅　韩江雪（299）
适应引领创造
　　——美育的时代之变漫谈 …………………………… 周　星（308）

朱光潜论美育

杜 卫

一、朱光潜的人生论美学与美育思想

朱光潜是中国20世纪美学最重要的代表人物之一。他的美学理论可以划分为两个阶段：1949年之前为前期，之后为后期。本文基本上研究他前期美育思想，而事实上，朱光潜在后期已经几乎没有关于美育和人生艺术化的新的系统论述了。

朱光潜写出了大量美学论著，也翻译、介绍了大量西方美学论著，他是一位美学家，这是毋庸置疑的。但是，朱光潜的美学理论在很大程度上是一种美育理论。这与朱光潜本人的教育背景和经历有着密切关系，他上的第一所大学是高等师范学校，去香港大学学的是教育，在那里，他学了教育学、英国语言文学以及生物学和心理学。照他自己的话说："这就奠定了我这一生教育活动和学术活动的方向。"[①] 香港大学毕业后，他在上海、浙江当过中学教师，并与同人一起创办了"立达学园"以及以中学生为主要对象的出版社（开明书店）和刊物（先叫《一般》，后改名《中学生》）。这段从事教育活动的经历虽然时间不长（仅三年），但是却为朱光潜的学术和教育活动定下了基调，正如他自己所说的："这是我一生的一个主要转折点和后来一些活动的起点。我的大部分著述都是为青年写的，而且是由开明书店出版的。"[②] 他的著述是从谈青年的人生修养开始的，即使是在一些较为纯粹的美学和文学论著中，朱光潜也总是扣着审

---

① 朱光潜：《作者自传》，见《朱光潜全集》第1卷，安徽教育出版社1987年版，第2页。
② 同上书，第3页。

美价值和人生修养这个一以贯之的主题，审美态度、直觉、距离、超脱、移情、趣味、情趣等这些在他的著述中出现频率很高的概念术语总是渗透着对人生和人格修养的阐发，根本目的是要实现人生的艺术化。即使是在《给青年的十二封信》《谈修养》这些并非专门论述审美和艺术问题的著作中，他也是围绕着感性生命，从审美修养出发来展开论述的。他自己在《谈美》中说："离开人生便无所谓艺术，因为艺术是情趣的表现，而情趣的根源就在人生；反之，离开了艺术便无所谓人生，因为凡是创造和欣赏都是艺术的活动，无创造、无欣赏的人生是一个自相矛盾的名词。"[①] 这种把人生与艺术内在地、紧密地联系起来的观点使得朱光潜的美学总是围绕着人生这个根本的问题，而他的教育思想又总是围绕着从情感出发的人生修养问题，从而使他的美学、教育理论和文化理想都具有着深刻而独特的美育意味。

朱光潜重视美育研究的深层原因是他对国家和社会怀有强烈的责任感。他讲审美有一个大前提，那就是批判国民性，改造国人的价值意识，从而建设新的思想观念和学术文化，以达到改造社会和国家的目的。所以，他一方面引进西方的思想和理论，另一方面又时刻不忘中国的现实和国民的思想意识状况；他一方面研究似乎与社会现实距离较远的美学，强调审美活动的"孤立绝缘"，另一方面却一刻也不忘记改造中国的现实，力图用高雅艺术造就国人的高尚情怀。他的《谈美》写于1932年，此时的中国外攘内乱，正处在"危机存亡的年头"，但在朱光潜看来，最紧迫的问题是拯救人心。他给青年写道："我坚信中国社会闹得如此之糟，不完全是制度的问题，是大半由于人心太坏。我坚信情感比理智重要，要洗刷人心，并非几句道德家言所可了事，一定要从'怡情养性'做起，一定要于饱食暖衣、高官厚禄等等之外，别有较高尚、较纯洁的企求。要求人心净化，先要求人生美化。"[②] 在朱光潜看来，人心的坏在于"俗"，也就是追逐自己的功名利禄，而把国家和民族的前途抛之脑后，只有通过审美来求得人心的净化，国家和民族才有希望。所以，朱光潜要在这个紧迫的时刻给青年"谈美"，这其实是一种人文学者的救国方式。可以说，朱

[①] 朱光潜：《谈美》，见《朱光潜全集》第2卷，安徽教育出版社1987年版，第90—91页。

[②] 同上书，第6页。

光潜的所有美学理论都或隐或显地指向改造国民性，培养"现代的中国人"这个目标。因此，他重视启蒙，特别是对青年人进行现代思想的启蒙，于是重视并投身于教育，还写了不少给青年看的修养读物；他认为教育要从人心深处做起，从人的情感方面做起，所以特别重视美育；由于他所理解的教育是一种启蒙，所以他讲审美修养总离不开道德修养，并要求感性的发展与理性精神的培养同步。

有一位学者曾概括地讲："朱光潜虽以绝大部分精力讨论文艺创造与欣赏问题，但其真正的落脚点却在审美教育，他的著述，从《给青年的十二封信》开始，几乎篇篇都离不开审美教育。"[①] 这个看法基本上是中肯的。虽然朱光潜的著述未必篇篇都直接关联着美育问题，但是，从人生的问题出发来研究美学，从审美和艺术出发来研究人生问题，围绕着审美和艺术的人生价值问题来研究审美、艺术和人生的确是朱光潜美学论著的总体特征，而正是这种思维的立足点使他的美学论著和其他诸多论著总离不开审美、艺术对于人的生存、发展的意义和价值。而且，朱光潜对人生和社会的观察总是持一种有机整体的观点，再加上他作为美学家的专业眼光，因此即使是他对理智、道德等理性方面问题的研究也总离不开对感性问题的关注，这就使他的许多论述教育、社会、文化等问题的论著也总体上关联着美育的问题。难怪他的好友朱自清在《文艺心理学》的序言中讲，朱光潜提倡"人生的艺术化"就是提倡一种既认真又豁达、融真善美为一体的艺术态度，"这种艺术的态度便是'美育'的目标所在"；还说美学是美育的"百尺竿头更进一步",[②] 这分明是点出了朱光潜美学的精神所在。因此，如果说，王国维是20世纪最早引进西方美育理论、把它与中国传统的育人理论结合起来提出中国美育问题的思想家，蔡元培是20世纪中国倡导美育用力最多、时间最长、影响最大的活动家，那么，朱光潜则可以说是20世纪中国研究美育最深、美育观念较新，而且在这方面理论成果最多的理论家。

---

① 阎国忠：《朱光潜美学思想及其理论体系》，安徽教育出版社1994年版，第159页。
② 朱光潜：《文艺心理学》，见《朱光潜全集》第1卷，安徽教育出版社1987年版，第523页。

二、以情为本：美育的基础地位

一般地讲，美学家思考问题总脱不开感性这个中心话题，特别是朱光潜接受过西方现代美学的教育，对当时西方影响较大的非理性主义思想研究颇深，所以他更注重"感性"这个审美范畴的现代性主题。同时，朱光潜始终坚持人是一个有机整体的辩证观点，并不在强调感性价值时一概排斥理性的价值，而是试图达到对感性与理性之间的内在联系和辩证关系有更深刻而全面的理解。在他看来，人的理性方面的许多问题实际上根子在感性方面，对于人生和人的修养来说，感性比理性更基础，人生和教育应该以情为本。

朱光潜较早论述情与理关系的论著是《谈情与理》（作为《给青年的十二封信》之九），该文写作的直接起因是当时张东荪在《东方杂志》上发文章，提出"理智救国"的主张；不久，李石岑同杜亚泉就"主情"还是"主理"在《一般》杂志上展开辩论。朱光潜不赞成张东荪和杜亚泉"生活应该受理智的支配"的主张，主要理由有三个：第一，"理智支配生活的能力是极微末的，极薄弱的"。他引述了当时方兴未艾的生命哲学理论（如叔本华、尼采、柏格森等人的理论）来批驳唯理智主义的弊端，并利用麦独孤、弗洛伊德的心理学学说来说明理智主义在科学上的站不住脚。因此，他以为那种"主理"的观点所依据的哲学和心理学观点是陈旧的，"尊理智抑情感的人在思想上是开倒车，是想由现世纪回到十八世纪"。第二，"情感的生活胜于理智的生活"。他说，迷信理智的人"假定理智的生活是尽善尽美的"，其实不然。他指出，"理智的生活是很狭隘的"，离开了情感，艺术、爱情对于生活没有意义，这样，人生本身也就无意义了；而且，"理智的生活是很冷酷的，很刻薄寡情的"，缺乏人对人的同情和行动的推动力。第三，情是理的基础。在《给青年的十二封信》即将出版单行本时，他引用了英国诗人布朗宁（R. Browning）的诗作《再说一句话》中的名句作为扉页的题词："我的心寄托在什么地方，我的脑也就寄托在那里。"（Where my heart lies, let my brain lie also.）他还在该书的后记中进一步解释说，"心与其说是运思的不如说是生情的"，思维实际上也是以体验为基础的。①

---

① 朱光潜：《给青年的十二封信》，见《朱光潜全集》第 1 卷，安徽教育出版社 1987 年版，第 80—81 页。

这就是说，情是理的基础和本源，离开了情就无所谓理了。

除了西方现代思想之外，朱光潜主张"以情为本"的另一个重要思想根源是儒家的道德教化观。在《乐的精神与礼的精神》一文中，他把礼和乐看作是儒家思想系统的基础，认为儒家在这两个观念的基础上，构建了一套伦理学、教育学和政治学。乐的精神是"和"，礼的精神是"序"；二者不仅内外相应，而且相反相成。二者不仅是个人修养的基本工具，而且是治国安邦的基本途径；礼乐兼备或者说和谐有序不仅是个人的伦理理想，也是社会的道德理想。但是，儒家特别看重个人的修养，伦理学成为其哲学基础；而这种伦理学又根据特定的心理学，主张把人性中向善的潜能尽量地发展出来，性是静的，感物而动，于是有情欲，礼乐就是调节情欲使之归于正的两大工具。而在礼乐之间，礼是求外在的有序，而乐是求内在的和谐，后者是根本。所以他阐述说："就政与教言，基本在教，就礼与乐言，基本在乐。"① 这种思想在他的《音乐与教育》一文中表达得更直接。他认为，音乐是美育最好的工具，他对人生有三大功用：第一，表现，即情感宣泄；第二，感动，即产生同情，交感共鸣；第三，感化，即养成内在的和谐。他进而联系到儒家"以礼乐立教"的思想，指出内心的和谐是外在秩序的基础："乐的精神在和谐，礼的精神在秩序，这两者中间，乐更是根本的，没有和谐做基础的秩序就成了呆板形式，没有灵魂的躯壳。内心和谐而生活有秩序，一个人修养到这个境界，就不会有疵可指了。讲到究竟，德育须从美育做起。道德必由真性情的流露，美育怡情养性，使性情的和谐流露为行为的端正，是从根本上做起。唯有这种修养的结果，善与美才能一致。"他还指出，一般的民众尤其是士大夫阶级，大半没有音乐的嗜好，"我个人认为人心的污浊和社会的腐败都种根于此"。此言初看起来有些突兀，但是按照朱光潜的逻辑我们并不难理解：道德败坏多半是由于情感不发达，趣味低下。② 他的这种以乐为本的思想核心在于：乐是礼的内在性，这是因为，情是理的内在性。

至此，朱光潜主张现代人格的养成要从感性入手、教育要以情为本的主要缘由已经比较清楚了：因为情比理更内在，更贴近人的本性，因此，

---

① 朱光潜：《乐的精神与礼的精神》，见《朱光潜全集》第9卷，安徽教育出版社1993年版，第94—105页。

② 朱光潜：《音乐与教育》，见《朱光潜全集》第9卷，安徽教育出版社1993年版，第144—145页。

改造国民性要从这根本源头上做起；而且，只有性情的高尚，才能有真正意义上的道德高尚。所以，朱光潜倡导和注重美育不是为美育而美育（反对"为艺术而艺术"是他一贯的思想），而是为了造就道德高尚、思维缜密、情感丰富、身体强健的"现代的中国人"。而且，从个人人格修养的角度讲，美育的更高追求，在朱光潜那里就是高尚的道德境界。

同他主张情是理的基础、审美是道德的基础相一致，朱光潜认定美育是德育的基础。总括地看，他认为美育的这种基础性有三个要点：第一，"道德起于仁爱，仁爱就是同情，同情起于想象"。在这一点上，朱光潜显然受到了英国美学传统的深刻影响①，在他的美学和美育理论里，"同情"一直被作为审美（艺术）与道德发生关联的一个重要中介概念。因此，朱光潜非常重视审美（艺术）活动中，主体与对象、作者与读者、读者（观众）之间以及人与人之间情感的分享、交流和共鸣，认为这是具有重要而特殊的美育价值的。例如，他把音乐教育作为群育的一条"必由之路"，因为它具有突破一切界限分别的"和"的功力。② 第二，人的道德发展基于健康的心理。他经常批判极端道德主义者排斥情感的观点和做法，认为通过压抑情感欲望来进行的道德教训总是适得其反，因为它违背了人的心理活动的基本规律。他借用当时心理学研究的新成果来说明：情感欲望是不可能被彻底压抑排除的，这种做法只能造成精神的病态和人格的扭曲，最后导致道德的堕落。而美育能够为本能欲望和情感提供一条健康发泄的途径，通过这种"升华作用"，本能和情感可以被提升到高尚的境界，这本身也同时具有德育价值。第三，内心的和谐是道德发展基础。没有内在性情的和谐的所谓道德是只有空壳的教条，它由于缺乏内在的真诚而容易流于虚伪，由于缺乏内在的情感动力而流于僵化。所以，

---

① 在英国美学传统中，经验主义美学和浪漫主义美学都很强调审美的同情的道德价值。例如，经验主义者 J. 艾迪生（J. Addison）指出，美引起我们的爱，它是防止我们冷漠之物；想象的快乐虽起因于感性的东西，但结果却具有道德、沉思和宗教的性质。见吉尔伯特等《美学史》上卷，夏乾丰译，上海译文出版社 1989 年版，第 312—314 页。另外，休谟、博克、夏夫兹伯里等都论述过同情作为美和道德的中介的作用。又如，朱光潜曾多次引述浪漫主义诗人雪莱的名篇《诗的辩护》（又译《为诗辩护》），在这篇文章里雪莱提出，道德上的善在于超越小我，必须能深广地想象，设身处地地分享并体验他人的人生经验，把人类的忧喜苦乐变成自己的情感体验。诗就是为此而具有积极的道德影响力。见朱光潜《谈修养》，载《朱光潜全集》第 4 卷，安徽教育出版社 1987 年版，第 146 页。

② 朱光潜：《谈修养》，见《朱光潜全集》第 4 卷，安徽教育出版社 1987 年版，第 56 页。

道德的修养要从怡情养性做起。

三、美育"解放说"

与20世纪绝大多数中国美学家和教育家不同，朱光潜并不仅仅把美育定位在德育的基础，而且把对美育功能的阐释带入一个更新颖、更深刻，同时也具有现代生命哲学意味的境界，提出了具有创新意义的美育"解放说"。

传统美育观点的一个显著特征是强调"陶冶"，柏拉图是这样，传统儒家也是这样。美育"陶冶论"抓住了美育对于培养人的高尚性情的积极作用，这是其合理的一面。但是，"陶冶论"很不全面，它以道德教化为根本，轻视甚至蔑视个人感性生命或情感生活本身的意义和价值，只注重规范个体的性情，片面强调美育对个体心理的内聚性和趋同性作用，忽视甚至排斥美育对个体心理的解放功能和发展作用。这是传统的美育"陶冶论"与现代性意义上的审美范畴最不相适应之处。朱光潜在《谈美感教育》一文中，一方面继承了传统的美育"陶冶论"，充分肯定了美育同德育之间的内在联系；另一方面又充分强调了现代美育应该具有的解放功能。他以当时西方现代美学和心理学研究的新成果为依据，集中阐释了美育的三种解放功能。

首先是本能冲动和情感的解放。他以精神分析学原理作依据，指出人的本能欲望和情感需要发泄，但是，文明社会的道德、宗教、法律、习俗等往往对本能和情感实行强制压抑，这是违背人的自然本性，也是不科学的。他认为，文艺是让本能与情感得以适当释放的理想途径："这种潜力可以藉文艺而发泄，因为文艺所给的是想象世界，不受现实世界的束缚和冲突，在这想象世界中，欲望可以用'望梅止渴'的办法得到满足。文艺还把带有野蛮的本能冲动和情感提到一个较高较纯洁的境界去活动，所以有升华作用（sublimation）。有了文艺，本能冲动和情感才得到自由发泄，不致凝成疮疖酿成精神病，它的功用有如机器方面的'安全瓣'（safe valve）。"① 实际上，文学艺术可以让人发泄心中郁闷的观点，在中

---

① 朱光潜：《谈修养》，见《朱光潜全集》第4卷，安徽教育出版社1987年版，第147—148页。

国历史上并不少见，朱光潜的美育"发泄说"却有两点是中国传统审美理论中所没有的：一个是在现代心理学知识基础上，把本能冲动和情感的发泄作为人生必不可少的一种活动来认识，并把本能欲望和情感通过文艺而发泄的"替代性满足"同心理、精神健康密切联系起来认识。另一个是指出审美活动可以对本能欲望和情感起到"升华"的作用，可以把它们"提到一个较高较纯洁的境界"。这样，美育就有了一个基于人的本性的内在动力机制，寻求发泄的本能和情感通过审美活动既得到了释放，又得到了提升。把本能、情感的释放与升华有机结合起来才是朱光潜美育解放说的真谛：审美解放是既合乎人自己的本性又合乎人的目的的自由活动。还有一点是值得注意的，那就是传统的文艺发泄说仅仅偏重于人通过审美活动而摆脱现实世界纠缠的功能，也就是"超脱"的功能；而朱光潜的上述论述中，审美解放不仅有"超脱"的含义，还有"升华"的含义，这种具有形而上学意味的含义充分肯定了人的感性生命在审美超越中获得超验性的积极价值，而这种积极的价值正是对传统审美超脱说中消极成分的扬弃。

朱光潜阐述的美育的第二个解放功能是"眼界的解放"。他指出，宇宙生命时时刻刻在变动进展中，审美经验就是在人生世相中见出某一刻、某一境特别新鲜有趣，并加以欣赏。美育能使人在平凡的世界里发现神奇的美，获得新鲜的人生经验。他写道："文艺逐渐向前伸展，我们的眼界也逐渐放大，人生世相越显得丰富华严。这种眼界的解放给我们不少的生命力量，我们觉得人生有意义，有价值，值得活下去。……美感教育不是替有闲阶级增加一件奢侈，而是使人在丰富华严的世界中随处吸收支持生命和推展生命的活力。"① 这里，"眼界的解放"实际上在于创造，而创造性的发现又给人生增添了无穷乐趣。值得注意的是，朱光潜认为，这种人生的乐趣（也是审美的乐趣）是获取生命活力的"源头活水"，而美育就是在使人能够体悟人生乐趣的同时获得生命的源头活水，也就是增强人的生命活力。

美育的第三个解放功能是"自然限制的解放"。基于对艺术能够创造一个理想世界的认识，朱光潜认为，美育可以使人从有限的自然、物质世

---

① 朱光潜：《谈修养》，见《朱光潜全集》第 4 卷，安徽教育出版社 1987 年版，第 149—150 页。

界中超越出来，摆脱单纯的物欲和情欲，脱离低级趣味，在审美的世界里获得无限的心灵自由。他说："美感活动是人在有限中所挣扎得来的无限，在奴属中所挣扎得来的自由。……多受些美感教育，就是多学会如何从自然限制中解放出来，由奴隶变成上帝，充分地感觉人的尊严。"① 这种超越物性以实现人性的完满的思想是西方现代美学针对着近代以来的物质主义所提出的核心思想之一，然而对于朱光潜来说，这种超越性理论还有另一层意思，那就是他在《谈美》中就已经提出的"脱俗"的吁求。在他看来，中国人太容易受物质欲的诱惑，贪图安逸、不肯奋斗是国民的又一种劣根性。所以，他总是希望以审美来帮助人们摆脱物欲的纠缠，使主体精神在创造中达到一个较高的境界。

朱光潜关于美育的解放功能的观点概括起来就是：美育使人的感性素质得到开发和提升，从而使他具有活泼的生命活力、创造动力和高尚的精神境界。由于中国传统美育思想注重的是美育的"陶冶"功能，蔡元培也主要是从这个意义上阐发美育的意义的，因此，朱光潜的"美育解放说"就显得特别新颖。从今天的眼光来看，"美育解放说"实际上为美育发展人的创造性奠定了理论基础。国内外诸多研究表明，艺术对于发展人的想象、直觉等创造能力有着独特的作用，② 利用审美教育来开发和发展儿童青少年的创造力已经成为欧美不少国家学校教育的基础性任务，值得我们借鉴。

四、美育的目的：人生艺术化

从朱光潜整个美育思想来看，生命力的激发和表现不仅是美育最具特殊性的功能，而且是"人生的艺术化"这一命题的精神实质所在。朱自清曾在为《谈美》所作序言中说，"人生的艺术化"是朱光潜自己最重要的理论，因为这个理论将真善美融为一体，"引读者由艺术走入人生，又将人生纳入艺术之中"。③ 而这既是朱光潜美学研究的根本宗旨，也是他的美育理论的根本宗旨。作为人生的一种最高境界，艺术化的人生是真善

---

① 朱光潜：《谈修养》，见《朱光潜全集》第4卷，安徽教育出版社1987年版，第151页。
② 杜卫：《美育与创造力的发展》，载《教育研究》1991年第8期。
③ 朱自清：《〈谈美〉序》，见《朱光潜全集》第2卷，安徽教育出版社1987年版，第100页。

美的高度融合，也是由人的生命史构成的一件艺术品。第一，完美的人生就像一件艺术品那样是完整人格的表现，每一细小处都可见出整体人格的表现。第二，艺术化的人生是"至性深情的流露"，即真性情的表现。真性情就是生命的本然，这种生命流露于语言文字，就是好文章；流露于言行风采，就是美满的生命史。因此他说："所谓艺术的生活就是本色的生活"。第三，艺术化的人生是既严肃又善于超脱的人生。朱光潜一向主张审美态度是一种超脱物欲和小我的人生态度，同时，他也反复地说，审美的人生态度是彻底认真的。大到"富贵不能淫，威武不能屈"，小到一个字、一个举动，就像艺术家在创作时那样一丝不苟，都处处体现出严肃认真的人生态度。这同他一贯倡导的"以出世的精神做入世的事业"是一脉相通的。第四，艺术的人生是至善的人生。他指出，从狭义上讲，艺术与道德有明显的区别；但从广义上看，"善就是一种美"。审美的态度是"无所为而为的玩索"，即无利害考虑的观照，艺术的人生就是在这种审美态度引导下的生活，而这种生活与"至高的善"是内在一致的。①

朱光潜将"人生的艺术化"最后归结为"人生的情趣化"。他说："艺术是情趣的活动，艺术的生活也就是情趣丰富的生活。……情趣越丰富，生活也越美满，所谓人生的艺术化就是人生的情趣化。"② 在这里，"情趣"一词是理解朱光潜"人生艺术化"命题的关节点。③ 朱光潜说的情趣（有时又被称作"趣味"），是一个从西方美学引进又经过与传统美学融合的概念。在朱光潜的美学理论中，情趣或趣味的意义是丰富的：它既是一种审美的态度和选择偏爱，又是一种审美的能力。作为审美态度，它是超脱的，也就是"脱俗"的；作为审美的选择偏爱，它是追求较高艺术境界的审美价值取向，如朱光潜推崇陶渊明就是他本人审美选择偏爱的表现；作为审美能力，它是能够见出世界中一切生命之映现的观照力和创造力。上述几个方面又是内在联系在一起的，其核心是回归生命本体和发挥生命的创造力。朱光潜自己讲过，"情趣本来是物我交感共鸣的结果"，"物"的变化与"我"的个性构成了情趣的生生不息，而在这生生

---

① 朱光潜：《谈美》，见《朱光潜全集》第2卷，安徽教育出版社1987年版，第90—96页。

② 同上。

③ 有学者认为，朱光潜美学体系的核心范畴就是"情趣"。见劳承万《朱光潜美学论纲》，安徽教育出版社1998年版，第14页。

不息的情趣中正可以发现生命的造化。① 所以,"情趣"既是生命表现的生动样态,即人的一种清新、自由、纯真的生存方式;又是生命的创造,即人生新境界的生成。正如朱光潜讲的:"趣味是对于生命的彻悟和留恋,生命时时刻刻都在进展和创化,趣味也就要时时刻刻在进展和创化。"②"读诗的功用……在使人到处都可以觉到人生世相的新鲜有趣,到处可以吸收维持生命和推展生命的活力。"③ 既然趣味(情趣)就是生命力的表现、体悟和创化,那么人生的情趣化也就是生命力得到表现、体悟和创化的人生。这就同朱光潜关于美育功能的理解在根本上相一致了。所以,他提出,真正的文学教育就是要培养纯正的趣味④,这样的美育也就成为实现人的生命力解放和提升的必由之路。

以当代眼光来审视朱光潜的美育思想,我们固然可以发现他有时以审美主义的立场来阐发美育的功能,未免夸大美育的作用,对于美育的具体实施研究也不多,但这些都是次要的,值得我们学习、研究和借鉴之处更多。第一,美育研究的出发点应该是"人生"。朱光潜继承了王国维开创的人生论美学⑤,从审美和艺术的人生价值出发来讨论美育的基本性质和功能,为美育确立了一个合适的理论前提。与认识论美学和实践论美学相比,人生论美学更适合作为美育研究的逻辑起点,从人生论出发的美育理论也更有利于吸取中国本土美育传统的思想资源。第二,辩证、全面地把握"情"与"理"、美育与德育的关系。朱光潜非常强调审美对于高尚、完美人生的重要意义,但他也并不否认理性对于人生的价值,而是在感性与理性"协调""融合"这个大前提下,阐述它们之间的关系,从而提出了"以情为本"的思想,主张人生修养从颐养性情做起,把美育作为人格教育的基础。这种思想对于克服当前动辄以德育替代美育,或者排斥德育而只强调美育的片面认识是有帮助的。第三,朱光潜在20世纪前半叶

---

① 朱光潜:《谈美》,见《朱光潜全集》第2卷,安徽教育出版社1987年版,第91—92页。

② 朱光潜:《谈读诗与趣味的培养》,见《朱光潜全集》第3卷,安徽教育出版社1987年版,第352页。

③ 同上书,第354页。

④ 同上书,第351页。

⑤ 关于王国维创立人生论美学的论述,可参见杜卫《王国维与中国美学的现代转型》,载《中国社会科学》2004年第1期。

就提出美育的"解放说",把美育作为一种使人生获得自由,发展人的个性和创造潜能的独特教育形式,这真是难能可贵。艺术一直被古今中外诸多有识之士看作是最具有个性和创造性的活动,所以,美育当然应该对于受教育者个性的成长和创造性的发展有所助益。第四,朱光潜把实现"人生艺术化"作为美育的目的,这个思想对于今天身处大众文化的中国人来说也是独具意义的。如何在追求物质利益的同时关心自己生活的精神价值,如何在发展儿童青少年认识能力、生存技能、竞争意识等社会适应性的同时发展他们内心爱美、向善的本性,朱光潜的美育思想对我们是有启示的。更为重要的是,朱光潜以哲学、美学、心理学、教育学等多学科融合和中西学术思想兼容的视野阐述中国现代美育问题,为中国现代美育理论构筑了较为完整的学术基础。一百多年来,要论对优秀传统学术思想的继承、对西方学术思想的借鉴以及美育研究的学术建树,无人能出朱光潜之右。朱光潜美育思想,作为一份现代美育学术遗产,有待我们虚心学习、虔诚继承、深入发掘、发扬光大。

(原载 2010 年第 1 期创刊号)

作者简介:杜卫(1957—),男,浙江东阳人,文学博士,杭州师范大学校长、教授,主要从事美育理论研究。

中华民族母语音乐教育中的审美观念

杜亚雄

我国近代著名教育家蔡元培说："美育者，应用美学理论于教育，以陶养感情为目的者也。"① 可见，美育是审美与教育结合的产物，其本质特征是情感性。美育通过陶冶情感施教，使人具有美的理想、情操、品格和素养，具有欣赏和创造美的能力。国民音乐教育就是通过音乐进行的美育。根据教育部2001年颁发的全日制义务教育音乐课程标准，我国中、小学的音乐教育必须以音乐审美为核心，还必须融合多元文化与本土文化。②

音乐教育必须以母语为基础，才能为学习多元音乐文化打下坚实的基础。正如匈牙利音乐教育家柯达伊指出的那样：

> 在音乐上和语言上一样，只有从一开始就以匈牙利为中心，我们才能够开始一种合理的教育，否则我们就只能像过去那样，培养出一代多语言，也就是无语言的人。音乐的学习如果不是由一个单纯、严密的体系打下基础的话，音乐观念就会混乱。而单纯、严密的体系会为其他方面和更高层次的发展打下很好的基础。最后一点，五声音阶音乐是通向世界音乐文献的先导，它是通向许多外国音乐文献的一把钥匙，从古代的格里高利圣咏，到中国，到德彪西。③

---

① 蔡元培：《蔡元培美学文选》，北京大学出版社1983年版，第174页。
② 教育部基础教育司音乐课程标准研制组：《全日制义务教育音乐课程标准解读》，北京师范大学出版社2002年版，第7页。
③ 杨丽梅：《柯达伊音乐教育思想和匈牙利音乐教育》，上海教育出版社2000年版，第55页。

1995年12月，在广州召开的"全国第六届国民音乐教育研讨会"提出了"以中华音乐文化为母语的音乐教育"的口号。这一口号的提出，是我国音乐教育界在20世纪末所做的一次重大抉择，指明了21世纪我国音乐教育的发展方向。这次会议提出的"母语的音乐"是指中国各民族、各地区的传统音乐，要实行"母语的音乐教育"，必须以我国各民族、各地区的传统音乐为主要审美对象。

民族音乐学研究的结果表明，每个民族都有不同的语言和历史背景，生活在不同的地理环境中的不同民族，社会制度、生产方式和生活方式、民俗、心理也都有各自的特点，在不同的文化背景下，也会产生出各异的音乐审美标准。为了进行"母语的音乐教育"，通过"审"中国传统音乐之美，达到陶养感情的目的，首先应在中小学音乐教学中帮助学生了解中国传统音乐"美"在何处，其审美观念又是如何形成的。在这方面，很少有人进行研究，笔者拟结合民族音乐学研究的成果对此问题进行初步探索，抛砖引玉，错误之处，希望得到大家的批评指正。

音乐是人类为了表达思想感情而创造或选择的、以声音为表现媒介和载体的、用听觉来感受的行为方式。声音有高低、长短、轻重和音色四方面的要素，本文按声音的不同要素为序进行探讨。因为音乐中的节奏和节拍综合了声音的长短、轻重两方面的因素，所以将它们并在一起讨论。

一、音高

音乐所采用的声音，是经过人工选择的、具有特定文化意义的声音。在音高方面，中国传统音乐具有"直音"与"腔音"两种不同的形态。

在发音的持续过程中频率始终不变、音高固定的单个乐音称为"直音"。钢琴上的任何一个键弹奏出来的音都是直音。欧洲人以分析型的思维模式，加之和自文艺复兴以来强调的"科学精神"和印欧语系各种语言的无声调的特点相结合，将音乐层层细分，分割到最小的单位，结果就使欧洲音乐中所用的乐音几乎全都是直音。欧洲乐理认为乐音体系中的每一个乐音都是直音，并把它作为乐理中最基本的理论规范之一。中国传统音乐也运用直音，中国传统音乐中的直音和欧洲乐理中的"音"（tone）的概念基本一致。古筝、二胡等民族弦乐器的空弦音就是直音。

在发音的持续过程中频率有所变化、音高不固定的单个乐音称为

"腔音"。古筝、二胡等民族弦乐器的按弦音，常常运用种种演奏手法使其音高发生一定的变化，这就是腔音。腔音有四种基本类型——"绰""注""吟""猱"。它们既是腔音的名称，也是产生这种腔音所采用的演奏手法名称，如产生"绰音"的手法即称为"绰"。四种类型的"腔音"各自还细分为许多不同的样式。如古琴中的"吟"，有落指吟、细吟、长吟、定吟、游吟、飞吟、分开吟、往来吟等；"猱"有缓猱、荡猱、急猱、撞猱、大猱等。我国吹、拉、弹三大类民族乐器都能奏出腔音，其中许多乐器，如二胡、月琴、柳琴、琵琶、阮、三弦、琴、筝等，更以演奏腔音见长。

"腔音"与"直音"的不同，以图示意如下：

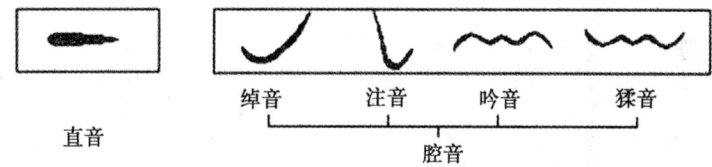

腔音内部的音高变化，可能只有一次，也可能有多次，可能是升，可能是降，也可能是曲线形、波浪形等，具有多样形态。腔音的音高变化进程是滑进式的，不是钢琴异键之间的跳进式。在一个腔音的内部，不仅存在着音高变化，同时还可能存在力度、音色等方面的变化，亦可能包含着因强度很弱而形成的极其短暂的、听感上的停歇，但音高变化是腔音最为显著的特征。在腔音的音高变化过程中，不同音高的历时长短、力度强弱、出现次数等并不均等，其中存在着一个"核心"的成分。这个核心成分因其或历时较长，或力度较强，或反复出现得较多，给人听觉感受比较明显，其高度便被用以代表和称说该腔音。在腔音中，除核心成分的音高通常较为清晰、明确外，高低升降的两端音高，可能历时极为短暂，刚一出现便开始向另一高度滑行，因而比较模糊，并不很准确。

大量运用多种形态的腔音，是中国传统音乐在音高方面最重要的特点。我国民歌、民族器乐曲、戏曲、说唱等不同门类及各门类中不同流派、不同地区的不同音乐风格特点等，都在很大程度上取决于不同的腔音。琴曲和筝曲的"韵味"，在很大程度上是得之于种种腔音，优秀的演奏家一定善于"以韵补声"。腔音充分体现出中国传统音乐与欧洲音乐的区别和中国传统音乐独特的神韵。

我国各民族所使用的语言分属于汉藏、阿尔泰、南亚、印欧和南岛五个不同的语系。在这五个语系中，包括汉语在内的汉藏语系是中国使用人口最多、语种最丰富一个语系。这个语系语言的特点，对中国传统音乐的影响最大、最广、最深远。

汉藏语系中的绝大多数语言都有声调，这对于中国人的音乐审美意识具有极为重要的影响，是腔音生成和喜好运用腔音的最根本的文化背景。声调是每一个音节单读时所固有的、能明确其意义的声音高低和升降。音节虽相同而声调不同，意思也就不同，如"妈、麻、马、骂"四个汉字的普通话读音，声母、韵母完全一样，它们的区别仅仅是声调的不同。《尚书》中说："诗言志，歌咏言，声依咏，律和声。"腔音便是依据语言声调进行咏唱的必然结果。器乐旋律的形成和发展，是建立在声乐的基础上的。把歌唱中的腔音转移到古琴等多种民族乐器上，便出现了"绰、注、吟、猱"等演奏手法。中国传统音乐也运用直音，但远远不及腔音那样具有丰富多变的形态和鲜明的特色。

中国古典哲学思想对于腔音的生成和中国人对运用腔音的喜好具有重大的影响。老子说："道生一，一生二……"（《道德经》第四十二章）中国传统音乐中所用的音为腔音与直音两类，由这两类乐音组成种种不同风格特点的音乐，这便是中国传统音乐乐音体系之"道"。也可按阴阳学说将腔音与直音视为中国传统音乐乐音形态的阴阳两面：直音为"阳"（刚），腔音为"阴"（柔），由于中国传统文化具有偏爱阴柔之美的特点，故中国人对于腔音情有独钟。也可按"易"的观念来解释：腔音与直音体现出单个音的"变易"精神。

欧美音乐中很少运用的腔音是我国传统音乐的一大特征，在"审"中国传统音乐之"美"时，一定要强调我国语言和音乐的联系，强调腔音的"韵味"和审美意义。我国学生大多操汉藏语的一种或数种语言，由于生活的文化环境，母语不是汉藏语的学生多少也对汉藏语有所了解，因此从语言形态入手引导学生"审"中国传统音乐之"美"是较好的方法。

二、音长和音强

音乐特点总是和语言特点相联系的。在声乐和器乐两种音乐体裁中，声乐是比器乐更重要的体裁。声乐是语言和音乐的结合，人们在演唱声乐作品时，语言的因素和音乐的因素合而为一。我们之所以用乐谱记录音乐，用文字记录歌词，各占不同的行次，并不是说音乐和歌词是分别进行的，只是因为直到目前人类还没有发明出把音乐和歌词合而为一的记录方法。语言特点不仅决定了传统音乐在音高方面的特点，也决定了诗歌的格律、节奏感和韵律感，而诗歌的格律、节奏感和韵律感又决定了音乐在节奏、节拍方面的特点。中国传统音乐在这方面的特点也不能离开中国各民族语言的特点，培养学生"审"中国传统音乐在节拍和节奏方面的"美"，也不能脱离中国各民族的语言。

重音，在语言学中指发音相连的音节中某个发音突出的音节，它出现在句子中，也出现在某些语言的单词中。句子中的重音叫做"句重音"，多半是为了强调该音节是句子意义的中心，因而读得长些、高些。单词中的重音叫"词重音"，在有词重音的语言中，非单音节词通常有一个或多个音节在发音上比较突出。音乐中重音指单个较强的音。

汉藏语系中的各种语言都没有"词重音"，而印欧语系各种语言中都有"词重音"，在印欧语系各种语言里，词重音有规律地出现，是构成其诗歌韵律的主要手段。与词重音密切相关的音乐要素是节拍，印欧语的特点和欧洲音乐中的"节拍体系"有密切的关系。词重音有规律地出现使欧洲音乐大都采用均分律动，各种节拍中的强弱交替也十分有规律，如二拍子为一个强拍和一个弱拍循环往复地出现，三拍子为一个强拍、两个弱拍，四拍子为一个强拍、一个弱拍、一个次强拍、一个弱拍循环出现。

汉藏语系的语言没有词重音，只有"语法重音"和"逻辑重音"。语法重音的位置比较固定，可以根据语法结构的特点加以确定：一般是名词前的定语，短句子里的谓语部分，动词或形容词前的状语部分，动词后面由形容词、动词或由词组充当的补语部分以及疑问代词、指示代词等。在一个较长的句子里，会有多个语法重音，与句子中的其他部分相比较，语法重音当然读得重一些。

语法重音又可分为"单词重读"与"句子重读"两个小类。单词重读：语句中读得比较重、比较长的音节叫做"单词重读"。一个基本结构单位里的名词、动词、形容词、数词、量词、代词等实词一般是单词重读，副词、介词、连词、助词等虚词一般不是单词重读。文章结构中的句、段、篇的首字如是实词，尾字如非轻音，一般都是单词重读。句子重读：在平淡的语气里，说话者认为一句话里最重要、最需要强调的词叫做"句子重读"。"句子重读"落在词的重读音节上，因而，句子重读与单词重读基本上是一致的。句重音主要取决于语境以及说话者的心理，而不是语法。在具体的口语中，脱离语境、与心理无关的句子是不存在的，所以，句子重读往往比单词重读更被强调。

汉文的古体诗、民歌体诗、古今散文等，一般都按意义划分句内结构，各个结构单位的尾字一般是单词重读。押韵的诗歌、文章，其韵脚字必然是句子重读。近体诗的句内结构，如果按格律划分，便和按意义划分的不同，其句重音的位置亦随之而异。通常是在诵读中按意义划分，在吟诵中则按格律划分。如杜甫《旅夜书怀》中的"名岂文章著，官应老病休"两句：

按格律划分：

名岂—文章——著，官应——老病—休。

按意义划分：

名—岂文章著，官—应老病休。

以上按格律划分，体现出"平长仄短"的规律，下标"·"记号的字，都是处于"两字一顿"顿末位置上的平声字，在吟诵中是句重音。按意义划分时，"名""官"两字是独立的，诵读中是句子重读，两句中的后四字在意义上连成一个不可分割的短语，其中的末字在诵读中也是句子重读，而"文章""老病"两个词汇中的后一个字，则是"单词重读"。

汉语普通话的"阴、阳、上、去"四声中，阴平、阳平两种声调的调值较高，且音长也较长，上声与去声调值较低，且音长也较短。因而，在相比之下，阴平、阳平两声总是显得重些，上声和去声在音高与时值两方面都不是重音。

汉语格律诗词将中古汉语语音的"平上去入"四个声调分为"平仄"两大类，平声即为"平"，上、去、入三声为"仄"。汉文格律诗词除了押韵外，对于平仄声字的运用也有相当严格的规范。如王之涣的著名诗篇

《登鹳雀楼》：

> 白日依山尽，黄河入海流。
> 欲穷千里目，更上一层楼。

这首五言绝句的格律是（"—"表示平声字，"｜"表示仄声字）：

｜　｜　—　—　｜，—　—　｜　｜　—。
—　—　—　｜　｜，｜　｜　｜　—　—。

按普通话四声平声字是重音、仄声字不是重音的特点，这首诗读来大致上就产生了"弱弱强强弱，强强弱弱强。强强强弱弱，弱弱弱强强。"的韵律感。显然，这种韵律感与欧洲音乐的强拍弱拍循环往复地出现的"节拍感"迥然不同。

为表达特殊感情或特殊意义而故意强调的音叫做"逻辑重音"。语句中的什么地方该用逻辑重音，是由说话时的环境、内容和感情决定的，没有固定的规律。同一句话，逻辑重音所处的位置不同，表达的意思也不同。例如：

> 我去过北京。（强调"我"去过，不是别人去过。）
> 我去过北京。（强调"去过"，不是"没去过"。）
> 我去过北京。（强调去过的是"北京"，不是别的城市。）

语法重音只是一般的轻重之别，逻辑重音则比较突出：当逻辑重音出现在非语法重音的位置上时，与之相邻的语法重音便显得较弱；当这两种重音出现在不同语句的位置上时，逻辑重音的音量比语法重音的音量大些；当这两重音在语句中的同一位置上重叠时，逻辑重音占据着主导地位，同时还有语法重音的存在，音量更大。

由于逻辑重音的位置不固定，同一语句或诗句，在作不同的表述时，重音便可能处于不同的位置。例如上引之诗句：

按格律划分：

名岂—文章——著，官应——老病—休。
　　　　·　　　　　　　·

如果诵读者需要强调"名"和"官"，便完全可能读成：

名岂—文章——著，官应——老病—休。
·　　　　　　　　　·

　　语言中的逻辑重音在音乐中主要体现于表演者所作的即兴发挥之中。我国传统的琴谱和工尺谱不用任何记号标记乐曲力度，音的强弱交由表演者按表达情感的需要自由发挥，因此而产生的重音，便是逻辑重音。

　　逻辑重音无固定位置，它与语法重音在某些情况下重合，另一些情况下分离，使中国传统音乐的强弱拍更为多变，它的规律比欧洲音乐节拍的"二拍子为强拍、弱拍循环往复""三拍子为强拍、弱拍、弱拍""四拍子为强拍、弱拍、次强拍、弱拍"要复杂得多。

　　中国传统音乐十分注重逻辑重音的意义和作用，突出的例子是文人吟诵格律诗，他们如何使一个大致固定的曲调基本适用于同一格律的许多内容、风格、情趣不同的诗歌呢？除了在音高、音长等方面作出某些有限度的变通外，逻辑重音便在其中发挥了重大的作用。同样，民族民间音乐中的许多体裁，比如民歌中的小调、各种戏曲和说唱音乐中的唱腔等，都存在着类似情形，艺人们采用这种办法，在同一曲调或曲牌中填入完全不同的唱词，也能获得完美的艺术效果。器乐曲的强弱拍位置也常因乐曲的风格和表达的需要而定。因此，在采用西洋乐谱记录中国传统音乐的情况下，按欧洲音乐节拍规律应该是强拍的地方，在这些作品中可能是弱拍，而弱拍的地方，又可能是强拍。

　　"音乐重音"指某个较强的音或和弦，音乐中的重音有"节拍重音""音高重音""时值重音"[①] 和"感情重音"。中国传统音乐有后三个类别的重音，没有节拍重音。

　　"音高重音"指因音高较高而显得较强的音。"时值重音"指在力度相当的情况下，因时值较长而显得较强的音。语言中轻、重音与音乐的轻、重音存在着密切的联系。比如，汉语的轻音总是出现在双音节词的第二个音节上，呈现出"先强后弱"的特点，因而，声乐的演唱是"先字

---

① 缪天瑞：《音乐百科词典》，人民音乐出版社1998年版，第780页。

后腔"，在弹拨乐器和拉弦乐器上，按弦所得的实音后面才用虚音，是"先实后虚"，吹奏乐器、打击乐器也常常是"先强后弱"。"感情重音"指音乐的创作者或表演者根据感情需要而故意加以强调的音。与语言中的"强调重音"相仿，它没有固定的位置。感情重音与音高重音、时值重音同样既有互相分离，也有互相重叠的种种不同情形。在中国传统音乐里，声乐作品中的"感情重音"主要是在上述语言重音和音乐重音的基础上，由表演者按所表演作品的需要、当时的环境与场合、自身的音乐素养与技能以及当时的情绪与心境等因素临时作出的即兴处理。虽然在传统乐谱中常有一些文字的提示，但大部分的处理权仍属于音乐表演者。器乐作品的中的"感情重音"也同样如此。

汉藏语系诸语言都没有词重音，构成其诗歌韵律的主要手段是声调和句重音，与此密切相关的音乐要素是音高和音长，而音高和音长又都关乎音强，从而形成了音乐的"板式体系"。由于大多数语言中没有词重音，中国传统音乐中的大多数作品都没有力度重音。

欧洲音乐里有按一定规律不断反复出现重音的节拍中的重音，叫做节拍重音。因为汉语没有力度重音，中国传统音乐就没有"节拍重音"，也就没有"节拍体系"，没有"小节"概念。中国传统音乐板式体系中的"板""眼"只是衡量音乐时值的单位，和"强弱"并无直接联系，不能和欧洲音乐中"小节"中的强弱拍混淆，"板"不等于"强拍"，"眼"也不等于"弱拍"。在有眼的情况下，相邻的板和眼之间、眼和眼之间的时值是一"拍"；在无眼的情况下，相邻两板之间的时值也是一"拍"。"眼"的意思是空白处，和围棋中"眼"的意思相同，从"眼"的词义可看出，它是加在"板"后面"空白"处的另一种衡量时值的单位。

中国传统音乐作品中的重音位置变化多端，各种板式都不是"重音的及无重音的同样时值的时间段落的循环重复着的序列"[①]，它的强弱规律和欧洲音乐节拍强弱规律完全不同，这正是其节奏、节拍方面的"美"所在。如果我们能结合语文教学中古典诗词和民歌的教学，帮助学生了解我国传统音乐在节拍节奏方面的奥妙，一定能取得事半功倍的效果。

---

① 斯波索宾：《音乐基本理论》，人民音乐出版社1983年版，第32页。

三、音色

音乐实践告诉我们，音色和其他音乐要素一样，对于塑造音乐形象、深化音乐意境和增强音乐表现力具有非常重要的作用。

声音可以分为"乐音""噪音"与"乐音性噪音"三类。物体在一定时间内做有规律的振动时，发出的有一定的高度的声音，或是在高度上按一定规律波动、滑动的声音，称为"乐音"，如人的歌唱声和各种管弦乐器发出的声音等；物体做不规则的振动时，发出的没有一定高度的声音，称为"噪音"，如自然界的风雨声和社会上的街头嘈杂声等；物体做不规则振动时，发出相对集中于某一高度范围内的声音，虽没有明确的音高，但有一定的音区感，称为"乐音性噪音"，如许多打击乐器发出的声音等。中国传统音乐所使用的主要是乐音，锣鼓乐和戏曲伴奏中"武场"所发出的"乐音性噪音"和"噪音"也是不可缺少的表现手段。

我们的祖先非常重视音色在音乐中的表现意义。春秋时代的文献《左传·昭公二十年》就指出："若以水济水，谁能食之。若琴瑟专一，谁能听之"，并以烹调时用不同的调料才能"齐之以味"的道理进行比喻，指出"声亦如味"，在音乐上也应当用不同音色来加强音乐表现力。在《国语·郑语》中更根据"和实生物，同则不继"的哲理，指出"声一无听"。

人们在用各种记谱法来记述音乐时，不可能记下音乐中的一切，总是记下主要的东西，略去次要的东西。因为只有记录演奏的方法才能得到所要求的音色，所以，我国最早的乐谱为记录古琴曲的文字谱，不记录音高，也不记录音长、音强，只记录怎样弹奏乐曲。古琴上的许多音，可以在不同弦的不同徽位上奏出，这些音虽音高相同，音色却不同，古琴谱对于该用哪一弦哪一徽位上的音表示得十分明确，可见对于音色的重视。在其后产生的种种乐谱，也都以记录指法为首要目的，就是因为不同的指法会产生不同的音色。

我国传统戏曲中的声乐部分有生、旦、净、末、丑五大行当，这五大行当的主要区别之一，就在于演唱中的音色不同。五大行当又有细分，如"旦"便分为正旦（青衣）、闺门旦、神仙旦、武旦、花旦、老旦、彩旦等，对于具体角色实际演唱中的音色，还有更为细致的要求。此外，传统戏剧表演中常有角色的"反串",女演员可扮演生、净等男性角色,男演员也可扮演正旦、彩旦等女性角色,在同一行当的演唱中便出现了男女两种不同音色。一般来说,由女演员反串的男性角色,音色较男演员更为纯净、儒雅,由男演员反串的女性角色,音色较女演员更为透亮、坚实,从而使传统戏曲的音色更加丰富多样。

我国民族乐器种类繁多,每种乐器的音色都有极强的个性,在同一种乐器中又包括许多不同的类别,各种各类乐器的音色也有很大的不同。例如用紫竹、黄枯竹、凤眼竹、斑竹等不同的竹材制成的竹笛,音色都不一样,即使用同一品种的竹材,由于产地、采制季节、选取部位等的不同缘故,制成的竹笛音色都会有所区别。流行在北方的梆笛音色明亮,流行在南方的曲笛音色圆润,朝鲜族的大竹笛音色浑厚,蒙古族竹笛的音色则辽阔、空旷。各地流行的唢呐也有多种不同形制,长的可达160厘米,短的不到20厘米,其音色也各不相同。严格地说,每件乐器的音色都是独一无二的。

在器乐演奏中同样讲究音色的变化。如唢呐可用不同的演奏方法吹出花舌音、箫音、嗓音、气烘音、三弦音等不同的音色;弹拨乐器使用不同的拨弦方法及不同的拨奏位置得到丰富的音色变化;在古琴上,同一音高的音可以用几十种不同的音色演奏出来。

我国不少传统乐队的组合,每种乐器只用一件。如一台古琴和一支洞箫便组成了"琴箫合奏";丝竹乐队一般只是由3人至5人各用一件不同的乐器组成。乐队组合形式多元化和小型化的作用在于:多元化产生了多种不同的艺术音色,每种组合方式所产生的艺术音色都是独一无二的;小型化既避免或降低了各乐器音色的矛盾,同时又形成了组合音色的多元化。

根据对古代文献、壁画、出土文物中出现的和目前民间流行的1084种不同器乐合奏形式的考察,其中837种含有打击乐器,占总数的77%。[1] 打击乐器中固然有能够发出乐音并演奏旋律的编钟、编磬、方响、云锣等乐器,但大多数是发出乐音性噪音的乐器。自古至今,无论宫廷音乐、祭祀音乐、礼仪音乐、宗教音乐、器乐合奏、民间歌舞、戏曲、曲艺……都不可能缺少打击乐器。锣鼓乐演奏遍及我国各民族、各地区,

---

[1] 唐朴林:《中国乐器组合录》,中国文联出版公司2002年版,第168页。

而且形成了"威风锣鼓""舟山锣鼓""太平锣鼓""十番清锣鼓""花锣鼓""打瓜社"等众多历史悠久、地方特色浓郁的锣鼓乐种。在节日喜庆等民间风俗活动中，更是无处不闻锣鼓之声。打击乐器的历史之久，应用面之广，演奏者之众，远远超过其他乐器。

乐音性噪音与乐音相结合，形成了不少地方性乐种。如"浙东锣鼓""潮州大锣鼓""山西八大套""泉州龙吹""漳州十八音""苏南十番音乐"等粗吹锣鼓和"陕西鼓乐""苏南吹打""丝竹锣鼓""福建十番""桐庐文十番""常州丝弦"等细吹锣鼓，都是在管弦等乐音性乐器演奏旋律的基础上，加入乐音性噪音乐器锣鼓钹等的演奏，两类乐器或同时或轮番进行，使乐曲既优美动听，又热烈欢快。① 各种地方戏曲，除"闹台锣鼓""板头锣鼓"外，其伴奏无不取"文武场"综合的方式，乐音性乐器演奏的"文场"与乐音性噪音乐器组成的"武场"相组合，构成我国戏曲不可或缺的要素和重要艺术特色。

乐音性噪音和节奏相结合，可以塑造出生动的艺术形象。如土家族用溜子锣、头钹、二钹、大锣四件乐器演奏民间锣鼓乐合奏"打溜子"，单依靠音色和节奏的变化，就刻画出《八哥洗澡》《雁拍翅》《双龙出洞》等不同的音乐形象。安志顺先生根据西安鼓乐的《五调坐乐全套中吕粉蝶儿》开场锣鼓改编的锣鼓乐合奏曲《鸭子拌嘴》，充分发挥了民间打击乐器的性能，运用各种打击乐器的不同奏法以及音色、节奏和音强的变化对比，生动地描绘了群鸭戏水、嬉闹的情景。

中国人一向认为："丝不如竹，竹不如肉。"人声是最优美动听的，最能直接地抒发情感。乐器是人声的模仿和延展，它们的音色以接近人声者为美，更易令人感到舒适，富有艺术感染力。二胡、三弦、笛子等之所以能"地不分南北东西、人无论男女老幼"成为最普及化、最受大众喜爱的民族乐器，是由于它们高、中音区的音色都接近于人声。二胡、三弦、笛子等民族乐器不但接近人声音色，还具有语音化韵味，受到中国人的普遍喜爱。

对于人声音色的喜好，南北方人略有区别：由于北方相对地广人稀，大多数民间音乐，包括戏曲，以往基本上是在较空旷的场所演出，人们对于音色的喜好倾向于"清""亮""透"，使用的乐器多为音色尖锐、高

---

① 高厚永：《民族器乐概论》，江苏人民出版社1981年版，第25、36页。

亢、明亮的唢呐、管子、梆笛等；南方相对地人多地窄，音乐演出多在较狭小的、封闭的空间里进行，人们对于音色的喜好倾向于"甜""柔""雅"，使用的乐器多为音色较为柔和的二胡、琵琶、曲笛等。对于人声音色审美偏好的南北区别，也与北方气候干冷、水资源较缺乏、人民性格比较豪放、开朗，而南方气候比较湿润，水资源充沛，人民性格相对温和、优雅及南北方语言的差别等多种因素相关。

中国传统声乐以高音声部为主，中音声部为次，低音声部比较缺乏。民族乐器中也以高音乐器居多，中音乐器次之，低音乐器很少。大多数民族乐器很少使用超出人声歌唱音域的音。演奏唢呐、管子等民族乐器的民间音乐家们，在发展演奏艺术的同时，还常常表演"咔戏""咔歌"以及模拟人说话、哭笑、鸡啼鸟鸣、犬吠马嘶等，这些被某些人看成"娱乐性""炫技性"，甚至讥为"雕虫小技"的表演，却颇受老百姓的欢迎。

出于对人声"清""亮""透"音色的喜好，不少民族乐曲中常用接近纯音的"泛音"。古琴、古筝、琵琶、二胡、笛子等多种民族乐器的演奏中，常用"泛音奏法"奏出清纯、亮透的"泛音"，有些乐曲里还有完全由泛音构成的段落。我国的传统多声部作品，主要运用同度、八度、四度、五度音程，体现出对于"清""亮""透"音色的喜好。传统多声部音乐中还较多地出现协和性较差、音色较暗淡的大二度音程，从而与同度、四度、五度、八度协和性音程产生音色的明暗变化和对比。

当前，追求乐队个性化、音色多样化，已成为世界音乐发展的一大趋势，我们的祖先所创造的数百种民族乐器和多元化的乐队组合形式，无疑是民族文化的宝贵财富，也是我们可以贡献给世界音乐的一笔颇具价值的文化遗产。

音色比旋律、节拍、节奏更为丰富，对其审美也要求更高、更难一些。高中学生的物理学水平较高，容易理解音色形成的原理，如果在高中阶段的音乐课教学中，结合对戏曲、说唱和民族器乐曲的欣赏，教会他们如何"审"传统音乐中的音色多样性之"美"，可能比在初中阶段进行这方面的教学效果更好。

小结

中国有句古话："先有伯乐，后有千里马。"马克思曾经指出："对于没有音乐感的耳朵说来，最美的音乐毫无意义，不是对象。"① 要对学生进行音乐方面的美育，首先应使他们的耳朵具有音乐感，要实现"母语的音乐教育"，首先应使他们的耳朵具有中国传统音乐的音乐感。如果没有欣赏中国传统音乐的耳朵，再美的中国传统音乐对学生也没有任何意义。我们的许多学生不喜欢听被联合国列入"人类非物质文化遗产代表作"的昆曲、古琴，也不愿意听京剧，并不是因为昆曲、古琴和京剧的音乐不美，而是他们尚不具备聆听这些音乐的音乐感。要想改变这种状况，培养学生对中国传统音乐的音乐感，首先要改造我们的国民音乐教育，使其转变为以母语音乐为核心。柯达伊指出：

> 五声音阶不仅是匈牙利民间音乐宝库的"一部分"，而且是它的核心，是通向匈牙利音乐思维的核心，其他的一切都是围绕这个圆心的距离不等、程度不同的同心圆。在发现它之前，我们被抛来抛去，落在不同的"分支"上，找不到圆心、基点在哪里。②

五声音阶是匈牙利传统音乐的核心，中国传统音乐审美观念的培养则是在我国实行"母语的音乐教育"的关键。如果我国"母语的音乐教育"能够以它为圆心，我们一定能够围绕这个圆心，画出许多的距离不等、程度不同的同心圆来。在缺失"母语的音乐"的情况下，目前如果再加上"多元音乐文化"的内容，学生们一定会"被抛来抛去，落在不同的'分支'上，找不到圆心、基点在哪里"。我们也只能"培养出一代多语言，也就是无语言的人"。

（原载 2010 年第 1 期创刊号）

作者简介：杜亚雄（1945— ），男，河北人，哲学博士，中国音乐学院教授、博士生导师，杭州师范大学特聘教授，主要从事音乐教育和民族音乐学研究。

---

① 马克思：《1844 年经济学哲学手稿》，见《马克思全集》第 42 卷，人民出版社 1979 年版，第 126 页。
② 杨丽梅：《柯达伊音乐教育思想和匈牙利音乐教育》，上海教育出版社 2000 年版，第 54 页。

美术文献与美术教育[①]

沈语冰

一

2005年，在为《1900年以来的艺术》（*Art Since 1900*）一书所写的导论《形式主义与结构主义》（Formalism and Structuralism）里，美籍法国艺术批评家伊夫—阿兰·博瓦（Yve-Alain Bois）为形式主义作了极为有力的辩护。此时，正值西方被称为"后现代主义"的艺术运动如火如荼之际，也正当欧美的"视觉文化研究"兴起越来越强烈的反形式主义高潮之时。在这篇导论里，博瓦深入浅出地介绍了形式主义与结构主义的理论演变，作出了一个非常重要的区分，即将形式主义划分为两个阶段。第一个阶段，形态学的形式主义［可以追溯到李格尔（Riegl）、沃尔夫林（Wölfflin），经过罗杰·弗莱（Roger Fry）、克莱夫·贝尔（Clive Bell），直到克莱门特·格林伯格（Clement Greenberg）］。第二个阶段，结构主义的形式主义［从索绪尔（Saussure）语言学、俄国形式主义，经过布拉格学派，直到法国60年代的结构主义思潮］。对形式主义与结构主义理论的梳理，在西方哲学、文论及艺术理论中，所在多有，但这篇导论却是我读到过的文本中最为系统、清晰、简洁而又深入的介绍之一。

不仅如此，这篇导论的另一个重大价值在于：博瓦以一个艺术史家和艺术批评家的视角，恢复了哲学、语言学与符号学中被屏蔽已久的视觉艺术的资源。以往，人们在认识西方哲学、语言学与符号学中的形式主义和

[①] 这是笔者为拙编《艺术学经典文献导读·美术卷》所写的"导论"。该书由北京师范大学出版社正式出版，是笔者主编的"艺术学经典文献导读书系"（共13卷）中的第1卷。

结构主义理论时，往往只知道催生这些理论的源头，均来自文学（特别是诗歌）领域。如今，通过博瓦的澄清，人们才发现，原来视觉艺术是上述这些理论的重要渊源。博瓦以俄国形式主义及布拉格学派是如何利用立体主义与毕加索（Picasso）的作品，来阐明其理论基础这一点为例，令人心悦诚服地说明了形式主义、结构主义理论与视觉艺术的天然亲和关系，其亲和的程度，要比这些理论与文学作品之间的关系，有过之而无不及。下面是博瓦所举的雅各布森（Jacobson）的理论与毕加索的作品相互发明的例子：

> 在读解这些话的过程中，我们并不惊奇的是，雅各布森和俄国形式主义已经通过对立体主义，尤其是对毕加索的考察获得了同样的结论。毕加索几乎狂热地演示了其图像系统中符号的可互换性，而且在1913年所作的拼贴画系列中，利用极简手法把头像转变为吉他或瓶子，其做法像是对索绪尔观点的直接图解。跟雅各布森相反，那个隐喻式的变形表明，毕加索并不必定走向转喻一极。相反，他似乎特别喜欢那兼有隐喻和转喻的复合结构。说明这点的例子是1944年的《牛头》雕塑，在这件作品里，自行车车把和坐垫的组合（转喻）产生了隐喻（两个自行车部位加在一起像一个公牛的头），不过，此等基于替换和组合这两种结构主义运作方式的快速变形，在毕加索的作品里随处可见。这就是说，毕加索的立体主义是一种"结构主义行为"，借用巴特的说法：它不仅对西方艺术中的肖像画传统展开结构主义分析，还结构主义式地构建出新的对象。①

这个例子说明，漠视或忽略西方艺术史、艺术理论与批评，不仅使我们失去了对西方哲学、语言学与符号学种种进展中的视觉来源的洞察，而且还产生了一个直到今天仍在折磨着国内艺术界的错觉：只有西方哲学、语言学与符号学理论才是深刻、原创、高级的。这种错觉直接导致了两个后果：其一，某些艺术家直接动用西方哲学、语言学和符号学的概念、术语、观念来制作作品，似乎只有这样的作品才是"前卫、深刻的"；其

---

① Hal Foster, Rosalind Krauss, Yve-Alain Bois and Benjamin Buchloh, *Art Since 1900*: *Modernism*, *Antimodernism*, *Postmodernism*, New York: Thames and Hudson, 2005, p. 37.

二,众多艺术批评家直接搬用西方哲学、语言学和符号学理论,或者直接套用文学理论和社会思想的术语,来从事艺术写作,似乎只有这样的写作才是"有学理、有学问的"。

然而,从格林伯格到伊夫—阿兰·博瓦及本雅明·布赫洛(Benjamin Buchloh)的艺术史家和艺术批评家却表明,在西方,事情正好倒过来:正是视觉艺术,而且只有视觉艺术(而不是文学或社会理论),才最大限度地挑战了西方已有的哲学和美学基础,迫使哲学家和美学家们重新提出方案。国内的情形,恰好也反映了艺术史、艺术理论与批评学科建设的亏欠,以及本学科专业文献匮乏的严重程度。正是这种亏欠,使得我们的艺术会议以邀请到哲学界、文学界或社会思想界的专家与会为幸,或者使得我们的艺术杂志以约请到哲学、文学理论或社会思想的稿件为荣;正是本学科专业文献的匮乏,才使得我们的美术史论或美术学研究生们还在囫囵吞枣地阅读哲学、文学理论和社会思想著作(我的意思不是说这类著作不需要读,而是说,这类著作的阅读不能代替对艺术史、艺术理论与批评的经典文献的研读)。凡此种种,都说明了我国美术学学科缺乏自主和自律(它的学科规则似乎尚需哲学、文学或社会思想来颁布),以及我国美术学教育苍白无力的双重困境。

伊夫—阿兰·博瓦本人的学术贡献,最集中地体现在他对蒙德里安(Mondrian)等经典现代主义大师的诠释上。他对蒙德里安的重新解读,其精彩的程度,几乎可以与罗杰·弗莱对塞尚(Cezanne)及后印象派的辩护,格林伯格对美国抽象表现主义的推动,相提并论。[①] 为了说明这一点,我们不妨来看几个片段:

> 结构主义批评家提名的另一个候选者是蒙德里安(Piet Mondrian,1872—1944)。确实,蒙德里安从 1920 年开始,将其绘画语汇精心简化还原为极少的几种元素——黑色的水平线与垂直线、原色和"无色"(白色、黑色、灰色)组成的平面,而且在此有限的范围内生产出极度多样的作品,他由此演示了任一系统在组合上的无限性。

[①] 罗杰·弗莱对后印象派的辩护论文,详见《弗莱艺术批评文选》,沈语冰译,江苏美术出版社 2010 年版;弗莱对塞尚的著名研究,见《塞尚及其画风的发展》,沈语冰译,广西师范大学出版社 2009 年版;格林伯格对美国抽象表现主义的推动,详见《艺术与文化》,沈语冰译,广西师范大学出版社 2009 年版。

人们可以用索绪尔的术语说：因为他创造的新的绘画语言（langue）是由少量元素和规则（"非对称性"为规则之一）构成的，所以，出自这样一种精简的语言（他的言语［parole］）的可能性范围就变得更显而易见了。他在其系统中限定了可能的绘画记号的语料库，但正是这样的限定极大地提升了记号的价值。①

　　1920年后，蒙德里安艺术的两个方面解释了为何他的艺术成为结构主义方法的理想对象：首先，它是一个封闭的语料库（不只是作品总产量少，而且如上所述，他所用绘画元素的数量有限）；其次，他的全部作品很容易归成系列。在结构主义分析中首先采用的两个方法论步骤，是将对象的封闭语料库进行界定，从这界定中可以简化还原出一套常见的规则，而从语料库里还原出诸系列的分类学构成方式——确实只有在多重扫描了蒙德里安那被适当定位的全部作品之后，对其作品意义的更详尽精微的研究才有可能。②

　　换句话说，蒙德里安仿佛是天然的结构主义者。他的基本方法就是将绘画手段削减至最少的要素（垂直与水平线、原色或无色组成的方块），然后对这些要素不断地进行排列组合，形成丰富多彩且变化万千的系列作品。在过去，蒙德里安的作品要么被解释为新柏拉图主义的禁欲主义（一种象征主义的解读）；要么被认为是形式的平衡与非平衡的同义反复（一种形态学形式主义的解读）。只有结构主义的解读，才能洞见蒙德里安作品的真正意义。在这个方面，结构主义理论与蒙德里安作品（尤其是其中期作品）简直天衣无缝地相匹配。

　　当然，与任何批评方法一样，结构主义方法也有其局限。博瓦对此非常清醒：

　　　　方法确实有它的界限，因为它预设了所要分析的语料库的内在一致性、统一性——这就是在处理单个对象或处理限定范围的系列时，

---

① Hal Foster, Rosalind Krauss, Yve-Alain Bois and Benjamin Buchloh, *Art Since 1900: Modernism, Antimodernism, Postmodernism*, New York: Thames and Hudson, 2005, p. 38.

② Ibid., p. 39.

它为何会产生出最好的结果。通过对内在一致性、封闭语料库、作者身份这些概念进行强有力的批判,现在所谓的"后结构主义"连同标为"后现代主义"的文学和艺术实践相携手,将有效挫伤结构主义和形式主义在60年代享有的风头。但是,就像本书中解释的很多词条一样,结构主义分析和形式主义分析的启发性力量,尤其是对现代主义经典时刻的说明,无须摒弃。①

形式主义死了。形式主义万岁!美术界不是成天在叫喊形式主义死了吗?形式主义艺术批评不是早已终结了吗?恰恰就在后现代主义艺术,以及视觉文化研究中的反形式主义甚嚣尘上之时,伊夫—阿兰·博瓦总结了他的结构主义的形式主义批评,取得了举世瞩目的成就。如果我们要讨论"中国批评家如何创造性地运用西方批评理论",那么,我认为,博瓦创造性地运用欧洲结构主义理论,便是一个最佳的范例。

我在拙著《20世纪艺术批评》"序言"中曾说到,20世纪作为"批评的世纪",各种批评理论风光无限,视觉艺术批评也同样精彩纷呈、名家辈出,可惜许多人在我们国内却闻所未闻。我当时认为:"艺术史向来被认为是本国人文学科中最弱的学科之一,而艺术批评理论的匮乏无疑加剧了它的不堪状况。"② 将近10年过去了(此书写于2000—2002年),国内美术界对外国美术史、美术理论与批评的了解,已经取得了一些进展,但某些盲区却没有得到实质性的改观,尤其是对西方美术理论与批评的认知,并没有得到根本性的改变。

二

最近10年来,我一直致力于西方艺术理论与批评的引介工作。我日益明确的工作指向,是基于这样一个越来越清醒的认识,那就是,在我国,人文学科的发展是高度不平衡的。与相当完备的外国文学、文学理论与批评,以及西方哲学等学科相比,美术史、美术理论与批评,在整个人

---

① Hal Foster, Rosalind Krauss, Yve-Alain Bois and Benjamin Buchloh, *Art Since 1900: Modernism, Antimodernism, Postmodernism*, New York: Thames and Hudson, 2005, p. 39.

② 沈语冰:《20世纪艺术批评》,中国美术学院出版社2003年版,第1页。

文学界的地位，是非常可怜的。美术史（特别是西方美术史学史）由于范景中先生及其团队的长期努力，稍见起色。但美术理论与批评，人们却鲜有涉及。

我对这个问题的严重性的认识，也有一个过程。起初，我也认为，我国外国美术史、美术理论与批评的研究已经相当繁荣了。你看，不是已经有那么多书都翻译成中文了吗？但是，经过《塞尚及其画风的发展》（罗杰·弗莱著，广西师范大学出版社 2009 年版）一书的翻译，我才意识到之前的认识大错特错。

在翻译《塞尚及其画风的发展》过程中，我感兴趣的一直是弗莱的批评理论与批评方法，但既然弗莱的批评对象是塞尚，因此塞尚是绕不过去的。为了较为准确地翻译此书，也为了提供涉及塞尚画作与观念的注释（弗莱的原著译成中文才 6 万字，我为它所作的注释、疏讲和评论，则有 14 万字），我首先要了解塞尚研究的情形。一检索文献才发现，一个世纪以来（2006 年塞尚逝世 100 周年），国际塞尚研究的文献早已汗牛充栋。剑桥大学图书馆的检索目录中关于塞尚的文献就达到三四百种之多（法国的图书馆里当然远不止这个数），而且，国际塞尚研究已经形成了不同的方法论和学派。众所周知，学派的形成是一个学科或研究领域成熟的标志之一。

塞尚研究中，20 世纪上半叶基本上为罗杰·弗莱的形式分析法所笼罩。下半叶则有以梅洛—庞蒂（Merleau-Ponty）为代表的现象学研究，以著有《印象派绘画史》与《后印象派绘画史》著称的美籍德国人雷瓦尔德（Rewald）为代表的传记研究与作品编目，还有美国艺术史家夏皮罗（Meyer Schapiro）所开创的精神分析与图像学研究。塞尚的苹果，在罗杰·弗莱看来基本上是形式构成，在梅洛—庞蒂看来，是塞尚"直面现象本身"的典型产物，在雷瓦尔德看来，则代表了塞尚与少年朋友左拉（Zola）的友情，最后，夏皮罗却从中看出，它们充满了塞尚的压抑以及他对裸体女人既着迷又恐惧的心理。[①]

以上是国际塞尚研究的基本情状。但在国内，除了我新近翻译出版的罗杰·弗莱研究塞尚的杰作外，其余三个流派的代表作至今几乎还是一片

---

① 详见拙作《弗莱之后的塞尚研究管窥》，载《世界美术》2008 年第 3 期；并作为"附录"收入拙译《塞尚及其画风的发展》。

空白。梅洛—庞蒂有一篇研究塞尚的论文《塞尚的疑惑》，倒是已经译成中文，但收在一部90年代初出版的、影响不大的文集内，连国内的梅洛—庞蒂研究专家都不清楚曾经有过这个译文。

这从一个侧面表明，我们对西方美术史的了解是非常肤浅的，对现代大师所开创的流派的了解也才刚刚开始，后面还有大量工作需要我们去做。眼下，我正在与几位青年才俊合作翻译美国继格林伯格之后最杰出的艺术批评家之一列奥·施坦伯格（Leo Steinberg）著名的批评文集《另类准则：直面20世纪艺术》（Other Criteria: Confrontations with Twentieth-Century Art）。在这部长达450页的书里，有一篇长文《〈阿尔及利亚女人〉与一般意义上的毕加索》。施坦伯格用了整整110页篇幅，来讨论毕加索的这幅画。严格地讲，目前国内还没有一本研究毕加索的重要著作。我们确实有一些关于毕加索的书籍，但是稍微翻一下就能发现，这些书鲜有对毕加索作品的真正的艺术分析，相反，它们大多是奇闻逸事式的猎奇之作，关心的是毕加索有几个情妇之类的话题。施坦伯格对毕加索的《阿尔及利亚女人》做了认真的考究。对于毕加索如何终生醉心于全方位再现人体之美，施坦伯格是步步进逼，层层推进。西方批评家兼艺术史家的功力，在此文中展现得淋漓尽致。① 此外，还有马蒂斯（Matisse），公认的现代主义大师之一，国内对他的研究也非常薄弱。弗莱研究过他并出版过一本专著，我翻译了其中一章，收在《弗莱艺术批评文选》里。②

美国著名汉学家、艺术史家李铸晋先生有个观点认为：中国美术史非常幼稚，原因之一是美术史系设在美术学院，而不是设在综合性大学。我们都知道，在国际上，美术史系都设在综合性大学，而在我国，则基本上设在美术学院。在美术学院，一般都认为只有画画的人才是懂画的，而搞美术史的人都是画得不好的人，才去搞美术史的。我不想去跟这样的人争论，我请他们去跟柏拉图争。柏拉图在其《理想国》第十章中早就说过，最懂得笛子好不好的人，不是制作笛子的人，而是吹奏笛子的人；最懂得马鞍好不好的人，不是制造马鞍的人，而是骑马的人。③ 在我们指望柏拉

---

① 详见列奥·施坦伯格《另类准则：直面20世纪艺术》，沈语冰、刘凡等译，江苏美术出版社2010年版。

② 参见弗莱《亨利·马蒂斯》，载《弗莱艺术批评文选》，沈语冰译，江苏美术出版社2010年。

③ 参见柏拉图《理想国》，郭斌和、张竹明译，商务印书馆1986年版，第397—398页。

图能说服国内那些画画的人之前，我看美术史在美院处于边缘地位，一直是并且仍将是一个不争的事实。这确实部分地解释了我国美术史学科的落后。

美术史系（史论系，或美术学系）设在美术学院，采用的是苏联的美术教学体制，依据的是这样一个"原理"：理论研究应该为实践服务。这种短视的实用主义本来只是苏联追赶西方强势文化的一种权宜之计，在学理上是根本说不通的。因为学术研究有自身的规律，它强调的是自律与自洽，根本无法以是否切用为转移。学术研究最根本的意义只体现在学术史中，即使短期内没有实用价值，从长期看也是最为有效的科学研究方式。因为，从原理上讲，你根本无法预见追求自律而又自洽的科学研究会产生什么样的效应。事实也早已证明，它是那种短视的、事事讲究实用的科学政策所根本无法比拟的。

苏联的这种科学政策，一旦与中国式实用主义相结合，其弊端立刻就变得一清二楚了。结果是，半个多世纪过去了，我国仍然没有建立起自己的美术学学科体系，没有建立起像样的美术史理论与方法论，更没有建立起自己的美术理论与批评。相反，这种短视的实用主义倒产生了一个著名的副产品：反智主义弥漫于美术创作界，这在中国已是一个公开的秘密。谁都知道美术学院流行的说法：读不好理科才读文科，读不好文科才去画画，画不好才去搞史论。还有这样的说法：画画靠的是直觉，所以不需要读许多书（有时候，干脆不需要读书）。我认为，弥漫于美术学院的这种情绪如今已经感染上了美术理论与批评界本身。一些人竟然也同意，美术理论与批评理论是为创作服务的，是创作的婢女，要削足适履，以便"创造性的改变使用"，以适应于创作的现状。不！理论工作的价值不在于为实践服务！理论工作的价值就在于它自身。学术的规律，只服从学术的自律，它的意义体现在，并且只体现在学术史的脉络中。削足适履地改变理论，以适应创作现状的要求，乃是一种野蛮的要求，它的预设仍然是"学以致用"的中国式实用主义，如果说李约瑟难题有求解之日的话，那么，我敢断言，其答案或多或少跟这一预设相关。

2013年，我在北京参加"中国当代艺术理论与批评国际论坛"期间，将刚刚出版的两本译作送给了几位同人。他们都说"这太好了，但迟到了20年"。像格林伯格的书，要是在20年前，或者甚至10年前，能为国内读者读到的话，其影响一定未可限量。感叹之余，他们一方面感到欣慰,毕竟我们还有学者在做一些补课工作;另一方面也强烈地觉得,美术理论与批评,跟文学理论或西方哲学史相比,实在太落后了。在美术理论与批评这个领域里,连那些大师级的人的著作也才刚刚与读者见面。拿罗杰·弗莱来说,以他在美术史和批评史上的声望,足以与文学界的 T. S. 艾略特(T. S. Elliot)相媲美(事实上,弗莱与艾略特是格林伯格认为值得一读的极少数真正的批评家)。我们都知道艾略特在英美文学批评史上的崇高地位,他的作品二三十年前基本上都译成中文了。而罗杰·弗莱,除了易英教授曾经翻译过他的一本文集,则很少有人问津,以至于在国内人文学界,长期以来一直存在着一个将克莱夫·贝尔看得比弗莱更重要的误解。①

因此,我们需要一个长期的翻译引进、消化吸收的过程,只有这样,才能避免将西方的学术思想简单化。如果没有详尽的文本翻译,有的只是几篇通论式的介绍,那就很难避免简单化。打个比方,如果说我们研究西方哲学史,手头只有一本罗素的《西方哲学史》,或梯利的《西方哲学史》,却不去翻译、研读康德的三大《批判》、黑格尔的《精神现象学》;如果没有对尼采、胡塞尔、海德格尔著作的翻译研究,光是凭几本通史性质的《哲学史》,我们能说已经了解西方哲学史了吗?根本不可能。而美术史,特别是现代美术史的研究,现在就存在着这样的问题。人们经常会产生一个错觉,以为既然我们有了赫伯特·里德(Herbert Read)的《西方现代绘画简史》,或 H. H. 阿纳森(H. H. Arnason)的《西方现代艺术史》,我们就了解西方现代艺术史了。

我在格林伯格《艺术与文化》中译本(广西师范大学出版社 2009 年版)的"后记"中提到一件趣事。20 世纪 80 年代,国内有位著名的达达艺术家,将东西方两部美术史著作,一部赫伯特·里德的《西方现代绘画简史》,一部《中国美术史》放在洗衣机里搅拌了几分钟,然后把纸浆捞出来堆放在一起:"你看,我们就是这样中西融合的"。这件作品做得非常聪明,对 80 年代浮躁的追赶心态的反讽也不乏趣味。但是,遗憾的是,赫伯特·里德的《西方现代绘画简史》,是一部写得很浅显的通俗读

---

① 关于罗杰·弗莱的历史地位及其与克莱尔·贝尔的关系,参见拙作《现代艺术批评的黄金时代:从罗杰·弗莱到格林伯格》,载《艺术时代》2009 年第 8 期;并收入殷双喜主编《2009 中国美术批评家年度批评文集》,河北美术出版社 2009 年版。

物,里德本人在格林伯格看来甚至是"不够格的评论家"。这是一个很厉害的评价,赫伯特·里德曾经被认为是罗杰·弗莱的接班人,有很高的威望。但是从今天回顾的眼光看,里德跟罗杰·弗莱、格林伯格确乎不是同一个层次的人物。然而,里德却在现代艺术的通俗化与普及化方面做了很多工作,他的书一度被中国艺术家视为现代艺术的秘籍,是国人最早能够看到的、由外国人写的现代艺术通史之一,当年的达达艺术家就不失其时地拿这本书做作品。对此,我在《艺术与文化》"译后记"里有一段评论:

> 艺术的衰落首先总是缘于学术的衰落。从79到89,人们一直认为,中国现代艺术只用了短短的10年,就赶上了西方现代艺术100年的历程。此后,国人仅仅花了三、五年时间,就"消化"了西方自20世纪60年代以来已经累积了四、五十年的所谓"后现代"历史。他们所说的赶上或消化,当然建立在相当可怜的文献之上。当国内的艺术家们迫不及待地想要从赫伯特·里德(Herbert Read)的《西方现代绘画简史》(A Concise History of Modern Painting)和H. H. 阿纳森(H. H. Arnason)的《西方现代艺术史》(A History of Modern Art)之类的通史中找寻现代艺术的"秘籍"时,他们并不知道这些或短章简札,或长篇大论的通史,告诉你的只是结果,而非原因。通史之为通史,呈现在读者面前的乃是"已然如此"的后果,至于艺术中——乃至一切事物中——最为重要的过程与原委,往往付诸阙如。
>
> 正如格林伯格所言,"毕加索画的是原因,而列宾画的却是结果"。从通史之类的结果里去找原因,无异于南辕北辙。从这个角度看,亲自参与在现代艺术进程中的现代艺术批评,才显示出它的真正意义来。[1]

现如今,上面所说的情形是否已经有所好转?去年,我约请美国著名艺术史家、艺术理论家和批评家詹姆斯·艾尔金斯(James Elkins)特地

---

[1] 沈语冰:《译后记》,见格林伯格《艺术与文化》,广西师范大学出版社2009年版,第348—349页。

为中国读者撰写了一篇题为《1970年以来的西方艺术理论概览》("A Brief Look at Western Art Theory, 1970 to Present")的文章。[①] 艾尔金斯教授列出了西方最近40年来17种艺术史、艺术理论和批评的方法、取向、思潮或趋势。但即便如此，作者也明确指出这仅仅是他所了解的一部分。我在该文的校译者注释中，列出了艾尔金斯教授提到的各个流派或思潮的代表性人物的经典著作的中文译本。任何一个读到过这篇文章的人都向我表示，与西方艺术史、艺术理论和批评的经典文献相比，已经译成中文的是何等之少；已译成中文且信靠的，尤其少而又少。

三

在国内的学科划分中，美术学学科大体包括美术史、美术理论与美术批评三个方面。美术史的研究，幸赖诸多前贤与当代同人的努力，已稍成规模。但美术理论与批评，特别是外国美术理论与批评的状况令人担忧，这表现在：与稳步推进并蔚为大观的外国文学、西方哲学史等领域相比，国内关于西方美术理论与批评的译介还很零碎，不成系统，更不用说有价值的研究了。我们对国外重要理论家和批评家的了解，对国际重大艺术运动与思潮的绍介，特别是对西方美术理论与批评中的基本原理、方法及其问题的把握，都还显得浮泛粗糙。而国人要建设自己的当代美术理论与批评，必有赖于对西方的深入研究，因为，从学科建设上说，西人在规范性、自律性方面已先行作出表率，堪为模范；从理论资源着眼，西方美术理论与批评中所蕴含的问题意识、方法论意识，对我们来说具有重要的启发意义。

因此，当务之急，仍是做好基础文献的积累工作，有系统、有深度地翻译和介绍西方美术理论与批评的基本著作，梳理其历史和现状，勾勒其演变、发展的地形图，标出其枢纽或重镇。在此基础上，才有可能结合我国本土语境，特别是结合我国伟大的美术史论传统，进行真正的理论创新，才有可能与国外同行进行有价值的学术对话。可惜，我国对西方美术理论与批评的重要性认识不够，在学科建制、人员配备、资金投入、课题

---

① 参见艾尔金斯《1970年以来的西方艺术理论概览》，陶铮译、沈语冰校，载《美术研究》2010年第2期。

资助等方面，均无法跟其他人文学科相比，甚至无法与中国古代美术史和美术理论相比。国内愿意投身本学科基础研究的人少而又少；许多人又不愿在吃力不讨好的文献翻译、整理、积累上下功夫，于是，"贵琦辞，贱文献，废阁旧籍，鬻为败纸，或才翻史略，即楮成文，凿空立义，任情失正，则亦殆矣。"（范景中语）我们认为，就学科建设来说，只有做好西方美术理论与批评相关文献的翻译、整理与积累，才能夯实学科研究的地基，坚实地推进美术学的建设；而就批评实践来说，对外国美术理论与批评的深入研究，也将有助于我们更好地诠释和书写我国当代美术运动，繁荣和提升我国美术理论与批评事业。

《艺术学经典文献导读·美术卷》的编选、翻译、导读的基本宗旨，就是如此。目标既然有些崇高，实施起来当然也就不那么容易了。我知道，一般编选者会在序文或后记里大倒"数易其稿"的苦水，在大多数情况下，这都是实情。我想说的是，从起意编撰这样一个文选，到最后定下目录，我的调整不下数十稿。这一方面固然是由于西方美术史、美术理论与批评的文献浩如烟海，而本人外语能力与专业知识都不足以担此重任；另一方面，也是因为我越来越意识到这项工作的重要性。负担越重，自我审查也就越厉害。我原先设想编著这样一部文献，半年时间或许差不多了。事实却是，我在数位同人、友人及弟子的帮助下，为它工作了差不多整整一年！

眼下读者所看到的，就是这一年的最终成果。它分为四个板块，即图像学、艺术的社会史；精神分析、风格理论与视知觉理论；形式主义、现代主义；前卫艺术、后现代主义。选文20篇，其中，除了沃尔夫林、潘诺夫斯基（Panofsky）、贡布里希（Gombrich）、夏皮罗、比格尔（Peter Burger）和阿瑟·丹托（Author Danto）的6篇旧文外，其余均为新译（占全部选文的70%）。敏感的读者可以感觉到，这不仅代表了我对国内已有的外国美术史、美术理论与美术批评研究成果的认知水平，大体上也代表了我对西方艺术史、艺术理论与批评最新学术成果的认知水平。当然，我对四大板块的划分基本上是任意的，但似乎也有些理由可说（至于各篇的入选理由，我已经在选文之前的导读中有所说明）。

让我从一个现成的参照系说起。艾尔金斯教授在其《1970年以来的西方艺术理论概览》中罗列了17种趋势或取向。事实上，它们可以清楚地归入几个大类。例如，现代主义、盛期现代主义可以明确地归入一类。

女性主义、批判理论、马克思主义批评、艺术的社会史、体制批评,也不妨归入一个大类。如果说前者致力于从现代艺术史的内在逻辑[罗杰·弗莱的形式理论、格林伯格的现代主义绘画理论、迈克尔·弗雷德(Michael Fried)综合后期维特根斯坦的常规理论]来解释现代艺术史,那么,后一个大类则倾向于从艺术的外部因素来解释艺术史。此外,后结构主义、符号学艺术史、反现代主义、述行批评、关系美学等接近于,或干脆构成了通常被称为后现代主义思潮的种种。而社会学艺术史、经济学艺术史、科学的艺术史、艺术接受史及精神分析,则又属于另一大类。

我的第二个理由出于自我参照。我在交代《20世纪艺术批评》一书的结构时曾说:"他们是本书围绕着现代主义、历史前卫艺术、后现代主义这三个关键术语组织起来的叙述线索上的关键人物。"① 换句话说,2003年时,我就以现代主义、(历史)前卫艺术与后现代主义这样三个术语来组织20世纪西方艺术批评的主要线索。稍后,我将现代主义、前卫艺术与后现代主义视为现代艺术研究与批评的三大范畴。②

无独有偶,在美国学者哈尔·福斯特(Hal Foster)、罗莎琳·克劳斯(Rosalind Krauss)、伊夫—阿兰·博瓦及本雅明·布赫洛所撰写的《1900年以来的艺术:现代主义、反现代主义、后现代主义》(2005年)一书里,四位作者以现代主义、反现代主义和后现代主义这样三个术语来架构其20世纪的艺术史叙事。③ 尽管他们的反现代主义概念与我所说的(历史)前卫艺术概念并不完全相同,但它们在指称达达主义、超现实主义,特别是"无形式艺术"(或"反形式艺术")时,又有惊人的一致性。

出于这样的理由,我将西方整个美术史、美术理论与美术批评的基本文献,划分为现在的四个板块。这种划分当然是以美术理论与批评为中心取向的,而美术史的材料则被压缩。原因出于我对国内美术学学科建设的紧迫性的认识。我认为,美术史(包括西方美术史学史、美术史理论)在国内已粗成规模。相反,西方美术理论与批评方面的文献积累却寥寥无几。范景中先生的重大工程《美术史的形状》,在我看来,已经提供了外

---

① 沈语冰:《20世纪艺术批评》,中国美术学院出版社2003年版,第12页。
② 详见拙作《现代艺术研究的范畴性区分:现代主义、前卫艺术与后现代主义》,载《艺术百家》2006年第4期。
③ Hal Foster, Rosalind Krauss, Yve-Alain Bois and Benjamin Buchloh, *Art Since 1900: Modernism, Antimodernism, Postmodernism*, New York: Thames and Hudson, 2005.

国美术史的最经典文献，尽管到目前为止只出版了两卷，但想要超越它已经不太可能。范先生设想中的《美术史的形状》分为十大卷，内容大致如下：第一卷，从瓦萨里到20世纪20年代美术史文选；第二卷，从20世纪30年代到当代美术史文选；第三卷，美术史书目文献；第四卷，美术史的基本术语和概念；第五卷，美术史中的图像学研究；第六卷，美术史中的风格理论；第七卷，美术史与观念史；第八卷，美术史与科学史；第九卷，美术史与修辞学；第十卷，美术史的历史。①

我认为，要编出更翔实的卷帙，几乎是不可能了。但范先生的选文，侧重于美术史中的史与论，忽略或几乎忽略了美术批评，这也是一目了然的。为此，我产生了一个野心，就是将拙编当作《美术史的形状》的一个附录来做。换言之，我的选文，不应该被视为锦上添花，而只能被看作救偏补缺。

敏感的读者还能发现，我在选文中省略了西方世界已如火如荼、国内美术界正方兴未艾的"视觉文化研究"。这不是我的疏忽，而是有意为之。首先，这缘于"艺术学经典文献导读书系"的整体规划。幸赖加拿大康科迪亚大学段炼教授的加盟，《视觉文化卷》已单独成编（对这方面文献感兴趣的读者届时请参阅）。其次，这也缘于我对视觉文化研究的个人倾向。1995年秋季，美国最有影响的艺术批评杂志之一《十月》（October），用了整整一期的篇幅批评了视觉文化研究。其要旨在伊夫—阿兰·博瓦随后的答记者问中表达得最为清楚："就我是一个形式主义者而言，我已经认识到并不羞于这样的指控。文化研究、后殖民研究、性别研究——种种'研究'领域——试图达到的目的之一是开启似乎已经封闭了的话语形式。但它事实上削平了人们就艺术作品应该提出的问题。'研究'领域所提出来的问题总是同一个问题。……我并不谈论'差异'。但当我面对一件艺术作品时，我总是问自己：它的特殊性是什么？当人们问我为什么要写这样一本独特的书时，我的回答总是，我想弄清楚我为什么喜欢它。"他紧接着说："我批评许多文化研究的失误，正在于它们缺乏中介。这是一个'非此即彼'的模式。对我们当中的大多数人来说，这是不够的。……得有中介。事情会以十分奇异的方式被过滤。一个艺术家

---

① 参见范景中主编《美术史的形状》第1卷"序言"，中国美术出版社2003年版，第5页。

从来不是一个谎言测试中的受试者。"换句话说，艺术家在构思和创作其作品时，并不会只对"视觉文化研究"感兴趣的问题，回答"是"或"否"。艺术创作的复杂性，当然远远超出"视觉文化研究"愿意设想的程度。因为他们总是问同一个问题：是什么艺术之外的因素决定了这件艺术品？而得到的也总是同一类答案：阶级意识（西方马克思主义）、欧洲白种男人的霸权（女性主义、后殖民主义）、少数属裔或特殊性倾向者的权利（同性恋理论、酷儿理论），如此等等。

视觉文化研究由于借鉴了哲学、社会思想及文学批评理论的大量成果，曾经取得过可观的成绩。它从西方马克思主义、女性主义、解构主义、后殖民文化批评、性别理论、酷儿理论等角度，重新审视视觉图像的生成、诠释、传播及其效应，得出了不少富有意义的结论，在某种程度上突破了传统艺术史、艺术理论与批评的惯性，呈现了艺术研究丰富多彩的局面。但是，毋庸讳言的是，视觉文化研究也经常由于理论先行、政治正确、结论单一等局限，将艺术品及一般视觉图像的意义的解释简单化。这就是我个人不采纳它的原因。

（原载 2010 年第 1 期创刊号）

作者简介：沈语冰（1965— ），男，浙江余杭人，浙江大学美学与批评理论研究所教授、博士生导师、文艺学博士，主要从事西方现代美学、现代艺术史与观念史研究。

"诗乐"教育的理念与其传统

郑祖襄

中国古代的"诗乐",指的是《诗经》音乐。"诗乐"在古代历史中,是美育的重要途径。从先秦直至清末,虽历经世道变迁,但它始终以华夏文化正统的姿态独居在古代教育的领域之中,成为"美育"的代表与象征。20世纪以后,随着封建皇权被推翻,传统文化的动摇,新的诗歌音乐逐渐取代了"诗乐"的地位。然而,面对继往开来的新时代,"诗乐"的理念与其传统并未泯灭,它根植于中国本土而又无时不在传递着的文化信息,令人不得不去认真思考。

传说中的"诗乐"理念

《尚书·尧典》中有一段话说:

> 帝曰:"夔!命汝典乐。教胄子,直而温,宽而栗,刚而无虐,简而无傲。诗言志,歌永言,声依永,律和声。八音克谐,无相夺伦,神人以和。"夔曰:"於!予击石拊石,百兽率舞。"[1]

这段话,既表明虞舜时期中国音乐教育已经萌芽,也叙述了遥远的古代"诗"与"乐"的关系。"直而温,宽而栗,刚而无虐,简而无傲",意思是:正直而温和,宽大而谨慎,刚毅而不粗暴,简约而不傲慢。这十四个字,讲的是音乐教育的目的,即通过音乐培养青年人良好的思想品德。"诗言志,歌永言,声依永,律和声",这十二个字,讲的则是音乐

---

[1] 阮元:《十三经注疏》,中华书局1985年版,第131页。

教育的内容，即"诗乐"。用今天的话来讲，即是：诗，是表达思想感情的；歌，是唱出诗中表达思想感情的语言；声（旋律），是依据唱的内容而表达展现；律（音律和宫调）与旋律融洽地结合在一起。"诗"与"乐"的完美结合，不仅为一种艺术，又是古代音乐教育中的主要内容与形式。

汉代以后，《毛诗序》对诗、乐、舞的关系作了更为概括的解释：

> 诗者，志之所之也，在心为志，发言为诗。情动于中，而形于言，言之不足，故嗟叹之，嗟叹之不足，故咏歌之，咏歌之不足，不知手之舞之，足之蹈之也。①

"诗"与"乐"相结合的是歌唱艺术；"诗""乐""舞"三者为一体的是乐舞艺术。它们作为中国古代的文艺形式，成为古代艺术教育的主要方式。"诗乐"正是体现了这一特点而成为华夏文化的传统。

"乐"字本义与音乐教育的同一性

20世纪末，在出土的甲骨文中出现了作为地名的"乐"字。起初，罗振玉先生（1866—1940）认为这个字是"从丝附木，琴瑟之象也"，即认为"乐"字的本义是一种弦乐器。这一诠释约持续了半个世纪。改革开放以后，"乐"字的探究引起更多学者的注意，一种较有说服力的研究认为：甲骨文"乐"字的上半部字形并非"丝"字，而是两个"幺"字；它和下面的"木"字组成"乐"字。联系历史上有关的记载和今天少数民族音乐生活中仍有围绕大木桩唱歌跳舞的习俗，以及古代"乐"字所包括的诗、乐、舞的含义，推断甲骨文的"乐"字不是会意字，而是形声字。其下部是"木"，为众人围大木桩跳舞之形；其上部为"幺"，为乐舞者歌唱吆喝之声，② 因此，"乐"的本义含有"诗、乐、舞"三方面内容。

---

① 文化部文学艺术研究院音乐出版社：《中国古代乐论选辑》，人民音乐出版社1981年版，第104页。

② 冯洁轩：《乐字析疑》，载《音乐研究》1986年第1期。

诗、乐、舞三者合为一体，在"乐"字的创造中已经体现了这种内涵。当"乐"字流行通用以后，它就成为古代华夏文化中的艺术总称。春秋时期形成的《乐记》中，这样的内涵已得到完整的表述：

> 凡音之起，由人心生也。人心之动，物使之然也。感于物而动，故形于声。声相应，故生变，变成方，谓之音。比音而乐之，及干戚羽旄，谓之乐。①

郭沫若先生（1892—1978）在《公孙尼子与其音乐理论》中说：

> 公孙尼子的所谓"乐"，也依然是相当广泛的。《乐记》中所论到的，除纯粹的音乐之外，也有歌有舞，有干戚羽旄，有缀兆俯仰。②

同样是商代，乐师"瞽"继承了虞舜时期"夔"的传统，担负着音乐教育的职事，他自身也是一个朝廷当中的文化人。《礼记·明堂位》记载古代学校时说，"瞽宗，殷学也"，汉代郑玄注：乐师瞽矇之所宗也。古者有道德者使教焉，死则以为乐祖，于此祭之。《周礼·春官》也曰："凡有道者、有德者，使教焉。死则以为乐祖，祭于瞽宗。"瞽的政治和文化上的地位，在周代的文献中也很清楚，《国语·周语》曰：

> 故天子听政，使公卿至于列士献诗，瞽献曲，史献书，师箴，瞍赋，矇诵，百工谏，庶人传语，近臣尽规，亲戚补察，瞽史教诲，耆艾修之，而后王斟酌焉。③

"瞽""瞍""矇"，都属于"瞽"（盲人）。"瞽"不仅要向天子进献乐曲，还要通过文艺形式（曲、赋、诵）去教诲天子。

商代甲骨文中又有一条记载四周方国派青年学子来游学的卜辞：

---

① 吉联抗：《〈乐记〉译注》，人民音乐出版社1980年版，第1页。
② 郭沫若：《公孙尼子与其音乐理论》，见《郭沫若全集·历史编1》，人民出版社1982年版，第496页。
③ 吉联抗：《春秋战国音乐史料》，上海文艺出版社1981年版，第39页。

丁酉卜，其呼以多方小子小臣，其教戒？（《殷契粹编》）①

其中的"戒"字，有持戈而警戒、持戈而舞蹈两种含义。所以"教戒"一词，包含着习乐和习武两个方面。郭沫若先生认为："殷时邻国，多遣子弟游学于殷。""多国之小子小臣同受殷人之教戒，非留学制之滥觞而何欤？"李纯一先生（1920—　）根据此条卜辞推测商代音乐教育有四个特点：

1. 商代多方小子、小臣尚须受礼乐教育，则商王朝的小子、小臣当更不能例外。
2. 商代多方小子、小臣既然到商都来留学，则当其学成后必然把所学到的商朝礼乐带回本国，这就会使它得以扩散开来。
3. "教戒"须事先卜问，可见其事之神秘庄重。
4. 商王朝既然对小子、小臣教戒，可能会有相应的制度、组织以及教师等等。②

商代"瞽宗"和"教戒"的史料互为补充，证明了商代专职乐师和音乐教育行为的存在。

西周"诗乐"教育的主导地位

西周建立的官学音乐教育体制，以"国子"（公卿大夫子弟）为对象，以"乐德""乐语""乐舞"三方面为主要内容，《周礼·春官》"大司乐"曰：

（大司乐）以乐德教国子：中、和、祗、庸、孝、友；以乐语教国子：兴、道、讽、诵、言、语；以乐舞教国子：舞《云门大卷》《大咸》《大韶》《大夏》《大濩》《大武》。③

---

① 李纯一：《中国古代音乐史稿》第 1 分册，人民音乐出版社 1985 年版，第 37 页。
② 同上书，第 38 页。
③ 阮元：《十三经注疏》，中华书局 1985 年版，第 787 页。

汉代郑玄（127—200）注："中，犹忠也；和，刚柔适也；祗，敬；庸，有常也；善父母曰孝；善兄弟曰友。兴者，以善物喻善事；道，读曰导，言古以刵今也；倍文曰讽；以声节之曰诵；发端曰言；答述曰语。"①"中、和、祗、庸、孝、友"这六个字，充分体现了西周音乐教育的人文内涵和目的。

可以概括地说："中、和、祗、庸、孝、友"是人的思想道德品质的标准，它需要通过音乐教育来达到；而音乐能表现这种思想内涵的，主要是"诗乐"。《诗经》的歌词内容、思想情操，通过歌曲的音乐形式表达出来；国子通过这样的学习，领会这六个字的思想道德品质。"兴、道、讽、诵、言、语"这六个字是诗的文学意义上的表现方式，通过它们来培养国子的语言艺术的基础和表达能力，如孔子所说："不学《诗》，无以言。"（《论语·季氏》）《云门大卷》等六部是西周的经典乐舞，国子通过对它们的学习，领会到最优秀的舞蹈艺术。

清楚且又鲜明、全面的人文教育是西周音乐教育的内容。诗、乐、舞三者一体是音乐教育的特征，"诗乐"又居于主导地位。

孔子的"诗乐"观

孔子（前551—前479）对《诗经》和"诗乐"的推崇是先秦儒家的代表。司马迁《史记·孔子世家》（卷47）说：

> 古者诗三千余篇，及至孔子，去其重，取可施于礼义，上采契后稷，中述殷周之盛，至幽厉之缺，始于衽席，故曰"《关雎》之乱以为《风》始，《鹿鸣》为《小雅》始，《文王》为《大雅》始，《清庙》为《颂》始"。三百五篇孔子皆弦歌之，以求合《韶》《武》《雅》《颂》之音。礼乐自此可得而述，以备王道，成六艺。②

这段著名的"孔子删诗"说，实际是不符合历史事实的。因为《左传·襄公二十九年》（公元前544年，其时孔子8岁）清楚记载吴季札在

---

① 阮元：《十三经注疏》，中华书局1985年版，第787页。
② 司马迁：《史记》，中华书局1982年版，第1936—1937页。

鲁观乐，鲁国乐工演奏了《诗经》中"风、雅、颂"的大部分作品。因此，《诗经》最初的编订者并非孔子，而是西周乐官。① 但《史记》这段记载却反映出孔子对《诗经》的赞赏与偏爱。

孔子对《诗经》思想、情感及其艺术的总体评价是："《诗》三百，以一言蔽之，曰：思无邪。"（《论语·为政》）又曰：

> 小子何莫学夫《诗》？《诗》，可以兴，可以观，可以群，可以怨。迩之事父，远之事君，多识于鸟兽草木之名。（《论语·阳货》）

孔子认为《诗经》的教育是十分重要的，《礼记·经解（第二十六）》引孔子语曰：

> 入其国，其教可知也。其为人也，温柔敦厚，诗教也。……广博易良，乐教也。

孔子自身又是一个音乐家，对于一些"诗乐"作品，又有具体的评价：

> 《关雎》乐而不淫，哀而不伤。（《论语·八佾》）
> 《关雎》之乱，洋洋乎盈耳哉！（《论语·泰伯》）
> 子谓《韶》："尽美矣，又尽善也。"谓《武》："尽美矣，未尽善也。"（《论语·八佾》）

进而，孔子提出"诗、礼、乐"循序渐进的三个教育层次：

> 子曰：兴于诗，立于礼，成于乐。（《论语·泰伯》）

《诗经》三百零五篇，孔子皆弦歌之。孔子是《诗经》的倡导者，也是"诗乐"的倡导者和传播者。孔子作为古代教育的圣人、万世的楷模，他的"诗乐"观随着古代教育的传承，产生了极为广泛和深远的影响。

---

① 参见郑祖襄《中国古代音乐史》，高等教育出版社2008年版，第20页。

礼乐制度中的"诗乐"

西周时期"诗乐"用于国子的教育,也普遍施行于礼乐制度之中。《周礼·春官》曰:

> 凡射,王以《驺虞》为节;诸侯以《狸首》为节;大夫以《采萍》为节;士以《采蘩》为节。①

又,《仪礼·燕礼》曰:

> 工歌《鹿鸣》《四牡》《皇皇者华》。……笙入,立于县中,奏《南陔》《白华》《华黍》。……乃间歌《鱼丽》,笙《由庚》;歌《南有嘉鱼》,笙《崇丘》;歌《南山有台》、笙《由仪》。遂歌乡乐,周南:《关雎》《葛覃》《卷耳》;召南:《鹊巢》《采蘩》《采苹》。②

尤其是,公元前544年(鲁襄公二十九年),吴公子季札在鲁国观乐,见到了大量的"诗乐"作品,《左传·襄公二十九年》曰:

> 吴公子札来聘……请观于周乐。
> 使工为之歌《周南》《召南》。曰:"美哉!始基之矣,犹未也,然勤而不怨矣。"(译成白话:美呀!是教化的基础,还未完善,然而已经是勤劳而不怨恨。)
> 为之歌《邶》《庸》《卫》。曰:"美哉!渊乎!忧而不困者也。吾闻卫康叔、武公之德如是,是其《卫风》乎?"(译成白话:美呀!很深呀!忧思而不困顿。我听说卫康叔、武公的德行就是这样的,这是《卫风》吧?)
> 为之歌《王》……
> 为之歌《郑》……

---

① 阮元:《十三经注疏》,中华书局1985年版,第793页。
② 同上书,第1012页。

为之歌《齐》……

为之歌《豳》……

为之歌《秦》……

为之歌《魏》……

为之歌《唐》……

为之歌《陈》……自《桧》以下无讥焉。

为之歌《小雅》……

为之歌《大雅》……

为之歌《颂》……

见舞《象箾》、《南籥》者……

见舞《大武》者……

见舞《韶濩》者……

见舞《大夏》者……

见舞《韶箾》者……①

吴季札对"诗乐"的认识，从音乐入手，进而深入历史、人文，对后世"诗乐"的认识与传播产生了重要的影响。

秦汉以后，礼乐制度中的"诗乐"，仍然被历朝历代继承下来。南宋朱熹编订的《仪礼经传通解》（卷14）保存了赵彦肃（朱熹同时代人）所传"诗乐"乐谱——《风雅十二诗谱》（见图1）。这些乐谱相传为唐代所传，是今天留存下来最早的"诗乐"乐谱，用律吕记写（即律吕谱）。这十二首"诗乐"，属于《诗经》"小雅"的有六首：《鹿鸣》《四牡》《皇皇者华》《鱼丽》《南有嘉鱼》《南山有台》。属于《诗经》"国风"的也是六首："周南"：《关雎》《葛覃》《卷耳》；"召南"：《鹊巢》《采蘩》《采蘋》。朱熹在载入乐谱的后面说：

> 至开元乡饮酒礼其所奏乐，乃有此十二篇之目，而其声今亦莫得闻矣。此谱乃赵彦肃所传，云即开元遗声也。②

---

① 杨伯峻：《春秋左传注》，中华书局2006年版，第1161—1165页。

② 朱熹：《仪礼经传通解》，见《文渊阁四库全书》（光盘版），武汉大学出版社1997年版，第7页。

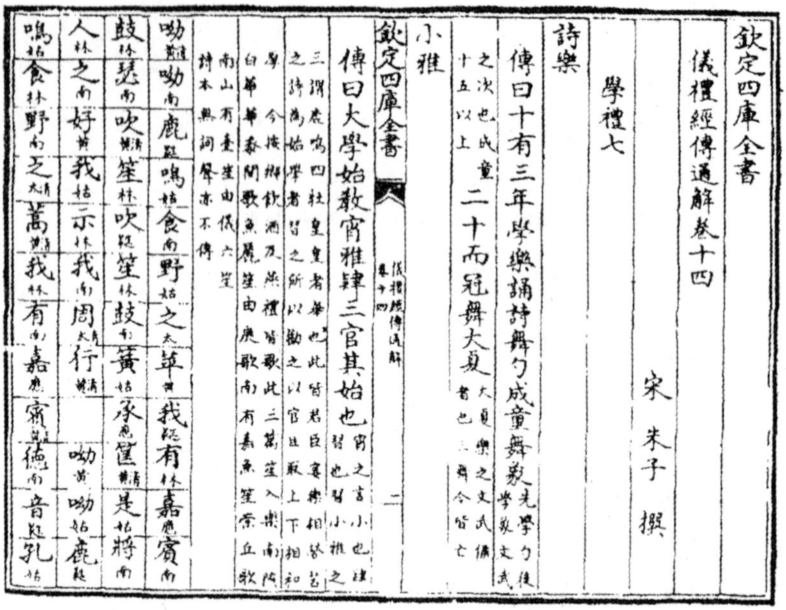

欽定四庫全書

儀禮經傳通解卷十四

宋 朱子 撰

學禮七

詩樂

傳曰十有三年學樂誦詩舞勺成童舞象（先學勺後學象文武之次也成童十五以上）二十而冠舞大夏（大夏樂之文武備者也……舞今皆亡）

小雅

欽定四庫全書 儀禮經傳通解 卷十四

傳曰大學始教宵雅肄三官其始也（宵之言小也肄習也習小雅之三謂鹿鳴四牡皇皇者華也此皆君臣宴樂相勞苦之詩為始學者習之所以勸之以官且取上下相和厚今按鄉飲酒及燕禮皆歌此三篇笙入樂南陔白華華黍閒歌魚麗笙由庚歌南有嘉魚笙崇丘歌南山有臺笙由儀六笙詩本無詞聲亦不傳）

呦呦鹿鳴食野之苹我有嘉賓鼓瑟吹笙吹笙鼓簧承筐是將人之好我示我周行呦呦鹿鳴食野之蒿我有嘉賓德音孔

图 1

资料来源：朱熹《仪礼经传通解》，第 1 页，见《文渊阁四库全书》（光盘版），武汉大学出版社 1997 年版。

礼乐制度的“诗乐”，其原本是一种“思无邪”的作品，是中国古代文化与艺术的瑰宝。因为有这样的价值，被纳入礼乐制度，本属文化教育的自然选择。但在 20 世纪相当长的时间里，由于受“阶级斗争”的音乐史观影响，它被视为祭天地、祭祖宗一类的宫廷雅乐而遭受批判。“诗乐”受批判的历史阴影，让这块美丽的“和氏之璧”蒙上了污垢，不仅阻碍了世人对它的认识，也阻碍了它对人类自身的哺育与滋养。

上博简中的“诗乐”目录

上海博物馆近年收藏了一批战国时期的楚简，在这批楚简中发现了一些“诗乐”的目录。原上海博物馆馆长马承源先生（1927—2004）称为“采风曲目”。据马承源先生研究，它们一共是六片竹简，上面书写了“诗乐”曲目与调名（部分竹简见图 2）。

简书中的“宫穆”“宫讦”“讦商”“讦客”“讦羽”等是音乐上的调

图2

资料来源：马承源：《上海博物馆藏战国楚竹书》第4册，上海古籍出版社2001年版，第17页。

名，《子奴思我》《硕人》《毋□□门》《牧人》《子之贱奴》等是歌曲名。① 调名中的"宫""商""峇""羽"以及后缀字"穆"等与1978年湖北随县出土曾侯乙编钟上的某些乐律学铭文相同，可见它们同属"楚声"音乐文化体系。今存本《诗经·卫风》有《硕人》一篇，与楚简中《硕人》篇名相同，这既说明了楚地"诗乐"的流传，也说明了楚地"诗乐"与两周时期北方中原"诗乐"之间的联系。

又，《史记·儒林传》（卷121）：

及高皇帝诛项籍，举兵围鲁，鲁中诸儒尚讲诵习礼乐，弦歌之声不绝。②

---

① 参见马承源《上海博物馆藏战国楚竹书》第4册，上海古籍出版社2001年版，第164—170页。

② 司马迁：《史记》，中华书局1982年版，第3117页。

以此推知，春秋战国时期在儒学的影响下，"诗乐"是教育中的一项基本而又普遍的形式。

北宋"湖学"时期的"诗乐"

北宋庆历年间（1041—1048），教育家、思想家胡瑗（993—1059）在苏州、湖州办学，以经学为主，以务实为要，一时社会效应普遍良好，称为"湖学"。其后，朝廷太学也效其法。宋末马端临（1254—1323）《文献通考》曰：

> 安定先生胡瑗自庆历中教学于苏、湖间二十余年，束修弟子前后数以千计。是时方尚辞赋，独湖学以经义及时务，故学中有经义斋、治事斋……有天下谓湖学多秀彦，其出而筮仕往往取高第，及为政多适于世用，若老于吏事者，由讲习有素也。①

近代学者陈钟凡先生（1888—1982）在《两宋思想述评》中对"湖学"作了具体的阐释：

> 胡瑗教学苏州湖州，立经义治事二斋。经义斋专习经术，重学理讨论。治事斋则人治一事，又兼摄一事。如治民以安其生，讲武以御其寇，掩水以和田，考历以明教是也。表之如下：
> （甲）理论科——经义
> （1）经术科
> （2）文艺科
> （3）道德科
> （乙）治用科——治事
> （1）政治科——治民
> （2）武备科——讲武
> （3）工程科——堰水
> （4）算术科——算历

---

① 邵钰：《胡瑗与湖学》，载《浙江师范大学学报》（哲学社会科学版）1987年第3期。

(5) 其他①

"湖学"兴起以后,"湖学"里的"诗乐"也随之兴起。《宋史·乐志》(卷142)记载"诗乐"曰:

> 宋朝湖学之兴,老师宿儒痛正音之寂寥,尝择取《二南》《小雅》数十篇,寓之埙篪,使学者朝夕咏歌。自尔声诗之学,为儒者稍知所尚。②

《宋史·选举(三)》(卷157)也记载到学生唱《诗》:

> 时太学之法宽简,而上之人必求天下贤士,使专教导规矩之事。安定胡瑗设教苏、湖间二十余年,世方尚词赋,湖学独立经义治事斋,以敦实学。皇祐末,召瑗为国子监直讲,数年,进天章阁侍讲,犹兼学正。其初人未信服,谤议蜂起,瑗强力不倦,卒以有立。每公私试罢,掌仪率诸生会于首善,雅乐歌诗,乙夜乃散。士或不远数千里来就师之,皆中心悦服。有司请下湖学,取其法以教太学。③

明代黄宗羲(1610—1695)编撰的《宋元学案》,其卷1"安定学案"(附录)中也有类似记载:

> 先生在学时,每公私试罢,掌仪率诸生会于肯善堂,合雅乐歌《诗》。至夜,乃散诸斋,亦自歌《诗》奏乐,琴瑟之声彻于外。④

明代万历时期的《湖州府志》在记载"湖学"时所引邓文原(1258—1328)的一段话也提到了"诗乐":

> 邓文原记湖学:宋宝元间,安定先生胡公,以经学为弟子师,由

---

① 陈钟凡:《两宋思想述评》,东方出版社1996年版,第13—14页。
② 脱脱:《宋史》,中华书局1985年版,第3339页。
③ 同上书,第3659页。
④ 黄宗羲:《宋元学案》,中华书局2007年版,第6页。

是东南诸郡知有仁义礼乐之教，其后郡县皆立学，太学亦取以为法，故湖学之盛，最于他郡。①

清代李堂纂修的《湖州府志》，也认为湖学有"诗乐"：

>湖州学府……在府治东北报恩界……（自注：宋张方平《新建湖州学记》：宝元二年……按：宋时州学，内有经史阁、礼乐阁，凡为屋百二十楹。)②

"湖学"作为宋代的教育创举，其办学思想、方法已经影响到北宋宫廷太学。"诗乐"与之伴随而来，足见古代教育事业中"诗乐"的传统。

元初熊朋来《瑟谱》"诗乐"

宋末元初有一个文人叫熊朋来（1246—1323），字与可，豫章（今江西南昌）人。他曾经是南宋咸淳甲戌年（1274）的进士，南宋灭亡后，他隐居乡里，传授儒学。《元史·儒学传》（卷190）曰：

>世祖初得江南，尽求宋之遗士而用之，尤重进士，以故相留梦炎为尚书，召甲戌状元王龙泽为江南行台监察御史。朋来，龙泽榜下进士，而声名不在龙泽下，然不肯表襮苟进，隐处州里间，生徒受学者，常百数十人。……每燕居，鼓瑟而歌以自乐。尝著《瑟赋》二篇，学者争传诵之。门人归之者日盛，旁近舍皆满，至不能容。朋来恳恳为说经旨文义，老益不倦。得其所指授者，多为闻人。③

熊朋来编撰《瑟谱》全书6卷，以考证、研究瑟和收录瑟音乐（即《诗经》音乐）为主。收录的《诗经》乐谱有三种：一是"诗旧谱"，收录赵彦肃所传12首《诗经》乐谱；二是"诗新谱"，是熊朋来自己撰写

---

① 佚名：《万历湖州府志》，上海古籍出版社1963年版，第20页。
② 李堂：《湖州府志》卷3，乾隆二十三年刻本，浙江省图书馆藏。
③ 宋濂：《元史》，中华书局1976年版，第4334—4335页。

的《诗经》乐谱，共19首；三是熊朋来收录、整理宋以来的孔庙释奠乐章谱，共18首。三种乐谱均用“律吕谱”和“宋代燕乐调字谱”两种记谱方式记写。

19首“诗新谱”，是熊朋来自己创制的“诗乐”。其中，属于《诗经》“卫风”的有《考槃》《淇奥》《缁衣》；属于“王风”的有《黍离》；属于“魏风”的有《伐檀》；属于“秦风”的有《蒹葭》；属于“陈风”的有《衡门》；属于“豳风”的有《七月》；属于“小雅”的有《菁菁者莪》《鹤鸣》《白驹》；属于“大雅”的有《文王》《抑》《崧高》《烝民》；属于“周颂”的有《清庙》《载芟》《良耜》；属于“鲁颂”的有《駉》。这19首作品，有的是为全首诗谱曲，有的只是为其中的某些段落谱曲，所以每一首之中，段落多少不一。如《蒹葭》（见图3）和《文王》（见图4）二首：

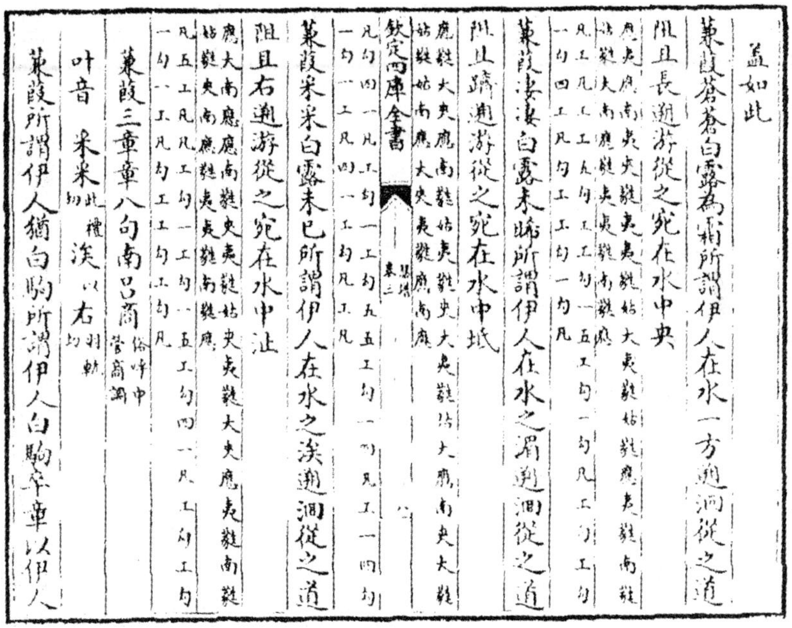
蓋如此
蒹葭蒼蒼白露為霜所謂伊人在水一方遡洄從之道
阻且長遡游從之宛在水中央
蒹葭淒淒白露未晞所謂伊人在水之湄遡洄從之道
阻且躋遡游從之宛在水中坻
欽定四庫全書
蒹葭采采白露未已所謂伊人在水之涘遡洄從之道
阻且右遡游從之宛在水中沚
蒹葭三章章八句南呂商 俗呼中管商調
叶音 采采此禮切 涘以右切 右羽軌切
蒹葭所謂伊人猶白駒所謂伊人白駒卒章以伊人

图3

资料来源：熊朋来：《瑟谱·卷三》，载《文渊阁四库全书》（光盘版），武汉大学出版社1997年版，第8页。

熊朋来对自己谱曲的每一首歌词，都做了一定的历史考证，有的甚至对“声依永，律和声”的特点有自己的诠释，如《卫风·淇澳》一首，

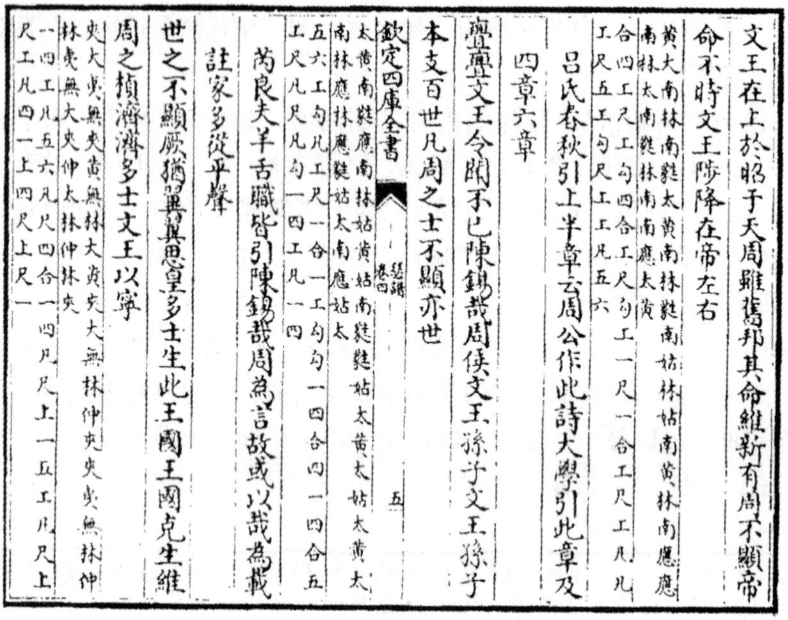

文王在上於昭于天周雖舊邦其命維新有周不顯帝
命不時文王陟降在帝左右
黄大南林南蕤太黄南林蕤南姑林姑南黄林南應應
南林太南蕤林南南應太黄
合四工尺工勾四合工尺勾工一尺一合工尺工凡凡
工尺五工勾尺工工凡五六
呂氏春秋引上半章云周公作此詩大學引此章及
四章六章
亹亹文王令聞不已陳錫哉周侯文王孫子文王孫子
本支百世凡周之士不顯亦世
欽定四庫全書　琴譜 卷四　五
太黄南蕤應南林姑黄姑南蕤蕤姑太黄太姑太黄太
南林應林應蕤姑太南應姑太
五六工勾凡工尺一合一工勾勾一四合四一四合五
工尺凡尺凡勾一四工凡一四
芮良夫羊舌職皆引陳錫哉周爲言故或以哉爲載
註家多從平聲
世之不顯厥猶翼翼思皇多士生此王國王國克生維
周之楨濟濟多士文王以寧
夾大夾無夾黄無林大黄夾大無林仲夾夾無林仲
林夾無大夾仲太林仲林夾
一四工凡五六凡尺四合一四凡尺上一五工凡尺上
尺工凡四一上四尺上尺一

图4

资料来源：熊朋来：《瑟谱·卷四》，载《文渊阁四库全书》（光盘版），武汉大学出版社1997年版，第5页。

熊朋来于乐谱后注曰：

孔子读《诗》叹曰："吾于《淇澳》知学之可以为君子也。"《淇澳》以商发声，歌之以无射商。①

又《豳风·七月》首章，熊朋来注曰：

《周礼》乐章，祈年于田祖，以豳雅土鼓乐田畯。本注指此章秋时，豫言觱发栗烈，盖中秋迎寒所歌，言七月九月，而八月在其中。迎寒以南吕之律，祈年以应钟之律，故以南吕商为调，南吕之

① 熊朋来：《瑟谱·卷三》，见《文渊阁四库全书》（光盘版），武汉大学出版社1997年版，第3页。

应钟也。①

如果说熊朋来的《瑟谱》，是为振兴教育所作；倒不如说是在外族统治下的复兴与传承华夏文化所为。"诗乐"已经成为华夏文化的代表。

结　语

《诗经》及其音乐，早在西周已经建立起它的文化地位。汉代的今文经学又确立起《诗经》的地位，从此，《诗经》成为古代中国传统文化的基石——"经学"之一。"诗乐"作为古代教育中主要的美育形式，根本上来说，是《诗经》艺术的教育。《诗经》的作品，从商、西周至春秋战国，遍及黄河流域和长江流域的广阔地域。它们所描述、倾吐的思想感情，包揽了华夏民族极其广泛、深厚的人文精神，是一个思想的宝库，也是一个情感的宝库，对于"美育"来说，是一个极好的资源。又因为孔子的倡导，它的地位历经沧桑而不衰。

《尚书》所说的"诗言志，歌永言，声依永，律和声"，已经触及作为汉藏语系汉语族的中国汉语在入乐时的根本问题，即语言和音乐之间的融合。在"经学"时代，在强调"诗"的内容、"诗"的艺术的同时，也强调"声依永，律和声"，即音乐在旋律、调高和律高上的完美表达，也由此实施音乐基本知识的传播。

在此后的历史中，随着语言的字调、声韵的发展和进步，到了宋元后的戏曲音乐时代，尤其是昆曲产生以后，语言和音乐之间融合的关系才得到较为全面的解决。明代昆曲艺术家魏良辅《曲律》说：

> 五音以四声为主，四声不得其宜，则五音废矣。平上去入，逐一考究，务得正中，如或苟且舛误，声调自乖，虽具绕梁，终不足取。其或上声扭做平声，去声混作入声，交付不明，皆做腔卖弄之故，知者辨之。②

---

① 熊朋来：《瑟谱·卷三》，见《文渊阁四库全书》（光盘版），武汉大学出版社1997年版，第10页。

② 魏良辅：《曲律》，见中国戏曲研究院《中国古典戏曲论著集成》第5集，中国戏曲出版社1982年版，第5页。

所以明代沈宠绥《度曲须知》评价魏良辅改革后的昆山腔说："声则平上去入之婉协，字则头腹尾音之毕匀。"

今天音乐教育的艺术内涵，随着社会的现代化，其思想和艺术形式也在不断变化。但是要达到"诗乐"这样丰富的艺术内涵，这样的人文思想境界，仍然是很困难的。毕竟《诗经》是古代最优秀的诗歌，而其他作品，在"美育"的层次上很难与之相比肩。古代把最优秀的"诗乐"放进青年学子的美育课堂，是值得今人深思的。

"诗言志，歌永言，声依永，律和声"，作为以汉藏语系汉语族为母语的华夏民族来说，"诗乐"的艺术是永久的。从这一角度来看，在面向未来的时候，"诗乐"的内容和形式可以不断改变，但"诗乐"语言与音乐融合的艺术特征始终与华夏民族的母语同在。

（原载2010年第1期创刊号）

作者简介：郑祖襄（1952— ），男，上海人，杭州师范大学音乐学院教授，博士生导师，兼任《音乐研究》编委、中国音乐史学会副会长，主要从事中国古代音乐史研究。

重评鲍姆嘉滕的"感性教育"思想

曾繁仁

德国启蒙主义美学家鲍姆嘉滕虽然被称作"美学之父",但由于文字的障碍与长期以来主客、身心二分思维模式的影响,所以对他的评价并不是很高。美学界很多人认为鲍氏对于美学的功劳只在替它定了一个名称。① 其实,这种评价是十分片面的。历史证明,鲍氏对于美学作为感性学、美育作为"感性教育"的阐释具有重大的理论价值与现实意义。下面,我们着重评述鲍氏有关美育作为"感性教育"思想的重大价值与意义。

鲍姆嘉滕(A. G. Baumgarten,1714—1762),全名亚历山大·戈特利布·鲍姆嘉滕。1714年出生于柏林,1735年出版博士论文《诗的哲学默想录》(又名《关于诗的哲学沉思》),可见,他在20岁左右即已获得博士学位。正是在《关于诗的哲学沉思》一文中提出"感性学"(Aesthetica)的概念,他称作"知觉的科学或感性学"。他又于1750年和1758年出版《美学》第一、二卷。在《美学》第一、二卷,他就给"美学"下了"感性认识的科学"的定义,并以相当的篇幅对此进行了论述。克罗齐在《鲍姆嘉滕的美学》一文中认为,鲍氏给美学所下的定义是"有史以来最好的定义","是他对美学的最大的贡献"。② 在相当长的时间内,由于鲍氏的《美学》是用拉丁文写作的,不免给其传播造成一定困难,更重要的是由于认识的局限,学术界对鲍氏美学与美育思想的意义、作用认识相当不够。20世纪80年代以来,由于学术界对于启蒙运动以来由"主客二分"思维模式所形成的主体与客体、理性与感性、身体与心灵二分对立弊端的越来越清晰的认识,所以对鲍姆嘉滕"美学即感性学"理

---

① 朱光潜:《朱光潜全集》第6卷,安徽教育出版社1990年版,第330页。
② 蒋孔阳、朱立元:《西方美学史》第3卷,上海文艺出版社1999年版,第996页。

论的意义价值有了更加明确的认识,对其美学与美育理论给予了更多的重视。正如德国当代美学家沃尔夫冈·韦尔施(Wolfgang Welsch)所说:"鲍姆嘉滕的美学思想尤其令我感到惊异。因为他将美学作一门研究感性认识的学科建立起来。在他看来,美学研究的对象首先不是艺术——艺术也只是到后来才成为美学研究的主要对象——而是感性认识的完善。在研究过程中,我尝试着努力恢复鲍姆嘉滕的这一原始意图。"[①] 由此,我们认为鲍氏所论述的"美学即感性学""美的教育即感性教育"的重要理论在当代具有厘清美学与美育内涵,恢复其本性的重要作用。其具体内涵与价值如下。

一、首创"美学即感性学",是对工具理性膨胀的有力反拨,为美育开辟"感性教育"的新领域

鲍姆嘉滕在 1735 年所写的博士论文《诗的哲学默想录》中就提出"美学即感性学"的命题。他说:"可理解的事物是通过高级认知能力作为逻辑学的对象去把握的;'可感知的事物'(是通过低级的认知能力)作为知觉的科学或'感性学'(美学)的对象来感知的。"[②] 1750 年,他又在《美学》第一卷中正式给美学下了"感性认识的科学"的定义。他说:"美学作为自由艺术的理论、低级认识论、美的思维的艺术和与理性类似的思维的艺术是感性认识的科学。"[③] 他为了准确阐明"感性认识的科学"的内涵,特意在希腊词 Aisthesis 的基础上,创造出拉丁词 Aesthetica,这是一个与 Ratio(理性)对立的概念,意为感性的、感官的、知觉的。[④] 由此可知,"Aesthetica"一词原来的含义只是"感性的"之意,与"美"是没有关系的。正如《诗的哲学默想录》的英译者阿什布鲁纳与霍尔特所说:"这个词的本义与'美'(beauty)无关,它源自 αϊσθηονε

---

① 王卓斐:《拓展美学疆域 关注日常生活——沃尔夫冈·韦尔施教授访谈录》,载《文艺研究》2009 年第 10 期。

② 鲍姆嘉滕:《美学》,文化艺术出版社 1987 年版,第 169 页。

③ 同上书,第 13 页。

④ 王卓斐:《沃尔夫冈·韦尔施的美学理论研究》,硕士学位论文,山东大学文学院,2010 年,第 25 页。

(感觉)，而不是源自任何更早的代表美或艺术的词。"① 但有一点是肯定的，那就是这个"Aesthetica"是不同于逻辑学与伦理学之外的另一门新的学问，那就是"美学"。由此"美学即感性学"的论断得以成立。

"美学即感性学"的论断能够成立的一个重要原因在于鲍姆嘉滕充分地论证了感性认识对理性认识来说所具有的独立性。他在回答人们对感性认识的价值与独立性的责难时说道："哲学家是人当中的一种人，假使他认为，人类认识中如此重要的这一部分与他的尊严不相配，那就失之欠妥了。"② 鲍氏将自己所说的"感性认识"，又称作"低级认识能力"。但他对沃尔夫所说的"低级认识能力"做了某种程度的改造和补充，从而使之具有了新的面貌。在沃尔夫的理论体系中认识能力的低级部分包括感觉、想象、虚构、记忆力。鲍姆嘉滕在《形而上学》一书中用"幻想"取代了沃尔夫的"想象"，并用洞察力、预见力、判断力、预感力和命名力扩展了沃尔夫的序列。所以这里所讨论的就不再是"认识能力的低级部分"，而是独立的"低级认识能力"了。③ 作为"低级认识能力"的"感性认识"就具有了独立性，从而标志着它已经不同于"高级认识能力"的逻辑学而具有了自己的独立地位。由此，作为感性学的"美学"就与逻辑学、伦理学区分开来走向学科独立之路。这就是人们将鲍姆嘉滕称作"美学之父"的主要原因。其意义就在于突破启蒙运动以来，以笛卡儿、莱布尼茨与沃尔夫为代表的大陆理性主义将"理性"推到决定一切的至高无上地位的"独断论"。这种"独断论"不仅是一种哲学理论的极端化、片面化的错误，而且是对人的鲜活的感性生命力的压制与宰割，它成为现代以来人们在精神和身体上茫然无所归依的重要原因。鲍氏首创"美学即感性学"就是对这种工具理性独断论的反拨，是对人的本真的感性生命力的呼唤与恢复。

在这里还需要特别指出的是，我们重评鲍氏"美学即感性学"的命题也是对西方长期盛行的"美学即艺术哲学"理论的有力批判与反拨。审美当然与艺术紧密相连，但它首先来自人的鲜活的感性的生活，并最终为了改善人的感性生活使之更加美好。但"美学即艺术哲学"却在很大

---

① 鲍姆嘉滕：《美学》，文化艺术出版社 1987 年版，第 178 页。

② 同上书，第 15 页。

③ 同上书，第 13 页。

程度上割断了审美与感性生活的血肉联系，使之局限于单一的艺术，后果极为严重。鲍氏提出的"美学即感性学"的命题已经将审美扩展到感觉、幻想、虚构、记忆、洞察、预见、判断与命名等一切方面，具有了极大的鲜活性、生动性与生命力。

鲍氏在其美学的定义中还有"美学作为自由艺术的理论"的表述，在这里"自由艺术"并不等于"艺术"，而是有着十分宽泛的内涵。鲍姆嘉滕在《真理之友的哲学信札》中写道："人的生活最急需的艺术是农业、商业、手工业和作坊，能给人的知性带来最大荣誉的艺术是几何、哲学、天文学，此外还有演说术、诗、绘画和音乐、雕塑、建筑、铜雕等，也就是人们通常算作美的和自由的艺术的那些。"[1] 可见，他所说的一切非自然之物都在"自由艺术"之列，由此说明鲍氏区别于"美学即艺术哲学"的理论框架，有回归古典时代"艺术即技艺"之意，说明审美并不等于艺术，而美育更是比艺术教育的涵盖面为宽。

鲍氏在《美学》一书中除了对美学作为感性学给予明确界定外，还对"审美教育"即美育的内涵给予了界定。他说："一切美的教养，即那样一种教养，对在具体情况下作为美的思维对象而出现的事物的审视，超过了人们在未经训练的状况下可能达到的审视程度。熟悉了这种教养，通过日常训练而激发起来的，美的天赋才能，就能成功地使兴奋起来的，转化为情感的审美情绪——包括在珀耳修斯那里看到的那种'尚未沸腾'的审美情绪——对准美的思维的某一确定对象。"[2] 在这里，鲍氏将作为"感性教育"的审美教育（书中译为"审美教养"）所包含的丰富内容作了充分的揭示。其一，审美教养的主要内涵是"作为美的思维对象而出现的事物的审视"，这里所谓"美的思维对象"就是"低级认识"即"感性"的对象，揭示了审美教养作为"感性教育"的基本特质。其二，揭示了审美教养提高人的审美能力的重要作用，说明低级的感性认识也有一个提升的过程。鲍氏说道，审美教养的作用是"超过了人们在未经训练的状况下可能达到的审视程度"。其三，进一步揭示了审美教养作为"感性教育"的具体内涵是对"天赋才能"的"激发"。其四，揭示了审美教养的目的是"转化为情感的审美情绪"，也就是美育的目的是通过感

---

[1] 鲍姆嘉滕：《美学》，文化艺术出版社1987年版，第5页。

[2] 同上书，第34页。

性教育的途径达到情感培养与提升的目的。这也许就是人们将"感性学"称作"美学"并对其极为重视的最重要原因。

相反，如果忽视了审美教养，对人的情感加以放纵，则会导致人的贪婪、伪善、狂暴、放荡，最后会败坏一切美的东西。他说，审美训练的忽视与走偏方向会"完全坠入激情控制的一切境地，坠入一无所顾地追求伪善、狂暴的争赛、博爱、阿谀逢迎、放荡不羁、花天酒地、无所事事、懒惰、追求经济活动、或干脆追求金钱，那么就到处会充斥着情感的匮乏，这种匮乏会败坏一切能被想成美的东西"。① 显然，鲍氏这里，所针对的正是工业资本主义社会感性教育的弱化与走偏方向所造成的对美的破坏的严重社会现实。

二、提出"感性认识的完善"的美学内涵，揭示了审美与美育的经验与知识共存的内在特性

鲍姆嘉滕不仅提出了美学即"感性学"、美育即"感性教育"的重要命题，而且揭示了这一命题中所包含的"感性认识的完善"的十分丰富而复杂的内容，从而揭示了美育所特有的感性与理性、经验与知识、模糊性与明晰性、例外与完善、个别与一般共存但总体上倾向于感性的经验性与模糊性的内在特性。

鲍氏提出："美学的目的是感性认识本身的完善（完善感性认识）。"② 鲍氏这个论断本身就是一个二律背反式的悖论，因为审美既然是感性，那本身就是经验的、个别的、例外的与模糊的，但审美却又要求一种与之相反的知识的、普遍的、必然的与明晰的完善性，要求将这两种倾向统在一个审美活动之中。十分遗憾的是鲍氏讲出了这种二律背反的事实，但没有在理论上加以总结，而其后的康德却明确地将这种二律背反作为自己美学理论的组成部分并对其极为重视。但鲍氏毕竟揭示了两者的共存，他指出，低级认识能力，"这种能力不仅可以同以自然方式发展起来的更高级的能力共处，而且后者还是前者的必要前提"，又说，"就经验而言，以美的方式和以严密的逻辑方式进行的思维完全可以和谐一致，并

---

① 鲍姆嘉滕：《美学》，文化艺术出版社1987年版，第29页。
② 同上书，第18页。

且可以在一个并不十分狭窄的领域中并存"。① 这种"共处"与"并存",就是审美与美育的内在特性所在,是其所特具的内在张力与魅力,后来被康德继承,提出审美是"无目的的合目的的形式"的论断,被黑格尔称为"关于美的第一个合理的字眼"。② 现在,我们在研究鲍氏的"感性认识的完善"时才知道,原来有关这种审美与美育特性的最初揭示者是鲍姆嘉滕。鲍氏作为一位素养深厚的美学家不会让感性与理性、个别性的经验与普遍性的知识随便地、不合常理地杂糅在一起,而是让两者统一协调,构成一种"整体美"。他认为审美的例外是以服从其"整体美"为前提的,是以"审美必要性"为其原则的,这就是一种"诗意的思维方式"。在鲍氏看来感性认识是审美、美育与诗意思维的最基本特点,所以在感性与理性、模糊与清晰、独特与完善之间肯定是前者占据了主导的地位,感性、模糊性与独特性成为审美的基本特性与品格。在他看来,这种模糊性正是美学与哲学、艺术与科学的最基本的区别。

在这里,鲍姆嘉滕不仅论述了审美、美育与艺术所特有的感性与理性,模糊与清晰、个别经验与普遍知识"共存""共处"的特点,而且论述了感性、模糊性与个别经验性占据主导地位的"整体美"的审美思维。而这种"共存"的根本原因在于审美主体所特具的"理性类似思维"即审美直觉所特具的能力。康德继承了这种审美与美育所特有的内在悖论的理论观点,但做了诸多的调整。这种调整有进有退、有得有失。首先,从理论上来说,更加周延,特别将其归结为一种在审美与艺术中具有普适性的"二律背反"方法,使得这种"共存""共处"在理论上更加精致与完备。其次,将这种"共存""共处"的重心做了调整。鲍氏将这种重心落脚于"感性"与"模糊性"之上,更加符合审美、艺术与美育的根本特性。而康德则将这种重心落脚于"理性"与"道德",最后提出"判断先于快感"的重要命题,使审美成为"道德的象征"。这就在更大程度上恢复了理性派的"理性第一"原则,偏离了鲍氏对理性派反拨的初衷。在这一点上康德明显的是一种倒退。最后,在两者"共存"与"共处"的根据上,鲍氏将之归结为作为人的直觉本能的"类似理性思维",不仅从自身与内部探寻根源,具有比较充分的理论说服力,而且将其归结为人

---

① 鲍姆嘉滕:《美学》,文化艺术出版社 1987 年版,第 26—27 页。
② 鲍桑葵:《美学史》,商务印书馆 1985 年版,第 344 页。

的直觉本能也具有较多的科学与事实根据。但康德却将两者"共存"与"共处"的根据归结一种神秘莫测的"先验的先天原则",即为先天预设的"无目的的合目的性的"原则。这不免使这一理论也变得神秘莫测起来,因此也应该是一种后退。

三、提出"理性类似思维"的概念,直抵审美与美育的深层生命根基

鲍氏美学与美育思想的一大重要贡献就是"理性类似思维"的提出。他在《引论》部分论述美学的基本概念时就明确提出,美学是"美的思维的艺术和与理性类似的思维的艺术"。① 这种"理性类似思维"是一种不同于凭借于逻辑与概念推理的感性直觉能力,但同样能把握事物的一致性、差异性、历史性、关联性及某些特性等,起到"类似理性"的作用。鲍氏将这种"理性类似思维"看得很重,认为诗意思维的"一切可然性都是建立在这样的基础上"。② 因此,鲍氏整个"美学即感性学"的论述都是以"理性类似思维"作为根基的。

鲍姆嘉滕充分地揭示了这种"理性类似思维"所凭借的人的全部身体感官基础及其所包含的先天自然禀赋特点。鲍氏指出,作为审美的感性判断"是由那些受感觉影响的感官作出的"。③ 下面,他用了法文、希伯来文、拉丁文、意大利文等作了有关感官作用的论述。英译者在注中对他的这种论述加以阐释说:

> 鲍氏的观点是:不同的语言都有些用法来自感觉,而应用于感性判断。如英语的"美味"(good taste)。"taste"对物而言是味、滋味,对人是味觉,对艺术只是"趣味",对鉴赏者是欣赏力、审美力,所以 good taste 也有"风雅"之意。对于希伯来文和意大利文的解释,可见鲍氏的《美学》一书,第 546 页。(1936 年出版于巴里 Bari)。在这本著作中,这样解释这两个希伯来文,"טעם 意为'他已

---

① 鲍桑葵:《美学史》,商务印书馆1985年版,第13页。
② 同上书,第107页。
③ 同上书,第161页。

经品尝,他试过滋味,'转而为'他洞察了自己的心灵';הארֿ意为'嗅'……转而为'嗅出,预感到'"。拉丁文的意思可译为"你讲话,就看出你","听其语知其人",意谓"谈吐文雅"。①

可见,鲍氏在这里所说的"感官"已经不单单是古希腊诗学所讲的"视听觉",除此之外还包容了味觉和嗅觉等整个身体的感官系统。更为重要的是,鲍氏在《美学》中对于包括人的身体感官在内的审美的自然要素列专节"自然美学"加以比较深入全面的论述。他说:"先天的自然美学(体质、天性、良好的禀赋、天生的特性),就是说,美学是同人的心灵中以美的方式进行思维的自然禀赋一起产生的。"又说:"敏锐的感受力,从而使心灵不仅可以凭借外在感官去获取一切美的思维的原材料,而且可以凭借内在感官和最为内在的意识去测定其他精神能力的变化和作用,同时又始终使它们处于自己的引导之下。"② 在这里,鲍氏将"先天的自然美学"作为美学家的"基本特征",包括一切先天赋予的条件,诸如体质(感官)、天性(心理素养)、良好的禀赋(才能)与天生的特性(气质)等。又将感受力分为获得原材料的"外在感官"即身体感觉系统,与测定精神能力变化的想象、幻想等"内在感官"。显然,在这里,鲍氏已经将先天的生理禀赋(身体等外在感官)与先天的心理禀赋(心理与心灵等内在感官)放到十分重要的基础性位置。这是鲍氏对启蒙主义时期的理性主义、工具主义对感性与理性、灵与肉分离的倾向的一种反拨,是对长期被压抑的感官、身体这种天资中的"低级能力"的一种唤醒。正如他自己所表白的那样:"这种天资中的低级能力较易唤醒,而且应当与认识的精神性比例适当。"③ 这就是 20 世纪以来逐步兴盛的"身体意识"与"身体美学"的滥觞。但鲍氏的这种刚刚萌芽的身体意识很快被压制,康德以静观的无功利的纯形式的审美使美学又一次离开了感官与身体,而席勒的不同于感性王国的"审美王国"的建立将灵与身的距离进一步拉开,黑格尔的"理念的感性显现"则在审美与美育之中彻底消除了身体与感官的痕迹。20 世纪以来,随着对主客二分思维模式的批判,身体意识与身体美学逐步走向兴盛,

---

① 鲍桑葵:《美学史》,商务印书馆 1985 年版,第 161 页。
② 同上书,第 22 页。
③ 同上。

成为美学与美育理论不可缺少的组成部分。法国现象学哲学家莫里斯·梅洛—庞蒂（Maurice Merleau-Ponty, 1908—1961）在1945年所写的《知觉现象学》中列专章论述"身体"，并公开声言"因为我们通过我们的身体在世界上存在，因为我们用我们的身体感知世界"[1]。美国美学家舒斯特曼（Richard Shusterman）则在其2000年出版的《实用主义美学》一书中明确提出建立"身体美学"的建议。他说："在对身体在审美经验中的关键和复杂作用的操作中，我预先提议一个以身体为中心的学科概念，我称之为'身体美学'（Somaesthetics）。"[2] 当代美国美学家阿诺德·伯林特（Arnold Berleant）在《环境美学》一书中，提出建立一种眼、耳、鼻、舌、身全部感官及整个身心都融入其中的新美学。他说："这种新美学，我称之为结合美学（Aesthetics of Engagement），它将重建美学理论，尤其适应环境美学的发展。人们将全部融合到自然世界中去，而不像从前那样仅仅在远处静观一件美的事物或场景。"[3]

总之，20世纪后半期以来鲍姆嘉滕"感性学"与"感性教育"的思想价值被重新发现并得到新的阐发。其意义首先在于更加彻底地批判了启蒙主义以来感性与理性、身与心、生活与艺术相互分离的思维定式，恢复其相互联系的本真状态。我们可以结合现实思考一下，难道在现实生活中存在与感性相悖的理性，与身体分离的心灵以及与生活相对立的艺术吗？它们之间的关系就正如鲍氏所说是一种"共处""共存"的关系，而不是相互背离的关系。同时，这也是对审美作为人之感性与生命表征的真谛的一种回归。事实证明，鲍氏对审美之"感性学"，美育之"感性教育"本性的论述，特别是其对于审美之"类似理性思维"的论述，具有某种人类学的意义，直抵人性之深处。它说明，感性与"类似理性思维"就是人类早期的思维特点，是一种直觉的、比喻的、类比的思维方式，就是维柯在《新科学》中所说的"诗性思维"、中国《周易》中所说的"象思维"，这恰是审美思维特点之所在。感性学与类似理性思维就是对人类已经被逐渐湮没的早期"诗性思维"与"象思维"的一种唤醒，使正在走向异化之途的人得以回归其本真的生存与生命状态。而从美育的角度来看，鲍姆嘉滕"感性

---

[1] 梅洛—庞蒂：《知觉现象学》，商务印书馆2005年版，第265页。
[2] 舒斯特曼：《实用主义美学》，商务印书馆2002年版，第246页。
[3] 伯林特：《环境美学》，湖南科学技术出版社2006年版，第12页。

教育"思想的重新提出，有利于扭转当前美育实践中将其演化为单纯的"知识教育"的反常现象，使之回归到"感性教育"的正途。

（原载 2010 年第 1 期创刊号）

作者简介：曾繁仁（1941— ），男，安徽泾县人，山东大学文艺美学研究中心教授，主要从事文艺美学与美育研究。

21世纪初中国基础教育改革中综合美育发展的新形态

赵伶俐

21世纪首年启动的新中国成立以来最大规模的基础教育课程改革（简称"新课程改革"），涉及18门中小学课程，几乎涵盖了基础教育的所有课程与教学内容。其中出现频率最高的关键词是：人文性、创造性、综合性、研究性、活动性、体验性、主动性等，它们简约、概括地反映了这次改革在理念、目的、目标、内容、过程与方法、评价等方面所具有的重要特征。事实上，这些关键词本身早已是审美教育的基本理念及常用词汇，也正是因为有了这些美好的理念与理想，审美教育才成为自20世纪初期王国维、蔡元培以降，一百多年来多少研究者和实践者不能放弃的事业。[①] 因此，本次"新课程改革"也为基础教育中审美教育新形态的形成及多样化发展，为美育功能在学校教育中的充分发挥提供了难得的契机。

一、各门学科的综合审美引导得到了特别强化

人文性与综合性是"新课程改革"所有关键词中最有代表性的词汇和理念，也是当代世界教育的主导思想或潮流。培养对人类知识文明的审美态度就是最高度、最生动的人文教育。"新课程改革"各学科的人文性，在有意无意之间已经充分体现为对每门学科的审美引导，而且是涉及知识性、方法性、价值观等多方面内容的综合性的审美引导。其实，这也是长期以来学校教育中审美教育最常用的形式，只是到今天才得到如此广泛的运用。

---

① 参见赵伶俐、汪宏《百年中国美育》，高等教育出版社2006年版。

在新课程18门学科的各种版本的教材中，充满了对学科知识、学习兴趣、思考方法、学习观念等进行审美引导、审美陈述、审美读解的语言。例如语文教材中的"你会在阅读中欣赏大自然的美景，分享同伴的快乐，学习做聪明的孩子"，"还要用学到的词语写自己想写的话"；品德与生活教材里的"有你的希望、你的进步、你多彩的生活——学习、游戏、交友……有你喜爱的图片、卡通画、童谣、故事和游戏。让我们和这本书一起，营造你健康安全的生活、愉快积极的生活、负责任有爱心的生活、动脑筋有创意的生活"；数学教材里的"乘上数学旅途的列车"，"来到了数学王国更加神奇和迷人的一个风景点。不是吗？表内乘法、表内除法使烦琐的计算变得如此简便；东西南北等位置方向会使我们明确旅途的位置和前进的方向；统计、测量会让我们了解数学天地的宽广……一系列新知识将增加我们对这趟数学旅途的丰富而生动的感受"，等等。

"美"无处不在，因此她是普遍的，她具有广泛的渗透性与综合性的品质；同时人的天性又是追求美，在有意无意间，人的行为都会以"审美"为快乐、为动力。新课程的理念尤其是人文性等理念，在落实到具体学科的教材与教学中时，都自觉或不自觉地强化了审美因素，强化了美与各学科之间自然而生动的联系，因此也更显出知识与学习本身所具有的魅力与感召力。

二、综合性课程为审美创造提供了广阔空间

美，是一个具有高度综合性的概念，同时也是一个高度包容自由性和个性的概念。因此综合性及自由创造性也成为审美活动与审美教育的重要特征。本次基础教育改革，强调综合课程的设置与综合教学，注重在学科的交叉联系之中发展学生的综合创造性，这同时也为教师与学生的审美创造能力的发展，提供了广阔的空间。

多学科交叉大大提高了知识创新的速度和密度，也成为当代科技发展的主导潮流。特别是20世纪60年代至70年代以来，计算机及现代信息处理技术的飞速发展，为各门学科的交叉综合、高速创新提供了精良工具，使这一主导潮流势头更加强大。而且在这样的潮流中，自然科学与社会科学的交叉、与艺术与审美这些久被认为遥不可及的学科的交叉，如一道道灿烂的霞光，使科学的发展更显绚丽壮观，更富有非凡的创新性。跨

学科的综合性创新人才的培养，现已成为世界各国教育关注的重点、热点、焦点、难点。正是在此背景下，"新课程改革"对学生的综合创造性发展给予了前所未有的重视，综合课程设置和综合性教学成为培养创造性的一项重要举措。

要改变"过于强调学科本位、门类过多和缺乏整合的现状，整体设计九年一贯的课程门类和课时比例，并设置综合课程，以适应不同地区和学生发展的需要，体现课程结构的均衡性、综合性和选择性"[1]，从而促进学生的整体和谐发展。为达到这样的综合性改革与发展目标，小学和初中特别增设了理科综合课程"科学"和文科综合课程"历史与社会"；在整个义务教育阶段增设了"综合实践活动课"和综合"艺术课"；几乎所有门类的课程设计，都强调了跨学科联系的建立。但是，综合性课程的根本问题，即多学科知识内容和思维方式如何有机结合，至今仍是一道难题。

为解决这样的难题，国家设立了全国教育科学"十五"规划项目"文理艺交叉综合美育课程创设及审美化教学操作研究"，由多个学科的学者、博士生，以及若干实验学校的骨干教师合作，攻克种种难关，研制出版了由"课程与教学设计"与"实验教材"两个系列构成的《文理艺大综合——科学、审美、实践书系》。[2] 该书系以"新课程改革"所涉及的十多门中小学学科的若干基本知识点为起始"视点"；以这些视点联系文科、理科、艺术等多学科相关知识，形成清晰生动的科学性和人文性结合、知识性与实践性结合、基础性和创新性结合的大综合知识网络"结构"；以对视点和结构的审美为逻辑动力，充分强调科学逻辑、审美动力和实践活动的有机结合，是一个对学生进行综合思维和综合素质训练的大跨度综合教育体系。在这样的多学科综合平台上，审美创造活动的开展空间更大了，对于促进学生的综合性、个性、创造性的发展有着重要的理论与实践价值。

此外，四川省成都市设立了"十五"教育规划重点研究项目"整合美育资源，促进和谐发展"，其成果是2005年出版的《中小学整合式美

---

[1] 钟启泉：《基础教育课程改革纲要（试行）解读》，华东师范大学出版社2002年版，第6—7页。

[2] 参见赵伶俐总编《文理艺大综合——科学、审美、实践书系》，中华书局2005年版。

育》一书。① 该书特别强调了美育在学校各学科中的知识整合功能和全面综合的育人功能。这也是基础教育中以美育实现学科综合教育，推进学生审美能力发展与综合创造性发展的又一重要实践性成果。

三、艺术类课程的综合性与综合艺术审美教育

在体现"新课程改革"的综合性特点这一点上，艺术类课程改革的作用显得尤为突出。

尽管这部分课程依然被称为"艺术类课程"而不是"美育类课程"，但在课程设计思想上已经明确，设立该类课程是为了促进学生艺术素质和审美素质的发展，同时促进学生多方面素质的和谐发展。这实际上就是要体现艺术类课程的学科综合特点，发挥艺术类课程的全面综合的育人功能。"综合是艺术课程的核心思想，既体现当前世界艺术教育改革的趋势，也为实现艺术课程的目标并且贯彻其基本理念提供了保障。"② 这比以前的艺术课程观念已经有了相当明显的进步。但是，关于艺术类课程怎样设计及其综合性特色怎样体现，专家们却存在两大不同意见。在教育部有关部门支持下，专家组分别拟定了综合"艺术"课程和分科"美术""音乐"课程两套方案，这两套艺术课程合称为"新艺术课程"，它们都从不同角度体现了艺术审美教育的综合性。

其一，由教育部体育卫生与艺术教育司组织，滕守尧先生领衔主持的综合性"艺术"课程。基于"20世纪60年代以后，一种综合性艺术教育思潮得到逐渐发展和壮大，至90年代，已经成为世界艺术教育的主流"，"艺术教育逐渐发展成为一种综合式艺术教育或多学科为基础的艺术教育"，"成为一种多元交叉学科"，同时"艺术精神……向其他学科的渗透，它标志着，世界艺术教育从此走进一个全新的时代"。③ 这样的思想和发展潮流，综合"艺术"课程最显著的特点是：完全打破传统学校"音乐"和"美术"两学科分科教学的局面，由两大系列的多学科构成课程内容，一是音乐、美术、舞蹈、戏剧等艺术实践学科，二是美学、艺术

---

① 参见顾颉主编《中小学整合式美育》，四川科学技术出版社2005年版。

② 滕守尧：《全日制义务教育艺术课程标准（实验稿）解读》，北京师范大学出版社2002年版，第81页。

③ 同上书，第6—7页。

批评、艺术史、艺术创作等理论学科，同时还"适度地融合"其他如哲学、人类学、考古学、心理学、社会学等不同学科的知识；在教学方法上，从"艺术"这样一个综合学科概念的平台上切入或收口。

配合综合"艺术"课程研究、设计、开发、教学、实验等，滕守尧先生于2004年编辑了《中国艺术教育》，并陈述了他的基本思想：

> 传统艺术教育面对的是艺术整体的一个零件，零件教学所培养出来的人必然是零件式的。在这种教学中，学生也许把某一种艺术的各种技法都学了，却无法连成整体，无整体就无灵魂，更谈不上直觉、想象、智慧和个性。综合艺术教育恰恰相反，它所面对的，永远是艺术之整体，整体不是部分相加之和，不是一加一等于二，而是一加一大于二。从艺术门类的角度讲，它是美术、音乐、戏剧、舞蹈、影视等艺术的综合体。从创作、欣赏与表现的角度讲，它是感知与体验、创造与表现、反思与评价等不同欣赏和创作阶段的综合体。从艺术生成环境的角度讲，它是生活、情感、文化、科学的综合体。
>
> 更重要的是，这四个方面的内容不是割裂的，它们之间存在着密切的联系，具有融合性。"艺术与生活"强调观察与感知，但任何感知和观察都离不开情感、文化素养和科学方面的知识；"艺术与情感"强调艺术创造和艺术欣赏的情感体验基础，但情感体验又不能脱离生活和文化；"艺术与文化"强调对艺术品含义的把握，但这种把握又离不开情感与生活体验；"艺术与科学"强调对媒介各种性能的认识，强调艺术与科学之间的区别和联系，但这些认识和联系又离不开对生活的观察和感知，离不开文化和价值的选择。

2004年6月19日至20日，在北京召开了"全国第一届综合艺术教育高级研讨会"，来自全国多个省市的相关专家、学者、艺术教研员、一线教师，以及北方妇女儿童出版社的有关领导参加了该会议。与会者通过讨论充分认识到：这样的综合"艺术课程与以往的分科艺术类课程相比，最大的变化就是艺术信息的大大增加，是艺术表现手段的丰富自由，是艺术力量的集中体现，是艺术视野大幅度的拓宽"，而且反映了事物构成的内在规律。

其二，由教育部基础教育司组织，首都师范大学王安国教授、尹少淳教授分别主持的"音乐"和"美术"课程改革。尽管这是两门传统分科性艺术课程，但是新课程在课程内容和教学方法的设计上，也都充分体现了跨学科的综合思想。如"初中美术"新课程的内容，由造型与表现、欣赏与评述、设计与运用、综合与探索四大板块构成。对应于这样的内容结构，《初中美术新课程标准》提供了 6 个教学设计案例，其中 4 例都是多学科、综合性的（见表1）。"音乐"新课程设计也明文"提倡学科综合"："音乐教学的综合包括音乐教学不同领域之间的综合；音乐与舞蹈、戏剧、影视、美术等姊妹艺术的综合；音乐与艺术之外的其他学科的综合。在实施中，综合应以音乐为教学主线，通过具体的音乐材料构建起与其他艺术门类及其他学科的联系。"[1] 2004 年 3 月 31 日至 4 月 13 日，教育部有关课题组在上海和北京举办了"音乐综合艺术教学师资培训会"，以奥尔夫音乐教学法为基础，进行有关音乐教育的综合性思想、原则和教学方法的培训。

表 1　　　　全日制义务教育美术课程标准（实验稿）案例

案例序号	案例题目	提示
案例 1	低年级的造型游戏	造型与游戏融合
案例 2	美术与语文、自然、社会和生活劳动等课程或活动的结合	为课文、日记配图；自制乐器
案例 3	与传统文化相结合的综合探究活动	请社会课或历史课老师参与指导
案例 4	与科学相结合的综合探究活动	请物理、科技或劳技教师参与指导
案例 5	以环境保护和社区建设为目的的综合探究活动	请历史、地理教师配合
案例 6	通过跨学科学习理解共通的原理和法则	如节奏，学习重点放在美术学科上

注：本表根据中华人民共和国教育部《全日制义务教育美术课程标准（实验稿）》（北京师范大学出版社 2001 年版）制。

结　语

关于"综合性美育""整合式美育"或者"综合艺术"等在新课程中的意义，查有梁先生的一段评说很有参考价值："其一，将认知与情感

---

[1] 中华人民共和国教育部：《全日制义务教育音乐课程标准（实验稿）》，北京师范大学出版社 2001 年版，第 57 页。

整合起来。用新课程标准的语言说，就是要将'知识与技能'同'情感态度与价值观'两者整合起来；其二，将和谐发展与个性发展整合起来。用新课程标准的语言说，就是要将'过程与方法'同'情感态度与价值观'两者整合起来；其三，将多样与统一整合起来。用新课程标准的语言说，就是要将'知识与技能、过程与方法、情感态度与价值观'这三维相互渗透、融入、结合、融合，合而为一，一以贯之。用一个关键词概括，即'整合'。整合既是一种思想，又是一种方法；既是过程，又是结果。"① 在这里，情感态度、价值观、多样统一、和谐等，也都是与美、审美和美育紧密相关的词汇，它们与知识技能、过程与方法等的整合，是学校各门课程教学的综合，也是综合美育的实施。

各种综合性课程、整合式美育或者艺术教育等，以不同的形态和共同的信念，殊途同归，在有助于"新课程改革"的各种先进理念和全面发展、和谐发展、创造性发展的教育理想落到实处的同时，推动着21世纪中国美育的新发展。

（原载2011年第2期）

作者简介：赵伶俐（1955— ），女，重庆人，西南大学高等教育研究所常务副所长、美育研究中心主任、教授、博士生导师，主要从事美育与审美心理学研究。

---

① 查有梁：《审美立美，不亦乐乎》，见顾颉《中小学整合式美育》，四川科学技术出版社2005年版，第1页。

面向社会的创新美术教育

钱初熹

一、创意阶层的兴起

美国学者理查德·佛罗里达（Richard Florida）在其著作《创意阶层的兴起》（*The Rise of Creative Class*）中将后现代社会出现的社会阶层大致分为劳工、服务及创意三个阶层。他认为在 21 世纪若要维持美国在国际上的领导地位，使之在资讯科技、经济增长、环境素质、教育和文化艺术等各方面都能有可持续的发展，就必须在整个国家不断扩大创意阶层的人口比例。[①]

2001 年 12 月，美国东北大学（Northeastern University）教授安米·加利根（Ann M. Galligan）在《创新、文化、教育和劳动力》（*Creativity, Culture, Education and Workforce*）一文中明确提出"创意劳动力"的概念。他指出，美国经济中与艺术、人文教育发展密切相关的艺术、文化和知识产权部分是一个增长最快的、富有经济意义的行业。"创意劳动力"包括传统艺术家（舞蹈家、音乐家、画家、演员、摄影师、作家）以及从事广告、建筑、时装设计、电影、视频、音乐、出版和软件开发的人。与国家的其余劳动力相比，"创意劳动力"的增长速度是其两倍以上。[②]

2008 年，澳门大学教育学院的张泽珣在《文化创意产业的推动与大

[①] 余树德：《推动艺术教育，营造创意社会》，见林雪虹《视艺文集》，小书局出版社 2008 年版，第 155 页。

[②] 资料来源于 http://www.ecs.org/clearinghouse/49/91/4991.pdf。

学视觉艺术教育》》^① 一文中提出：在新世纪创意文化城市兴起的背景下，文化资源的利用和创意文化的生产蕴含着很高的经济价值，文化越来越成为综合国力竞争的重要因素。事实上，许多国家受到全球化的影响，均出现"全球思考，在地行动"的政策浪潮，并致力于发展文化创意产业，全力思考如何借艺术创作和商业机制，彰显、发扬各地的文化特色，以文化内涵强化创意设计动力。他进一步指出，文化产业是 21 世纪的重要产业之一，创意人才是文化产业中重要的人力资源，以培养创意人才为主的艺术教育为文化创意与服务提供了机会。

2010 年 9 月 10 日，理查德·佛罗里达在英属哥伦比亚大学做了题为《寻找你的幸福城市》的演讲。他指出，在当代社会，知识、创意及人力资本正在替代传统自然资源和有形劳动，成为城市经济增长和财富创造的主要源泉，而人才，尤其是创意人才的集聚则成为地方发展的重要动力。这一观点彻底颠覆了传统的区域发展观点，即认为公司、企业及产业是推动区域创新和增长的动力的观点。[②]

由此可见，创意人才是 21 世纪社会急需的人力资源。与其他阶层的人才相比，创意阶层人才的特征表现在两方面：第一，具有创意思维和创造力；第二，具备某些方面的艺术技能。

二、21 世纪急需创意人才

（一）何谓"创意"

综上所述，可以发现 21 世纪急需创意人才。那么，什么是"创意"呢？

根据《现代汉语词典》，"创意"（名词）指"有创造性的想法、构思等"。[③]

根据维基百科（Wikipedia）的定义，"创意是一个思考的过程，能够

---

① 张泽珣：《文化创意产业的推动与大学视觉艺术教育》，载《香港美术教育》2008 年第 1 期。
② 参见《社会科学报》2010 年 9 月 23 日的简讯。
③ 中国社会科学院语言研究所词典编辑室：《现代汉语词典》，商务印书馆 2005 年版，第 215 页。

产生新的意念或概念，又或是重新联系原有的意念或概念。从科学的角度来看，创意思维（亦称为发散思维）的产物通常具有原创及恰当性。简单而言，创意就是创新事物的行为"。①

英国创意集团主席约翰·霍金斯（John Howkins）指出：创意是什么？是存在，是自我状态的表达。创意的关键就在于抓住想象并让它逻辑化。现实和想象找到结合点，创意就产生了。

根据美国国家咨询委员会（American National Advisory Committee）的报告（DFEE, 1999），创意具有四个特征：第一，创意涉及具有丰富想象力的思想或行为。第二，这些富于想象力的活动是具有目的的。第三，这些活动必定创造出一些原创的事物。第四，相对于其目标，这些过程的结果必须是富有价值的。

虽然各类词典、学者和咨询委员会从不同角度出发对"创意"一词进行了界定，但有一个意见却是相同的，那就是，"创意"是一种富有想象力及原创性特征的思维活动。

（二）"谁对了我的大脑"

如今，有一个现象令人担忧，那就是我们的学习、工作和生活似乎都离不开搜索引擎。在我们享受着搜索引擎带来的巨大便利的同时，一些有识之士开始担心，搜索引擎可能给人类大脑造成不好的影响。IT评论家尼古拉斯·卡尔（Nicholas Carr）指出，以谷歌（Google）为代表的新一代互联网技术正对我们的认知产生决定性影响：它们正在替代我们的记忆，摧残我们的关注力和思考力。最近，深圳大学传播学院传媒与文化发展研究中心的周裕琼发表了题为《谁动了我的大脑》的调查报告。在他的研究中，课题组首先让深圳大学203名大学生填写了《大学生搜索引擎使用调查问卷》，发现大部分学生对信息的使用仅仅停留在拷贝、粘贴和组合的层次。课题组进一步使用控制实验对认知效果进行检验，发现使用搜索引擎的认知效果显著低于使用书籍的认知效果。②

康慨在《孤岛龟息：新世纪慢读运动指南》一文中指出："因为互联

---

① 转引自余树德《香港发展创意教育的困境及前瞻》，见林雪虹《视艺文集》，小书局出版社2008年版，第138页。

② 周裕琼：《谁动了我的大脑》，载《社会科学报》2010年8月26日。

网,我们已经变得非常善于收集各种各样的新闻花絮,却也逐渐忘了如何坐下来凝神思考,找出事物之间的关联。"[1] 面对这一现状,我们该如何培育 21 世纪社会所需要的、能在现实和想象之间找到结合点的创意人才呢?

三、学校美术教育的独特功能

在这样的背景下,我们急需找到提高儿童与青少年的关注力和思考力以及善于找出事物之间的关联等能力的教育途径。其实,学校美术教育就是提高这些能力的有效途径。因为与其他学科相比,美术教育活动能够促进儿童与青少年的脑(head)、心(heart)和手(hand)的协调发展,提高关注力和思考力,帮助他们在现实和想象之间找到结合点,成长为能够对社会经济和文化的发展作出杰出贡献的创意人才。

追溯学校美术教育 150 余年的发展历程可以发现,这一历程就像是由不断交错的线编织而成的具有复杂图案的迷人的挂毯,其中最主要的三条线索分别是美术的本质、关于学习者的观点和社会价值观。[2] 从 19 世纪后半叶学校美术教育开端时期追求社会价值观,到 20 世纪前后倾向创造主义、学科中心主义、多元文化艺术教育等思潮,世界各国的美术教育呈现出多姿多彩的面貌。

进入 21 世纪之后,在社会需要大批创意人才的背景下,我们需要进一步探讨的问题是:学校美术教育具有怎样的独特功能?它在培育创意人才中扮演着怎样的特殊角色?它是否能够承担起培育创意人才的重任?如果答案是肯定的,那我们应该如何开展面向社会的富于创新特征的学校美术教育呢?

(一)学校美术教育的独特功能

有关学校美术教育功能的论述有很多,我国现行的《全日制义务教育美术课程标准(实验稿)》指出,九年义务教育阶段美术课程的价值主

---

[1] 康慨:《孤岛龟息:新世纪慢读运动指南》,载《中华读书报》2010 年 9 月 29 日。
[2] 艾尔·赫维茨、迈克尔·戴:《儿童与艺术》,郭敏译,湖南美术出版社 2008 年版,第 3 页。

要体现在陶冶情操,提高学生的审美能力;引导学生参与文化传承和交流;促进学生感知觉和形象思维能力的发展;促进学生创新精神和技术意识的形成;促进学生的个性形成和全面发展。① 许多学者和美术教师也对学校美术教育的功能和价值进行了多角度的论述。如果将学校美术教育的功能分为两个方面,一是其独特的功能(即其他学科不具备的功能),二是它与各学科共有的功能,那么仅论述学校美术教育的独特功能就显得比较困难了。在此,笔者将从以下10个方面论述近期对学校美术教育独特功能的思考与认识。

1. 美术教育能促进脑视觉系统的发展

2006年,英国广播公司(BBC)推出的纪录片《人体科学系列》(*Human Series*)揭示了视觉认知的奥秘。神经生理学家的研究表明,"睁眼就看"的说法是错误的,视觉接受世界中的一切均需要脑力的参与。视觉系统分为两大部分,一是引导手接触世界的部分,二是识别事物的部分。第二个部分需要的脑力更多,是视觉系统的重要部分,将"识"转化为"知"。

对脑部损伤者的研究发现,脑中有32个区域分别处理形状、色彩、方向、细节等视觉信息。脑部注意系统让我们的视觉集中在一件事物上,而把其他的东西作为背景。视觉活动是一个主动的过程,并不仅仅是由外到内地单向传输信息,而是双向的,还能由内向外地反传信息。脑部不让我们看清事实,而是附加上回忆、想象和原有经验,不断扭曲所见,产生影像或理解影像,创造我们的自我天地。

知觉是在脑部物质作用下产生的。脑部程序引发知觉,新事物宛如雨点,激发脑中的涟漪,脑部受到的刺激越大,活动细胞越多,涟漪的范围就越大。实验研究表明,脑部指挥身体行动,而不是行动指挥脑,脑是独特的、自主的,由此证明,脑部的自主活动就是人类拥有思想自由、独立自主的基础。

在此基础上,脑科学家们提出了"脑视觉"的概念以及"不是用眼,而是用脑看事物"的观点,揭示出美术(视觉艺术)鉴赏活动和创作活动不仅仅涉及心和手,更是展示思考过程的一种途径。英国脑科学家森

---

① 中华人民共和国教育部:《全日制义务教育美术课程标准(实验稿)》,北京师范大学出版社2001年版。

马·泽基（Semir Zeki）提出"美术的目的在于延长脑的功能"的观点，指明了美术教育在促进大脑视觉系统机能方面所具有的独特功能。

2. 美术教育易于激发创意

过去，人们以为创造力由右脑决定，后来研究发现，如果只用右脑，你的想法可能无法真正实现。神经学领域的最新研究成果表明，当人们尝试去解决一个问题时，首先会专注于一些显而易见的事实和常见的解决方法。这通常是左脑的功能。当你发现这样无法解决问题时，左右脑就会协同运作：位于右脑的神经网络会扫描那些可能与问题相关的遥远记忆，大量看似无关的信息汇聚到大脑左侧，查找从未有过的思维类型、独特含义和高度抽象的概念。一旦形成这样的关联，左脑必须锁定一闪而过的"灵感"，让整个大脑从先前的"发散型"状态变成"聚合型"状态。就在这一瞬间，大脑将思维的碎片"捆绑"起来，"好主意"由此诞生。[1]

通过美术课程，特别是设计内容的学习，学生易于发现其他人没有注意到的各种联系，形成左右脑之间的关联。例如，设计一把椅子，这把椅子要站得稳（实用性，涉及左脑思维的特点），还要漂亮且引人注目（意义性，涉及右脑思维的特点）。通过设计学习，学生就能灵活运用全脑思维，激发创意，找到圆满解决各种问题的方法，提高创造能力，获得现在学习以及未来职业上的成功和生活上的满足，并为建设创新型国家贡献自己的力量。

3. 美术教育能传承并发展美术

通过美术教育，学生能够传承本国和他国的美术知识、技能及其所蕴含的文化传统精神。特别是20世纪80年代以来，儿童与青少年受到全球流行文化的强烈冲击，本国优秀传统美术（如中国画、书法、篆刻、民间美术等）正在逐渐淡出孩子们的视野。通过美术教育，学生学习优秀传统美术，促使本土美术在抵御全球文化同质化的同时，又跨国界地承续下来，并结合时代特征得到新的发展。

通过美术教育，学生能够开阔视野，拓展想象的空间，学会把生活中许多价值丰富的文化积累看成是陌生的东西，加以活用，这是比无中生有更了不起的创造。与此同时，激发学生探索未知领域的欲望，体验探究的愉悦与创造的成功感，促进崭新的美术样式和门类的诞生与发展。

---

[1] 唐昀：《专家惊呼美国正在失去创造力》，载《新民晚报》2010年8月13日。

4. 美术教育有利于动手能力的养成

无论是过去、现在，还是未来，动手能力都是人类必不可少的能力。在美术学习中，学生接触各种自然或人工的材料，灵活运用工具，表达自己的情感和思想，提高动手能力，养成生活能力和未来的职业能力。

最近，医学界出现了"数码痴呆症"的新用语，用以指代经常使用数码设备的城市上班族或是专门职业从事者容易出现的一种健忘症。其治疗方法是适当地休息和养成练习记忆力的习惯。其实，还有一种治疗"数码痴呆症"的更有效的方法，即动手参与美术创作活动，促进脑、心和手的协调发展。

5. 美术教育有助于观察能力的提高

美术学习可以提高观察能力。在写生、鉴赏美术作品等活动中，学生学习仔细观察事物的形状、色彩、肌理、空间、明暗等要素的方法，并加以表现，能够不断提高自己的观察能力以及审视能力。

美国医学院的课程正在发生划时代的转变。在耶鲁医学院，学生们去艺术中心学习绘画，来锻炼并提高他们的观察能力。这是因为那些学过绘画的学生更善于洞察病人的细节情况，有助于诊断与治疗。同样，学习法律的学生们也去艺术中心学习绘画，以提高洞察罪犯心理的能力。其实，许多职业都需要洞察力，通过写生、鉴赏美术作品等美术教育活动可以有效地提高这一能力。

6. 美术教育有益于培养解读图像的能力

英国作家、博物学家奥尔德斯·赫胥黎（Aldous Leonard Huxley）于1932年发表了科幻小说《美丽新世界》，以讽刺的手法描写未来世界。他担心的是人们在汪洋般的信息中日益变得被动和自私，文化成为充满感官刺激、欲望和无规则游戏的庸俗文化。英国作家乔治·奥威尔（George Orwell）于1949年发表了长篇小说《一九八四年》，描绘了未来独裁统治下的恐怖情景。他害怕的是那些剥夺信息的人，害怕文化成为受制文化。2003年，尼尔·波兹曼（Neil Postman）出版了《娱乐至死》（*Amusing Ourselves to Death*）[①] 一书，他想告诉大家的是，可能成为现实的，是赫胥黎的预言，而不是奥威尔的预言。

在汪洋般的信息中，我们只要具备了判断能力，就不会被淹没。通过

---

① 尼尔·波兹曼：《娱乐至死》，章艳译，广西师范大学出版社2003年版。

美术教育，学生可以学会辨别与解读充斥身边的形形色色的图像的方法，吸取优质图像的营养，抵制低级图像与庸俗文化的诱惑，避免被汪洋般的信息淹没，并学会创作优质图像，主动发表优质图像信息。

7. 美术教育有助于跨学科能力的发展

设计师克莱门特·莫（Clement Mok）指出：未来十年将要求人们进行跨领域思考和工作，人们将会进入一个和原来专业截然不同的新领域。人们不仅必须跨越多个领域，还要认准时机，发掘这些领域之间的联系。因为未来的很多工作都要求多种知识和技能，所以需要具备交响素质的人。[①] 以美术为主体并与其他学科相联系的教育活动，能有机融合多个学科领域的知识和技能，凸显实用和审美两方面的特征，有助于学生跨学科能力的发展。

8. 美术教育有利于多元文化的交流

美术教育有利于跨越语言障碍，进行多元文化的交流。虽然音乐、舞蹈等各种门类的艺术教育均具有跨越语言障碍进行国际交流的功能，但美术教育的这一功能尤其突出。我们无法学会世界上的数十种语言，但通过美术作品，就可以了解到不同文化背景中儿童与青少年的学习和生活、美术学习水平和表现能力、美术教师的指导方法、经济发展水平（从工具和材料中反映）以及文化传统等方方面面。

此外，采用图像交流的方式，与听觉障碍者的交流会变得十分容易。

9. 美术教育能促进儿童与青少年心理健康

如今，儿童与青少年的心理健康问题越来越令人担忧。20世纪末，世界各国纷纷将改善儿童与青少年的心理健康列为急需解决的国家级优先课题，并着手制定相应对策。

多项研究表明，美术教育是促进儿童与青少年心理健康的有效途径之一。其特殊功能主要表现在：美术鉴赏活动可以促进个人内心与所处社会环境之间的协调；美术创作活动是一种测试心理健康的有效工具，并能有效地引导儿童与青少年将创痛的经验转化为深刻的美术学习，起到预防、调控和治疗心理问题的作用。

10. 美术教育带来非学科性益处[②]

与其他学科相比，美术教育更能为各种水平的学生提供接受挑战的机

[①] 丹尼尔·平克：《全新思维》，林娜译，北京师范大学出版社2006年版，第105页。
[②] 参见 Eric Jensen《艺术教育与脑的开发》，中国轻工业出版社2005年版。

会。在美术学习过程中，所有学生都能够自发地找到适合自己水平的学习内容。与家庭经济条件优越的学生相比，经济条件不好的学生往往能够从美术学习中得到相同甚至更多的收获。

美术教育还能使环境变得充满新发现，能重新点燃那些已厌倦了知识灌输的学生对学习的热爱。

通过美术学习，可以帮助学生更深入地理解内在的自我和周围的世界，使学生之间的交往更加美好，并提高其交流能力。

（二）学校美术教育承担培育创意人才的重任

21世纪急需创意人才，而创意人才是具有丰富想象力且能付诸实践的人才，这样的人才会根据一定的目的，创造出一些富有社会价值的原创的事物。上述学校美术教育所具有的培育学生各方面能力的独特功能，对于造就创意人才是极其有利的，也是必不可少的。

总之，学校美术教育具有广泛的范围和对象以及最小的风险，充满活力并具有无限的价值。它能够点燃学生的心灵，并照亮他们的未来。因此，可以认为学校美术教育能够承担起培育创意人才的重任。

四、面向社会的创新美术教育

2008年8月，在日本大阪召开的第32届InSEA国际美术教育学会世界大会上，大会主席福本谨一指出：为提高各国的国际竞争力，培养国民的创造力、提高其文化水平是必不可少的。以这一认识为基础，应重视美术教育中创造力开发与产业的关联。

基于对学校美术教育承担着构建创新型国家的重任这样的思考和认识，近年来，各国致力于开展面向社会的创新美术教育，进行了具有广泛借鉴及推广意义的实践探索。

（一）面向社会的创新美术教学实践

1. 日本：为他人着想的花道的美

日本新锐花道家世冈陇甫有过这样一个教训，那就是，他曾经一味地追求新锐，忘记了观赏者。当时有人批评说，看他的插花作品会感到很累。从此，他领悟了花道是使观赏者赏心悦目的艺术的道理。2010年春天，京都的一所小学邀请世冈陇甫向六年级（1）班的学生教授花道的本领。

第一阶段，他先让大家试着插花。由于从未学习过花道的知识和技能，学生们插的花十分凌乱。接着，他给大家讲解了花道应"以自然为手本""采用减法"等日本传统花道的规律和技法，并以此为基础，让学生们再进行插花，于是学生的花道水平就有了很大程度的提高。（图1为前后作品的比较）

第二阶段，世冈陇甫布置了一个课题，让学生为老师和同学设计花道作品，并要求在创作时考虑"为了谁""作品传达什么"以及场所、花器和背景等要素。学生们分成7个小组在学校的各个场所进行探究，制订计划，描绘草图，然后到山里采集插花的材料，回到教室后进行花道作品的创作。

图1

最后，各组学生将花道作品分别送到学校的大楼门前（对来学校的师生表达欢迎之情，见图2）、一年级教室（传递让刚入学的一年级新生早日习惯学校生活的愿望）、卫生室（传递让生病的学生早日康复的愿望）、洗手间前（表达清洁感）、警卫室（表达对每天保卫自己的警卫的感激之情）、教师办公室（见图3）和家长志愿者办公室（表达对教师和家长的感激之情）等各个场所，充分展现了花道作品的美及其所蕴含的丰富的信息和情感。

图2　　　　　　　　　图3

2. 英国：立足于社区的公共艺术项目

英国弗罗姆（Fromm）社区学校致力于让学生了解多学科合作的方法，侧重于从不同学科的角度对当代艺术实践开展研究，美术教师和研究媒介的教师走到一起，推出一个使小学生过渡到中学生的创新项目。

这一创新项目的教学目的是：引导学生以自主学习和团队合作的方式为现实生活中的空间进行设计，并将团队创作的公共艺术作品布置在所设计的空间中，理解公共艺术，了解客户需求，发扬团队精神。

该项目成员提供一系列地点供学生自由选择，如空置的店铺、剧场或旅馆的门厅和休息室、等候室、公园、花园和公共走道，以及较为传统的展示空间，如画廊。学生针对所选空间进行设计，并意识到他们所营造的艺术氛围将对用户的工作产生影响。他们研究了不同类型的公共场所所需要的艺术设计经费，了解营造艺术空间的原则，如考虑观众的需要、意识形态和背景等。在研究的基础上，一些学生团体选择创作二维或三维艺术，而另一些则选择了创作动态图像或数字动画。然后，学生们对自己的客户介绍设计方案，并根据客户的意见进行修改，进而完成创新项目，并将团队所创作的作品分别陈列于各公共场所。

所有学生们都着迷于自己的工作和所取得的成果，他们兴奋而热情。该项目具有挑战性和激励性，重点是自主学习和协作，学生自由选择项目的方向，并结成团队。教师们为学生们的成功感到高兴。一名教师解释说："这个项目从一开始就嵌入了弗罗姆艺术/媒体的价值，其中包括对不同主题的探究、有关公共艺术的观点、评价技能和策略。"[1]（图4为学生创作的陈列在社区图书馆内的公共艺术作品）

3. 美国与荷兰：青少年的链接

青少年链接（Kids Connect）是一个通过媒体艺术和表演联系起不同国家青少年的项目，在如同"第二人生"（Second Life，指电子游戏）一样的虚拟世界里进行创造与合作。项目组织者向学生介绍有关表演和数码技术的方法，让他们通过讲述自己生活中的故事，来建立一个听觉、视觉和程序知识的系统。参与者通过声音、视觉和流动的因特网技术在"第二人生"这个世界里一起开展创造活动。

在2006年夏天开展的这个计划中，纽约和阿姆斯特丹的学生通过网

---

[1] 案例与图片资料来源于 http://curriculum.qca.org.uk。

面向社会的创新美术教育　　87

图 4　　　　　　　　　　图 5

络和"第二人生"实现了链接和合作。在戏剧表演家、数字艺术家以及教育者的帮助下，学生们学会了许多技巧，如做节目主持人、讲述自己的故事、数码演述、运用3D模式等。在"第二人生"里，他们相遇并合作建设了一个城市，这个城市结合了纽约和阿姆斯特丹的外貌特点。在这种共有的空间里，他们创造出在现实生活和虚拟网络中同时发生的故事。通过这项活动，学生开始关注纽约和阿姆斯特丹的历史与当代文化，通过数码讲述的方式，两个城市的故事不断地被创造出来。[1]（图5为学生创造的"第二人生"的界面）

4."川流五洲"艺术交流项目

"川流五洲"艺术交流项目始于2007年，是英国泰晤士河节日系列活动之一。在这个活动中，各国13岁至14岁的中学生在艺术家的引导下创作以河流为主题的大型美术作品。这一活动在中国[2]、巴西、埃及、印度、墨西哥、南非、泰国、土耳其和英国等17个国家开展，迄今已有超过2000名青少年参加了这项活动。参与活动的不同国家的两所中学结为友好学校，进行相互的交流，作品于每年的8月、9月在泰晤士河两岸展出3周，并在参与学校的当地城市中展出，以此为平台开展内涵丰富的艺术教育交流活动。[3]

"川流五洲"艺术交流项目以河流为主题，分为6个议题：（1）河流

---

[1]　资料来源于南京师范大学李静。

[2]　"川流五洲"中国项目组的活动由英国总领事馆文化教育处与上海普陀区教育局合作组织开展。共有同济大学第二附属中学、上海市甘泉外国语中学、上海市长征中学、上海桐柏高级中学、上海市中远实验学校、上海市兰田中学6所中学参加了中国项目组。

[3]　资料来源于华东师范大学艺术学院硕士研究生辛欣。

与污染；（2）河流与文化；（3）河流与生活；（4）河流的源泉；（5）河流与城市；（6）河流与职业。

各国学生选取不同的议题开展小组调查研究，并从调查结果中获取灵感，创作大型美术作品。这一活动取得了丰硕的成果，主要就是因为紧紧围绕"探究"与"创意"这两个关键环节。

例如，同样是"河流污染"这一议题，各国学生围绕自己所在城市的河流，从不同的视角进行观察、探究。在艺术家的引导下，学生们将探究的结果用各不相同的美术表现形式和手段进行创作，富有创意地表现出对自己所在城市的河流的关注以及不同的民族特征和历史、文化背景。

中国上海市长征中学的学生根据"河流污染"这一议题对苏州河进行研究，探究人类活动和自然界对苏州河水质的影响。他们走访了污水处理中心，并调查了大量具有清洁水质功能的水生动植物的名称，产生了使用化学试验室的烧瓶和其他自然元素进行创作的思路，创作了表现清洁苏州河水质过程的作品。（见图6）

巴西卡列图斯学校（Escola Carlitos）的学生们进行了为期3个月的围绕铁特河（River Tiete）探究"河流污染"议题的活动。首先，学生们采用素描、油画和雕塑的表现形式进行各自的创作。其次，每位学生选出自己作品中最好的部分，组合成两件大型作品，再由学生投票选出其中的一件，在计算机上用PhotoShop软件进一步加工。完成的作品中包含了各种形式，富有丰富的质感。（见图7）

埃及穆斯塔法卡迈勒实验语言学校（Mostafa Kamel Experimental Language School）的学生们使用他们收集到的废弃物和可循环利用材料，创作了以尼罗河（River Nil）为主题的浮雕拼贴地图。地图中的尼罗河水由用蓝色颜料重复书写的阿拉伯字"污染"构成。

印度圣托马斯女子中学（St. Thomas' Girls' School）的学生以恒河（River Hooghly）的"河流污染"为出发点，先在工作坊中绘制草图，接着听艺术家讲解使用杂志和报纸创作拼贴画的过程。这对学生来说是一种全新的美术学习经历，她们对此表现出极大的兴趣。在创作过程中，学生和艺术家共同合作，创作出具有震撼力的作品。

英国圣约瑟夫学院（St. Joseph's College, Croydon）的学生对泰晤士河（River Thames）污染的情况进行了探究，考察了环境污染的不同形式。他们采用版画形式，共同设计了画面布局和色彩的方案，完成了以灰

色为主色调的版画作品。(见图8)

图6　　　　　　　图7　　　　　　　图8

这项涵盖美术、历史、生物、化学、地理、文学等诸多领域的跨文化艺术教育交流活动，为不同国家、不同文化的学生搭建了交流的桥梁，使学生们受益匪浅。通过这项活动，各国学生都提高了创造能力、综合学习能力、理解多元文化的能力，增强了合作和交流，促使他们将来能更好地投入社会性的工作。

与此同时，各国学生创作的作品在公共空间展出，让生活在各条河流边的人们重新审视自己城市的河流及其文化，了解、鉴赏和理解其他城市的河流及其文化，树立起保护河流环境的意识。

（二）面向社会的创新美术教学实践的特征

综上所述，可以发现面向社会的创新美术教学实践具有以下特征：

第一，以单元或项目形式开展教学活动，有明确的学习目标和内容。除了美术知识、技能的学习目标和内容外，均有跨学科的学习目标和内容，并凸显美术创作为观赏者或客户服务的目的，而不仅仅满足于自我表现。

第二，给予学生充分锤炼构想、制订计划或描绘草图以表述创意的时间，以及创作作品和开展评价、交流的时间，并注重在这一过程中，培养学生的探究能力和创造性地解决问题的能力。

第三，学习活动不断深入发展。学生首先经历探究的阶段，在教师或艺术家的指导下，学习与项目相关的美术知识和技能，再选择适合的表现形式和手段，表达探究学习的结果。

第四，作品在社区中陈列和展示，凸显为他人、社区、人类造福的价值观，充分发挥美术在学生的生活和学习中的作用，并以美术学科独特的方式为社会经济和文化的发展作出突出的贡献。

结　语

2010 年 5 月 25 日至 28 日，在韩国首尔市的韩国贸易中心举办了联合国教科文组织第二届世界艺术教育大会，大会的主题为"面向社会的艺术，面向创新的教育"（Arts for Society, Education for Creativity）。① 这次大会的一项重要成果是《首尔议程》，其宗旨是在 2006 年葡萄牙里斯本市举办的第一届大会主要成果之一《艺术教育路线图》（The Road Map for Arts Education）的基础上深化这方面的工作。第二届大会的核心目标之一是评估并鼓励进一步实施《艺术教育路线图》，将其内容纳入三大总体目标的结构之中，每一项总体目标均与一些实用的方法和具体的行动要点相配合。这三大总体目标为：目标一，确保艺术教育成为不断革新的优质教育内容和长期内容；目标二，确保高质量的艺术教育活动与计划的构思和实施；目标三，运用艺术教育的原则和实践来促进解决当今世界所面临的社会问题和迎接文化挑战。

《首尔议程》为艺术教育的发展指明了方向。在充满挑战和变革的 21 世纪，培养创意人才、形成创意阶层已成为许多国家创新教育的重要战略目标。学校教育的目标正在发生转变，开始注重教会学生如何学习，培养学生的激情和好奇心，使之学会与他人友好相处，积极开发包括右脑在内的全脑思维。学校美术教育具有其他学科不可替代的独特功能，是培育创意人才的有效途径。我们应积极开展学校美术教育，切实培育大批创意人才，以构建面向 21 世纪的创造力，为我国社会经济和文化的发展作出突

---

① 资料来源于联合国教科文组织网站 www.unesco.org。

出贡献。这是学校美术教育的真正价值之所在,也是 21 世纪美术教育的发展方向。

(原载 2011 年第 2 期)

作者简介:钱初熹(1953—),女,江苏吴江人,华东师范大学艺术学院教授、博士生导师、艺术教育研究中心执行主任,日本筑波大学艺术学博士,主要从事美术教育学和国际艺术教育比较研究。

美育的游戏与会通之道

王柯平

在古代中国，孔子倡导"游于艺"的教育和修养方式。这里所说的"游"，实际上就隐含着自由游戏活动或乐在其中的精神追求；至于"艺"，通常有两种说法，一是认为"艺"代表"礼、乐、射、御、书、数"等古代六种学习科目，二是认为"艺"意指"《诗》《礼》《乐》《易》《春秋》"五部儒家经典。按照我们的理解，这里所言的"艺"，更多的是指前者，也就是那六种具有技艺特征的学习科目；所谓"游于艺"，在很大程度上是指在熟练掌握上述技艺性科目的基础上，能够进入到类似游戏化的自由运用和自得其乐的高级阶段，这其中显然包含着某种审美愉悦的感受和体悟。孔子十分看重学习的乐趣，他本人身体力行，在笃志博学中乐以忘忧、不知老之将至，还特意强调"知之者不如好之者，好之者不如乐之者"。我们觉得这不仅是他对个人学习经验的深刻总结，而且也是他对这种游戏化自由境界的积极倡导。

在西方，尤其自康德以来，游戏成为美学领域中的一个重要概念。康德所讲的"游戏"（Spiel），主要是指审美判断中想象力与知解力等感知能力的"自由游戏"（freies Spiel）。在此游戏中，想象力要与创造性发生某种连接，知解力要与共通感形成某种默契，这样才会是审美判断或审美经验的无利害性、普遍性以及无目的的目的性成为可能。上承康德的思想，席勒也讲游戏，特别是在《美育书简》中大谈游戏的自由与愉悦特征，认为人之为人，游戏是一种最佳途径；强调人只有在游戏中才是自由的，才会尽情发挥剩余精力，从事创造性艺术活动，使人性得到完满的实现；断言审美的自由游戏，会振奋人的精神，激发人的情思意趣乃至超越意识，会引导人们取得感性世界与理性世界的和谐，进入妙曼无限的审美王国或审美境界。在席勒的影响下，斯宾塞也讲游戏（play），但却杂糅进了文化人类学、达尔文进化论以及生理学等方面的成分。到了伽达默尔时代，随着解释学的勃兴，古典的游戏理论已经灌注了新的内容。按伽达默尔所说，游戏活动具有主体性特征，是游戏活动者的自我表现，是有赖于观者而存在的特殊形式；游戏本身可以说是由游戏者和观者组成的整体，从根本意义上讲它是由观者去感受的，否则就难以进行。游戏的这种存在方式，类似于艺术作品的存在方式。因此，游戏也可以用来指称艺术作品这样的创造物，这种创造物使人从中（他者）看出自身，感受和悟到其中独特的真实性、无限的意义、内涵以及审美价值。正是基于这种游戏的品性，我们可以从相关的艺术教育思想中，探寻新的会通模式，借以弥补国内艺术教育实践的理论缺失。这需要从以下几个方面谈起。

一、目的性追求

现如今，我们讲"美育的游戏"，一方面是从艺术教育过程中的美育特性出发，凸显的是其中的审美愉悦和精神自由等特性，也就是我们常说的寓教于乐活动；另一方面则是就"会通式艺术教育"（discipline-based arts education）模式的方法论而言，强调的是如何借助想象力和知解力，在得心应手地运用艺术创作、艺术史、艺术批评和美学等学科知识的基础上，进行自由的创造性教学活动，从而使得艺术教育这门人文学科，能够在上述四门学科的临界点和交叉点上自由而富有成效地展开，为提高学生的人文素养、艺术感觉、审美趣味、审美福利、生活质量乃至国民素质，发挥其应有的作用。

我们对美国艺术教育百年流变和美国会通式艺术教育模式的研究，其最终目的在于"创造性转换"（creative transformation）。一般来说，创造性转换的初阶，通常是"创造性挪用"或"创造性变通"（creative appropriation），也就是基于"他山之石，可以攻玉"的实用目的，通过研究、归纳和总结美国会通式艺术教育模式的发展、目标及其综合特征，为国内从事艺术教育的教师和研究人员提供某种方法论上的参照系，借此丰富教学艺术，提高教学效果，推进艺术教育的研究与实践。

从总体上看，美国"会通式艺术教育"实质上是一种综合型艺术教育模式。该模式试图通过"文化综合"（cultural synthesis）的方式，把艺术创造、艺术史、艺术批评和美学四门相关学科有机地联系起来，一同应用于艺术教育的课堂实践之中，以期在互动互补之中提高艺术教育的有效性，进而解决美国艺术教育系统中所存在的学科运作僵化与教学内容单一等问题。根据会通式艺术教育模式的理论逻辑，其基本思路一般认为：

> 鉴赏艺术作品的理智能力不仅要求我们努力生产艺术作品和认知艺术创作过程中的神秘性与难度，而且还要求我们谙悉艺术史、艺术的判断原理及其复杂的难题等等。这一切便是培养青少年健全的艺术感的前提，也是审美学习的首要目标。①

上述论说所涉及的四门学科，不仅提供了不同的审视角度和分析语境，而且还彰显了各自所侧重的教育功能。就前者而言，艺术创作包括创制具有视觉观赏情趣的独特对象；艺术史关系到领悟受到时间、传统与风格之影响的艺术；艺术批评有助于理智地判断艺术的价值；而美学则有助于批判地分析基本的审美概念与令人困惑不解的艺术难题。就后者而论，这四门学科类似于四门艺术或技艺：艺术制作相当于创造的艺术，引导和鼓励人们从事艺术作品创造；艺术史相当于传承的艺术，有助于人们理解历史文化语境中的艺术作品；艺术批评相当于沟通的艺术，主要基于艺术的合规律性来评价和诠释艺术作品及其审美价值；美学相当于批评的艺术，主要从哲学角度来分析审美概念和解释艺术表现。② 所有这一切所追求的最终目的，就在于"培养青少年健全的艺术感觉"。

二、健全的艺术感觉

"健全的艺术感觉"到底意味着什么呢？

若从具体的功能层面讲，艺术感觉可以笼统地解释为艺术理解力与审美鉴赏力的总和。按照史密斯（Ralph A. Smith）的说法，这种艺术感觉主要包括审美眼力（aesthetic vision）、批判思维（critical thinking）能力、文化的多样选择（cultural alternatives）能力和欣赏艺术美（excellence in

---

① 列维、史密斯：《艺术教育：批评的必要性》，王柯平译，四川人民出版社1998年版，第1—2页。

② 同上书；另参见"前言"部分。

art）的能力。审美眼力具有双重职能，一是以积极的方式塑造自己崇高的品格、优雅的风度与和谐的人格；二是提供人文主义的洞见或理解力，以便从包括艺术在内的事物中把握人文的真理。这两者整合起来便可提供人们所说的审美智慧（aesthetic wisdom）。批判思维能力旨在对价值观念进行理性的反思，特别是借助灵知和感悟的方式，持之有据地去鉴别和评估艺术的戏剧性文本、谜语性特征及其隐含的意味与价值。文化的多元选择能力需要与不同文化的各类艺术进行外延性的、扩展性的和意义重大的交往活动，涉及开放的心态、对话的意识以及追问和比较的自觉，最终落实在尊重、理解和欣赏文化多元性以及多元化艺术的能力之上。欣赏艺术美的能力通常包括诸多特质，譬如审美的敏感性、形式与内容的丰富性、表现的艺术性、结构的连贯性以及平衡感和媒介感受等，这其中所涉及的认知、审美与道德三要素，彼此并行不悖、相互渗透。[1] 相比较而言，欣赏艺术美的能力是艺术感觉的核心组成部分，同时也是艺术教育所追求的主要目标。人们通常是在艺术感觉的驱使下，重新发现和欣赏以往的艺术杰作以及这些杰作所展示出的种种艺术美。[2]

此外，"健全的艺术感觉"还意味着社会文化的维度。这一维度不仅反映出艺术教育的社会意义，而且体现出艺术教育的文化责任。具体说来，这种"健全的艺术感觉"有助于复活一个社会应有的审美判断力或积极的鉴赏趣味。因为，多元信仰的流行、文化产业的发展与视觉意识形态的影响，造成了现代社会和现代生活以及现代价值观念的种种困惑、矛盾与冲突，同时也造成了现代人之审美理想的日益混乱、审美判断力的日益麻痹和鉴赏趣味的日益庸俗。这就需要艺术感觉充分发挥其激活和矫正的作用。另外，"健全的艺术感觉"有助于重新确定哪些是代表一个文化之审美理想的优秀作品。这需要重新唤起人们的历史记忆，重新张扬人类

---

[1] 参见史密斯《人文诠释中的艺术教育》，王柯平译，载《中国艺术教育》2004 年第 1 期。

[2] 史密斯对于艺术感觉有过这样的概括："审美教育主要是培养和发展年轻人的艺术感觉，这种感觉会驱使他们看重以往的艺术杰作以及这些杰作展示出的种种'艺术优质'。'艺术优质'这一字眼主要包含下面两层含义：一是指艺术作品的一种能力——最大限度地提供最有价值的经验的能力；二是指艺术作品展示出的多种多样的审美性质和意义，而其提供审美经验的能力正是从这些性质和意义中发展出来的。"参见史密斯《艺术感觉与美育》，滕守尧译，四川人民出版社 2000 年版，第 2—3 页。

迄今获得的艺术成就，重新激发人的创造灵感和自豪感，重新恢复人们对艺术特有价值的信念，重新发展一种鉴赏以往艺术杰作的能力，借此帮助我们再度发现和再度识别过去所创造的伟大艺术成就，而不是简单地标新立异或拼贴杂凑，利用各种陈词滥调或狂语妄言来质疑或贬损人类的优雅品性和艺术地位，极力降低乃至污染严肃艺术和大众艺术的文化层次及其审美品位。

三、生态式艺术教育

目前，在经济与文化等领域出现的全球化趋势这一背景下，美国会通式艺术教育模式的上述发展趋势，对于中国艺术教育的发展和研究的确具有不可忽视的借鉴意义。不过，我们引介国外的东西，不再是简单的拿来主义所为，也不单纯是为了追踪学术前沿，而是为了在"知己知彼"的基础上，设法解决我们自己的问题，继而对相关的理论方法进行"创造性重构"（creative reconstruction），以期推而广之或逐步深化，乃至在不断创新中追求"进口转外销"的国际效应。在这方面，以滕守尧为主要代表的国内学者，在组织译介和研究借鉴美国会通式艺术教育模式的基础上，结合中国艺术教育的特殊语境，以"移花接木"的方法，创设了生态式艺术教育模式。该模式作为当前"中国国家艺术教育课程标准"的主要理论基础和参照框架，在教学目的和运作方法等方面，不仅继承和发扬了会通式综合性互动方法的优点，而且融入了生态组合和智慧创生等因素，呈现出诸多与时俱进和创新深化等特点。

就其基本宗旨而言，生态式艺术教育既不同于以教师为中心、忽视学生自由创造性的灌输式美育模式，也有别于偏重学生自我表现能力而忽视艺术激发和教师作用的自主式美育模式，而是意在"通过美学、艺术史、艺术批评、艺术创造等多种学科之间的生态组合，通过经典作品与学生之间、作品体现的生活与学生日常生活之间、教师与学生之间、学生与学生之间、学校与社会之间等多方面和多层次的互生和互补关系，提高学生的艺术感觉和创造能力"[1]，最终培养适应知识经济时代人才需要和有利于

---

[1] 滕守尧：《艺术与创生：生态式艺术教育概论》，陕西师范大学出版社2002年版，第377页。

个体全面发展的开放型智慧人格。就其方法特点而论，该模式在强调"对话性、形象性、活动性、表演性"①的同时，积极倡导综合性、开放性、多样性、可操作性，另外还十分重视跨文化的交流意识、全方位的人文素养、开放性的人格品质、个体可持续发展能力和艺术化的生存智慧等。

质而言之，生态式艺术教育模式最为突出的特点，就是以对话为主导的生态组合关系。也就是说，该模式特别"强调学生和教师之间的对话关系，以师生之间共同的欣赏活动和创造活动为中心。在这种活动中，教师与学生都积极参与，且形成多学科、多要素、多种类型的人与人之间的生态关系"②。在我们看来，这里所谓的"生态关系"，主要是指一种文化生态与精神生态的有机整合关系。在此特定语境中，文化生态关系一般表现为相关学科的综合性互补关系，精神生态关系通常表现为人与人、人与作品、人与环境（包括自然环境与人文环境）的审美互动关系。上述两者构成的基础就是对话，一种自由、平等、开放、兼容并蓄和不断深化的对话。

严格来说，这种对话本身既是一种交流互动的特殊话语行为，也是艺术教育中一种探索与比较的过程。在此过程中，所谓孔子式的启发性对话（heuristic dialogue），苏格拉底式的辩证性对话（dialectic dialogue），狄尔泰式的主体间性对话（intersubjective dialogue），伽达默尔式的解释学对话（hermeneutic dialogue），哈贝马斯式的交往性对话（communicative dialogue），德里达式的互文性对话（intertextual dialogue），或者审美主客体之间的创造性对话（creative dialogue），均有可能在开放而自由的原则统摄下，交互运用于相关作品或文本的审视、追问、反思、分析与评判之中。这里需要"究天人之际，通古今之变"，需要不拘一格地打破人为的楚河汉界，需要努力拓宽对话与思维的空间。这样，在涉入当下的、历史的、本土的或异质文化的不同语境中时，追寻对象之"本然含义"（meaning）与"外延意味"（significance）的对话，不仅在教师与学生、教师与教师、学生与学生之间展开，而且在读者与作者、读者与文本、文

---

① 滕守尧：《艺术与创生：生态式艺术教育概论》，陕西师范大学出版社2002年版，第50页。

② 同上书，第377页。

本与文本、作者与文本之间展开，同时还需要本着"无限交流的意志"（will to boundless communication），在"批评的循环"（critical circle）中展开，借此达到不断深化、不断发掘、不断总结、不断走向澄明之境的终极目标。

四、跨学科的综合实践

在生态式艺术教育的实施过程中，首先要在相关的学科之间建立起"生态组合"或"生态式融合"关系，这就需要"打破美学、艺术史、艺术批评、艺术创作、艺术心理学、艺术社会学、文化人类学等不同学科之间的隔离状态，建立他们之间的生态关系"①。显然，上述模式在这里参照了美国艺术教育界提出的"会通式艺术教育"模式的理论原则及其内容结构，凸显出跨学科的综合实践特征。

就我所知，美国"会通式艺术教育"模式的发端，可以上溯到1988年公布的全国艺术教育现状研究报告——《走向文明：艺术教育报告》（Toward Civilization: A Report on Arts Education）。该研究报告指出，"当今美国的问题在于缺乏基本的艺术教育"。为了表明艺术教育的必要性和重要性，该报告引用了不少权威人士的名言加以佐证，特别是美国人普遍引以为荣的那些"制宪元勋"们的告诫。譬如，"艺术和科学对于国家的繁荣、人生的点缀和幸福具有本质意义，而且能够从根本上激发人们的爱国热情和爱人类的热情"（华盛顿语）；"艺术对象会提高我国人民的鉴赏力，会提高他们的知名度，会使他们获得世界的尊重，并且会使他们赢得世界的赞美"（杰弗逊语）。与此同时，该报告有针对性地表示：要花大力气改变这种堪忧的教育现状，最终要让美国的学校能够"教育美国的孩子像制宪元勋那样尊重和欣赏艺术和人文学科"。也就是说，要通过行之有效的艺术教育实践，达到以下四大目的：（1）赋予青年人以文明感；（2）培养其创造力；（3）传授其有效的沟通能力；（4）为其提供评价他们所读、所观与所听对象的工具或手段。②基于这一理论起点和教育目

---

① 滕守尧：《艺术与创生：生态式艺术教育概论》，陕西师范大学出版社2002年版，第378页。

② 列维、史密斯：《艺术教育：批评的必要性》，王柯平译，四川人民出版社1998年版，第1—3页。

标，以资深教育家兼《美育杂志》主编拉尔夫·史密斯为代表的一批美国学者，在自20世纪80年代早期以来一直致力于改善美国学校和博物馆内美育质量的歌笛艺术教育研究中心（Getty Center for Education in the Arts）的赞助支持下，通过研究与实践，最终于20世纪80年代末90年代初提出了"以多学科为基础的艺术教育"模式，也就是我们所说的"会通式艺术教育"或"综合型艺术教育"。该模式试图通过"文化整合"（cultural synthesis）的方式，把艺术创造、艺术史、艺术批评和美学四门相关的学科有机地联系起来一同应用于艺术教育的课堂实践之中，以期在互动互补之中提高艺术教育的有效性，解决美国艺术教育系统存在的学科运作与教学内容单一化问题。这是因为该模式所涉及的四门学科，一方面提供了不同的审视角度和分析语境，另一方面还彰显出各有侧重的功能。上述两方面均包括有助于提高学生的艺术理解力和审美欣赏水平。

相形之下，生态式艺术教育根据中国艺术教育的具体语境，进一步拓宽了跨学科交叉互补的范围，在上列四门学科的基础上增加了艺术心理学、艺术社会学和文化人类学三门学科，同时有选择地吸收了中国古代诗乐教育传统的某些积极因素和多年来行之有效的美育方法，融汇了环境生态学、精神生态学和现代与后现代设计文化的有趣内容。这一地域化或本土化的发展态势，始终伴随着跨文化互动与会通的突出特征，从而为开启新的研究目标创造出更为广阔的空间或潜在领域。因为，在此跨文化互动与会通过程中，一方面需要借鉴异质文化中的"他者"来重新认识和发现自己，即以相关理论思想为镜子，借此彰显或重新反思本土理论资源中的相关意义，由此发掘其中隐含的价值因素；另一方面需要深入理解"他者"，系统研究对方的社会文化背景与理论范式的形成机制，真正做到知其然且知其所以然，最终在知彼知己的基础上，在互动互补的灵思中，取法乎上，会通中外，在理论智慧与实践智慧的双向领域内，联系实际，返本开新，追求超越。这在一定意义上应该说是中国学者的职责使命所在。

五、古典教育范式的启示

艺术教育侧重"美育"，与"体育"相对隔离。但在传统意义上，两者是紧密联系在一起的。儒家"游于艺"的艺术教育模式，是将"礼、乐、射、御、书、数"统合在一起的,其中"射(箭)"与"御(车)"两项不仅是体育竞技内容,而且是军事技能训练。古希腊兼顾灵与肉的艺术教育传统,以诗乐(ποίησις)陶冶美好的心灵与高雅的趣味,以体育(γυμναστική)来锻炼健康的体魄与作战的技艺。这两种传统教育方式都旨在培养具有内秀外刚的文武全才,而不是那种虽精通"琴棋书画"但"手无缚鸡之力"的文弱书生。积极倡导"会通式艺术教育"的美国学者史密斯,为了打消美国一些民众对艺术的某种偏见(譬如把关注艺术的人视为"缺乏男子气概"),在《艺术教育》一书中特意列举了希腊主帅伯里克利的历史故事。[1] 该故事选自汉密尔顿(Edith Hamilton)的佳作《希腊方式》(The Greek Way),讲述的是这位主帅与其副官在攻占爱琴海一座岛屿的前夜,两人在旗舰甲板上饮酒论诗,兴致盎然,通宵达旦。翌日清晨,战斗打响,两人指挥若定,勇猛无敌,大获全胜。在史学家汉密尔顿看来,这向我们展现出两位富有教养的绅士。他们品位高雅,与诗为伴,竟然能在战斗的前夜沉浸于文学评论的幽微精妙之中。这使我们现代人感到,他们的行为本身就像一首英雄的颂诗,与当时流行的希腊社会风尚以及相应的艺术特征是一致的:前者表露出优雅、崇高、果敢和超凡的气度,后者体现为"高贵的单纯和静穆的伟大"(温克尔曼语),在剧烈的情感中和生死攸关时能保持一种伟大而平衡的心灵或诗魂。这无疑"是一种完全文明的表现,一种富有价值和富有教养的文明表现"。[2] 在艺术教育家史密斯看来,这两人所展示的希腊范式表明:"最为刚毅的男子气概与最为敏锐的审美感知绝对不是水火不容的东西。"[3] 或者说,此两者是密不可分的。其实,历史上的希腊范式,是灵与肉、趣味与体魄、情感与理智、审美活动与社会职责和谐发展的范式。古希腊人所谓的美,不仅指灵魂,也指体魄;不仅表示容貌漂亮、风度潇洒的金童玉女,也包括制作精致、扬威沙场的长矛金盾;不仅追求智慧与节制,也追求勇敢与正义。可见,举凡真正代表希腊范式的人物典范,与我们有史以来所推崇的"文能治国,武能安邦"的理想人格几乎同出一辙。深究起来,这与古希腊当时自由的社会文化、教育理念和民主政体息息相关。那种"自由",

---

[1] 参见列维、史密斯《艺术教育:批评的必要性》,王柯平译,四川人民出版社1998年版,第8页。另参见 Edith Hamilton, The Greek Way, New York: W. W. Norton, 1942, pp. 104—105。

[2] Edith Hamilton, The Greek Way, New York: W. W. Norton, 1942, p. 57.

[3] Ibid., p. 9.

用史学家希罗多德的话说:"乃是雅典城邦繁荣强盛的唯一源泉。"而在自由中孕育出来的希腊思想方式,犹如健壮树干上优良的枝叶一样,使希腊人在观念和精神等方面均有别于在强权统治下生活的民族。他们确如马克思所称赞的那样,属于"正常的儿童",其成长过程从一开始就建立在高起点上。同时,他们也像温克尔曼所感慨的那样,不仅志气高远、心胸豁达,而且"在风华正茂时就富于思想,比我们通常开始独立思考要早二十余年。由青春的火焰燃烧起来的智慧,得到精力旺盛的体格的支持而获得充足的发展;我们的智慧吸收的却是无益的养料,一直到它走向衰亡"[1]。相比之下,属于后者的这种"不成熟的理智犹如娇嫩的耳膜,由于上面有切破的、不断扩大的小口,它不会陶冶于空洞的、无思想内容的声响;而记忆犹如蜡制的薄膜,当需要为真理寻找位置时,只能够存放一定数量的词汇或形象,却不能充满幻想"[2],更不用侈谈什么革新创造了……

而今看来,上述那种注重全面发展的人格培养方式与文(文学与艺术)体(体育与军训)并重的古典教育范式,以及那种以"精力旺盛的体格"和有益的思想"养料"来充分点燃智慧之火的自由精神境界,对现代教育或艺术教育依然具有一定的启示意义。因此,一再强调多学科、多因素、多类型之生态组合,十分注重互动、互补、互生之生态关系,并且对国家艺术标准具有理论指导作用的生态式艺术教育,似乎也有必要强化美育与体育这两个系统之间的生态联络。

六、理论假设的意义

回顾中国近百年来的美育发展史,总是一个相当沉重而发人深省的话题。

20世纪初,王国维感于僵化滞后的中国教育体系和鸦片之毒害使世风委颓的社会现状,在探讨研究教育的宗旨、人间的嗜好与孔子的礼乐诗教等问题时,积极呼吁开展美育可以提高国民素质的重要意义。同时代的梁任公,在标举"小说教育"(后来演化为"趣味教育")之时,也深刻

---

[1] 温克尔曼:《希腊人的艺术》,邵大箴译,广西师范大学出版社2001年版,第111页。
[2] 同上。

地认识到美育在人生中的不可或缺性。但碍于时局和历史条件，他们在美育实践上并无多少实际的作为，只是尽己所能地做了一些理论铺垫工作。倒是后起之秀蔡元培，于1917年初入主北京大学后，出于教育救国以及社会改良的使命感，不仅发表了以"美育代宗教"的著名学说，而且率先垂范，以北京大学为龙头开展起不同形式的美育教学以及艺术实践活动，从而在真正意义上开启了中国美育的先河，奠定了相关的理论和经验基础，并且逐步从侧重学理探讨的席勒式美育哲学过渡到立足于实践性和具体化的艺术教育。

迄今，历经几代人的努力，中国美育理论与艺术教育实践均已取得显著的成就。时逢举国上下强调人文素质的教育改革之机，以艺术教育为主导形式的"美育"，作为提高人文素养与人格教育的重要一环，已纳入以"德、智、体、美"为根本宗旨的国民教育方针之中。为适应新时期的社会要求，国内一些美学家和教育家经过长期探索和总结，提出了不少有效的艺术教育理论和方法。这其中比较突出的要数滕守尧倡导的生态式艺术教育模式。该模式作为当前"中国国家艺术课程标准"的主要理论基础与参照系，在目的与方法等方面，均呈现出诸多与时俱进的特点。

但要看到，生态式艺术教育所倡导的"生态关系"，乃是自然生态关系的一种隐喻性引申。事实上，在自然生态系统中，只有当各种不同物种达到一种最佳组合时，才能形成一种互生、互补、生机勃发、持续发展的生态关系。这种生态观所体现的是一种高级的生态智慧。按照这种智慧，自然和人类的创造不是像上帝那样，从"无"中生发出"有"，而是通过多种不同物种和要素之间的相互联系和互生作用，从"已有"中生发出"新有"来，这正是知识经济时代最需要的智慧。举凡具有这种智慧的人，最善于使各种不同信息、不同文化、不同要素在自己头脑中相互交叉和融合，从而不断产生出新的思想、新的观念和新的发明。[①] 此外，生态式艺术教育最能体现人性的大写艺术。这种艺术通过其直觉的认识、不断生成的智慧以及自由的想象空间，为人们提供了一种恢复人性、理解自己和外部世界的特殊途径；通过其艺术化的表现和交流手段，使人得到一种独特的审美愉悦；通过其社会沟通功能和教育功能，成为人和社会生活之

---

① 滕守尧：《艺术与创生：生态式艺术教育概论》，陕西师范大学出版社2002年版，第377—378页。

基本的和不可缺少的活动,不仅在庆祝和纪念的层面上如此,在公民的个人生活层面上也是如此,因此有助于从精神意义上提升人的生活质量。①

按照这种理论假设,当代社会需要的这种不断创新的人才素质,似乎只能通过生态式教育,尤其是生态式艺术教育培养出来。而这种素质正是开放型智慧人格生成的根本要素。在此意义上,生态式艺术教育可谓一种充分体现生态智慧和不断运用生态智慧的艺术教育,而且把可持续发展能力作为衡量个人素质高低的准则。譬如,在贯通和融合艺术欣赏与艺术创造的同时,通过艺术形式的感知和分析,使人能够分辨和认识艺术作品中清与浊、大与小、短与长、疾与徐、哀与乐、刚与柔、高与下、出与入、周与疏、虚与实等不同因素和不同事物之间"物物相需"的生态关系和由此而导致的可持续生命过程。长期接受这种训练,就会通过异质同构作用的潜移默化,影响人的心理结构,使之成为一种与杰出艺术品相似的开放性和可持续性发展结构(an open structure of sustainable development)。

从积极的角度看,倡导"游于艺"的儒家教育思想,追求"赞天地之化育""曲尽万物而不遗"和"可持续发展"观念的社会伦理学,旨在培养人们"仁民爱物"精神与保护万物和谐生存环境的环境生态学,注重协调个体内部精神生态,进而谐和人与自然、人与人、情感与理智、物质与精神诸多关系的精神生态学,作为现代审美文化之重要内容并致力于促进"实用品艺术化"和提高人类生活质量的设计文化等学科,尽管彼此不能完全兼容,但相互关系密切,对人文素养教育和现代社会生活具有直接的影响。我们假定经过一段时间的教学实践与相互磨合,想必会丰富课堂艺术教育的内容,活跃课堂教学的气氛,增加学校乃至社会、家庭美育的广度和深度。

从消极角度看,生态式艺术教育在跨学科的平台上,显然承载着太多的东西和要求,这不仅对从事艺术教育者的知识结构提出了更高的要求,而且也增加了艺术教育课堂的实际运作难度。另外,跨学科的"生态式融合"尽管在学理上是可行的,但在实践中我们无法以"一"来包办"多",因此会遇到"贪多嚼不烂"之类的问题。即便如此,对国家艺术教育标准具有理论指导作用的生态式艺术教育模式,因一再标举会通式综

---

① 滕守尧:《艺术的综合与综合的艺术教育》,载《中国艺术教育》2004年第1期。

合互补与多因素开放互生等动态关系,已经为自身的不断完善和建设性重构奠定了坚实的基础,打开了方便之门。

(原载 2011 年第 5 期)

作者简介:王柯平(1955—),男,陕西西安人,中国社会科学院哲学研究所研究员兼研究生院教授,北京第二外国语学院跨文化研究院教授,主要从事中外诗学、美学与古代哲学研究。

论美育功能的多层次性

潘必新

美育在中国真可谓是命途多舛，一个时期它被列入教育方针，另一个时期它被无端逐出教育方针。20世纪的最后一年或许是对美育的命运具有重大意义的一个年头。是年，中共中央、国务院颁布了《关于深化教育改革全面推进素质教育的决定》，承认美育是素质教育的不可或缺的一个环节，"对于促进学生全面发展具有不可替代的作用"，并且呼吁"要尽快改变学校美育工作薄弱的状况，将美育融入学校教育全过程"。[①] 诚如斯言，美育之薄弱在教育实践和理论研究两个方面都有所表现。在教育实践方面，美育在学校中基本上是无固定的课程体系，无固定的教师编制，无法定的经费支持，更无法律的保障，美育没有写入教育法，也没有写入宪法。近年来情况有所好转，但还没有根本改观。在理论研究方面，连美育的一些基本理论问题也还不能说已得到了深入的研究，获得了美育界的共识，比如对于美育的使命或者说功能究竟是什么，仍然是众说纷纭，莫衷一是。正如列宁所说的，没有正确理论指导的实践，是盲目的实践。笔者以为，重视对美育理论的研究，是当今美育战线上的要务之一。讨论美育的使命即它的"不可替代的作用"是什么尤为重要。

一、美育的基本功能是促进鉴赏力

席勒是美育概念的首创者，并且写了27封书信专门谈论美育问题。他对美育的内容、功能发表了很精辟的看法，很值得重视。席勒在第27

[①]《关于深化教育改革全面推进素质教育的决定》，http：//www.people.com.cn/item/flfgk/gwy/jkww/j990613.html。

封信中，讲到全面的教育应包含哪些方面以及美育在其中担负的任务："有促进健康的教育，有促进认识的教育，有促进道德的教育，还有促进鉴赏力和美的教育。这最后一种教育的目的在于，培养我们的感性和精神力量的整体达到尽可能和谐。"① 席勒说得很清楚，美育的任务就是促进鉴赏美和创造美的能力。他在第 16 封信中又一次明确地谈到美育的任务。他说："使道德代替道德行为、知识代替所知道的事务、幸福代替幸福的体验，这就是体育（'体育'一词译文疑有误）和德育的任务，由美的对象产生美，这就是美育的任务。"② 在席勒看来，德育的任务重在道德观的确立，而不在做一两件道德之事；智育的任务重在训练知性，而不在知道一两件具体事务；美育的任务重在通过对审美对象的欣赏和体验培养审美观和鉴赏力。这个观点是非常深刻的，也把美育的任务讲透了。培养鉴赏力，是美育的基本的任务或曰功能，这也是它的不可替代的功能，因为德育、智育、体育都担当不了培养鉴赏力的任务。

在这里，有必要花点笔墨对席勒所说的关于美育的目的的一句话进行解读，并略加辩证。席勒认为，美育的目的在于"培养我们的感性和精神力量的整体达到尽可能和谐"③。有学者把这句话跟席勒说的另一句话——"人的完整性在于他的感性与精神力量的和谐能力"——联系起来，据此断言："这不是明确告诉我们美育的目的就在于培养人的完整性，即造就完人吗？"④ 如果认为美育独力就能创造完人，而且把这当成是席勒的观点，那是对席勒的误解。席勒本人就承认，美育代替不了德育和智育。他指出，如果从道德的、智力的和实用的角度考量美，"那么人在审美状态就是零（无价值的）。因此，我们必须承认那些人是完全有道理的，他们说美使我们处于一种心境中，这种美和心境在认识和志向方面是完全无足轻重而且毫无益处。他们是完全有道理的，因为美不论在知性方面还是在意志方面完全不给人以任何结果。它既不能实现智力目的，也不能实现道德目的。它不会发现任何真理，丝毫无助与我们完成任何义务。总之，它既不能确立性格，也不能启发头脑"⑤。审美无疑有知性的

---

① 席勒：《美育书简》，徐恒醇译，中国文联出版公司 1984 年版，第 108 页。
② 同上书，第 93 页。
③ 同上书，第 108 页。
④ 顾建华：《美育的使命究竟是什么》，载《美育通讯》2003 年第 1 期。
⑤ 席勒：《美育书简》，徐恒醇译，中国文联出版公司 1984 年版，第 110 页。

参与，但是此知性非彼知性。席勒明确指出，美同感觉与思维这两种相互对立又绝不会一致的状态相关联，它把这两种状态结合在一起，以致使这两种状态完全消失在第三种状态即美的状态之中。在美的状态中，感性与理性同时起作用，消除了对立。① 参与到审美状态中的知性，为什么"既不能实现智力的目的，也不能实现道德的目的"呢？这是因为，知性在审美状态中跟它在认识和道德活动中所处的地位和发挥的作用并不相同。席勒认识到："美并不给知性和意志以任何结果，美也不干预思维和决断。美只是给这两者提供能力，却不决定这种能力的实际使用。"② 知性在审美中只保持着认识的性质和功能，却放弃了、远离了取得知识、追求真理的目的。试举例来说，李白的《秋浦歌》写道："白发三千丈，缘愁似个长。不知明镜里，何处得秋霜。"看到白发与忧愁之间的密切联系，这里显出知性的作用。然而，因忧愁而长出的白发竟长到了三千丈的长度，这个由瑰丽想象力所创造的独特意象，以其令人惊叹的方式抒发了郁结于作者心中的情愫，却为以追求真理为目的的知性不相容。在以追求真理为目的的知性看来，三千丈长的白发是有悖常理的，恰如牛顿喜欢引用的巴罗所说的话那样："诗就好像是具有独创性的胡说。"③ 美和艺术的意象同知性相悖的现象，可说俯拾皆是。凄美的爱情故事《梁山伯与祝英台》以一个美丽的幻想作结：梁山伯与祝英台这一对有情人生前未能成为眷属，死后却化为蝴蝶，比翼双飞，永不分离。这也是逸出常理的。知性的本质在于认识世界，取得知识，发现真理。美和艺术中的知性却起不到这个作用，美和艺术也不欲促使知性去起到这个作用。倘若要按其本性来培养知性、发展知性，靠艺术、靠美育是不行的，还非得靠纯粹的智育、靠科学教育不可。由此看来，单靠美育，绝对不能使人得到德、智、体、美全面发展，绝对培养不出"完人"。

席勒对于美育的基本的目的和性质的定位，得到许多当代美育专家的认同。美国艺术资助部门所发表的报告——《走向文明：艺术教育报告》指出，艺术教育的目的是"引导所有学生培养一种文明世界的艺术感，一种艺术过程中的创造力，一种从事艺术交流的语言表达能力和鉴别艺术

---

① 席勒：《美育书简》，徐恒醇译，中国文联出版公司1984年版，第98、107页。
② 同上书，第98、117页。
③ M. H. 艾布拉姆斯：《镜与灯：浪漫主义文论及批评传统》，郦稚牛、张照进、童庆生译，北京大学出版社1989年版，第491页。

作品必不可少的评判能力"。① 拉尔夫·史密斯（Ralph A. Smith）认为："审美教育的总目的，就是要培养人们的艺术欣赏能力，必须使他们在观赏艺术品时，获得艺术品所能提供的珍贵经验。"② 曾繁仁指出："审美的主要功能是审美能力的培养。"③ 叶朗写道："美育的功能主要就是培养一个人的审美心胸、审美能力、审美趣味，促进个体的审美发展。"④

二、美育功能的多层次性

促进鉴赏力是美育的基本功能，但美育的功能不止于此。美育还在与教育的其他方面的关系中，以及教育的总体目标的关系中发挥它应有的功能。

美育与教育的其他方面并不是各行其道、互不相关的。它们虽然各司其职，但同时又互相渗透，互相促进。拿美育来说，它就有辅德、益智、佑体的功能。关于美育辅德的功能，席勒讲得比较多。他指出，政治领域的一切改善都应该来自性格的高尚化，但是，野蛮的国家制度不可能造就高尚性格。为此人们不得不寻求一种不是由国家为其提供的工具，去打开不受一切政治腐化污染而保持纯洁的源泉。这工具就是美的艺术，在艺术的不朽的范例中打开了纯洁的源泉。⑤ 席勒坚信："发达的美感可以改良习俗。"⑥ 借助艺术来施行德育，是非常普遍、常见的做法，而且是非常有效的做法。故车尔尼雪夫斯基认为，艺术肩负起"成为人的生活教科书这个高尚的美丽的使命"⑦。美育的益智功能表现在两个方面，一是增长人们的知识，二是促进人们的智慧。艺术作品有客观与主观两个要素。其客观性表现为它是社会生活的反映，因此自柏拉图开始，许多哲学家和

---

① 列维、史密斯：《艺术教育：批评的必要性》，王柯平译，四川人民出版社1998年版，第1—2页。
② 拉尔夫·史密斯：《艺术感觉与美育》，滕守尧译，四川人民出版社2000年版，第39页。
③ 曾繁仁：《审美教育现代性初论》，见《美学之思》，山东大学出版社2003年版，第623页。
④ 叶朗：《美学原理》，北京大学出版社2009年版，第412页。
⑤ 席勒：《美育书简》，徐恒醇译，中国文联出版公司1984年版，第61页。
⑥ 同上书，第66页。
⑦ 车尔尼雪夫斯基：《生活与美学》，周扬译，人民文学出版社1962年版，第107页。

艺术家如达·芬奇、莎士比亚等都把艺术比作反映生活的镜子。我们从艺术特别是现实主义艺术这面镜子中，确实可以获得关于历史和现实的知识。巴尔扎克创作了总名为《人间喜剧》的庞大的系列小说，借以反映19世纪前半个世纪法国复杂而动荡的社会生活。恩格斯从巴尔扎克的小说中看到了贵族社会的没落，看到了满身铜臭的资产阶级的崛起，他用感佩的口吻说道："我从这里，甚至在经济细节方面（如革命以后动产和不动产的重新分配）所学到的东西，也要比从当时所有职业的历史学家、经济学家和统计学家那里学到的全部东西还要多。"① 人们把《红楼梦》称为封建社会的百科全书式的小说，从中可以了解封建社会中的各色人物，特别是贵族阶层的生活面貌。美育促进智慧的典型可举《三国演义》为例，有民谚道："三国多计（计谋），岳传多气（气愤）。"三国人物工于计谋，致使一些企业界人士把《三国演义》作为商战参考书来读。美育向体育的渗透，催生了艺术体操、花样游泳等新型的体育项目，体操、游泳及冰上运动采用音乐伴奏，大大地增强了这些运动项目的韵律感和艺术性。

美育还有一个重要的功能，那就是它同德育、智育、体育一起，共同造就全面发展的人，或如王国维所说的"完全之人物"。这是教育的最高宗旨，最终目标。造就全面发展的人，不是美育以及德、智、体任何一育所能独立完成的，这是一个方面；另一方面是，要造就全面发展的人，上述四育都不可或缺，唯有四育的合力才能达到这个目标。而且，四育中的每一育在这合力中都有其独特的、不可替代的作用，美育的独特的、不可替代的作用就是促进鉴赏力。因此，我们在考虑教育问题的时候，务必要把教育的最终目标同教育的各项内容（各个方面）有机地结合、联系起来，既要全面照顾四育、牢记四育缺一不可，又切不可忘记四育要服从、服务于教育的最终目的。作为美育工作者，我们要紧紧把握住美育的基本功能，而把眼光投向教育的最终目标。

由上可见，美育是有多层次的功能的，而促进鉴赏力是它的基本功能，也可说是第一层次的功能。美育的辅德、益智、佑体的功能则是第二层次的功能。美育同德智体一起共同造就完人的功能是第三层次的功能。

---

① 恩格斯：《致玛·哈克奈斯》，见中共中央马克思、恩格斯、列宁、斯大林著作编译局《马克思恩格斯选集》第4卷，人民出版社1972年版，第463页。

后两种层次的功能,是美育以其基本功能为立足点、原动力,生发、衍生出的新的功能。没有了基本功能,美育的后两种功能就根本无从谈起。因此,如果说促进鉴赏力是美育的原生功能的话,那么后两种功能就是次生功能。

笔者以为,中国的一些著名美育学者实际上都认识到了美育功能的多层次性,只是没有使用"多层次性"这个字眼罢了。丰子恺谈到艺术教育的功能有"本职"和兼职之分,他说:"依教育的原理,图画科的目的不在作成几幅作品,即不在技巧的磨炼,而在教以美的鉴赏力与创作力的,以美养成其美的感情,使受用于其生活上。"① 他把教学生"赏识自然与艺术之美"②,亦即教以鉴赏力与创作力称为艺术教育的"本职",那么以之养成美的感情,使其受用于生活上,自然就是艺术教育的兼职了。本职与兼职之分,不就是第一层次与第二层次之分吗?

曾繁仁认为:"美育,即审美教育,其任务是培养广大人民的审美能力,内容是运用自然美、社会美与艺术美的手段给人们以情感的熏陶,根本目的是按照美的规律塑造广大人民,特别是青年一代的美好心灵,培养一代又一代的社会主义新人。"③ 对于这句话的后一半,即关于美育的"根本目的",他还有一个喜欢用的说法,即"美育的根本任务是培养'生活的艺术家'"④。所谓"生活的艺术家",说的是能以艺术的审美态度去对待生活、社会和人生的人。"生活的艺术家"如何培养呢?他指出:"美育是通过审美感受与欣赏美、创造美的能力的培养,进而培养一种健康高尚的审美情感,因此塑造和谐协调的人格,确定和谐协调的审美的世界观、人生观。因此,美育说到底是一种人生观、世界观的教育,而不是单纯的技能教育。"⑤ 曾繁仁清楚地讲到美育有两项任务(目的)即两项功能,就是培养审美能力和培养"生活的艺术家",他并不是把这两

---

① 丰子恺:《废止艺术科》,见俞玉滋、张援《中国近现代美育论文选》,上海教育出版社1994年版,第135页。

② 丰子恺:《三十年来艺术教育之回顾》,见俞玉滋、张援《中国近现代美育论文选》,上海教育出版社1994年版,第257页。

③ 曾繁仁:《试论美育的本质》,见《美学之思》,山东大学出版社2003年版,第507页。

④ 曾繁仁:《论美育的现代意义》,见《美学之思》,山东大学出版社2003年版,第535页。

⑤ 曾繁仁:《走到社会与学科前沿的中国美育》,见《美学之思》,山东大学出版社2003年版,第550页。

项功能并列起来，而把它们分开层次，他所用的词语也表明了这一点。美育"通过"培养审美能力，"进而"培养"生活的艺术家"，这不是把美育功能多层次性说得清清楚楚了吗？顾建华也承认，美育有多种性质、多种功能，促进鉴赏力是"基础"，培养完整的人是最终目的。他说："席勒说的'美的教育'、'由美的对象产生美'，在我的理解中，就是以美的事物为材料和工具，通过审美活动促进鉴赏力，并进而陶冶情感，净化心灵，促进感性和精神力量尽可能和谐，造就社会和时代所需要的全面发展的完整的人。"① "通过"促进鉴赏力，"进而"造就完整的人，所表达的意思以至用词都表明了美育功能的多层次性。

叶朗实际上也指出了美育功能有两个层次。他说："美育的功能主要就是培养一个人的审美心胸、审美能力、审美趣味，促进个体的审美发展。"② 他又说："美育的根本目的是使人去追求人性的完满，也就是学会体验人生，对人生产生无限的爱恋、无限的喜悦，从而使自己的精神境界得到升华。从这个意义上来理解'人的全面发展'，才符合美育的根本性质。"③ 达到"人性的完满""人的全面发展"，美育参与其事，但不是美育所能独立完成。根据上文中关于美育功能层次的分析，可以说，以上所引的叶朗的第一句话讲的是美育的第一层次的功能，第二句话则为美育的第二层次的功能。赵伶俐等人提出了"大美育"的概念，讲到美育"功能之大"，实际上说的是美育功能是多层次、分层次的。他们写道："美育的主要功能是提高审美能力，但同时它又内在的促进人的各方面素质全面和谐发展。"④ 前半句话讲的是美育的第一层次的功能，后半句话讲的是美育的第二、三层次的功能。根据以上叙述是否可以说，对于美育功能的多层次性的认知，默默地隐伏在美学家的心中。

三、突出艺术作品的"审美方面"

美育的首要任务是培养鉴赏能力。鉴赏力的培养，需要通过对艺术作品、自然美和社会美的直接体验和欣赏来实现。所以，艺术作品、自然美

---

① 顾建华：《美育的使命究竟是什么》，载《美育通讯》2003年第1期。
② 叶朗：《美学原理》，北京大学出版社2009年版，第412页。
③ 同上书，第406页。
④ 赵伶俐、汪宏：《百年中国美育》，高等教育出版社2006年版，第47页。

和社会美是实施美育的手段。在学校美育中，特别是艺术作品，成为实施美育的主要渠道。这有两个原因：第一，艺术作品在美的王国中占据着主导地位，它是美的集中体现，用艺术作品来实施美育，可以收到最好的效果；第二，取用艺术作品要比接触社会美、自然美来得方便。有人认为美育就是艺术教育，那是一种误解。艺术作品是实施美育的一种重要教材，但是美育的范围不限于艺术教育。

此外，还有更加值得注意的一点是，从美育的角度进行艺术教育跟一般的艺术教育是不同的。席勒注意到了这个问题并发表了精辟的见解，作为一位作家、美学家，席勒非常清楚艺术具有的多重性质和多重作用，绝不排斥文学艺术作品具有教育性和道德性。他在道德色彩十分浓厚的《作为道德建制的剧院》一文中指出，剧院"是培养智慧的伟大学校，文明生活的指引者，开启迷惘的钥匙"，舞台应当把宝剑和天平接过来，成为"廉政无私的审判官"，"将一切邪恶丑行拖到森严的裁判的面前"。① 他进一步论述道，道德感是引起审美愉快的基础和条件，"艺术所引起的一种自由自在的愉快，完全以道德条件为基础，人类的全部道德天性在这一时间也进行活动。……引起这种愉快是一种必须通过道德手段才能达到的目的，因此艺术为了完全达到愉快——它们的真正目的，就必须走上道德的途径"。② 席勒的剧作《阴谋与爱情》《强盗》同其以上的观点完全吻合。他强调，艺术的目的是引起审美快感，而道德则是它达到目的手段；目的和手段的关系不能颠倒，颠倒了，艺术就会受到严重的损害。他说："如果说目的本身就是道德的，这样，艺术就失去了唯一使它产生力量的自由性，并且也失去了使它产生普遍影响的快乐的诱惑性。"③ 这个观点完全正确且非常深刻。艺术把道德题材作为手段，创作出一件完美的艺术作品，既达到了艺术本身的目的——引起审美快感，又产生了道德的作用。这种情形如同以饴糖为材料捏糖人。糖人的形象如猛张飞、孙悟空等，由于性格鲜明，形象生动，给人以审美愉悦，故糖人是艺术品；同时，糖人又不失糖的品质，仍有食用的功能；而且，饴糖由于被捏成了人物形象，具有了艺术性，就更能引起人们的关注乃至品尝。诚如席勒所说

---

① 毛崇杰：《席勒的人本主义美学》，湖南人民出版社 1987 年版，第 174—175 页。
② 席勒：《论悲剧题材产生快感的原因》，见《古典文艺理论译丛》编辑委员会《古典文艺理论译丛》第 6 册，人民文学出版社 1963 年版，第 74 页。
③ 同上。

的:"只有在艺术产生最高的审美作用时,才会对道德形成有益的影响;但是艺术却只是在自己充分发挥自由时,才能产生最高的审美作用。"①所谓艺术"自己充分发挥自由",是不要把为政治、道德、宗教服务当作艺术的目的,而让艺术自由地去实现其目的,即"产生最高的审美作用"。如上所述,艺术实现自己的目的,是在道德的基础上,以道德为手段,所以它并不会脱离道德,而是以其特有的方式对道德产生有益的影响。席勒并不反对人们利用艺术作品来辅助教育和促进智育。但是,倘使是从美育的视角进行艺术教育,那么着眼点就应该在艺术作品的审美方面。席勒对那些仅把艺术作品视为说教工具或感官享受手段的人提出了批评:"这种人对作品的兴趣完全是或者在道德或者在物质方面,却不是在理应所在的审美方面。"② 这就是说,将艺术作品作为美育的教材,我们"理应"关注艺术作品的"审美方面",要尽力地发掘和阐明它。

那么,什么是艺术作品的审美方面呢?席勒在《美育书简》中虽没有直接谈到艺术作品的审美方面,却论及实用器物也可以成为审美对象,因而也有其审美方面。实用器物要成为审美对象,需要条件,这个条件就是要反映出人的智慧、才能和自由精神。他说:"他所拥有和创造的事物,不能再只具有用性的痕迹、只具他的目的的过分拘谨的形式,除了有用性之外它还应该反映那思考过它的丰富的知性、制造了它的抚爱的手以及选择和提出了他的爽朗而自由的精神。"③ 反映出人的智慧、自由精神的实用器物如制作精美的武器、雅致的角杯等,不仅是有用之物,也是"享乐的对象"(审美对象)。这样,美就被附加到实用器物之上并使之具有了美的品质。由此再往前跃进一步,人就完全摆脱掉物的有用性,从而创造纯粹的审美对象了。席勒写道:"不满足于把审美的盈余纳入必然的事物,自由的游戏冲动终于完全挣脱了需要的枷锁,从而美本身成为人所追求的对象。"④ 把席勒在这里所表达的意思加以概括,可以得出一个观点,即美是人的智慧、是自由精神的感性表现。席勒在同期所写的一篇专论艺术美的文章中,就直接谈到了艺术作品的审美方面。他指出,艺术美

---

① 席勒:《论悲剧题材产生快感的原因》,见《古典文艺理论译丛》编辑委员会《古典文艺理论译丛》第 6 册,人民文学出版社 1963 年版,第 74 页。
② 席勒:《美育书简》,徐恒醇译,中国文联出版公司 1984 年版,第 116 页。
③ 同上书,第 143 页。
④ 同上。

有两个含义，一是指艺术素材的美，二是指艺术表现形式的美。在素材美中可看出，艺术表现的是什么；在形式的美中，可看出"艺术家如何表现"。席勒认为："形式或表现的美仅仅是艺术所特有的"，只有它才"严格说来是美。"① "如何表现"，从艺术家方面来说，乃是艺术家的才能、技巧和匠心的运作；从艺术作品方面来说，是作品所表现出来的构思的精巧、技巧的高明、意蕴的深邃，总之是作品的匠心独运之处。席勒的这个看法同其在《美育书简》中所表达的关于实用器物之美的观点是一脉相通的，这也是他所说的作品的"审美方面"的真谛。从美育的角度进行艺术教育，就要把艺术的"审美方面"牢牢地把握住。

四、鉴赏力的养成会使人更有幸福感

在席勒的心目中，审美能力对人生有重大的意义。他认识到审美活动是在人类发展的比较高级的阶段，是在人类的物质欲求得到了基本满足的基础上才能发生的，而且也必然会发生的。他写道："不满足安于自然和他所欲求的事物，人要求有所盈余。起初当然这只是一种物质的盈余，这是为了免使欲望受到限制，保证不仅限于目前需要的享受。但后来就要求在物质盈余上有审美的补充，以使同时满足他的形式冲动，以便使他的享受超出各种欲求。"② 所谓"审美的补充"，说的是在物质盈余的基础上，滋生出了审美的需要，审美需要驱使人去进行审美活动，从而得到审美享受。审美需要的特点是超出了物质欲求，审美享受的特点是比物质享受高尚。因此对人来说，它是物质欲求和物质享受之外的一种"补充"，因为它是一种全新的需要和享受。由于审美需要超出了物质欲求，它就获得了两个重要的特性，一是对单纯外观的爱好，二是变成了一种游戏。席勒认为，人类摆脱动物状况，并由野蛮人达到人性的标志，乃是"对外观的喜悦，对装饰和游戏的爱好"③。何谓"外观"？指的是舍弃和超越了实在的形象，比如一条船，舍弃和超越船之为船的用途，剩下的就只是船的形象即外观了。这样的外观就具有了审美的意义。席勒写道："只要外观是

---

① 席勒：《美育书简》，徐恒醇译，中国文联出版公司1984年版，第177页。
② 同上书，第139—140页。
③ 同上书，第133页。

真正的（明确舍弃对实在的一切要求），而且只要它是独立的（无需实在的任何帮助），那么外观就是审美的。"① 他认为，对外观的爱好是人性得到提升的契机，"对实在的需求和对现实的东西的依附只是人性缺乏的后果，对实在的冷漠和对外观的兴趣是人性的真正扩大和达到教养的决定性步骤"。② 人类发展的历程可以为席勒的这个论断做证。在社会生产力发展低下的状态，人类需求实在的事物和依附于实在的事物；当社会生产力发展到相当高度时，人类才能超越物质需求，对实在表示冷漠和对外观发生兴趣。席勒指出，对外观的爱好就是美和艺术的起点，"审美的艺术冲动发展的或早或迟，只是取决于人们对专注于单纯外观的那种热爱的程度"。③ 他还说："艺术的本质就是外观。"④ 这跟萨特说艺术是"非现实"，苏珊·朗格说艺术是"幻象"，完全是同一个意思。而审美外观与游戏冲动是对孪生兄弟，因为二者有一个共同点，就是舍弃和超越了实在，从而获得了自由。席勒非常看重游戏状态，因为在游戏状态，人既没有外在的强迫，又没有内在的压力，拥有充分的自由来发展自身的才能。他说："在人的各种状态下正是游戏，只有游戏，才能使人达到完美并同时发展人的双重天性。"⑤ 进一步还可以这样说："只有当人在充分意义上是人的时候，他才游戏；只有当人游戏的时候，他才是完整的人。"⑥ 而游戏的对象就是美，"人应该同美一起只是游戏，人应该只同美在一起游戏"。⑦ 游戏是人的自由的状态，美则给人以自由，"通过自由去给予自由，这就是审美王国的基本精神"⑧。美和游戏在自由中相遇。美和游戏是人生的一种高层次的境界。

把美和游戏看作是人生高层次境界的观点可溯源到亚里士多德的"操持闲暇"说，而了解亚里士多德的"操持闲暇"说可以加深对席勒美育思想的理解。亚里士多德认为，人固然必须进行劳作以维持生存，但人

---

① 席勒：《美育书简》，徐恒醇译，中国文联出版公司1984年版，第136页。
② 同上书，第133页。
③ 同上书，第135页。
④ 同上书，第134页。
⑤ 同上书，第89页。
⑥ 同上书，第90页。
⑦ 同上。
⑧ 同上书，第145页。

生的目的在于获得闲暇,通过"操持闲暇"自由地表现和发挥自己的才能,从而获得快乐和幸福,这才是"人生的止境"。亚里士多德说:"我们曾经屡次申述,人类天赋具有求取勤劳服务同时又愿得悠闲的优良本性,这里我们当再一次重复确认我们全部生活的目的应是操持闲暇。勤劳和闲暇的确都是必需的,但这也是确实的,闲暇比勤劳为高尚,而人生所以不惜繁忙,其目的正是在获致闲暇。"① 有了闲暇,何所作为呢?亚里士多德强调,可以利用闲暇来嬉戏和娱乐,如下棋、打牌之类,把闲暇当作消除疲劳的药剂,但这不应是人生的目的。作为人生的目的操持闲暇,应当是出于"自主"和"自得"。"自主",可以理解为既不受外在力量的压迫,又不受内在力量的强制,完全自由地发挥自己的才能;"自得",可以理解为由于自由地发挥了自己的才能而获得快乐和幸福。亚里士多德认为,音乐、诗歌和绘画,总之是艺术,就是"操持闲暇"的最好对象,因为这是一种"既非必需亦无实用而毋宁是性属自由、本身内含美善"②的行当。故亚里士多德主张对青少年进行艺术教育,而艺术教育的目的就只在操持闲暇,他说,"音乐的价值就只在操持闲暇的理性活动"③。他在谈到绘画教育的目的时也说:"教授绘画的用意也未必完全为了要使人购置器物不致有误,或在各种交易中免得受骗;这毋宁是目的在养成他们对于物体和形象的审美观念和鉴别能力。事事必求实用是不合于豁达的胸襟和自由的精神的。"④ 艺术教育的目的在于养成审美观念和鉴别能力,这才合于豁达的胸襟和自由的精神。此为亚里士多德的美育思想,席勒同亚里士多德可谓千古同调。

审美作为一种精神需求和鉴赏力作为一种精神能力,受到心理学家的高度重视,因为这种需求和能力会对人类的生活产生大且好的影响。弗洛伊德说:"文明有一个特征比任何其他特征更好地表明文明的特点,这就是它尊重和鼓励高级心理活动——智力的、科学的和美学的成就——它在人类生活当中组成了观念的主要部分。"⑤ 可以看到,审美这种高级心理

---

① 亚里士多德:《政治学》第8卷,商务印书馆2009年版,第416页。
② 同上书,第418页。
③ 同上书,第417页。
④ 同上书,第419页。
⑤ 弗洛伊德:《文明及其缺憾》,见《弗洛伊德文集》第5卷,长春出版社1998年版,第243—244页。

活动在人们的生活中正产生越来越广泛而深刻的影响,这个事实正可证明弗洛伊德言之不妄。马斯洛认为审美能增加人的幸福感,"高级需要的满足引起更合意的主观效果,即更深刻的幸福感,宁静感,以及内心的丰富感。……高级需要的追求与满足具有有益于公众和社会的效果。在一定程度上,需要越高级,就一定越少自私"。① 审美需要当然属于高级需要。对于审美需要的满足引起幸福感这样一种心理状态,孔夫子有非常真切而深切的感受。他在齐国听了《韶》乐,竟至三月不知肉味,因此大发感叹道:"不图为乐至于斯也。"达尔文则用他的切身体验和感悟告诉我们,丧失了审美兴趣就等于丧失了幸福。他在回忆录中说自己在30多岁以前,即参加环球科学考察之前,对弥尔顿、拜伦等人的诗篇,对莎士比亚的剧作,对绘画和音乐都非常热爱,有浓厚的兴趣。可是后来他渐渐对艺术失去兴味,甚至连绮丽的自然风光也不能像以前那样引起他狂喜的心情。老年达尔文怀着迷惘而惋惜的心绪说:"我对这种高尚的审美的兴趣,丧失得实在奇怪而且可悲。……我的头脑,好像已经变成了某种机器,专门把大量搜集来的事实加以研磨,制成一般的法则;但是我还不能理解,为什么这必然会引起我头脑中专门激发出高尚的审美兴趣的那些区域衰退的呢?我认为如果一个人具有比我更高级组织的或者更加良好构造的头脑,那么,他就不会遭受到这种损失了。"他对丧失了审美兴趣深表惋惜和遗憾,并竭力想改变这种状况。他说:"如果我今后还要活下去的话,那么,我一定要制订一条守则:至少在每个星期内,要阅读某几首诗和倾听某几首音乐。大概采取这种使用脑筋的办法,会因此把我现在已经衰退的脑区恢复经常的灵敏度。这些兴趣的丧失,也就等于幸福的丧失,可能会对智力发生损害,而且很可能也对品德有害,因为这种情形会削弱我们天性中的情感的部分。"② 审美与幸福相连,不懂得审美的人,没有审美能力的人,是体尝不到的。想必柏拉图对审美与幸福相连的关系是深有体会的,他说:"如果人生值得活,那只是为了注视美。"③ 而美育就担负着把

---

① 马斯洛:《高级需要与低级需要》,见林方《人的潜能和价值:人本主义心理学译文集》,华夏出版社1987年版,第202、203页。

② 达尔文:《达尔文回忆录:我的思想和性格的发展回忆录》,毕黎译,商务印书馆1982年版,第93页。

③ 瓦迪斯瓦夫·塔塔尔凯维奇:《西方六大美学观念史》,刘文潭译,上海译文出版社2006年版,第327页。

人培养成为"在美的王国所及的领域中成为审美的人"① 的任务。由此看来，美育对人生的意义岂不是十分重大且无比高尚？

综上所述，美育具有多层次的功能，促进鉴赏力是它的基本的、原生的功能。但美育的功能不止于此，它还在跟教育的其他方面的关系中，以及跟教育的总体目标的关系中发挥它应有的功能，这些是美育衍生的功能。艺术教育是实施美育的重要手段，但它并不能代替美育。如果从美育的视角进行艺术教育，就要特别注意突出艺术作品的审美方面。鉴赏力是人的一种高级的精神能力，它的养成会使人更有幸福感。

（原载 2011 年第 5 期）

作者简介：潘必新（1939— ），男，浙江绍兴人，中央音乐学院音乐学系音乐美学教研室教授，主要从事美学和艺术理论研究。

---

① 席勒：《美育书简》，徐恒醇译，中国文联出版公司 1984 年版，第 118 页。

1990—2010年中国美育研究脉络

王旭晓　孙文娟　郭春宁

为了深入了解中国美育研究的状况，我们对近20年（1990—2010）中国美育研究的文献资料进行检索和梳理，并以10年为单位将之划分为两个阶段：第一阶段是1990年至1999年，第二阶段是2000年至2010年。通过对这两个阶段的美育科研成果的数量、论题的概括分析，检视中国美育研究的发展脉络和前进趋势。

一、20年来中国美育研究情况概述

本文献综述采用统计学方法对数据进行采集和归纳分析，通过文献关键词"美育"进行检索。首先，通过中国知网（www.cnki.net）对20年来的有关文献进行了梳理；同时，对中国国家图书馆资源进行了数据采集，以期掌握20年来关于美育研究的出版情况。本文将20年来322部著作、3126篇论文划分为七大类，并对前后10年的内容加以比对，以期发现其发展趋势。

论文和著作内容分布见表1，研究著作数量见图1，研究论文数量见图2。

表1　　　　20年来中国美育研究文章和著作内容分布

	美育思想史研究	美育原理研究	美育实施研究	美育和其他教育研究	各部门和学科美育研究	美育心理学研究	美育其他问题研究
论文	97/411	93/272	111/290	230/606	183/592	31/45	23/142
著作	9/25	59/51	14/36	11/20	13/45	3/3	9/24

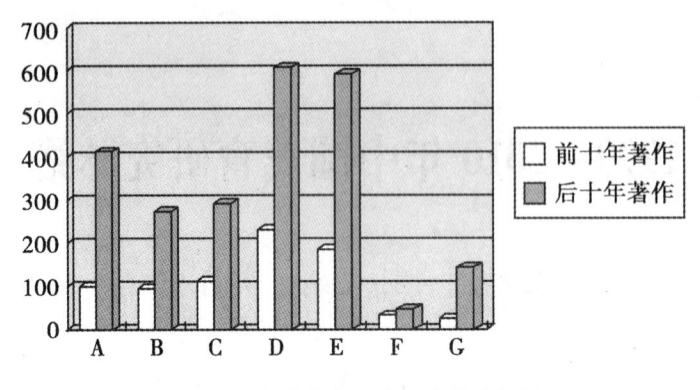

图1　20年来中国美育研究著作数量

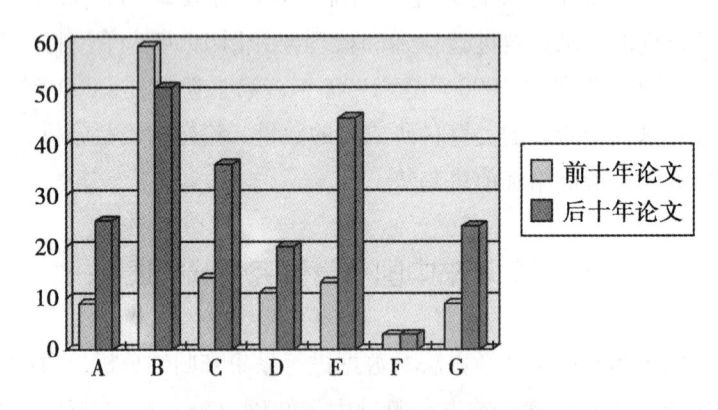

图2　20年来中国美育研究论文数量

图1、图2注：

A 美育思想史研究、B 美育原理研究、C 美育实施研究、D 美育和其他教育研究、E 各部门和学科美育研究、F 美育心理学研究、G 美育其他问题研究

（一）美育思想史研究

"美育思想史研究"涵盖了中国美育思想、外国美育思想及中西美育思想比较研究，这方面论文共有508篇，著作有34部。从两个10年的数量比较，后10年比前10年的两倍还多。论文方面，仅以后10年为例，论述中国美学思想的有314篇，明显多于论述西方美学思想的82篇，且中西美学思想比较方面的论文较少。本文献综述将对这部分论文进行重点梳理和总结。

（二）美育原理研究

"美育原理研究"内容包括美育的本质、特点、规律、功能、任务、意义和价值等，这些核心问题的研究为美育存在的合法性作了论证。关于美育原理的论文共有 365 篇，著作有 110 部。著作由于写作体例的不同，较论文更具有完整的体系，呈现出学科化倾向。值得注意的是，著作与论文的阶段性趋势不同，前 10 年的著作数量多于后 10 年的。

（三）美育实施研究

"美育实施研究"涵盖了高校美育实施总论、政策法规、管理机制、课程和教材、师资建设、校园文化、课外校外活动等内容。从内容上来看，著作部分主要从宏观框架和内容上构建体系，对高校美育的特点和目的进行定位，进而对整合课程资源、构建管理制度、探索美育策略等方面进行思考；论文则具体关注美育实施过程中的具体问题，比如具体教学实践中的师生互动、对教师应具有的素质等进行探索和思考，触角几乎延伸到了美育实施的方方面面。从数量上来看，论文和著作在后 10 年阶段都比较多，共有著作 50 部、论文 401 篇，这也是本文献综述的重点。

（四）美育和其他教育研究

"美育和其他教育研究"内容涉及了美育与德育、艺术教育、科学教育的关联，美育与素质教育的关系等。著作有 31 部，论文共有 836 篇。其中，美育与德育、素质教育的关系讨论占到绝大部分。素质教育强调人的德智体美全面自由发展，首先肯定的是美育不依附于智育和德育的独立地位；同时美育也不等同于艺术教育，二者在教授目的、方式、受教效果等方面均有差异。

（五）各部门和学科美育研究

"各部门和学科美育研究"包含艺术教育以及美育与美术、音乐、舞蹈、体育、中文等学科的结合。此类研究著作有 58 部，并在后 10 年数量猛增，内容主要集中在艺术教育研究上，且把学校艺术教育看作国民素质教育，从而在要求和模式上与专业教育区别开来。论文有 775 篇，有关体育课程和音乐、舞蹈课程的比重最大。

（六）美育心理学研究

"美育心理学研究"主要涉及美育过程中学生的心理活动规律和心理品质的形成问题，借助了脑科学和认知科学的方法。这方面论文有 76 篇，著作有 6 部。

（七）美育其他问题研究

"美育其他问题研究"涉及美育在现当代存在的问题及表现出的新形态。内容涉及美育渗透问题、美育现代性、生态美育等方面。这部分的著作有 33 部，论文有 165 篇。其中，前 10 年有关美育渗透问题的论文占了较大比重，后 10 年现代性和生态美育的问题研究得到凸显。在著作部分，美育现代性的比重较大，现代性研究既包括现代性视域下的美育性质和合法性的形而上研究，也包括大众文化、网络文化冲击下对美育的实施与操作的研究。生态美育主要通过审美和艺术的途径去救治现代人的"精神危机"。在后 10 年的阶段，论文和著作都呈现出显著的增长趋势。

二、中国美育理论研究的主要论题

根据对近 20 年的论文和著作的梳理和检视，发现涉及的主要论题有 5 种，即对美育的合法性论证、中外美育思想史研究、美育在素质教育中的地位、高校艺术教育研究、美育具体实施研究。

（一）对美育的本质、性质和作用进行界定，为其合法性论证

在 1990 年至 1999 年这 10 年中，这一论题在美育著作中得到了充分讨论和解决。对美育的界定主要包括：美育是包含着美学理论的教育；艺术教育是美育的重要组成部分；美育包含着美的价值的教育和美感教育；美育是情感教育。

但无论哪种定义，都是从美育基本等同于审美活动引申出来。余虹、罗金远主编的《美育概论》（湖北人民出版社 1990 年版）明确指出："审美教育基于审美活动，审美教育根本上是在审美功能意义上展开的独特的教育活动。"

对于美育的作用，有两个层次的论证：一个层次是讲美育在情与情感

上的渗透作用：美育通过文学艺术以及其他各种美的形态对人产生影响，以唤起美感的方式来对人进行教育，帮助人们形成正确的审美观念和健康的审美趣味，最终达到培养和提高审美能力、陶冶性情、美化人生的目的；另一个层次是把人的需要与能力的全面发展和人与自然、个体与社会的相互协调作为美育的哲学基础，阐明美育的性质和作用，为美育的合法性作论证。蒋冰海在《美育学导论》（上海人民出版社1990年版）中说："美育的根本目的在于全面地培养人，也就是使人的身心得到协调和谐的发展，成为具有崇高情操与富有实践能力的人。由此，美育是关系到人的各个方面的系统工程。"杜卫在《现代美育学导论》（暨南大学出版社1992年版）中谈道："美育所关注的是人的生存与发展。其基本的价值在于：满足和提高人的审美需要，提高人的精神能力，使人的审美生活成为可能。……美育与人的全面发展理想是根本一致的。"

（二）中外美育思想史研究

从著作方面看，中国美育思想史、西方美育思想史和马克思主义美育思想史是三大主要内容。美育思想史著作的写作范式表现为以美学思想史为蓝本，分别阐明每一位美学家的美育思想。在此类著作中凸显出古今教育的差异。中国古代的美育思想以讨论儒道两家思想为主，而近现代美育思想的论争焦点在梁启超、蔡元培和王国维。西方美育思想则重点在席勒的《美育书简》上。这些著作提出，梁启超的趣味教育论开启了中国美育的道路，同一时期的王国维基于西方哲学的"知、情、意"三分法提出全面发展的教育观，蔡元培基于当时的西方教育发展成就与国情推动了美育的制度化。

从论文方面看，中国美育思想史与西方美育思想史是两大主要内容。

1. 中国美育思想史研究

中国美育思想史研究按时段可以分为古代和近现代。

先说古代美育思想研究。

前10年的论文中，中国古代思想文化中的美育研究总体来讲较为匮乏。涉及对先秦美育思想进行整体研究的论文4篇，肯定了先秦思想家对中国古代美育思想的奠基作用。论述孔子美育思想的7篇，主要分析孔子美育思想的地位和影响，如何齐宗的《孔子美育思想探讨》，认为孔子美育思想在中国古代美育思想史上占有非常重要的地位。有的论文还涉及孔子与柏拉图的思想比较，如黄良的《美育思想比较：孔子与柏拉图》，提出这两位伟大哲人不约而同地以自身的方式关注着人本身的素养和发展。

在后10年中，研究中国美育传统思想的论文不仅数量增多，也涉及更多的人物和文献，同时对人物专题研究的角度也更为多样。其中对孔子的儒家思想进行研究的论文是前10年的3倍。有学者对孔子思想的特色进行深入解读和现代阐释，如金鑫、吉瑞红、孙燕的《孔子美育特色臆探》，提出孔子原始儒学美育的特色不仅在于"修养""慎独"，更在于其德育的愉悦性、诗意性、大众性及风俗性。在对孔子的比较研究方面，除之前与柏拉图的比较之外，还有与亚里士多德、席勒的美育思想比较。这一时期的研究还涉及儒家思想发展过程中的重要人物朱熹，如潘立勇在《朱熹人格美育的化育精神》中提出，朱熹人格美育的化育之道主要是承继儒家的传统命题。

除了关注儒家及其乐教思想外，涉及道家思想的论文也有所增加，对老子、庄子的研究论文增多，重点关注道家美学思想对理想人格的追求，如魏春艳、李天道的《老子"圣人"人格的美育意味》。

再看近现代美育思想研究。

在研究中国近代美育思想的论文中，关于蔡元培的最为丰富，数量达到百篇以上。其后是关于王国维的美育思想，以及关于梁启超、丰子恺、林风眠及刘海粟等人的美育思想的论文。而在现当代领域中主要是对朱光潜、陶行知及叶圣陶美育思想的研究。

在前10年的论文中，论述蔡元培美育思想的文章有25篇。在1990年蔡元培先生逝世50年之际，李祥林的《中国近代美育体系的创导者蔡元培》指出，蔡先生曾言："美育的名词，是民国元年我从德文Ästhetische Erziehung译出，为从前所未有。"蔡元培真正从理论上使美育系统化，在实践中做出显著成绩并有广泛影响。多篇论文都围绕蔡元培先生的"以美育代宗教"展开讨论，如禹雄华的《对蔡元培"以美育代宗教"说的新思考》等。这一时期对蔡元培的比较研究主要是与鲁迅的思想进行比较，如孙世哲所著《蔡元培、鲁迅美育思想》一书引发了学界的讨论，李允经将其誉为现代美育史上的拓荒之作。此间论述王国维、梁启超美育思想的论文非常少，仅见武识丁的《王国维美育观简论》和李开军的《梁启超的美育思想及其特征》。

对中国现当代美育思想的论述仅限于朱光潜、陶行知及叶圣陶的美育思想，论文数量也较少。聂振斌的《朱光潜的美育思想及其时代特征》论述朱光潜的审美教育思想。董伟忠、赵锡麟的《陶行知美育思想初探》指出陶行知并不把艺术教育等同于审美教育，他重视艺术的审美教育作用，更重视生活本身的审美教育功能，这与他的"生活教育"理论的基本精神是一致的。

后10年间，对蔡元培美育思想的研究文章颇丰，是前10年论文数量的4倍。除了对蔡元培美育思想的来源、内容和意义进一步加以研究之外，蔡元培的"以美育代宗教"仍是研究的重点之一。也有对"美育代宗教"说的反思与文化批判研究，如李红的《对蔡元培"以美育代宗教"思想的反思》等。这一时期对蔡元培美育思想的另一研究重点是其在学校教育层面的实践性论述，如梁柱的《蔡元培的美育思想及其在北京大学的践行》和张雁的《从国立北京艺专论蔡元培的美育实践》等。还有文章进一步研究蔡元培的美育思想和实践对音乐、美术、建筑教育的影响。同时，蔡元培美育思想与人格教育、素质教育的关系也是这一时期的研究重点，如王列盈的《蔡元培的美育思想与健全人格教育》等。在比较研究方面，有蔡元培与西方美学尤其是康德的思想比较、蔡元培与王国维的思想比较等。

王国维美育思想的研究论文近20篇，主要涉及王国维美育思想的来源、学术意义、现代性、人格美育色彩等诸方面，如尚莲霞的《王国维美育思想的来源》等。有多篇论文比较了王国维与蔡元培的美育思想，如刘虹、张秀坤的《王国维、蔡元培美育思想之比较——兼论王国维、蔡元培的人文教育精神》等。

此间梁启超美育思想的研究论文有6篇。王旭晓的《梁启超"趣味教育"思想对当代美育的启示》指出，梁启超首次在中国提出了趣味教育的概念，他的趣味教育实质上就是情感教育或美育，这对于当前我国美育中存在的问题，特别是泛美育的倾向，有着直接的警示意义。这一时期还有关于丰子恺、林风眠以及刘海粟等人的美育思想的研究论文。

此间朱光潜美育思想的研究论文有较大增长，共有10余篇。陈涵平在《在现实与审美之间——朱光潜现实美育观论析》中指出，朱光潜所构建的独特的现实美育观之基础在于将审美和现实紧密结合，认为美育的作用主要体现在使人生艺术化和使人性得到解放。关于陶行知的研究文章有甘再清、王静梅的《从陶行知美育思想看当代大学生艺术教育》，探讨了陶行知美育思想对当前大学生艺术教育的重大理论意义及实践意义。此间还拓展了对宗白华、蒋孔阳、曾繁仁及邹豪生、张楚廷等人美育思想的讨论。范鸿虎的《从美育角度看宗白华的"艺术的人生观"》指出，宗白华在苦难的现实中提出艺术的人生观，具有强烈的现实针对性，其实质就是要把人生和世界当作一件艺术品来看，使它理想化、美化，从而克服现实人生中的矛盾和不安。黄定华的《蒋孔阳论美育》及《蒋孔阳论美育与人的全面发展》提出蒋孔阳认为审美教育是一种精神教育，并分析了蒋孔阳美育思想的特色。刘彦顺的《走向现代性与中国美育的深层建构——论曾繁仁先生的美育思想》从美育学学科建构与中国20世纪尤其是新时期美育学的学术进程为视角，论述了曾繁仁在美育学科诸多方面的理论建树。朱耀龙撰文分析了邹豪生的《美与美育》，提出其核心思想在"美在生活"。岳凯华、欧阳志胜以及秦忠翼也分别撰文给予此书较高评价。此外还有论述张楚廷美育思想的论文，见杨云萍的《张楚廷美育思想对当代美育理论的贡献》等。

2. 西方美育思想史研究

总体来说，这20年来西方美育思想的研究论文要远远少于中国美育思想的研究论文，大概仅是后者总量的三分之一。且从研究的方法看，多以中西方美育思想的比较研究呈现，如将柏拉图与孔子的美育思想比较，将席勒与孔子、王国维、梁启超比较等。从关注的重点来看，主要集中在席勒及其《美育书简》中的美育思想，其次是对启蒙时期卢梭的美育思想的研究，此外还涉及对古希腊时期苏格拉底、柏拉图、亚里士多德，以及康德、黑格尔、杜威的美育思想的研究。

在前10年的论文中，有20余篇研究西方美育思想。以历史时期来看，研究古希腊时期的柏拉图的8篇、亚里士多德的3篇，德国古典美学中的康德的3篇、席勒的11篇、黑格尔的1篇，以及杜威的2篇。在这些论文中，数量最多的是对席勒美学思想的研究。较早谈论席勒美育思想的陈建翔在他的论文《席勒美育思想与当代教育美学》中指出："在后来的一些教育家看来，席勒在教育学史上的地位多少有点名不副实。"事实上这篇文章认为，席勒所提供的并非若干教育的现成律，应该从总体上把握席勒美育的理念。此后史可扬和卢俊的两篇论文都是从马克思与席勒思想的关系着手研究，前者注重马克思对席勒美学思想的批判继承，后者强调以马克思实践美学观对席勒的人本主义美学进行评判。1997年中国人民大学周文霞的论文《审美教育与完美人性——〈美育书简〉中席勒美育思想述评》强调了席勒的《美育书简》是美学史上第一部关于美育的宣言书。文章指出，席勒从人的本性的历史演进出发确立了美学的地位，从对社会现状的分析中提出了美育的课题。这使得对席勒的美育思想的研究关注到了审美与人的精神解放以及实现完美人性的关系。

这10年间柏拉图思想的研究论文虽不算多，却超过了后10年论文的数量。主要焦点集中在将柏拉图与孔子的美育思想相比较，共有5篇论文。

后10年的论文中，对西方美育思想的研究增多，仅研究席勒美学思想的论文就几乎是前10年的4倍。此外，更多地涉及了卢梭的美育思想，还拓展了苏格拉底、福楼拜和比扎格的美育思想研究。对席勒美育思想的研究层面更为丰富，从对席勒美育思想的哲学基础探究到对其思想的美育实践研究，从对席勒与康德、马克思思想的关系研究到将席勒美育思想置于中国文化视角中，与孔子、梁启超进行比较研究。

从总体上看，这40余篇席勒美学思想研究论文可分为这样四个方面：

第一，对席勒美育思想的根源、实质的研究。

李欣人的《席勒美育思想产生的哲学基础和理论前提》分析了两个因素，一是西方的哲学传统与育人观念，二是对康德的继承与超越。作者认为席勒正式提出了"美育"的概念并系统地予以阐述，在一定程度上纠正了康德的主观唯心主义，成为康德与黑格尔之间的重要桥梁。杨家友、彭锋和刘泽民、苏宁宁等人的论文也就此方面展开论述。

第二，关注人的自由和人性完整的研究。

从席勒美育思想中完整人性的论述出发，多篇论文关注于人性的和谐统一，探讨通过美育实现理想人性的建构。李欣人在《人的自由与审美教育——席勒美育思想探析》中指出，席勒论述了现代人人性的分裂以及他对和谐的追寻，认为审美活动是人的感性、理性和谐运动的结果，提出未来是审美的王国，这是人类所追求的最高目标。此外，还有赵伯飞、马冰初、孙焘和赵立如等人的相关文章。

第三，对席勒美育思想的价值和实践意义的研究。

2005年曾繁仁的《论席勒美育理论的划时代意义——纪念席勒逝世二百周年》指出，席勒作为新思想的预言家，在人类历史上第一个提出"美育"概念，并写出第一部美育论著，标志着西方美学由思辨的认识论美学到人生的存在论美学的转向。席勒的美育理论在 20 世纪初介绍到中国，对我国的美学与教育事业产生了重要影响。当前，它在培养学会"审美生存"的一代新人、德育教育、教育改革与美育学科建设方面仍具有重要作用。黄健云和杜卫的文章也关注了席勒美育思想的多元性和现实价值。

第四，对席勒美育思想的比较研究。

李欣人在《席勒美育思想对马克思的影响及其当代意义》中指出，席勒美育思想对马克思的影响主要表现在马克思"异化"理论的形成和"人性复归"理论的提出。此外，王纯菲的《中国传统有机整体性美育观——兼与席勒思辨性美育思想比较》从中国传统文化视角审视了席勒的美育思想。梅兰、杨家友、李燕群和方红梅等人也采用比较研究的方法撰文论述。

这一时期还有研究卢梭美育思想的论文 7 篇。邹华的《卢梭美育思想要点及现实意义》指出，卢梭的自然教育理论被称为教育领域的一场哥白尼式的革命，它将教育的中心从教师转移到了儿童，引发了教育理论的一次划时代的变革。尹艾华和种海燕也分别对卢梭的自然主义美育思想及其影响进行了论述。

此外，魏育龙的《苏格拉底的美育思想初探》、刘良华的《福楼拜的"情感教育"与美育的旁门左道》、赵曦和赵洋的《比格扎：人类前艺术特殊美育文化制》拓展了之前的关注视点。

（三）美育在素质教育中的地位

从美育自身来说，它是教育学的一个重要分支。美育在素质教育中占有重要地位，它与德育、体育和智育共同构成教育的整体，是教育不可分割的一部分。这一方面主要从感情趣味、理性认识和意志情操三者之间的关系进行论述，如仇春霖主编的《大学美育》（高等教育出版社 1997 年版）指出，美育不能等同于一般的知识教育、艺术教育、技术教育，美育是一种文化素质教育，是人的基本素质教育。美育不仅要培养学生的审美能力和创造美的能力，最终还要美化人自身，发展美的品格，培养美的情操，形成完美的人格。从跨学科角度来看，美育同美学、社会学、心理学都密切相关。这一内容在前 10 年的著作中不占主要地位。后 10 年，出现了很多讨论艺术教育的性质和任务、内容和形式的著作。其所涉及的主要内容如下：

1. 艺术教育的性质和任务

对艺术教育的性质和任务，许多研究者有了一种共识，如拉尔夫·史密斯著、滕守尧译的《艺术感觉与美育》（四川人民出版社2000年版），凌晓蕾主编的《艺术美育》（暨南大学出版社2006年版），段晋中著《大学音乐美育教程》（中国时代经济出版社2006年版），张爱萍主编《美育与艺术欣赏》（哈尔滨地图出版社2007年版）等，都认为艺术教育本质上是一种审美教育，它通过艺术之美开启人的心灵，以一种熏陶而非灌输的方式对人的内在素质产生潜移默化的作用；艺术教育是美育的实践形态，是在高校中展开美育的主要途径；艺术教育能从根本上提升大学生的审美趣味和人文素养，促进人的全面发展；在高校的现行体制中，艺术教育是必不可少和行之有效的素质教育方式。

2. 艺术教育的内容和形式

对于艺术教育的内容和形式，一般强调艺术的综合性，尤其是对艺术门类、艺术知识的综合性认识、了解和学习，要求宏观把握各门艺术的特征和规律，系统地学习艺术美的创造和欣赏，如马国俊、金立新、吴晓玲著《大学艺术素质教程》（甘肃人民出版社2003年版）。而张海鹏主编的《大学生艺术素养》（兰州大学出版社2009年版），则提出了通过公共艺术课程提高大学生的艺术素养、不同的艺术门类对应不同的审美能力、艺术教育要注重对全部审美能力的开发和培养等建议。

（四）高校艺术教育研究

在后10年阶段，随着美育在学校教育中的地位的确立和国家对学生素质教育的强调，高等学校中的非专业艺术教育问题得到了广泛的研究。不同于专业艺术院校艺术教育的普通高校艺术教育、不同于中小学美育的大学美育是此阶段著作主要研究的内容。如钟仕伦、李天道主编的《高校美育概论》（中国社会科学出版社2006年版），在宏观框架上涵盖了高校美育的特点、高校美育的意义、高校美育的目的、高校教师美育论、高校学生美育论等内容，对整合课程资源、构建管理制度、探索美育策略等方面进行了思考。王英奎主编的《学校美育》（辽宁人民出版社2009年版）探讨了课堂教学中的美育、活动中的美育、学校校园文化环境建设中的美育、艺术课程中的美育、教师审美素质等问题。张法《美育教程》

（高等教育出版社2006年版）指出，全球化时代的大学美育要面对三方面的内容：一是现存的、已被当代中国文化符号化了的、作为公共性的美呈现出来的艺术体系、自然体系、生活体系中的美；二是由其他文化符号化的美；三是一定时代、一定文化标志性的美。

从微观方面看，这类著作结合大学生美育活动的特征，从美育完善感性和人格的功能论出发，对审美范畴、审美意识、审美心理以及审美活动的内容、对象、特征进行论述，如钟仕伦与李天道主编的《高校美育概论》（中国社会科学出版社2006年版）。韩文根、杨光岐《大学美育与实践》（河南教育出版社2004年版）的第二部分侧重于"美育修身"，从美育与文化修养、美育与情感、美育与人际交往、现代生活美的设计与创造等方面探讨大学生在审美修养中所必须加强的问题。此外，李国春主编的《大学美育教程》（21世纪高等院校基础性核心课教材，湖南教育出版社2004年版）探讨了多元审美活动的特点、功能和过程，扩展了美育开展的途径，其视野不仅仅聚焦于课堂上的艺术鉴赏活动，还涉及课外、校外的审美活动。叶学良、查有梁的《大学美育——大学生诗意人生的设计与达成》（四川人民出版社2003年版）则在审美心理发展实验研究的基础上对高校美育的内容和任务作了阐发。

三、中国美育实施研究的主要内容

在近20年，特别是后10年间，涌现出了大量探讨关于美育实施的管理机制、课程设置、教材教法、师资建设等问题的论文。

（一）高校艺术教育管理机制

前10年，研究艺术教育管理机制的论文为数不多，主要涉及对艺术教育管理科学化方面的思考。如凡木的《高等艺术教育管理科学化的重要标志》，强调了以评促建、重在建设的原则；赢枫的《关于高等艺术教育管理工作的思考》，将全国专业艺术院校管理工作的主要内容进行归纳，同时提出了两点思考：一是要建章立制、依法治教，二是要建立和完善以教学评估为核心的高等艺术教学质量监控体系；朱琦的《提高质量、规范管理，适度发展艺术学科的研究生教育》，从研究生教育的角度提出拉开本科与研究生教育的层次，建立"著名课程"。

后 10 年，研究艺术教育管理的论文部分以学生为核心展开思考，如沈履平的《高校艺术类大学生的个性特征及教育管理思考》，针对艺术类大学生鲜明的特点进行归纳，指出了一部分学生的个性缺点，并在文章最后提出了艺术类大学生教育管理的 4 个措施。这一时期，也有多篇论文探讨了理工院校的艺术类专业学生的管理问题。

在宏观的管理方面，有论文对和谐机制进行了思考，如郭晗、郑华的《高等艺术教育和谐管理机制研究》，针对艺术热引发的高等艺术教育办学规模盲目扩大、生源质量差、师资力量不足等问题，从系统工程的视角出发，提出运用和谐管理理论，系统构建高等艺术教育和谐管理机制。

在管理机制方面，有论文提出了"柔性管理"的观点，见钟宏桃的《高等艺术教育引入柔性管理的几点设想》等；有论文从需要层次理论和情感教育层面出发进行思考，见孙传辉、孙春波的《需要层次理论在艺术院校学生教育管理中的运用》等；有论文讨论了全面质量管理的问题，见李都金的《全面质量管理理念在高等艺术教育质量管理中的运用》；有论文对学分制改革等艺术教育的具体问题进行了分析，见马振庆的《关于高等艺术教育学分制教学管理若干问题的思考》。

在著作出版方面，前后 10 年均只出版了一本书，即李甲奎、刘如文主编的《学校美育管理引论》（科学出版社 1997 年版）和李金福的《艺术教育管理学》（云南大学出版社 2004 年版）。《艺术教育管理学》讨论了艺术教育管理的内涵和特点、目标与机制、原则与方法等问题。

（二）高校艺术教育课程设置与教材教法

前 10 年，关于高校美育教材教法及课程的研究并不深入，相对系统的主要有 3 篇论文。其一为张琴秀的《浅议隐蔽课程的结构对学校美育的影响》，认为隐蔽课程是当今西方课程领域中新崛起的研究课题；其二为顾建华的《大学美育课程建设论纲》，认为大学美育与美学原理课、美育原理课既有联系又有区别，需要在教学实践中认真探索；其三为吴海燕的《高校美育中心开设音乐艺术课程及活动的几点设想》，针对具体的音乐学科的美育课程建设提出了看法。

后 10 年，进入 21 世纪，中国社会的巨大转型对整体的教育理论与人才观念提出了全新的要求，特别是在能源问题与自然环境问题日益突出之后，整个中国社会对人与人的关系、自然与人的关系有了全新的定义，由此产生了全新的教育理念，提出了具有全面素质的人才的要求。因此，美育这一有助于全面提升人的素质的学科受到了重视，根据我国教育状况所展开的相应理论研究全面展开。

在美育课程的目标方面，李开玲、孙景曾在《大学美育课程论略论》中从美育的全局角度提出了具体的美育目标论与课程论，认为美育的目标有三个：第一，现代化的忧思与可持续发展；第二，教育的使命；第三，促进生存方式重建。

在美育课程的功能方面，邢云提出了美育课程设置的必要性，认为美育课程在学校教育中处于核心地位，教育的目标、价值主要通过课程来体现和实施。

美育课程开展的范围研究，见王青的《艺术审美教育系列课程的意义与设计》等文。他认为艺术审美系列课程不仅可以在一般综合类院校应用，还可以在以工科类为主的有文科专业的高校应用；不仅可以在中文系开设，还可以在其他专业开设。

在必修课方面，祝华丽在《对高校设置必修美术课程的价值分析》中探讨了开设美术必修课程的美育价值。在选修课方面，方福颖在《普通高校美育课程设置与教学实施初探》中研究了美育课程中艺术选修课的开设方式和具体内容，并对其类型和学分作出了划分。

有论文对美育渗透问题和隐性课程问题进行了研究分析。如楼昔勇认为，美育不能仅仅是一门具体的课程，也不能仅仅局限在课堂上，它主要应该通过一切教学活动，以一种处处渗透的方式来进行。刘萍、傅培凯提出，隐性课程是学校在"显性课程"之外，通过"环境育人"的方式，对学习者的知识结构产生明显或潜在影响的各种物理环境和非物理环境因素的总和。

在教材方面，章安祺从理论上研究了全新教育理念下对美育教材的要求，提出美育教材应该具备自身的特点。从如何编写美育教材的角度出发，霍磊认为大学美育教材应紧密联系学生从事社会生产实践与社会交往活动的关于美的修养和行为能力的实际，联系学生的实际生活，并以此为基础引导学生向深层次探索，培养学生的审美意识。

此外，有文章从儒家思想的角度探讨了美育教育的课程价值。如王旭晓、周军伟认为六艺的审美内涵使其具有美育的品质，从美育课程体系建构的角度来看，六艺在课程设置理念、内容设置和教学方法三个方面为当代美育提供了有益而又深刻的启示。另外，站在大众文化对美育产生影响的角度，严红兰认为将大众文化整合到美育课程教学中去是十分必要的。

探讨美育心理学方面的著作为数不多，大多分别从教师和学生两个方面进行论述，涉及教学过程中老师应该拥有的美学理论知识和素养、学生的审美心理（审美感知、审美想象等），以及教师与学生之间的互动等问题。前10年对此内容的关注较少，仅刘居富、熊晓明的《大学美育教程》（武汉工业大学出版社1991年版），刘兆吉主编的《美育心理学》（西南师范大学出版社1990年版）和蔡正非的《美育心理学》（中国社会科学出版社1999年版）等有所提及。美育心理学主要研究在进行美育的过程中学生的心理活动规律和心理品质的形成问题，以便更好地选择美育手段，达到预期的效果。而赵伶俐《高校美育——美的人生设计和创造》偏向于科学化、量化的研究，把美育目标所体现的观念意识和知识分解为一系列的行为、方法和技能，使学生在懂得和了解基本的美学、美育和美育心理学知识的同时，掌握运用美的规律去进行自我人生的理想设计、形象设计和生活设计的方法。

后10年的研究成果显然增多，具体又可分为两个方面：一方面结合审美心理学对学生心理活动的规律和心理品质的形成进行探讨。如冉祥华著《美育与创造力》（河南人民出版社2004年版），从脑神经科学的角度，阐述了美育促进全脑功能开发的生理机制；从内隐心理学的角度，论述了美育对潜意识动机、潜意识认识的影响；提出美育不仅可以发展思维的敏锐性、灵活性、综合性、批判性、独创性，而且对知觉、想象、灵感等创造性思维要素的成长以及创造性人格的建构有重要作用。李天道著《美育与美育心理》（中国社会科学出版社2006年版）、程新康著《当代大学美育创新论》（西南师范大学出版社2005年版）都指出了艺术教育与大学生的创新性之间的关联。另一方面，对具体教学实践的总结和思考初见端倪，包括大学美育的课程设置、教材教法、教学大纲、评价方式等方面，但主要流于经验总结，如顾颉主编的《教师审美素质与学生发展研究》（四川教育出版社2001年版），赵火根、赵传栋主编的《教师美育概论》（江西高校出版社2006年版）等。胡知凡主编的《艺术课程与教学论》（浙江教育出版社2003年版）从音乐、美术、艺术三个学科的课程改革的情况出发，探讨了艺术课程的教材与分析、艺术课程的教与学、艺术课程的评价、艺术课程资源的开发与利用等问题。赵伶俐主编的

《课堂教学技术》（重庆出版社2006年版）详细介绍了如何训练教师的课堂教学行为以提高教师的课堂执教技术，内容包括教学设计技术解析、教学操作技术、教学口语技术、教学有形技术、教学逻辑技术、教学管理技术、教学技术创新、教学操作案例点评等。

（三）高校艺术教育师资要求与建设

这一方面的研究，在前10年，冯妮提出补充艺术师资的局限因素，如"主渠道"少、源流不足，因此特别需要坚持引进人才（特别是高层次人才）和在职培养并举的方针，需要做好优化高校师资队伍结构的工作等。郭学玲从北京电影学院的师资建设出发，提出应该稳定骨干教师以稳定整个师资队伍，需要积极支持教师参加科学研究和艺术创作活动。

后10年，研究论文主要针对师资队伍的现状和问题。如孟繁梧从师资的自然状况、素质状况和管理状况进行分析，在指出问题的同时提出了综合性高等艺术院校教师应该具备的素质——包括完整的知识体系、较强的艺术教育科研能力、更强的创新精神和进取精神以及良好的思想素质和职业道德。

许多论文对解决这些问题的对策进行了研究，有的关注师资引进力度和教学科研带头人的培养，见唐长安的《新升本科院校艺术设计专业师资队伍建设》；有的关注加强教师队伍建设和提高教师自身素质，见王金霞的《高校艺术教育要加强师资队伍建设》；有的关注优化队伍结构，发挥整体功能，见金超哲的《高校公共艺术教育师资队伍建设面临的困境与对策研究》；也有的从国际化角度出发提出建议，见倪敏玲的《国际化视角中的高校艺术教育师资队伍建设》；还有的提出高校教师应确立综合创新的理念，并应将这种综合创新理念落实到具体的教学、科研之中，可见张维青的《论艺术高校师资素质的综合创新》。

在艺术师资的培养方面，于瑞华提出了构建高师综合艺术师资培养模式的思路；于秀芸、王丽娟指出要加强对现有教师的培训，将现有的教师派到专业艺术院校进修、访问交流，同时向社会聘请优秀的艺术家作为兼职教师，特别是艺术创作指导教师；谢萍指出我国大多数高校音乐教育的教师队伍，不论是队伍结构、综合素质，还是数量，都已无法满足新时期发展的需要，重构师资结构需要重视学科梯队建设，培养学科带头人，尤其在评审高级职称上，要打破论资排辈的思想，解决学术年龄断层问题。

值得注意的是，葛晓琴提出学分制相较于以往学年制的变化，体现了较大的特色和优越性；作为弹性教学管理制度，学分制保障了学生对教育资源进行自主选择的自由度；学分制的推行，也对师资队伍建设提出了更高要求。

（四）高校课外、校外美育

这个问题的相关论文较少，且主要集中在后10年间。王旭晓的《课外、校外艺术教育是美育的一个重要组成部分》借鉴了英国的课外教育经验并总结了两点启示：首先，课外、校外的艺术教育是美育的重要组成部分；其次，要培养自觉、自由地接受美育的观念与习惯。

此外，王梦、任蕴梅的论文首先从全面、层级、情感、创造和自主5个方面讨论校外艺术教育的新观念，再从体验、合作、共享和个性的角度分析校外艺术教育的新形式，并指出复合培训和培训与活动互动是校外艺术教育的新模式。

（五）高校校园文化建设

这部分论文也主要集中在后10年。杨露、李光安的文章论述了艺术教育与高校校园文化的关系，重点强调了艺术教育在高校校园文化建设中的现状、问题及其解决途径。王希俊、张松的《艺术教育与高校和谐校园文化建设》较全面地分析了和谐校园文化的概念与内涵，指出了艺术教育与和谐校园文化建设的联系，并强调，艺术化校园环境将对师生产生潜移默化的影响，是和谐校园文化物质环境的一个重要组成部分。黄丽娜、余育新分析了和谐校园文化的特性——人文性、多样性、融合性、创新性和传承性。张建中、黄丽娜从公共艺术教育的角度谈论校园文化及其建设，指出校园文化是从属于社会文化的一种"亚文化"，是学校全体师生员工所共同拥有的校园价值观在校园物质载体与意识形态上的具体化。黄培清强调了艺术教育资源开发与特色校园文化建设的互动关系，认为审美教育是艺术教育的核心任务，提出艺术与科学的交融，有助于艺术教育渗透到学校学科建设的方方面面，推动学科建设的拓展乃至创新，形成特色学科；他还指出，艺术教育第一课堂与第二课堂以及社会大课堂资源的互动是营造校园文化氛围、打造校园文化品牌的重要方式，是特色校园文化建设的生长点。黄玲提出独立院校的校园文化在形式上具有创新性、多样性、交融性、时尚性等特征，但同时伴有缺失主导、形态低下等特点，这使得我们的校园文化活动在很多时候也带着随意性、盲目性。秦春晓、朱峰指出，应通过"创新学分""实践积分"等激励机制，调动学生参加科技创新活动和艺术实践的积极性。

在著作方面，后10年涌现出比较多的讨论高校校园文化的专著。多数著作探讨了校园文化自身的构成机理、建设和发展的历史和条件，虽然把校园文化与素质教育相挂钩，但很少把校园文化纳入艺术教育的大系统之内，也很少讨论艺术教育与校园文化之间的关系。冯刚主编的《高校校园文化建设理论与实践·第1辑》（湖南大学出版社2006年版）提到了高雅艺术与美育校园，并以中国海洋大学海鸥剧社与华南理工大学"高雅艺术进校园"系列活动两个案例，分析了课堂艺术教育与课外校外教育的联系，指出校园文化精神的形成与艺术教育是不可分割的。邓和秋著《高校校园文化建设研究》（黑龙江人民出版社2008年版）指出了校园文化对培养学生审美和立美能力的重要作用，并提出，学校教育的基本文化功能是促进个体的全面发展，这与校园文化建设以及艺术教育的根本意义是统一的，校园文化作为实施美育的手段之一，可以通过优美的自然环境表现出来，亦可以通过各种艺术活动和文体活动体现出来。

四、中国美育研究呈现的趋势

通观20年中国美育研究情况，学界的研究呈现出以下趋势。

（一）美育理论研究向实践深化

通过对20年美育研究资料所关注的主要论题进行分析，我们发现，第二个10年中学者更多关注美育的具体实施问题，即学校和教师怎样开展美育的问题，美育的目标体系、内容体系、课程体系、教材体系、教法体系、评价体系等具体问题都呈现出来。美育作为一门由多学科构成的应用性学科，其理论研究应当具有指导实践的价值和意义。从长期以来局限于思想史研究、纯理论分析的狭窄圈子里走出来，转而发现和解决现实的审美教育问题，是未来美育研究的必然趋势。

（二）多角度、多层面探讨美育

美育是教育学与美学的交叉学科，而教育学、美学同心理学密切相关，心理学又与思维科学、脑神经科学有紧密关联——这些内容能为当代美育理论研究提供新视野、新思路。第二个10年美育心理学研究发展迅猛，有从脑神经科学的角度，阐述美育促进全脑功能开发的生理机制的；有从内隐心理学角度，论述美育对潜意识动机、潜意识认识的影响的。此外，美育理论研究要为现实做指导，应该能够即时应对社会文化新现象——如大众消费文化、网络虚拟文化——对美育实施的冲击，这需要新的思考角度和工具来充实美育。

（三）美育研究方法、过程的科学化

美育理论研究通常采用哲学思辨、逻辑论证、理论概括等方法，但在面对现实问题时，仅仅采用传统的定性分析是不够的，需要借用社会学的问卷调查、经济学的模型分析、自然科学的实验分析，才能发现问题症结所在，从而解决问题。科学化首先意味着数字化，即现象的数据化和按照数学模型进行推论，从而找出规律或结论；其次意味着实验化，所有关于原因和规律的假设都必须通过实验加以验证。

（原载2011年第6期）

作者简介：王旭晓（1952— ），女，浙江宁波人，中国人民大学哲学院美学教授、博士生导师，山东大学文艺美学研究中心兼职教授，主要从事美学原理与美育研究；孙文娟（1983— ），女，山西太谷人，中国人民大学哲学院博士研究生，主要从事美育理论研究；郭春宁（1978— ），女，黑龙江佳木斯人，中国人民大学哲学院博士研究生，主要从事美育理论研究。

论美育学学科的三维构成及内在机制

刘彦顺

一、关于美育学学科性质及其引发的问题

从审美教育作为一种实践活动的历史来看，它与人类自然人化的历史、与人类文化建构的历史同样漫长；从美育学作为一般知识来看，也同样与人类的美学思想、教育思想一样久远。但是作为一种独立形态的理论，它的历史还是很短暂的。自从德国美学家席勒第一次直接提出审美教育的思想以来，至今只有200多年的历史。在其理论形态以及研究的方法上，都显得比美学、教育学要稚嫩得多。故在当今学界有人认为，对于审美教育的研究尚不能得到"学"的独立称号。审美教育理论与审美教育研究作为一种知识，在某些人的心目中就如同审美教育实践那样，只是教孩子唱唱歌、跳跳舞的不足为正业的那么一种东西；如果再对其进行研究，就更显得贻笑大方了。

需要指出的是，这一现象本身就隐含着审美教育研究的根本危机。对审美教育的研究如果不能获得知识学意义上的承认与许可，那么，审美教育实践及其相关研究就只能停留在浅薄而浮泛的层面上。在当代美育研究中，关于学科建构的问题主要表现在：

第一，参与审美教育研究的人员人数众多，但在构成上极为芜杂、在质量上参差不齐。其中不仅有大专院校的专业研究人员与专家教授，而且有在中学、小学乃至幼儿园的承担语文与艺术教育课程的教师，甚至历史、政治、物理、化学、数学、生物、地理课程的任课老师也参与进来。他们在各种学术期刊乃至于形形色色的报刊上，发表了数量极为可观的文章。例如，根据清华大学中国期刊网全文检索，以"美育"作为关键词

进行搜索，仅仅在 2002—2003 年这一年的时间里，在公开出版的刊物上发表的论文就达 773 篇之多①。当然，在参与学术研究与学术争鸣的权利方面人人平等，但是现代学术与现代知识在形态上早已过了"混沌"的开创时期。如果缺少必要的知识与学术的储备，以及对本学科特性的把握，任何人都无法进行合乎现代学术规范的研究，尽管研究热情本身是值得肯定的。

第二，从审美教育的研究作为一种知识学来看，已有的学术研究成果除了少数文章与著作达到逻辑严密、选题合理的内在要求外，大多数已发文章都存在值得我们重视的问题。而这些问题主要表现在以下几个方面：

其一，把美育研究与某一个案、某一极细微的文学艺术现象相等同，通常就是这样一种极其八股的思维模式：由某一首诗歌、一篇散文、一个故事、一首歌曲、一部电影等来谈仅仅局限于这一案例本身的美育作用。这大多是中小学教师的教案，当然有一些也来自大专院校、中等职业学校的从事艺术类课程教学的教师，其所撰文章的题目大多是"从……看对学生的审美教育作用"或者是"如何从……之中对学生实行审美教育"。比如《给学生一双发现美的眼睛——浅谈高二诗歌单元的美育》②、《在小学古诗教学中进行美育》③ 就具有极强的代表性。从他们所利用的案例或使用的对象来看，是属于文学艺术作品的。从作为审美教育的资源来看，这样的一种选择是没有任何问题的，如果只是就案例来谈案例，也就当然只能是在审美教育的范围之内；但是，如果把这一案例提升到美育的理论层面，就不仅仅是画蛇添足，甚至会远远走出审美教育的范围之外了——原因就在于这样一些文章命题的背后其实是隐藏着这样一个可能，那就是所采取的案例除了可以充当审美教育之外，当然还可以充当其他教育的资源。

其二，把自然科学的学科教育与审美教育连接起来，在物理教育、化学教育、地理教育、数学教育之中，发现许多匪夷所思的美感因素，而且在许多文章之中，并不是把论述重点放在对于教学过程中形象生动等因素的利用上，而是就数学公式、化学反应、物理定律来谈美学，谈

---

① 检索日期为 2011 年 6 月 20 日。

② 李捷：《给学生一双发现美的眼睛——浅谈高二诗歌单元的美育》，载《中学语文教学》1999 年第 4 期。

③ 黄涛：《在小学古诗教学中进行美育》，载《小学语文教学》1999 年第 4 期。

美感，并上升到审美教育的层面。如果说，将审美教育与道德教育、思想教育、劳动教育相联系，我们还可以把相应的命题植入合乎学理的框架中去加以论辩的话，那么上述的很多做法实在就显得太不合乎学理了。

第三，与中国美育学的第一期与第二期相比，作为新时期的第三期的美育学在学术上似乎更加缺少自觉。如果说中国美育学的古典时期尚属于原创，第二期则以蔡元培美育思想为主要代表，是本土学人在现代文化的冲击之下以及西方美育思想的资源影响下对中国传统美育发起的主动革新；那么，中国美育学的第三期，如果不是受到国家在教育政策与教育制度上的倡导，如果不是作为某一国家意识形态领导者个人的言行的推动，作为第三期的中国美育学的到来还显得不可预期。一种理论就其本性而言，既是对实践经验的总结，但是更应该是对于实践活动的反思、批判与前瞻。如果在知识学的建构上缺乏最起码的理论准备，新时期以来的美育研究就只能在浅俗的层次上徘徊，对当代美育的现实实践既无自己的解释，对于美育的实行又无可操作性的蓝图。在学术的自觉上表现出的迟钝与落伍，一方面反映了美育学自身的发展历史的短暂，另一方面更是反映了美育学作为一种知识学形态，在学科上远未成熟。

作为相对成熟的美育学科来说，与其他的任何学科一样，在基本范畴、命题与问题、概念与逻辑、体系与发展等关键问题上应该有着自身独特的规定，这种规定既是随时间与历史而变动的，又有着相对稳定的基本结构。在遭遇到新的现实时，这个基本稳定的结构会以自身的逻辑来敏捷地加以面对，并且应该敏感地加以调整。但是在新时期的审美教育研究当中，我们并没有看到这样一个结构在起作用。由国家政策国家意志的强制性规定并直接影响的审美教育以及审美教育研究，远远超出了中国美育学自身的阐释范围与学科的自觉，最为突出的表现就是1994年伊始的素质教育思潮，审美教育研究无法拿出一整套的系统的思想与概念加以阐释并以此作为回应——尽管在此期间发表的论文数量惊人，但是从整体上来看，在我们当时已有的美育教材中或者是美育观念中，对于"素质"以及"审美素质"这一基本概念还是一种陌生的言说。这些都只能表明审美教育学作为一种知识形态仍极不完善。

对美育学理论体系及其学科体制进行专门的研究，在国内学术界尚属寥寥之音。就目前所掌握的资料来看，比较有理论深度的探讨，仅见杜卫的《论现代美育学的理论构架》[①]一文。因此，从学科的角度对于美育学理论进行认真的思考与建构有着迫切的现实意义。

二、对美育学学科交叉性质的认识

美育学与其他学科一样，只有找到专属于己的研究对象，才有可能找到与之对应的研究方法，才能获得合乎逻辑的知识生产的基本条件；尤其是对象的确立，在保全对象原初特性的前提下，才有可能觅得其特有的方法。当然，这一原初对象一旦发生，就不会再重现，但是其构成的特性却会保存下来，尤其是在主观与客观之间所构成的状态与特性可能会在反思活动中保存下来。这正是美育学作为一种知识的逻辑起点。

对于审美教育的研究应该是在普泛性的教育哲学的指导原则下，对于审美教育这一具体学科教育所展开的研究；同时美育学本身又成为一门指导性的教育哲学，来对某一艺术门类或是以受教育对象为出发点的研究提供理论上的支持与指导。因而，在构成上，仅仅从教育学的范围内来看，就是这样一种金字塔形的系统结构。由于这种构成上的复杂性，所以对于美育学的学科构成来说，相对于受自己指导的下一层的教育学而言，更应该从宏观的角度确立自己的对象与研究方法。

我认为，应以审美生活的获得与提高为基本内核乃至最高目标，然后以审美生活中诸因素构成的交叉关系为对象，来构成一个相对完满的、富有学术适应性与弹性的美育学科体系。审美生活作为美育学的对象，在存在的时间状态上当然是已经发生与完成的，因为未来的审美生活还没有发生；对已经完成的审美生活进行反思，并且在反思活动中始终保持其完整性，如果不能保持其完整性，就会使得这一对象变形、扭曲、割裂。就中外美学史的发展而言，要做到这一点并不容易，最大的疑难就体现在如何对审美生活中主、客之间的关系做出如其所是的描述与反思。在做出如其所是的描述与反思的基础上，自然地过渡到美学、教育学与心理学。

第一，就美学而言，审美生活的三个要素是审美主体、审美客体与时间性。审美生活与道德生活、科学生活、宗教生活有极大的差异，因为其

---

① 杜卫：《论现代美育学的理论构架》，载《文艺研究》1993年第5期。

所追求的就是某一审美生活"过程"本身,此"过程"就是一个完全体现为"时间性"的体验流。在"时间性"的"过程"结束之后,审美生活本身就宣告结束,也就是说,审美生活存在的目的与意义就在于这个"过程"本身。而且,在这个审美生活过程中,主客之间的关系是一种绝对的"同时性"并在或者同在的关系,它所追求的是绝对的亲力亲为的体验过程。而科学生活追求的是最终正确而客观的科学规律、命题;道德生活追求的是道德行为本身的善,对于道德行为的评价,所依据的是客观而普遍的伦理道德规范;宗教活动追求的是绝对的主观,并往往体现为灵魂、天主或者天堂。也就是说,审美生活的价值在于主客不分的快乐过程的绵延与持存。而后三者则要求主客二分:其中,科学追求绝对的主客二分,即通过主观的努力过程,最终达到结论的正确;道德活动虽然在很大程度上倡导人们对善事进行亲力亲为,但是对恶的行为自然加以排斥,也就是说,道德规范是绝对的,它不为任何个体的具体条件而动摇;宗教信仰也一般会采纳一个绝对的对象,灵魂、天主与天堂等主观因素才是最终的目的。综上所述,审美生活中主客之间这种"不分"的特性,决定了美育学在教育学及心理学方面的构成性维度,而不会与科学教育及道德教育相混同。这是美育学的第一个支点。

第二,审美生活在现代社会中的计划性、组织性比以往的任何社会形态都体现得更加鲜明、强化,尤其是现代国家形态的强化就更为审美生活作为一种教育形态打下根本的基础。因为在现实条件下审美教育只能是在一个国家整体的教育框架内,与其他非艺术教育类课程一样在严格的教学计划、学时等体系中进行的。从审美教育发生的领域而言,它有广狭之分,广义的审美教育是在广阔的现实生活中发生的审美生活体验,也就是说,任何一个已经发生的审美生活行为同时也就是一个受教育的行为;狭义的审美教育是指在单一的学校教育中有计划、有组织地实施的。就广义的审美教育而言,审美教育活动显得极不自觉,很多审美生活行为的发生往往是自发的,比如在公交车、机场、饭店、广场、超市等公共空间以及通过各种电视、报纸、网络等各种媒体来传播的审美对象,公众会不自觉地受到影响——当然,这样的审美对象在质量上参差不齐。另外,由于很多审美对象受利益活动的操控,所以,公众虽然可以满足一时的需要或得到一时的快活,然而却不能通过这些审美对象来真正提升自身的审美素养。就狭义的审美教育活动而言,学校教育有着比前者更为组织化的特性，但是在现阶段的中国，美育在学校教育中受到升学压力的影响，无法完善地施行；不仅如此，学校里的审美教育如同其他教育一样，在人的一生中总是短暂的。因而，如何把审美生活与提升性的"教育"相融合，这构成了美育学研究的第二个支点。

第三，从前两点来说，高质量的审美生活的获得以及作为教育活动的审美生活价值的实现，最终体现在或者实现于作为审美主体的个体之上。因而，就必须有对审美主体与审美客体之间适应性的选择与操作的问题，也就是说对心理的层面即在发生两者之间的交叉关系来进行研究。这个交叉点就是审美主体的审美素质。审美素质不仅是衡量审美生活质量的标志——有什么样的审美素质就会过什么样的审美生活，就会选择相应的审美对象；而且它本身也是处在形成、提升的时间性过程之中——也就是说，审美生活本身主客不分，并且是一个处于绝对同时性状态的持存过程。审美生活作为针对个体发生的"意义行为"之一种，推动审美主体的审美素养在审美实践之中得以提升：说到底，一个人总想生活得越来越美好。这是美育学的第三个支点。

一个学科的研究方法来自反馈并适应对象内在的构成方式。既然审美生活是由这三个层面构成的，那么，美育学的研究方法也就会自然而然地伸展出三个维度——美学的维度、教育学的维度、心理学的维度。从哲学的角度来说，世界上许多事物之间的界限并不是绝对的，而是经常在两个或者更多的事物之间存在一个共有的朦胧区域，因此这种交叉不会使得美育学学科显得不伦不类。我认为，把审美活动作为一种教育活动来看待，在存在的方式上，它是作为一个完整的对象来存在的。对于这样一个完整对象的研究在知识学意义的构成上，"美育学"或者"美育理论""审美教育理论"就是完全合理的。

但是在历史发展的过程之中，把美育作为一个完整对象来进行研究，是从席勒才明确开始的。那么，美学、教育学与心理学在学科的发展与成熟上显然比美育学要早得多，所以在这三门学科较为成熟的前提下，我们在习惯上把美育学称为交叉性学科。但是这种交叉并不等于说存在三个对象，也更不是说是三个对象的交叉。我的看法是，只存在"一个"研究对象，即一个"完整"的审美生活；这一"完整性"意味着它作为美育学的对象是最高的"属"，即在审美生活过程中出现的各种各样的因素都隶属于这一最高的"属"；出于具体的学术研究需要，我们可以对这一对象中出现的任何因素进行单独的探讨，但是这些因素都必然带有这一最高的"属"的特性。由于对象本身构成上的复杂性，我们对美育活动既可以作整体上的探究，也可以就某一层面、某一问题，采取不同的方法与视角来进行研究。然而，基本的前提是——保全审美生活这一对象的完整性，保证其不受到损害、扭曲与割裂。另外，从学科史的角度说，之所以把美育学称作交叉学科，只是由于美学、教育学、心理学这三种知识与学科的先期成熟，而且，这三者与美育活动的三种最主要的内在构成相符合——这就是本文把美学、教育学与心理学称作构成美育学或审美教育理论的三维的原因所在。

三、美育学学科三维交叉的具体体现

所谓美育学学科的美学的、教育学的、心理学的交叉，并不是把这三门学科已有学术结论的机械性累加，本文所强调的是经由审美的、教育的活动，并最终落在心理体验上的一种境界。如上所述，美学、教育学与心理学在各自学科的发展上都已远远超出了美育学所能够达到的程度，但是，在美育学学科所要求的交叉水准上，又是其中任何一个学科都无法单独胜任的。

第一，就美育学的美学维度来看，它为美育学提供基本的逻辑上的保障。正如前文对宗教活动、科学活动、道德活动的分析，虽然审美生活与以上三种活动都是主观与客观、主体与客体共同作用的结果，但是由于价值与意义追求的差异，审美生活不仅仅在其过程中始终保持主客不分的意向行为状态，而且，当这一时间性的过程结束之后，其意义与价值也就终结。也就是说，审美生活作为一种快乐的生活，一旦发生并持续地进行了完美的绵延，就已经到达了终极目的。就此而言，审美教育活动本身作为一种有组织性的审美生活，就必须与其他课程体系一样，保持自身的本质特性，保全自己的领域。

审美生活的独特性对于审美教育活动来说至关重要，因而要做到优先保证其特性的鲜活。自新时期以来，我们就可以发现，在美学与文艺学界进行的审美主体性的讨论，以及由此产生的理论上的突破，成为新时期美育学最初的成果与起点。在对于审美对象的选择与操作上，要进行严格的审美特性分析，在以形成审美主体审美能力为核心的前提下，对于审美客体进行选择。需要指出的是，审美客体在数量上极为浩繁，这要求一个美学学者自身要具有在质与量上的涵养储备：既要对唐诗宋词有较高的鉴赏力，也要能够读懂巴尔扎克的小说，既要能够听得懂肖斯塔柯维奇的第四十一，也要能对中国的乡土艺术略知一二。在很大程度上，我国从事审美教育理论研究与审美教育实践的教师与研究者，首先要面对自己施行美育。这是在审美之维对美育学的规定。

第二，在教育学之维，审美教育作为一种教育活动，在现代教育日益成为国家政策、制度与意识形态体制之一的情势下，它就必须具有可操作性的机制。

审美教育应确定审美个体发展的成长目标，并依据成长目标来确立实践的具体过程。因为所面对的是世界上最为复杂而微妙的审美生活，并且在审美生活中，审美主体与审美客体之间的关系体现为主客不分，也就是说不可能从绝对的主观或者绝对的客观出发，去衡量审美生活的质量，去测试审美主体的素养。不同的审美主体对同一个审美对象会有千差万别甚至完全相反的体验，即使同一个审美主体针对同一个审美对象也会因为年龄、遭际、心情的变化而产生不同的体验。所以，对于道德教育、科学教育适用的完全科学、客观的教育机制就无法适用于审美教育。因而，在审美教育实施的机制上，如何选择教材，如何设定教法，如何进行测试，成为值得我们在实践中高度重视的问题。如果把科学教育、道德教育的方式，方法，方案照搬过来，那就会在根本上破坏审美生活。事实上，符合审美教育自身特性的评价系统还远未建立起来，科学主义的评价与测试方法于是大行其道。

所以，在教育学的维度，美育学就应该兼顾审美生活的独特性与审美主体作为个体存在的独特性，并把审美生活的独特性实现于个体的审美发展之中。于以上所述审美生活的时间性要素来说，审美教育的课堂首先应该是一个完善的审美生活，如果这一师生共同参与的审美生活能够完成，那就已经完成了审美教育的目的与价值；而且，对于审美教育所进行的测试，也完全不能采纳科学教育与道德教育的客观性、普遍性、简约性模式，审美教育测试的模式理应是在尊重审美生活特性的基础上，采取个体化的教育与测试方式，即让作为审美主体的学生自己感受到审美生活是一种内化式的教养，在时间性上有无限的提升与养成的可能。

一切美感都只是快感而已。然而，快感又是千差万别的，有些快感比较简单，与生俱来，无须进行专门的培养与教育，比如味觉就是如此：一个人在5岁、10岁、20岁和80岁喝可乐，味道不会有太大的差异——当然人的味觉还会随着人的衰老而变得迟钝；世界上有教授烹调技艺的学校，却没有专门教育人如何提高味觉的学校。世界上更多的是那些培养可以作为教养存在的学校——服装学院、文学院、音乐学院、美术学院、设计学院、电影学院、建筑学院等，这意味着这些快感可以作为一种教养与修养持续地加以呵护与培养，意味着这些快感有无限的提升、创造的空间与余地。同时我们必须认识到，这样一种审美教养的时间性提升过程只能通过某一个体的亲力亲为才可以做到，而且它无法体现于客观性、普遍性的科学主义的测试之中。

第三，以上两者的连接，都需要最终在心理学上的落实。心理学在美育学学科中处于美学与教育学的交叉点上，它所要完成的是个体的审美发展。

如前文所述，审美生活是个体的心理体验，是个体整体生活中的一个组成部分或者生活之流的一种，审美生活的特性与作为教育活动的审美生活的特性最终的实现就体现于此。个体审美心理的发展与个体的科学认知能力的发展、道德心理的发展有着根本的差异。审美发展的根本特性在于体验性，而且是直接的、第一度的体验性，即审美主体对审美客体的感受一定是第一人称的，而且其体验的价值与意义就只是在这一具有时间特性的过程本身；更为重要的是，审美心理的发展不是追求普遍的、客观的结果，任何一个审美对象带给审美主体的快乐都是独一无二的，并且，在这个独一无二的快感之中，始终指向某一特定审美对象——否则审美生活的快乐体验就会结束，或者根本不会产生。因而，自冯特以来的现代心理学，一直高举自然科学的大旗，以客观主义、科学主义的方式去研究那些能够以科学、客观为名而立义的心理内容，就无法适用于审美心理发展。在美学维度、教育学维度上展开的美育学，最终必须在个体审美心理的发展上，坚持审美主体与审美客体之间的"同时性"关系，也就是将"主客不分"的时间性体验状态，在教育过程中力求完美地实现。

所以，合乎美育学学科体系建构的理想就体现在以下两个维度之中：其一是在保全审美生活这一对象的前提下，探讨不同于科学教育与道德教育的审美教育理论体系。其二是在美育对象与美育主体之间的交互的复杂联系中，对于审美个体的心理类型，在审美心理发展的角度进行展开——

在对审美心理类型作实证的分析与总结，尤其是对于中国的各民族的审美心理类型做划时代的概括之后，最终才能够实现审美教育的本土化，才会实现美育学在学科构成上的成熟。

（原载 2012 年第 1 期）

作者简介：刘彦顺（1968— ），男，安徽砀山人，浙江师范大学人文学院教授、文学博士，主要从事美育思想史研究。

美育与人生

朱立元

本文用这个题目是直接受到中国近代以倡导美育著称的学者、曾任北大校长的蔡元培先生的启示。他有一篇文章的题目就是《美育与人生》。他在文中说："人人都有感情，而并非都有伟大而高尚的行为，这是由于情感推动力的薄弱。要转弱而为强，转薄而为厚，有待于陶养。陶养的工具，为美的对象；陶养的作用，叫作美育。"① 这就把美育与人生联系起来了。笔者以为，他倡导美育，主要就是为了帮助人们陶冶性情，净化心灵，超越个人的私利、私欲，培养高尚的人格，提升人生的境界，使人生变得更有意义。蔡元培曾明确说，他之所以"提出美育，因为美感是普遍性，可以破人我彼此的偏见；美感是超越性，可以破生死利害的顾忌，在教育上应特别注重"。显然，在他看来，美育能够突破个体私利的束缚，成就自由无碍的人生。为什么呢？他说："纯粹之美育，所以陶养吾人之感情，使有高尚纯洁之习惯，而使人我之见，利己损人之观念，以渐消沉者也。"又说："美育之目的，在陶冶活泼敏锐之性灵，养成高尚纯洁之人格。"② 这实际上也是把美育看成提升人生价值的途径和激发创造力的动力。蔡元培先生关于美育促进人生的思想是非常有价值的，至今仍然有启迪意义。

其实，"审美教育"概念最早的提出者席勒也已经论及美育与人生的关系，只是说得不是很直接而已。1795年席勒发表的《美育书简》，第一次提出了"审美教育"的概念，并对美育的性质、特征和社会作用作了系统的阐述。席勒把追求自由看作人之为人的本质和标准，实际上把人生

---

① 蔡元培：《蔡元培美学文选》，北京大学出版社1983年版，第220页。
② 同上书，第169页。

的意义放在追求自由上。审美教育,在他看来,是实现人的自由的唯一途径,因为审美活动是自由的,"通过自由去给予自由,这就是审美王国的基本法律"。在他看来,即使是在政治上争取自由,也离不开美育。他说:"我们为了在经验中解决政治问题,就必须通过审美教育的途径。因为正是通过美,人们才可以达到自由。"① 更重要的是,席勒强调美育可以成为感性和理性之间的桥梁,使人能够在感性和理性两方面都得到和谐发展,成为"完全的人"。席勒将美育与体育、智育、德育加以比较,指出:"有促进健康的教育,有促进认识的教育,有促进道德的教育,还有促进鉴赏力和美的教育。这最后一种教育的目的在于,培养我们感性和精神力量的整体达到尽可能和谐。"② 这就揭示出美育对克服人性在现实生活中所遭受的肢解和扭曲,恢复人性的完满和健全,培养自由、全面发展的人性等方面有独特而重要的作用。因为人生活在现实社会中,常常在物质上和精神上受到双重羁绊,处在被动的不自由的状态。审美教育使人能够超越各种外在力量对心灵的压制和扭曲,使人的感性要求获得伸张,同时又能取得理性和精神的自由,最终实现人性的完善。显然,在席勒眼里,美育是人们走向健全、完满人生的根本途径。

当然,席勒是把美育过于神圣化了。然而,有一点应当肯定,那就是美育的最终目的,的确应该在于培养人、发展人、使人成为身心健康的完美的人。而所谓完美的人,应当是席勒心目中那种物质生活和精神生活都丰富,人性中理性和感性、理智和情感都得到和谐发展的自由、健全的人;而不是机器人、异化、僵化、片面化的人。这样的人生才有意义、才有价值。我们今天从席勒、蔡元培他们那里应当吸取的是,通过美育,把培养感性与理性和谐统一的自由的全面发展的人作为根本的价值取向,使人们突破个体眼前的私欲、私利,克服人性的异化和扭曲,净化心灵,培养起对于美的热爱,树立对人生的崇高目标,从而提高生活的情趣和乐趣。很明显,美育具有这种超越现实而面向理想的特征。而正是这种理想性品格使之与其他各种教育形式明显地区别开来,也正是这种理想性品格有助于人们开拓美好的人生。它是人们追求自由、健全人生的内在动力。

尤其值得我们重视的是,席勒还认为,实现这种自由、和谐、完满人

---

① 席勒:《美育书简》,中国文联出版公司1984年版,第39页。
② 同上书,第108页。

性的根据不在于外部力量，而就在于我们人自身。他说："我们可以说，就其天赋和素质而言，在每一个个体的人的身上都具有纯粹理想人的成分，在各种变化中与这种不变的统一体保持和谐，这是它生存的伟大使命。"① 换言之，美育的理想性品格所根据的是我们每个人都有的"纯粹理想人的成分"，审美教育的任务就在于要不断拓展人身上的这种"纯粹理想人的成分"，而削弱、缩小那种人性异化和扭曲的成分，从而逐渐提升人生的境界。美育的这种功能与人们不断探求美好人生的努力是完全一致的。

中国传统的美育思想也有许多闪光的东西，特别是儒家的美育思想是相当深刻的。儒家的老祖宗孔夫子面对当时"礼崩乐坏"的社会态势，提出礼乐并重、相辅相成的主张，希冀力挽狂澜、扭转危局。他虽然并没有专门谈美育问题，但是下面这句话实际上将"乐"对人的感化亦即美育作用提得很高，将它看成人生追求三部曲中最终的目标，此即"兴于诗，立于礼，成于乐"（《论语·泰伯》）。所谓"兴于诗"是指感发情意、启迪智慧；所谓"立于礼"乃是指通过道德规范和约束来立身；而"成于乐"则把"乐"提到人生至高的地位和最终目标。可见孔子对"乐"的审美教育作用何等重视，甚至把它看得比礼还要重！这里不妨借用德国古典哲学关于人的心灵知、情、意三分的观点来解读孔子另一句相关的话："知之者不如好之者，好之者不如乐之者。"似乎可以说，"知之"属于认知的范畴，"好之"属于意志（欲望）的范畴，而"乐之"则是超越了个体的认知层面与个体的官能欲望和功利层面，而上升到审美的范畴。正是通过"乐之"即美育，主体才成就了人生最高的审美境界。与此相关，孔子十分重视个人的修身立命，而他所主张的修身原则与上面的主张一脉相承，就是强调"志于道，据于德，依于仁，游于艺"。（《论语·述而》）这里"志于道"，指求知探道；"据于德，依于仁"，则主要指道德规范和约束；而"游于艺"则指徜徉在文艺的精神享受和心灵共鸣中获得审美的快乐。审美的感化（美育）正是与求道和据德、依仁一起，共同造就了最高的人生境界，成就了人的那种"乐以忘忧"即忘怀得失、与道一体的审美境界。孔子这一思想也体现在他对不同学生人生追求的分类指导上："子路问成人。子曰：若臧武仲之知，公绰之不欲，下

---

① 席勒：《美育书简》，中国文联出版公司1984年版，第42—43页。

庄子之勇，冉求之艺，文之以礼乐，亦可以为成人矣。"（《论语·宪问》）这就是说，各类人虽然性格、特点不一样，但是真正要"成人"，成为孔子心目中合格的人才，那就必须"文之以礼乐"。也就是说，虽然各类人的成长、发展重点可以不同，但礼和乐是所有人最终成就人生的必要条件，缺一不可。由此可见，在孔子那里，美育乃是成就人生的主要途径之一。

宋代大儒朱熹对孔子"成于乐"的美育思想作了重要的阐释和发挥，指出"成于乐"即实施美育的过程是"消融查滓"的过程。朱熹说："查滓是他勉强用力，不出于自然而不安于为之之意，闻乐则可以融化了。"（《朱子语类》卷三五）又说："查滓是私意人欲，天地同体处如义理之精英，查滓是私意人欲之未消者。人与天地本一体，只缘查滓未去，所以有间隔；若无查滓，便与天地同体。"（《朱子语类》卷四五）这里，朱熹从"天人合一"的终极目标出发，把人心灵中的私意人欲、违背自然规律和仁义道德的念头等视为使人与天地"有间隔"的"查滓"，于是可以通过"闻乐"即美育来泄导人欲，消融"查滓"，实现"天人合一"和人际和谐，以此提升人格，完善人生。这种说法，与亚里士多德关于悲剧效果的"净化"说有异曲同工之妙，但又更进一步，把美育与塑造完满心灵、构建美好人生紧密地联系在一起了。

王阳明则更重视美育的"化育"即心灵潜移默化的特殊方式。他谈及儿童教育时曾说："今教童子，必使其趋向鼓舞，中心喜悦，则其进自不能已。譬之时雨春风，沾被卉木，莫不萌动发越，自然日长月化……故凡诱之歌诗者，非但发其志意而已，亦所以泄其跳号呼啸于咏歌，宣其幽抑结滞于音节也。导之习礼者，非但肃其威仪而已，亦所以周旋揖让，而动荡其血脉，拜起屈伸，而固束其筋骸也。讽之读书者，非但开其知觉而已，亦所以沉潜反复而存其心，抑扬讽诵以宣其志也。凡此皆所以顺导其志意，调理其性情，潜消其鄙吝，默化其粗顽，日使之渐于礼义而不苦其难，入于中和而不知其故，是盖先王立教之微意也。"（《训蒙大意示叫读刘白颂等》）他的意思是，应该用儿童喜闻乐见的方式，特别是感性审美的方式实施教育，使之"趋向鼓舞，中心喜悦"，从而在愉悦中耳濡目染，在不知不觉中潜移默化、接受教育，就同大自然培养的花木一样，日积月累地成长。这种潜移默化的教育，当然不仅仅是激发儿童的情感，而且也包含消融其"查滓"，"调理其性情，潜消其鄙吝，默化其粗顽"，即在其幼小的心灵中用潜移默化的方式扬善抑恶，使之趋向礼仪，而并不觉得外在强制之苦。美育正是这样以"润物细无声"的方式对人熏陶感染，使人的心灵得以净化，从而在人生道路上健康地成长。

当然，我们今天应该用马克思主义观点有分析、有选择地吸收中外传统美育思想中的精华，来建设和发展马克思主义的美育理论，并用以指导我们的人生实践包括审美实践。这里笔者想简单谈一下马克思的美育思想。马克思虽然没有专门论述美育的论著，但是他把人的自由、全面的发展看成人类解放和共产主义的最终目标这一点，恰恰构成了马克思主义审美教育的理论根基。马克思在论述人类社会发展经历的三种社会形态和与之相适应的人的发展的三种状态时，把社会主义的人的发展定位为"个人全面发展"。在那里，"个人全面发展"就是人本身"自由个性的发展"。他说：与最初的社会形态和第二大形态即"以物的依赖性为基础的人的独立性"的资本主义社会不同，社会主义社会是"建立在个人全面发展和他们共同的社会生产能力成为他们的社会财富这一基础上的自由个性，是第三个阶段。"[①] 1894 年，《新纪元》杂志要求恩格斯用一段话来表达未来社会主义新纪元的基本思想，恩格斯说："除了从《共产党宣言》中摘出下列一段话外，我再也找不出合适的了：'代替那存在着阶级和阶级对立的资产阶级旧社会的，将是这样一个联合体，在那里，每个人的自由发展是一切人的自由发展的条件。'"[②] 今天，科学发展观将"以人为本"作为核心理念，将实现人的自由、全面的发展作为最终目标，正是对马克思上述思想的继承和发展。马克思进而从对异化现实的批判出发，从培养全面发展的人为终极目的来确立美育的基本任务。他指出："艺术对象创造出懂得艺术和能够欣赏美的大众。"这实际上指出了审美教育的主要途径之一是艺术欣赏。这些对于我们正确地实施审美教育至关重要。

不过，对于审美教育与艺术教育还是应当加以区分的，虽然二者密切相关。蒋孔阳先生说得好："艺术教育是要培养艺术人才，培养音乐家、画家等，因此，它着重在艺术才能和艺术技巧等方面的训练。美感教育则

[①] 马克思、恩格斯：《马克思恩格斯全集》第 46 卷上册，人民出版社 2002 年版，第 104 页。

[②] 同上。

不同，它只是通过艺术等的美感活动和审美方式，来提高人的素质和修养，来转移人的心理气质，改变人的精神面貌，从而达到全面培养人的目的。因此，美感教育和艺术教育，虽然都离不开艺术，但它们的目的和方法却是各不相同的。"[1] 蒋先生把审美教育与艺术教育的异同说得一清二楚。艺术教育虽然也很重要，却绝不能替代审美教育。

美育的独特性就在于，它是以艺术和自然等各种审美形态作为具体的媒介手段，通过多种多样的审美活动展示审美对象所包含的人生价值意味，直接作用于受教者的情感世界，从而潜移默化地塑造和优化人的心理结构，铸造完美人性，是提升人生境界的一种有组织、有目的的定向教育方式。审美教育的过程在使人的细微的感受能力得到增强、人的丰富的情感得到表现和升华的同时，潜移默化地吸收从中折射出的某些价值意味，从而有效地强化其中蕴含的对人生的感悟和对人性的体察，以利于人的自由、全面的发展和健全人生的拓展。

总而言之，美育的途径，是每个人成就、提升、发展自我的必然途径。美育可以使人摆脱外在个人功利和内在低俗欲望的束缚，体味到真正的自由对自然限制的超越；可以拓展人的精神境界，完善人的个性，使之追寻现世人生的完满和幸福，具有对人的终极关怀的功能。所以，美育对于追求完满人生是绝对必要的，是无可替代的。让我们更加自觉地通过丰富多彩的审美活动实施审美教育，来寻求和创造更加美好的人生吧！

（原载 2012 年第 1 期）

作者简介：朱立元（1945— ），男，上海崇明人，复旦大学中文系教授、博士生导师，主要从事美学理论和西方美学史研究。

---

[1] 蒋孔阳：《蒋孔阳全集》第 3 卷，安徽教育出版社 1999 年版，第 366 页。

引领全社会重视艺术教育

叶　朗

本文从一般的层面来谈一谈艺术教育,其主要内容在教育部的艺术教育委员会第五届委员会议上讲过。我谈两点。第一,我们要在各种场合进一步宣传艺术教育的重要意义。因为无论从教育界来说,还是从整个社会来说,轻视人文教育和艺术教育依然是一个相当普遍的倾向,所以我们还有必要在各种场合进一步地宣传艺术教育的重要意义。我在这儿想提到已故的大科学家钱学森先生。钱学森先生去世以后,大家都写文章纪念他,很多文章讨论一个问题叫"钱学森之问",就是钱学森提出的我们现在为什么不能出一流人才的问题。我认为,实际上钱学森自己已经回答了这个问题,至少从一个角度回答了这个问题。当时有记者采访他,钱学森说,他现在岁数大了(90多岁),小的问题不考虑了,就考虑大问题。什么叫大问题呢?就是培养杰出人才的问题,就是办世界一流大学的问题。那么怎么培养杰出人才?怎么办世界一流大学呢?他提出一条,根据历史的经验,也根据他本人的经验。他说,我们的大学教育(当然也不限于大学教育,中小学教育也一样)要实行科学与艺术相结合。他没有说别的,就说这么一条。怎么培养一流人才?怎么办世界一流大学?他只说了一条,就是实行科学和艺术相结合。我感到钱学森这个思想非常重要,可是我感到遗憾的是,纪念钱学森的文章好像还没有谈到这个问题。钱学森这个话不是随便说的,我感到我们应该高度重视,特别是教育界的同志应该高度重视。其实不仅是钱老,季羡林先生晚年也一再强调人文与科学相结合的重要性。所以,我们应该通过各种渠道,运用各种形式进一步地宣传和阐明美育、艺术教育的重要意义。我们要宣传美育和艺术教育对培养创新型人才,对建设创新型国家的重要意义。钱学森先生一再强调艺术对激发创新思维的重要性。我们要宣传和阐明美育和艺术教育对于建设和谐社会的重要意义。美育和艺术教育的特点是通过维护每个人的精神的平衡和和谐来维护人际关系的和谐。荀子说过,乐的作用是使人血气平和,从而达到家庭、社会的和谐与安定。席勒也说过,只有美才能赋予人合群的性格,只有审美趣味才能把和谐带入社会,因为它可以在个体身上建立起和谐。这些先哲的话在今天特别值得我们重视。现在在大学生和中学生中,有不同程度心理障碍和心理疾病的人数在增多,学生中自杀的人数也有所增多。为了缓解这种状况,除了加强德育、体育之外,还应该加强美育和艺术教育。美育和艺术教育能影响一个人的情感、趣味、气质、胸襟,能影响人的无意识的层面,这恰恰是德育和智育所难以达到的。

当前,我们尤其要宣传和阐明,在各级学校和全社会加强美育和艺术教育,全面实施素质教育,是我们学习实践科学发展观的重要内容。中共十七大报告在论述全面建设小康社会的目标时,有一个重要的提法,就是要使我们国家成为具有更高文明素质和精神追求的国家。把精神追求作为全面建设小康社会的一个目标、一个标志,这有极为深远的意义。一个国家、一个社会不能只有物质的追求而没有精神的追求。一个人如果没有精神追求,大家会说这个人很庸俗。从理论上说,这种人就是失去了意义感,他的人生没有意义。他可能很有钱,但他的精神空虚。一个社会没有精神追求,那整个社会必然会陷入庸俗化。一个国家物质生产上去了,物质生活富裕了,如果没有高远的精神追求,那么物质生产和社会发展最终会受到限制,这个国家就不可能有远大的前途。天长日久,那就会出现人心的危机,那是十分危险的。胡锦涛同志在纪念党的十一届三中全会召开30周年大会上的讲话中,说过一句话:"物质贫乏不是社会主义,精神空虚也不是社会主义。"这是警句,也是警钟。

现在我们社会的某些方面确实有一种倾向,就是物质的、技术的、功利的追求在社会生活中占据了压倒一切的统治地位,而精神的生活和追求被忽视、被冷淡、被挤压、被驱赶。我们社会中之所以会出现一些负面的东西,和这种倾向是有关系的。中共十七大报告把具有更高文明素质和精神追求作为全面建设小康社会的一个目标和标志提出来,我认为是科学发展观的重要体现,对各方面的工作都有重大指导意义,尤其对教育、文化、艺术领域的工作有重大指导意义。我们的教育事业应该体现十七大的精神,要把具有更高的精神追求作为教育的重要目标。从实现这个目标的过程来看,我们对中央提出的全面实施素质教育的方针可以有更深刻的理解。素质教育是德、智、体、美全面的教育，它不仅包括科学教育，而且包括人文教育和艺术教育。因为经济建设和现代化建设，不单纯是一个科学技术问题，也不单纯是一个物质问题，它包含有文化的、精神的、价值的层面，这就需要人文教育。只有人文教育才能提供价值导向和人生意义。经济发展和科技发展都代替不了人文教育。缺乏人文教育，就会出现价值评价颠倒、价值观念混乱、精神空虚、信仰失落等现象，就会出现精神危机，社会的安定和发展就会受到严重的威胁。所以我们在加强科学教育的同时，还要加强包括艺术教育在内的人文教育。要通过人文教育、艺术教育不断提高广大学生的品位和格调，引导学生去追求一种更有意义和更有价值的人生，引导学生不断地提升自己的人生境界。

  第二，我们要更加重视校园文化环境的建设和整个社会文化环境的建设。现在这方面的问题非常多，也非常突出。我一直认为，我们的大中小学要尽可能地营造浓厚的文化氛围和艺术氛围，大学还要营造浓厚的学术氛围。我们要创造条件使大学生更多地接触艺术经典、文化经典，用文化经典、艺术经典引导青少年去寻求人生的意义，去追求更高的境界。流行艺术不可能起这种作用。当然，我们不反对流行艺术，流行艺术也有很好的。但是流行艺术不能代替艺术经典。另外，要防止那些精神狂乱、格调恶俗的艺术进校园展览和演出。有一些格调很低的东西，如果它们不违反法律，当然可以在社会上的某些场合，如酒吧、歌厅演出，但我们不能让它们进校园演出。有人问："为什么？"理由很简单，就是我们的学校是教育下一代的场所，我们必须把我们的下一代引上精神健康发展的道路。当然我们也不赞成让这些东西在国家大剧院演出，因为国家大剧院应该引领艺术界和整个社会的趣味、格调和精神追求。有人说，艺术没有好坏之分，趣味没有高低之分，只要有个性就是好的，只要能使观众哈哈大笑就是好的，甚至说越低俗就越是贴近群众。这些说法都极不妥当。我们教育界和理论界应该对这些错误的说法加以批驳，避免它们给我们的实际工作带来危害。在重视校园文化建设的同时，我们还要加强对社会文化环境的治理和建设，清除不利于青少年精神健康的因素，特别要注意扫除各个文化领域的垃圾和文化毒品。影视、美术、音乐、网络游戏、平面媒体、广告以及互联网的人文内涵、格调和趣味是构成社会文化环境的重要因素，它们对青少年的影响非常大。现在垄断电影院线的所谓大片，包括从美国引进的和国内生产的某些大片，对于广大青少年影响很大，渗透在这些大片中的趣味、格调、价值观以至于政治倾向对于广大青少年影响很大，也许可以说已经超过了我们校内课堂教学对青少年的影响，非常值得我们研究。作为一名教师，我希望我们的电影、电视和音乐、美术作品以及广告文化、网络文化、手机文化等，能着重向年轻一代展示中国文化和中国历史中的健康的东西、正面的东西、美的东西，要传播健康的格调和趣味。我们这几年和白先勇先生合作，把白先勇先生领头做的昆曲——青春版的《牡丹亭》和新版的《玉簪记》引进到北大校园演出。北大的大学生看了以后觉得美得不得了。他们几次到北大演出，在北大学生中掀起了一阵又一阵的昆曲热。学生在网上说，现在北大只有两种人，一种是看过《牡丹亭》的，一种是没有看过《牡丹亭》的。有的学生看了以后说，想不到昆曲这么美，美得让人窒息，恨不得死在戏里面不出来了。为什么要美？美的东西使人感到人生是美好的，人生如此美好，所以，它会使人产生一种感恩的心理，产生一种崇高的责任感，使人感到要对这个世界、对人生做一点什么，要做点贡献，要奉献。美的东西能引导人去追求一种美好的东西，提升他们的精神境界。所以对青少年的教育来说，美的东西非常重要。我不赞成现在有些人投入大把的钱专门搞些丑的东西。我不是说中国文化和中国历史中没有不健康的东西、负面的东西、丑恶的东西，当然有，但是，中国文化从总体上来说，是健康的、美的。中华民族是有着强大生命力、创造力、凝聚力的民族。中华民族在历史上产生了许多为后人确立精神高度和人生高度的坐标的仁人志士，产生了许多顶天立地的大丈夫。我不赞成有的人把中国历史上和现实中一些阴暗的、畸形的、丑恶的、血腥的东西，比如扭曲的性格、病态的心理、家族内部的背叛、乱伦和残杀等加以放大或者夸大，过度地渲染，或者把中国人一概都描绘成愚蠢的、丑陋的、发呆的模样，显示中国人是没有头脑、没有灵魂的傻瓜。这样的作品怎么可能增加青少年的民族认同感和中华文化的根基意识呢？怎么可能激励年轻一代为中华民族的伟大复兴而努力奋斗呢？这样的作品可能在价值内核上迎合了西方某些人对中国文化的误解和曲解，但从根本上说不可能获得国际社会对中国文化的认同和向往，不可能增强中国文化在世界上的吸引力。我也不赞成有的人把中国历史上的伟大人物和伟大经典胡乱地解构，使之荒谬化。在西方后现代文化中，解构就是颠倒，就是混淆视听。对我们来说，这种胡乱解构就是对伟大人物和伟大经典的任意糟蹋。但是那些伟大人物和伟大经典不是属于哪个个人，而是属于整个中华民族的，他们关系到民族生存的气脉，我们不能听任某个个人对之任意地糟蹋。

　　总之，需要我们关注的问题很多。我们希望大家都来关注、研究这方面的问题，并且在实践上努力繁荣校园文化，加强社会文化环境的建设。因为，校园文化环境和社会文化环境对我们青少年的影响，尤其是对我们青少年心灵的影响着实很大。

（原载 2012 年第 3 期）

　　作者简介：叶朗（1938—　），男，浙江衢州人，北京大学哲学社会科学资深教授、博士生导师，教育部人文社会科学重点研究基地北京大学美学与美育研究中心主任，教育部艺术教育委员会主任委员，主要从事美学原理、中国美学史与美育研究。

艺术审美并不等同于艺术欣赏

——由"音乐教育以审美为核心"理念引发的思考

郭声健

可以说,在艺术教育领域,审美一词耳熟能详,使用频率极高,特别是当我们在探讨和论证艺术教育的价值、作用、地位、特征、理念等宏观性问题时,审美仿佛就是一把尚方宝剑、一面旗帜,让我们充满自信有底气,也让我们有了前进的方向和动力,还让我们因此而拥有了一定的话语权。是的,艺术教育之所以存在和必须存在,就在于其审美的本质与特征,就在于其审美的价值和作用。这一点,我们不能怀疑,也不要动摇。

艺术的本质是审美的,审美价值是艺术的最根本价值,艺术的功能与作用的发挥以审美价值为基础,中小学艺术教育作为审美教育而存在,不突出审美本质的艺术教育不是真正的艺术教育。对于这些认识及观点,我们曾在《艺术教育论》一书中花了较大篇幅进行过比较详尽的阐释与论证,在这里就不多叙述。① 音乐作为艺术的最主要门类,音乐教育作为艺术教育的最重要内容,同样也是具有上述特征和体现上述规律的。下面我们以音乐和音乐教育为例,来探讨"艺术审美是否等同于艺术欣赏"这一令人困惑与纠结的问题。

对于音乐教育工作者来说,审美一词并不陌生,但让审美这一概念进一步深入人心甚至刻骨铭心,要得益于基础教育音乐课程改革。作为音乐课程改革重要成果的两个课程标准——《全日制义务教育音乐课程标准(实验稿)》(以下简称为《义务教育新课标》)和《普通高中音乐课程标准(实验)》(以下简称为《高中新课标》),均把审美的概念

---

① 参见郭声健《艺术教育论》,上海教育出版社1999年版,第1—44页。

提到了前所未有的高度并贯穿于课程标准文本的始终。如《义务教育新课标》把"审美体验价值"定位为音乐课程的首要价值；把"以音乐审美为核心"确立为第一基本理念（《高中新课标》则把"以音乐审美为核心，培养兴趣爱好"确立为课程的第一基本理念）；把"提高音乐审美能力，陶冶高尚情操"理解为"情感态度与价值观"目标中的一个重要子项。不仅如此，在《义务教育新课标》中还有诸多关于审美价值、审美理念、审美能力的进一步表述。如在描述审美体验价值时说："音乐课的基本价值在于通过以聆听音乐、表现音乐和音乐创造活动为主的审美活动，使学生充分体验蕴涵于音乐音响形式中的美和丰富的情感……"在解读以审美为核心这一基本理念时说："以音乐审美为核心的基本理念，应贯穿于音乐教学的全过程，在潜移默化中培育学生美好的情操、健全的人格。音乐基础知识和基本技能的学习，应有机地渗透在音乐艺术的审美体验之中。音乐教学应该是师生共同体验、发现、创造、表现和享受音乐美的过程。"在第四部分的实施建议中，《义务教育新课标》对以音乐审美为核心这一理念作出了进一步的阐释，即"以音乐审美为核心是中小学音乐教育的最基本理念，应渗透在各个不同的教学领域中，通过音乐感受与鉴赏、表现、创造及音乐与相关文化的学习，培养学生的审美感知，丰富审美情感，发展审美想像，深化审美理解，有效地提高学生的音乐审美能力"[①]。

从课程标准的这些表述中我们不难看出，音乐课程改革所秉承的审美理念，是贯穿于各个音乐教学内容领域或模块的，审美理念并不属于某一个内容领域或模块，审美也并不是从属于某一种具体的音乐实践活动。不过，有些让人困惑和遗憾的是，《义务教育新课标》对"提高音乐审美能力"的理解，似乎又与上述的审美理念有些出入。它认为，提高音乐审美能力，是指："通过对音乐作品情绪、格调、思想倾向、人文内涵的感受和理解，培养音乐鉴赏和评价的能力，养成健康向上的审美情趣，使学生在真善美的音乐艺术世界里受到高尚情操的陶冶。"[②] 这段话，应该说很明显是把提高学生审美能力的重任主要托付给了音乐鉴赏活动。也可能

---

① 中华人民共和国教育部：《全日制义务教育音乐课程标准（实验稿）》，北京师范大学出版社2001年版，第2—22页。

② 同上书，第6页。

正是基于这样的一种认识，《义务教育新课标》把"感受与鉴赏"①确立为四大内容领域之首，《高中新课标》则不仅把音乐鉴赏确立为六大模块之首，而且还明确规定该模块所占学分为 2 学分，其余五个模块各为 1 学分。

而从音乐教学实践上看，自音乐新课程改革以来，无论是九年义务教育阶段还是高中阶段，对音乐欣赏重视有加是有目共睹的事实，特别是高中阶段，实际上音乐鉴赏模块成为了"必修模块"（有些省市甚至专门下文作出了这样的规定），而其他五个模块才是"选修"。然而，尽管我们对音乐欣赏课时与学分有明显倾斜，各类教研活动中的展示课、参赛课也多以这方面内容为主，并不乏有许多设计精致反响强烈的教学案例涌现。但据了解，从小学到高中，音乐欣赏课依然未能得到学生的普遍认同和喜爱；相反，这种按部就班、不温不火、缺乏创意、没有激情的音乐欣赏教学随着时间的推移，慢慢导致了这样一种尴尬情形的出现："只要课上我一说出今天我们要欣赏一首乐曲，话音未落，学生们已经卧倒近半了。当然，我上课的情绪也随之降低了一半。"②

在中小学音乐教育中，音乐欣赏的重要性不容置疑。但是，音乐欣赏重要，音乐表现与创造同样重要甚至可能更为重要，我们不能因为强调欣赏而忽视了其他方面。而之所以在音乐新课改之后，不管是出于主动还是基于被动，从上至下我们都对音乐欣赏给予了特别的关注与重视。我个人认为，这首先是因为我们对审美这一概念的理解还不是十分准确或有些失之偏颇，可能下意识地认为审美就是欣赏，进而认为音乐教育强调以审美为核心，就是强调音乐欣赏教学。其次则是因为我们对中小学生音乐审美规律和中小学音乐教育规律的认识并没有建立在科学与现实的基础之上，从而导致我们所持的音乐教育哲学观不是非此即彼，就是丧失立场。

最近，杜亚雄先生在《国民音乐教育应以审美为核心吗？》一文中，对两个课程标准倡导的"音乐教育以审美为核心"提出了严重质疑和批评。该文提出，"世界上几乎所有国家的国民音乐教育都以'表演'为核

---

① 《义务教育新课标》（2011 年版）已经把"感受与鉴赏"改为"感受与欣赏"，据此，我们在下文中，在论及义务教育阶段时用"欣赏"，论及高中阶段时用"鉴赏"，而论及整个中小学时则统一用"欣赏"。

② 郭声健、张晓敏：《音乐教育书简——中小学音乐教师入职读本》，暨南大学出版社 2010 年版，第 85 页。

心", 而两个课程标准否定了这一做法, "将其改变为'音乐教育以审美为核心'"。该文认为: "从音乐的根本性质和创作、表演、欣赏三个环节在音乐艺术中所占的地位看,音乐教育当然一定要以'演'为核心,以培养学生的演唱、演奏的能力作为教学的主要目的,而不能以'听',以'欣赏'、'审美'为核心。"也因为"音乐是用非语义性的声音作为最主要表现手段的表演艺术形式。音乐属于表演艺术及其非语义性两个基本特点决定了音乐教育不能以审美为核心"。①

我们十分高兴地看到,近年来已有越来越多的音乐学家开始关注基础音乐教育领域,发表了很多很有见地、学术水平上乘的论文,这对于拓展音乐教育研究视野、深化音乐教育理论研究、提升音乐教育学术水平,起到了举足轻重的作用。虽然该文提出的"以表演为核心"取代"以审美为核心"这一全新观点不见得一定能够成立和让人信服,但本人很欣赏和赞同贯穿该文始终的关于中小学音乐教育必须强化"表演"的理念,而且文章对此的论证也是有说服力的,这在后面我们会专门介绍。在这里,我们主要想探讨的是文章对审美这一概念的理解是否准确的问题。

很显然,这篇文章把"听""欣赏""审美"这三个概念等同起来了,也就是说,在作者看来,音乐审美就是听音乐和欣赏音乐。正是在这样的前提之下,鉴于表演在音乐活动三个环节中的极端重要性,作者便提出要用"以表演为核心"来取代"以'听'、以'欣赏'、'审美'为核心"。然而,同样显而易见的是,审美并不等同于"听"或"欣赏",把"审美"与"表演""创作"并列,是不准确的。这是为什么呢?

在回答到底何为"审美"、为什么不能把"审美"等同于"听"和"欣赏"这一问题之前,我们先有必要澄清与之相关的另外一个问题,即"审美"是否与"创作、表演、欣赏"属于同一层面的问题。"音乐教育以审美为核心"的提法是否科学准确,我们暂不去讨论,创建者又是从什么角度提出"以审美为核心"的这一口号,我们也无从考究,但至少我个人理解,"以审美为核心"是从音乐课程本质和音乐教育的价值取向这个层面提出来的,与"审美"相对应的概念并非创作、表演,而应该是辅德(或德育)、益智(或智育)、健体(或体育)等。而作为音乐艺术活动三个环节的创作、表演、欣赏,对于音乐教育而言,它们则是属于

---

① 杜亚雄:《国民音乐教育应以审美为核心吗?》,载《艺术百家》2011年第4期。

教学内容与教学活动形式的方面,而并非课程本质与价值取向的范畴。因此,我们不难得出一个基本的结论:审美与聆听音乐、欣赏音乐并不是一回事,审美与创作、表演、欣赏根本就不属于同一层面的问题。

那么,到底如何理解审美呢?《现代汉语词典》(第5版)对"审美"一词的解释是"领会事物或艺术品的美"①,而对"领会"的解释为"领略事物而有所体会"②。因此,从语言文字学的角度看,我们可以把"审美"理解为对包括艺术品在内的事物所蕴含的美的一种体会。这种体会往往是只可意会不可言传的,而且对美的事物的体会,其实现的途径是多种多样的,比如人们对艺术之美的体会,就既可以包括听,也可以包括看或触摸,还可以包括歌唱、律动和舞蹈,等等。

而《美学与美育词典》对"审美学"一词做出的解释是这样的:

> 从一般意义上说,审美学就是美学,是美学的别称;从特定意义上说,审美学是研究审美主体审美活动规律的学科,是美学的一个应用学科。为什么说审美学就是美学呢?首先,鲍姆嘉通最初以"埃斯特惕克"(Aesthetica)命名的这门学科,其义为"感性学"、"感觉学"或"审美感觉学"。Aesthetica一词源于希腊文 aisthesis,原义是指用感官去感知,依鲍姆嘉通对它的阐释,将该词汉译为"审美学"显然更准确一些。因为"审美学"义为以感官感知美或感受美的学科。这样便突出了主体性,即突出了审美主体的能动性。"审美"是一个带有实践性质的动词,而"美",则是一个静态的名词。审美学作为美学的一门应用学科的主要特征,其着眼点不限于研究审美客体(对象),即艺术的和现实的美,而是着重研究审美主体的审美感受和审美活动的规律,研究主客体的动态的审美关系。它以揭示出的人类审美现象的各种规律来指导人们的审美活动,端正人们的审美观念,培养人们健康的审美情趣和高尚的审美理想,提高人们的审美能力和审美素质,塑造完美的人格。从这种意义上讲,审美学是一门实用性很强的应用美学。③

---

① 中国社会科学院语言研究所词典编辑室:《现代汉语词典》,商务印书馆2006年版,第1214页。

② 同上书,第870页。

③ 顾建华、张占国:《美学与美育词典》,学苑印书馆1999年版,第2页。

从上述审美学的概念界定中,我们对"审美"一词的理解可以把握住关键的两点:一是审美是指人们通过人体感官去感知美或感受美,而人体感官对美的对象的感知或感受途径不仅包括耳朵听,还包括眼睛看、鼻子闻、喉咙发声、手指触摸、身体运动等;二是审美的关注点不是审美客体(对象),而是审美主体,是审美主体的审美感受和审美活动的规律。由此我们不难得出结论,对于音乐审美来说,聆听音乐属于音乐审美,观看别人表演、自身表演和参与创作,同样也属于音乐审美;音乐审美的主要关注点不是音乐作品本身,而是音乐审美主体的审美感受,以及音乐审美活动的规律,当然这同样也包括了音乐欣赏、音乐表演、音乐创作等审美活动规律。

笔者曾在《艺术教育论》中对艺术与审美二者的关系也进行过初步探讨,并由此阐释了我们对审美这一概念的粗浅认识:

尽管艺术的最本质价值是审美,但艺术与审美并不就是一回事,艺术与审美之间的关系可以概括为:二者相互依存但不等同。

一般认为,审美即主体通过感官对美的对象的体验和感受,以从中获取精神享受与启迪。广义地说,审美则是人以感性的方式和形式对自身的本质进行确证和肯定,因此,从发生学的角度来看,审美是先于艺术的。作为人对自身的本质确证和肯定的最初标志,原始人制造石器,既是一种物质实践活动,同时也包含着审美活动的因素,但这并不是一种艺术活动。另一方面,从艺术和审美的现实存在来看,二者也不等同。在艺术之外,审美现象大量存在,可以说,在人类活动的各个领域,不论是物质实践、还是精神实践或认识,只要其中以感性形式表现着对人的本质的确证和肯定,那就存在着审美活动或包含着审美活动的因素。

虽然艺术不等同于审美,但艺术必定是审美的,没有审美就不成其为艺术,审美是艺术得以产生的最根本、最重要的前提条件。审美先于艺术,艺术是人类审美需求发展到一定程度的产物,当审美活动从其他活动中分离和独立出来之后,艺术便应运而生,并逐渐成为审美活动的主要领地,成为审美活动的高级形态和典型表现。另一方面,也只有在艺术中,审美价值才得到了最集中、最充分的展示,是艺术使现实世界的审美丰富性得到完整和全面的表现,使人类历史上所创造的全部审美成果得到集中概括,审美价值的各种基本类型(包括美、丑、崇高、卑下、悲、喜等)无不在艺术中得到最充分的发展。可以说,艺术以其最完善、最凝练的形式保存和记录了人类丰富复杂、仪态万千的审美经验,表现了人类转瞬即逝的审美心理的流动过程,也表达着人类各种各样的审美趣味和审美理想。因此,不难看出,艺术与审美是相互依存的。①

上面这段话旨在表明的观点是,没有审美就没有艺术,艺术必定是审美的,审美是艺术得以存在的前提条件。而这一观点所隐含的意思是,艺术活动的方方面面都是审美的,审美并非某门艺术的某一项活动之专属。具体到音乐艺术来说,无论是音乐欣赏,还是音乐表现或音乐创造,它们都属于审美的范畴,它们的本质特征与价值体现都是审美。更简单地说就是,音乐欣赏是审美,音乐表现与创造也是审美,通过创作、表现、欣赏等音乐实践而获得愉悦体验的一切活动,均为审美。

至此,我们对"艺术审美是否等同于艺术欣赏"这一问题就可以给出明确否定的答案,期待这个问题不会再让我们感到纠结与困惑!

(原载2012年第5期)

作者简介:郭声健(1963—),男,湖南益阳人,华南师范大学音乐学院教授、博士生导师,主要从事音乐教育和艺术课程与教学论研究。

---

① 郭声健:《艺术教育论》,上海教育出版社1999年版,第8—9页。

戏剧美育与公共生活
——论卢梭与狄德罗的戏剧之争

范　昀

"在人的一切状态中，正是游戏而且只有游戏才使人成为完全的人。"席勒在《审美教育书简》中的这个重要观点对后世美育学的发展与成熟产生了极为深远的影响，受其启发，绝大多数的美育理论都把人格的健全与完善视为艺术教育的核心目标。席勒及其追随者的基本预设是，当每个人的人格都得到完善之时，由个体构成的社会也将随之走向道德与正义。然而，这一预设是值得商榷的，因为另有一些美育思想认为应把对人的教育与公民的教育区别开来，为了社会正义和公共生活的完善，需要某种非人格化的审美教育（戏剧教育）。在席勒之前，法国的启蒙思想家（如卢梭、狄德罗）都不约而同地意识到了这一问题。深入理解他们对该问题的理解，对完善和发展当代美育理论不无积极意义。

一、引论：一场有关戏剧的论战

1758年，法国启蒙思想家让—雅克·卢梭发表了一篇题为《致达朗贝尔论戏剧的信》（"Letter to D'Alembert on the Theatre"）的论文，公开了他与启蒙阵营的分歧。在文化史家彼得·盖伊（Peter Gay）看来，"那是卢梭最柏拉图主义、最日内瓦调调和最吊诡的作品"①。这篇论文表面上是在与达朗贝尔就日内瓦是否建造剧场这个问题进行争论，实质则暴露了他与整个启蒙阵营之间的深刻裂痕。

事件缘起于达朗贝尔准备为《百科全书》撰写关于"日内瓦"的条目，伏尔泰劝他在其中插入一个段落建议日内瓦应该有一个剧场，以

---

① 彼得·盖伊：《启蒙运动》，梁永安译，立绪文化事业有限公司2002年版，第320页。

达到敦风化俗、开启民智的效果。达朗贝尔在该词条中写下了这样一段解释：

> 戏剧在日内瓦不被容忍。这不是他们不支持戏剧本身，而是他们担心演员在青年人当中扩散浮夸、浪费及放荡的趣味。然而，难道没有可能用严厉的，演员必须遵守的准则来补救这些困难吗？以这种方式，日内瓦既有剧院，又有风尚，并能享有两者的优点。剧院演出将培养公民的趣味以及教导良好的举止、微妙的感情，这些没有演剧的帮助是难以达到的；在没有放纵（的情况下），文学将是有益的，并且，日内瓦将斯巴达的审慎与雅典的文雅结合起来。①

达朗贝尔的这一提议代表了整个启蒙阵营绝大多数文人的看法，他们都把艺术看作是推进这项伟大事业不可或缺的工具和手段，因为艺术在破解宗教迷信、反抗政治权威以及推进世俗幸福与人生快乐方面都具有重要意义。但卢梭持完全不同的看法，达朗贝尔的词条激起了他的愤怒，他极力反对在日内瓦建造剧院的提议，认为此举将有害于城邦的良好风尚。卢梭的这封信延续了他在论文中提出的观点：科学和艺术无助于道德和风尚的改善。

卢梭的这封信不仅质疑了达朗贝尔，挑战了伏尔泰，而且还终结了他与狄德罗的友谊。尽管这次决裂有很多私人方面的因素，但两人在思想方面渐行渐远也是显而易见的事实。单就对待戏剧教育的问题，两人的看法就大相径庭：狄德罗对戏剧教育持乐观的态度。在他看来，优秀戏剧带来的道德效果毋庸置疑："在这里，坏人会对自己可能犯过的恶行感到不安，会对自己曾给别人造成的痛苦产生同情，会对一个正是具有他那种品性的人表示气愤"，当那个坏人走出包厢后，他就"已经比较不那么倾向于作恶了，这比被一个严厉而生硬的说教者痛斥一顿要有效得多"。而在卢梭看来，人们根本不会因为看了戏之后变得善良，"费赫的那位暴君在剧院里曾躲在一个角落里看戏，因为他怕被人家看到他同安德洛马克和普立安一起抽泣，而他对每天被他下令处死的许许多多无辜的人的哀号却充

---

① J-J. Rousseau, *Politics and the Arts: Letter to D'Alembert on the Theatre*, Allan Bloom, trans., New York: Cornell University Press, 1960, p. 4.

耳不闻，无动于衷"。①

由此可见，卢梭和狄德罗都对当时戏剧的美育问题予以充分重视，却得出了截然不同的结论，在这种分歧背后似乎体现了卢梭与百科全书派关于戏剧美育的不同看法。因此，重要的并不在于在卢梭与狄德罗之间作出抉择，而在于探讨这种表面分歧背后的深层政治社会因素与人性理念。卢梭与狄德罗有关戏剧的分歧究竟是什么？又是怎样的特定社会因素和政治理念造成了这种分歧？如何理解这种分歧对我们今天理解现代社会的美育问题又将提供怎样的启示？

在国内目前的相关研究中，有关狄德罗和卢梭戏剧美学已有不少成果，但由于在研究视角和方法上的局限，并没有把启蒙时代的美学放到更为开阔的政治社会理论视野下给予观照。②卢梭、狄德罗都不单单是现代学科意义上的美学家，而是对人类命运充满忧虑的思想家，因此视野上的局限很可能遮蔽了他们更深层次的政治思考与人性关怀。为此，本文尝试在学科交叉的视野中呈现两位思想家戏剧论争背后所呈现出来的复杂社会与人生问题。

二、表演与异化：卢梭对戏剧的抵制

借着与达朗贝尔论战的机会，卢梭系统阐述了他的戏剧观。他不但从一般的意义上指出了戏剧绝无改善风尚的可能性，而且也在日内瓦的特定角度上论证了戏剧将对这一城邦所构成的潜在威胁；他不仅从经济、道德、文化与政治层面对剧院的影响力做出了评估，而且还从剧本、演员、观众等多个角度抨击了戏剧之害。尽管他自己也曾创作戏剧并成就不菲，尽管他也曾提出过诸如戏剧"对好人是有益的，而对坏人却是有害的"这样的观点，但就整部作品而言，戏剧带来的危险与罪恶依然成为他论述的重点，借此来反驳他的启蒙运动的同行们有关戏剧的乐观看法。

有不少论者认为，这篇关于戏剧的论文几乎是对柏拉图《理想国》

---

① J-J. Rousseau, *Politics and the Arts*: *Letter to D'Alembert on the Theatre*, Allan Bloom, trans., New York: Cornell University Press, 1960, p. 25.

② 现有的对两人戏剧美学思想的研究中，主要强调狄德罗用"符合资产阶级理想的市民剧来代替17世纪主要为封建宫廷服务的新古典主义戏剧，作为反封建斗争的一种武器"。参见朱光潜《西方美学史》，人民文学出版社1964年版，第254页。

第十卷的改写，无非重复了古典主义的道德批判，似乎并无新意。① 不过尽管他在言说上极力向古人看齐，但在西方社会剧烈变革的时代语境中，卢梭的用意恐怕绝不仅限于此。它不仅牵涉柏拉图式的"灵魂正义"，而且还更多牵涉"社会正义"的问题。正如阿兰·布鲁姆所言："《致达朗贝尔论戏剧的信》就成了一部全面的理论著作，它从一个最具有激发性的角度来看待公民社会，即公民社会同心灵的作品之关系。"② 思考卢梭的戏剧美学背后所牵涉的公共政治问题，无疑将是准确把握其美学思想的一把钥匙。

卢梭看到，剧场的引入所带来的东西将对政治共同体起到腐蚀与破坏的作用，而卢梭之所以将政治共同体看得如此重要，则在于他认可国家对个体的教育功能，因为正义的城邦有利于培养富有德性的公民。在一个风尚良好的城邦之内，戏剧并不能在道德的巩固和提升上起到丝毫的功效，它反倒可能迎合民众中存在的不良趣味，妨碍国家对公民的正常教育。这当中，卢梭提出的戏剧表演的问题是颇为引人注目的。他这样写道：

> 演员的才能是什么？就是装扮自己的艺术，模仿别人的性格而非自己的，不照自己的真面目表现给人看，貌似激情万丈实则冷血无情，如此自然地口是心非，好像他真的这样想，最后，完全忘却自己的地位而去占据别人的。演员的职业又是什么？这是桩交易，为钱财而表演。……演员的职业灌输给演员的是什么样的精神呢？下贱、欺骗、荒谬的自命不凡和可怜的逆来顺受的混合体，这种混合体使他适于扮演各种角色，就是不能扮演其中最崇高的人的角色，因为他们放弃了。③

演员是怎样一种人呢？在卢梭看来，他是一种放弃自己而去表演他人的人。在舞台上，他过的是别人而非自己的生活。他善于通过有效的技巧和富有煽动性的动作与台词模仿他人的情感，他们通过这种"虚情假意"

---

① 布鲁姆：《〈政治与艺术〉导言》，见《巨人与侏儒：布鲁姆文集》，华夏出版社2003年版，第258页。

② 同上书，第255页。

③ J-J. Rousseau, *Politics and the Arts: Letter to D'Alembert on the Theatre*, Allan Bloom, trans., New York: Cornell University Press, 1960, pp. 79—80.

的演出还赢得了丰厚的回报。这种人为别人而活着，以扮演角色的方式活着。他们没有本真的自我，他们是伪善者，他们也因丧失本真而变得"异化"。卢梭是最早对现代文明条件下人性异化提出批判的思想家，之后马克思在《1844年经济学哲学手稿》中提出的异化理论在很大程度上就受到了卢梭的启发。

马歇尔·麦克卢汉曾经说过："媒介即信息。"这句话的意思是，媒介并非人们想象的那样，仅仅是传达信息的手段。在不少情形下，它本身就是信息。在信息的传播与交换过程中，交流媒介本身也会对整个文化精神的重心形成产生决定性的影响："媒介的形式偏好某些特殊的内容，从而能最终控制文化。"[①] 尼尔·波兹曼接受并发展了麦克卢汉的观点，他认为媒介更像是一种隐喻，"用一种隐蔽但有力的暗示来定义现实世界"。[②] 由此可见，媒介的独特之处在于，它虽然指导着人们看待和了解事物的方式，但它的这种介入往往悄无声息、潜移默化。从钟表、书面文字，到电报、显微镜以及电视，不同的媒介对每个时代的风尚都具有不为人知的潜在影响力。在这个意义上，戏剧同样如此。在现代文明的转型过程中，戏剧其实扮演了极其重要的角色。

回看历史，18世纪是个戏剧的时代。这不单是指戏剧是那个时代欧洲各国的公共世界中最重要的艺术，同时也涉及戏剧作为一种媒介对时代环境的深远影响。翻看当时的历史和文学作品，可以发现"人生如戏"的观念在那个时代是多么的深入人心。菲尔丁在《汤姆·琼斯》中就曾这样写道："世界经常被用来和戏院进行比较……这种观念由来已久，深入人心，某些戏剧用语起初只是通过引申比喻才能被应用于世界，但如今它们已经能够被毫无差别地直接应用于两者：因而当我们在谈论日常生活时，常常会熟极而流地使用舞台、布景之类的词汇，仿佛我们所谈论的是戏剧表演……"[③] 作为一种艺术类型的戏剧，以某种潜移默化的方式影响着人们的日常生活。在伦敦、巴黎这样的大城市里的生活，也逐渐呈现出戏剧化的特征。陌生人之间的交往，有如戏剧舞台上表演的演员。

可以看到，卢梭的戏剧观基于他的整个教育理念。他看到戏剧表演的

---

① 尼尔·波兹曼：《娱乐至死》，章艳译，广西师范大学出版社2004年版，第10页。
② 同上书，第12页。
③ 理查德·桑内特：《公共人的衰落》，李继宏译，上海译文出版社2008年版，第136—137页。

威胁不仅在于其内容的伤风败俗，而且更在于戏剧表演的形式造就了整个社会的舞台化和面具化。人通过戏剧学会了扮演他人，而且学会了在纷繁复杂的状况之下扮演各种各样的角色。在一个人人都戴着面具的社会里，他们游刃有余，如鱼得水。卢梭痛恨这样的人，因为这样的人是腐化了的人，不再具有自然天性。他们矫揉造作，虚情假意，却从来不愿意真诚地袒露自己。在某种意义上，卢梭的《忏悔录》体现的是一种与戏剧美学相对抗的自传美学；因为只有在自传中，作者才能摆脱虚伪的面具，显露真诚的灵魂。

关于教育，卢梭曾刻意将人的教育与公民的教育区分开来：人的教育追求保持人的自然天性，而公民的教育则把目标设定在政治义务的履行。但这两种区分并不意味着卢梭的教育理念可被理解为两个层次，与之相反，人格与政治理应保持高度的统一。"那些想把政治与道德分开论述的人，于两者中的任何一种，都将一无所获。"卢梭把政治的正义建立在人格的基础上，无论他是自然人还是城邦的公民，只要他是真诚的（或按斯塔罗宾斯基的说法，是"透明的"），而不是伪善的，布尔乔亚式的，那么建立在真诚人格上的政治也将是正义的。

基于这样的理由，卢梭对戏剧的批判存在着理论上的合理性。因为戏剧的表演形式正在剥夺人的真诚，而这种真诚正是卢梭式政治正义的基础。但卢梭似乎并没有意识到，个体生活与公共政治之间并不存在理所当然的统一性。真诚的人格并不一定促进政治的正义，而为了促进政治正义，似乎需要一种更为特殊的公民教育来区别于这种人格教育。在这个问题上，狄德罗显然看到了更多的东西。

三、表演与接受：狄德罗的戏剧情结

与卢梭的反社会的孤僻个性不同，狄德罗更能适应城市社会和现代文明的兴起。因此他对戏剧也抱有更为积极的态度。在他 1769 年撰写的《论演员的悖论》（"Paradoxe sur le comdeien"）中，他将社会比作剧院中的舞台："舞台好比是一个秩序井然的社会，每个人都要为了整体和全局的利益牺牲自己的某些权利。"① 除了创作大量戏剧作品之外（如《私生

---

① 狄德罗：《狄德罗美学论文选》，施康强译，人民文学出版社 1984 年版，第 293 页。

子》《一家之主》以及《订亲的姑娘》等），狄德罗还长期不懈地致力于戏剧理论研究，并达到了很高的造诣。同时代的德国思想家莱辛曾对其作出这样的评价："自亚里士多德以后，从没有一个哲学家心灵像他（狄德罗）那样关切戏剧。"①

在对戏剧美学的诸多理论贡献中，狄德罗对新古典主义的批判以及在理论上创立"市民剧"，无疑是多数狄德罗美学思想研究者所关注的议题，本文对此不做过多的讨论，而是把重点聚焦于狄德罗有关戏剧表演的看法，正是在关于戏剧美育对于公共生活的这一重要问题上，他得出与卢梭截然相反的结论。

狄德罗在戏剧这一艺术类型中发现了在艺术与自然之间存在的界限："只有自然而没有艺术，怎么能造就伟大的演员呢？因为在舞台上情节的发展并非恰如在自然中那样，而戏剧作品都是按照某种原则体系写成的。"② 在《论演员的悖论》这部作品中狄德罗的核心看法是，一个演员若要演出成功，若要有效地表现出剧中人的喜怒哀乐，他自己必须保持冷静与克制，而不能过于激动。因为：

> 那就是做一个伟大的演员必须具备的根本品性。我要求伟大的演员有很高的判断力，对我来说他必须是一个冷静的、安定的旁观者，因此我要求他有洞察力，不动感情，掌握模仿一切的艺术，或者换个说法，表演各种性格和各种角色莫不应付裕如。③

反过来说，一个缺乏训练、容易动感情的演员往往不会获得成功：

> 凭感情去表演的演员总是好坏无常。你不能指望从他们的表演里看到什么一致性；他们的表演忽强忽弱，忽冷忽热，忽而平庸，忽而卓越。今天演的好的地方明天再演就会失败，昨天失败的地方今天再演却又很成功。④

---

① 彼得·盖伊：《启蒙运动》，梁永安译，立绪文化事业有限公司2002年版，第312页。
② 狄德罗：《狄德罗美学论文选》，施康强译，人民文学出版社1984年版，第279页。
③ 同上书，第280—281页。
④ 同上书，第281页。

在狄德罗的演员辞典里,一个好的演员需要有"丰富的想象力""高超的判断力""精细的处理事物的机智"以及"准确的鉴赏力",当然还有一点,"他们是世上最不易动感情的人"。在他看来,"演员的哭泣好比一个不信上帝的神甫在宣讲耶稣受难。又好比好色之徒为引诱一个女人,虽不爱她却对她下跪;还能比做一个乞丐在街上或者在教堂口辱骂你,因为他无望打动你的怜悯心;或者比做一个娼妓,她晕倒在你的怀抱里,其实毫无真情实感"①。演员在舞台上是靠演技来征服人,而不是靠真情来打动人。

这样的看法,显然是卢梭无法同意的。这样公然地为演员辩护,这样公然地容忍并赞扬虚情假意的演出,也是后者所不能理解的。在狄德罗看来,在正式的戏剧表演中"真诚"是不合时宜的,表演不是真情流露,而是制造真情的幻象:"演员的眼泪从他的头脑中往下流;易动感情的人的眼泪从他的心头往上涌。"② 真正优秀的演员为了达到好的表演效果,需要凭借他对人性的钻研,凭借他对人类的观察,以及每一次表演的比较和揣摩。正是在这种不断的研究过程中,演员的表演水平才能达到很高的造诣。莱辛也认可这个看法,虽然演员在表演中似乎是无动于衷的,但在舞台上却远比那种感情激烈的表演要好。③ 单从戏剧理论的角度看,狄德罗的贡献极大。他"为知性在艺术创造中的重要性和艺术的自主性提出了有力的辩护"④(彼得·盖伊),他也是"第一个认为表演本身是一种和表演内容没有关系的艺术形式的人"⑤(理查德·桑内特)。

那么,狄德罗为什么认为不动感情才是表演的真谛呢?是怎样的问题视角让他作出这番思考呢?这就牵涉狄德罗对现代社会的认识和政治问题的思考。在某种意义上说,狄德罗较之卢梭更为清醒的地方在于,他看到了在18世纪的法国社会生活中,人们需要以演员的方式活着。随着17世纪以来现代社会的发展和大城市的兴起,人与人的关系交往模式正在发生改变。正是在当时,人们才开始注意到一种被称为"社会"的事物,在

---

① 狄德罗:《狄德罗美学论文选》,施康强译,人民文学出版社1984年版,第287—288页。
② 同上书,第287页。
③ 莱辛:《汉堡剧评》,张黎译,上海译文出版社1998年版,第17页。
④ 彼得·盖伊:《启蒙运动》,梁永安译,立绪文化事业有限公司2002年版,第346页。
⑤ 理查德·桑内特:《公共人的衰落》,李继宏译,上海译文出版社2008年版,第139页。

"社会"这个空间里，存在着大量的互不相识的陌生人，这就需要人们重新探寻人际交往的方式。戏剧表演在那个时代恰恰为这种新的交往方式的确立提供了指引与导向。

剧场表演的目的是将情感传达给台下的观众，这种传达的有效性靠的不是满腔赤诚，而是技巧。在陌生的大城市中，人与人之间的有效交往和互动，依托的也是这种非人格的技巧，"在舞台上和在社交界一样，感情冲动只会带来危害"。狄德罗认为，一个演员在台上真情流露，未必能造成台下观众的共鸣，反过来，台上的演员刻意制造的感情，却能更有效地激发观众的情绪。"倘若你把自己亲切的语气，朴实的表达方法，日常的姿态，自然的举止照搬到舞台上去，你会看到你将变得贫弱可怜。你的眼泪流得再多也是徒劳，你变得可笑，而别人则会笑话你。"[1] 因此，在现代社会生活中人们只有像演员在舞台上那样节制情感扮演角色，才能达到人际良好的互动。正如美国学者欧文·戈夫曼在《日常生活中的自我呈现》中指出的那样："如果两个个体之间的每一次交往都需要交流人的经历、烦恼和秘密，那么都市生活对我们来说就会变成难以忍受的折磨。"[2] 狄德罗洞察到了那个"作为演员的人"对于公共生活的重要价值，为此理查德·桑内特才坦言，"狄德罗是第一个将表演当作世俗活动的伟大理论家"。[3]

四、从人到公民：美育的公共维度

由此可见，狄德罗对戏剧美育的理解已经超越了人格教育的层面，他更多看到的是戏剧作为一种特殊的艺术类型在表演提供人际交往原则和塑造公共生活秩序方面所彰显的价值。正如日本学者山崎正和所言，在社交场合中人们的言行举止完全不同于日常的私人生活。在社交场合，人们需要像在戏剧中那样扮演角色。在社交场合最大的忌讳就是"弄错场合，不能直觉地把握自己的处境和角色，这样的人就会被排除在戏剧的幕

---

[1] 狄德罗：《狄德罗美学论文选》，施康强译，人民文学出版社1984年版，第288页。
[2] 欧文·戈夫曼：《日常生活中的自我呈现》，冯钢译，北京大学出版社2008年版，第40页。
[3] 理查德·桑内特：《公共人的衰落》，李继宏译，上海译文出版社2008年版，第139页。

外"①。礼仪就相当于社会舞台上的表演规则，它是人们在公共生活中言行举止的合宜准则。埃利亚斯在《文明的进程》中详尽地描绘了礼仪在西方近代文明中的发展，并认为它是对人类天性的调节和控制。正是这种对情感的控制，增进了人与人之间的社交。狄德罗看到，戏剧艺术教会人学会如何扮演，学会如何控制自我的感情，学会如何有意识地制造人为的情感，这种情感将有助于交流对象的有效接受。戏剧艺术确实能够充当一位生活的教师，它通过潜移默化的方式教导了人们公共空间中的相处之道。

卢梭的信徒们必然会对此表示质疑：人为什么需要社交？难道社交不是人性的某种异化？在此，大致有两种理由可以来回应这种质疑。其一，有不少论者认为，社交同样是人的本性，并不存在着异化的问题。相传是法国作家乔治·桑的祖母的回忆，18世纪的人们都相信活在人世间与人相会是人生的最大目的。②社会学家格奥尔格·齐美尔则认为："社交不只是消磨时间或铺张浪费，而是人们为了人性化生存所不可缺的活动。"③桑塔耶纳甚至认为这种社会化的人格更为真实："凭借我们公开声明的信条和誓言，我们必须竭尽全力地隐匿我们的情绪与品行之间所有的不一致，这并不是伪善，因为我们审慎蓄意扮演的角色是比我们不由自主的飘然梦幻更为真实的自我。"④

其二，以狄德罗为代表的思想家认为，社交的"非人格性"对于现代社会而言极为必要，它的价值在于它能开辟和捍卫政治的公共领域。由剧院模式所引导的人际社交，会把人们从自恋式的自我中带离出来，并把他们引向多元和差异的公共空间中。它有效地阻止人们以一种情绪化、人格化的态度去看待政治人物和社会事件。它将成为一道屏障有效地阻止社会向极权主义下滑，它也将成为一股力量，推进社会的公平与正义。⑤

与之相反，痛恨社交的卢梭从一开始就认定了"非人格"社会的罪恶，这种社会对"透明"的人格造成了"阻隔"（obstacle）。他一生把全

---

① 山崎正和：《社交的人》，周保雄译，上海译文出版社2008年版，第18页。
② 同上书，第7页。
③ 同上书，第34页。
④ 欧文·戈夫曼：《日常生活中的自我呈现》，冯钢译，北京大学出版社2008年版，第46页。
⑤ 关于这点可参见哈贝马斯、汉娜·阿伦特以及理查德·桑内特的论著。

部的精力都倾注在揭去这些掩盖自然和天性的面纱（veil）的事业中。作为自我，他可以在《忏悔录》中揭去自己的面纱，来凸显人格；但又如何揭去他人的面纱，如何揭去政治的面纱，实现这所有一切的真诚化与人格化呢？桑内特指出，卢梭在这点上终究是反动的，他竟得出的是这样的结论：只有将一种政治的专制强加于人类身上，人与人之间才能够拥有大城市人际关系的对立面——真诚的关系。在此后的法国革命中，卢梭式的"真诚"终究演变成一出出血腥的恐怖。革命之所以不断杀人，就在于人们随时随地都会找出不真诚的人。① 由于看不到道德与政治的区别，看不到公共领域与私人领域的差异，这使得他的思想潜藏着巨大的危险。

五、结语

卢梭与狄德罗有关戏剧表演的争论，的确是个争讼已久的话题。在今天的戏剧院校以及表演艺术界，也依然维持着两种截然不同的观点。不过在考察这两位法国启蒙运动重要代表人物的过程中可以看到，他们之间的分歧不单单是一种审美教育理念上的分歧，其实更是一种政治社会认识上的偏差。启蒙思想家的美学不可能是后来所谓的"纯"美学，一定是与整个现代文明的转型以及新兴的思想启蒙联系在一起的。

卢梭与狄德罗的戏剧美育之争，根源在于个体的人格教育与社会的公民教育之间的区分。在卢梭的意义上，他想用个体性真诚性的政治来取代公共性模仿性的政治；而在狄德罗的意义上，个体性是个体性，公共性是公共性，两者分属不同的领域。卢梭的思想批判旨在抹平私人生活与公共生活的界限，因为正是两种生活领域的隔离导致了现代人格的异化。人在私人生活中如何生活，那么在公共生活中也应当如何生活，这样的生活才是人的自然的真实的生活。为此他反对一切扮演，反对一切模仿，他希望一切社会都能建立在自然人格不受扭曲的基础之上。与之相反，狄德罗则鲜明地把私人生活与公共生活彻底割裂开来。他为私人生活与公共生活设置了完全不同的行事原则，并将自然与艺术截然对立起来。在私人生活中他也倡导自然，但在公共生活中，恰恰是不自然的行为才能使人与人之间的交往和沟通得以可能。

---

① 汉娜·阿伦特：《论革命》，陈周旺译，译林出版社 2007 年版，第 89—90 页。

当然，重要的并不是在狄德罗与卢梭之间作出取舍。狄德罗对公共生活的敏锐洞察和卢梭对现代社会人性异化的尖锐批评都值得今天的人们重视。在消费主义盛行和媒介高度发达的当代，戏剧表演也早已风光不再，取而代之的则是新媒体王国的兴起。一方面，人们在面对电视、电脑、手机等媒介的过程中越来越远离公共世界而陷入自恋之中；另一方面，当真诚成为这个时代唯一道德标准的时候，也并没有多少人在真正地热爱这种价值。因此在今天，我们依然能通过狄德罗的大脑来深刻洞察人类公共生活的本质，也依然能通过卢梭的心灵来感受这个时代的腐化与堕落，由他们的精神所灌注的那个戏剧时代，终究留给人们无限的思考与怀恋。

（原载2012年第6期）

作者简介：范昀（1980— ），男，浙江镇海人，文学博士，浙江大学传媒与国际文化学院讲师，主要从事政治美学、文化批评及启蒙思想史研究。

审美教育与人格塑造

王元骧

一

教育是培养人的工作，它包括家庭教育、学校教育、社会教育三个方面。自人类进入社会以后，为了造就适应社会需要的人，就开始有了教育，它的内容可以分为"心育"和"体育"两个部分。

如果说体育是为了增强体魄，那么心育则是为了塑造人格，而人的心理结构是由知（理智）、意（意志）、情（情感）三个部分组成的，所以就"心育"而言，也应该涵盖知育、德育、美育，即知识教育、道德教育和情感教育三个方面，唯此才能使人的心灵得到全面而协调的发展，使人能为"整全的人"。

美育之所以重要，就在于它是情感的教育。[1] 情感原是人最本能的心理现象，因为人活着总是有所追求的，所以亚里士多德在《论灵魂》中又称为情欲，认为情欲必有所追求和回避，"心灵不能在无情欲的情境下产生活动，它是人的活动的最深刻的内在动力"。[2] 但由于它最初是基于人的"肉体感受性"而生，就必然带有某种自私性和粗野性，这样就分

---

[1] 本人探讨美育的相关文章有：《美育并非只是美的教育》，载《学术月刊》2006年第3期；《拯救人性：论审美教育的当代意义》，载《文艺研究》2012年第3期；《美：让人快乐、幸福》，载《学术月刊》2010年第4期；《梁启超"趣味"说理论构架和现实意义》，载《文艺争鸣》2008年第3期；《艺术：使人成为人》，载《文学教育》2007年第10期。又见论文集《审美超越与艺术精神》（浙江大学出版社2006年版）、《论美与人的生存》（浙江大学出版社2010年版）。

[2] 亚里士多德：《亚里士多德全集》第3卷，中国人民大学出版社1992年版，第87页。

不清人与动物的区别了。而人之所以不同于动物就在于他有意识和自我意识，意识到自己是作为一个社会的人而存在的，这就要求把本能性的情欲纳入理性的规范，而使之上升为社会性的情感，所以人的社会化最根本的也就是情感的社会化。这样情感的高尚与卑下也就成了衡量一个人的人格高大的最有效的尺度。对于一个人来说，只有美好的情感才会使他的心理健全、人格高尚；人格的畸形归根到底就在于情感的扭曲。所以自古以来许多思想家都非常重视情感的教育，提出要"以礼节情""以理导情"，即以理智来控制情感、规范情感。但由于情感原是一种本能的心理现象，光靠理性的控制恐怕未必生效，而最有效的途径还是应该通过陶冶，即以情感来调节和疏导情感，以美好的社会性的情感来抵消自私、粗野和原发性的情感。这样就提出了审美教育的问题。由于艺术是艺术家按美的理想所创造的一个世界，所以通过它又是最有助于达到陶冶和提升情感而达到塑造健全和高尚的人格的目的，这决定了艺术教育在审美教育中又有特殊重要的地位和作用。但从我国目前教育现状来看，由于对情感教育的意义缺乏认识，因而较普遍存在着重知育的倾向，这不仅直接影响到美育的正常开展，而且还间接地影响了德育的功效，这显然与我们教育的目标，即培养社会主义的"四有新人"是背道而驰的。

　　我这样说并不等于否定知识教育的重要。因为理性作为人们在感性认识的基础上所形成的对事物的正确的判断、推理的本领，以及按对事物的正确认识来处理问题的能力，它只有有了一定知识的基础才会具有，一个盲目无知的人，他的思想和行为是不可能具有理性的。

　　但是知识有两大类，即我国北宋哲学家张载说的"闻见之知"和"德性之知"。前者所承载的是人们对现实世界实际情况的认识，是通过观察实验的渠道，以及别人的传授就能获取的，即通常我们所说的"知识理性"；后者则是指做人、处世、行事的准则，是在实际生活过程中，经由个人主体的体验和领悟而确立的，即我们通常所说的"道德理性"。由于道德理性是为了指导人的道德行为的，所以康德又把它称为"实践理性"。但是在当今我国，不仅在一般人中，甚至包括教育界，往往把"知"直接等同于"闻见之知"，即科学知识，而没有认识到它还应包括"德性之知"，即做人、处世、行事的道理。以致学校教育几乎完全变成了应试教育和职业教育，目的只是让学生学会做事的本领和谋生手段，而几乎忘记了它的修身、成己，教人如何做人的宗旨。这样，所培养的学生就不再是具有独立人格和自由意志的整全的人了。

为什么这样说呢？

因为科学知识只不过是一种工具，只是被利用来达到一定外部目的的手段，它不仅通过知识传授的途径就能掌握，而且只要是被正确地理解和掌握了的，就不会因人而异，如1+2=3，3×3=9，只要你不算错，人人得到的结果都是一致的。这表明科学知识是外在于人的，与一个人自身的内在品格是没有直接联系的，它的目的只是教人学会做事。而德性之知就不同了，尽管人类进入文明社会，为了人与人之间相处的和谐融洽，就逐渐形成和确立了需要为全社会共同遵守的做人、处世、行事的道德标准，这些社会准则对于具体人个人来说，虽然也是外在于他的，但却不像科学知识那样仅仅通过知识传授的途径，凭着理性说服就能让人懂得并转化为自己的实际行动。所以在做人、处世、行事方面，言行不一的现象就非常常见。亚里士多德反对苏格拉底的"德性即知识"之说，认为"在知识中，只要一个人知道知识是什么，就可以成为知识的专门家。但在德性中这种结果是不会出现的，因为知道公正的人不会马上变得公正"。[①]这表明对于德性之知，只有当它经过自己的切身体验，内化为自己有血有肉的思想，与自己的灵魂融为一体，才能真正为自己所掌握，使自己真正懂得应该怎样做而不应该怎样做，并在自己的行动中得以落实。因此歌德认为："人只有在他感到欢喜和痛苦的时候，才能认识到自己；人也只有通过欢喜和苦痛，才能懂得什么应追求，什么应避免。"[②] 这决定了真正的德性之知总是内在于人的，是经由人的切身体验获得的，是与人的情感生活不可分割地联系在一起的，它的目的是教人如何做人。

但是做事和做人这两者又是不可分割的，因为事是由人来做的，所以为了做好事，首先就得先学会应该怎样做人，具体地说，首先要有正确的方向和目标，不但要道理上懂得，还要真切地领悟所做的工作的意义和价值；否则、掌握的知识虽愈多，不仅未必有益于社会和人类，甚至反而有可能给社会与人类造成灾害。早在两千多年前，亚里士多德就意识到这个问题，提出知识只有"以善德加以运用，意趣善良才会有所成就"，如果

---

① 亚里士多德：《大伦理学》，见苗力田《古希腊哲学》，中国人民大学出版社1990年版，第223页。

② 爱克曼：《歌德谈话录》，人民文学出版社1978年版，第193页。

人无德性，就会"把知识用于最坏的目的"，而使人"淫凶纵肆、贪婪无度、下流而成为最肮脏、最残暴的动物"。① 现在社会上所频发的高智商的犯罪就足以说明。其次，还要有敬业的精神，有兢兢业业、专心致志、坚忍不拔、锲而不舍地把事情做到底的决心，这就要有坚定的意志和顽强的毅力。而意志和毅力是需要情感去维护、激发和推动的，所以马克思认为："激情、热情是人的强烈追求自己对象的本质力量。"② 这表明做事不仅仅是一个实际操作的问题，一个知识应用的问题，它还关涉一个人的情感和意志，一个人的人格修养的问题。这就是我们说的做人与做事是统一的道理。

二

而在教人如何做人的方面，审美教育就起着知识教育和意志教育所起不到的作用。要说明这个问题，还得需要我们从什么是"美"与"审美"说起。

"美"通常被人认为是赏心悦目的对象，这样，审美所要达到的目的也被看作只是为了愉悦身心。这理解虽然并非完全不对，却并不准确、深刻而完整。因为这就分不清"审美愉悦"和"感觉快适"的区别了，以致人们往往把美看作仅供娱乐消遣的，甚至误以为是一种让人玩物丧志、无为地消耗时间和精力的东西；而没有认识到，同样是愉悦身心，审美愉悦与感觉快适是不同的。它们的区别至少有以下三个方面：

其一，感觉快适是建立在"肉体感受性"的基础上，是与人的自然感官直接发生联系的，凡是能满足自然感官的需要的，都会让人感到愉快，它不限于视、听两区，而且包括触、味、嗅的领域，于是就有所谓"美食""美味"之称。由于它所产生的只是一种"使主体停留在原状态的情感"，所以康德认为它"只是属于单纯的享乐"而"没有教养的作用"。③ 而审美愉悦只能是由人的文化感官所生，它所带给人的如同斯多亚学派所说的是一种不为欲望所支配和控制的"理性的兴奋"，它的产生

---

① 亚里士多德：《政治学》，商务印书馆1963年版，第9页。
② 马克思：《1844年哲学经济学手稿》，人民文学出版社1985年版，第126页。
③ 康德：《判断力批判》上卷，商务印书馆1964年版，第107页。

虽然有一定生理的基础和生理的条件，但从根本上说是由于它开启心智、陶冶情操、开拓情怀而使人获得精神上的满足所引发的，它不仅可以悦耳、悦目，而且还能悦神、悦志。所以许多美学家都认为它只能产生于视、听两区。

其二，感觉快适是纯粹的快乐，是不夹任何带让人痛苦的感觉成分的，否则就会减弱快乐的分量。如一首乐曲中夹杂着不协和的声音就会影响听觉的快适。这种绝对和谐所生的美，从美学观点来看只是美的一种形态，即"优美"，一种狭义的美，也即鲍桑葵所说的"差不多使人人都能感到愉快的""浅易的美"，我们平常所说的"美"主要也是指这种美；而完整意义上的美至少还应该包括"崇高""滑稽""怪诞"，特别是"崇高"。这是一种不纯粹的美，亦即鲍桑葵所说的"艰奥的美"，它不像优美那样直接给人以和谐的、身心协调的感觉；而往往由于夹杂着错杂的、不协和的成分不仅会造成人们在接受过程中感觉上的紧张，只有当人们对美的习俗的观念解体之后才能欣赏。[①] 就音乐来说，如贝多芬、瓦格纳、柴可夫斯基的那些最雄壮、最激动人心、让人撕心裂肺的乐曲，都是由于不协和的音运用而增强其表现力的。所以它给人的审美愉悦也往往是由紧张的感觉和痛苦体验中转化而来，这突出表现在我们欣赏悲剧的心理过程中，尽管它使人感到紧张、痛惜甚至恐惧，但从悲剧主人公的牺牲和献身精神中又使人感受到正义力量的不可战胜和体验到顽强奋斗的巨大喜悦，而给予人在逆境中奋发前进的启示和力量。所以席勒认为从悲剧人物的壮烈牺牲中可以使人"体验到道德法则的威力大获胜利，这种体验极其崇高，它带给人的是一种精神的大喜悦"。[②] 由于这种愉快往往比纯粹的美感更为强烈，所以许多美学家都认为崇高感高于优美感，它更有助于净化和提升人的情感。

其三，感觉的快适往往是"实践"的，需要与对象直接接触甚至在实际占有中才能产生，如香甜的水果、馥郁的花香，都只能亲口去尝、直接去闻才能领受，因此很容易使人产生独占的欲望；而审美的愉悦则是"静观"的，只是由于事物的外观的美才引发人们的关注，激起人们的喜

---

① 鲍桑葵：《美学三讲》，人民文学出版社上海分社1965年版，第44—49页。
② 席勒：《论悲剧题材产生快感的原因》，见《古典文艺理论译丛》，人民文学出版社1963年版，第79页。

悦，而并不诱使人实际占有的冲动。所以一幅画着水果、鲜花的绘画虽不能让人产生味觉和嗅觉的快适，而却能给人以视觉的享受。这种享受不仅不像对于物质对象那样带有独占的性质，而使大家都能共享，而且这种共享不仅丝毫不会影响个人的享受，还会在共享的过程中把大家的情感联合起来而引导到同一的方向。这在音乐会中表现得最为明显；尽管各人原先都怀着自己的心情和思绪步入音乐厅，但是只要听到贝多芬的《命运交响乐》、冼星海的《黄河大合唱》，就都立即情绪振奋，听到维瓦尔弟的《四季》、刘天华的《良宵》，心情又会恢复到了宁静如水的状态。这就使得审美如同康德、席勒所说的具有一种"社会交往的功能"，[①] 在审美中经由心灵的交流把大家的情感融为一体，使个人的情感变为大家共同的情感，大家的情感变为个人的情感。

  正是由于审美愉悦不同于感觉快适的上述特征，这就使得审美愉悦既建立在个人感觉享受的基础上，又具有超越个人享受局限而使情感得以净化、理性化、社会化，而达到拓展人的情怀、提升人格的作用。因为人作为"有生命的个人存在"总是有所需求的，否则他就无法生存下去。所以需求也就成了人的活动的最原始的驱动力，不论是认识活动还是意志活动，要是没有一定的需求它也就不会产生。而在人的诸多的需求中，最基本的又是物质的需求。物质的东西是带有两面性的，它既是一个人生存的不可缺少的条件，又因为它带有纯粹独享的性质，而引发个人的私欲，并导致私欲的无限膨胀而遮蔽人的"良知"，使人为求私欲的满足而什么损人利己、伤天害理的事都干得出来。这不仅是个人人格的堕落，也是资本主义社会以来随着私欲的无限膨胀所造成的社会道德沦丧的根源之所在。康德把审美愉悦从质的规定性上界定为"无利害关系的自由愉快"，而强调它虽然没有概念性的内容而对于每个人来说却是"普遍有效"的，其目的就是试图借助审美来净化和提升人的情感，以免为私欲所奴役，以维护人的人格的独立和尊严。

  我们就是在对"审美愉悦"不同于"感觉快适"的上述特征的这样的认识的基础上来探讨审美教育对于人格塑造的意义的。接下来，我们就着重来谈谈这个问题。

---

① 康德：《判断力批判》上卷，商务印书馆1964年版，第141页。

三

"人格"这一概念目前似乎还没有一致的理解，通常在心理学上理解为一个人的"个性"，而在伦理学上理解为一个人的"品质"；但两者也不是完全没有共同之点，因为它们都涉及一个人的思想、行为的总体特征，是与一个人长在一起的、属于这个人所特有的内在品性。这样，我们就把心理学解释和伦理学的解释有机地统一起来。所以，如果我们不是把做人看作是一个"技术性"（如处世哲学、职场规则）的而是"品质性"的问题，那么，也就应该从一个人的内在品性，亦即人格的方面着眼。人格的塑造是一项知、情、意三方面的综合工程，而在这三者之中，情感的教育却有着自身为知识教育和道德教育所不能涵盖的特殊的意义和作用。这就得要从情感在人格结构中的地位和作用说起。

情感作为客体能否满足主体的需要而生的态度和体验，它性质上是属于价值的意识，所以也就成了从知过渡到意、认识过渡到行动所不可缺少的中介环节。由于情感不仅因主体需要的等级的不同，可以分为情欲和情操，而且还可从对象中能否获得满足而生的不同体验把它分为积极的情绪和消极的情绪，前者如快慰、兴奋，后者如痛苦、沮丧。这些情感体验不是完全分割而往往是互相渗透、交融在一起的，这就需要我们对之进行疏导，而审美不仅是情感本身得以净化的有效方式，而且还能开启心智，激活意志，使人的知、情、意都得到全面的滋养和强化，而按照健全的人格的要求得以发展。这可以分别从美育与知育和德育两方面的关系来考察。

知育是知识的教育，其目的就是帮助人们认识世界和改造世界，因此在知育中，科学知识往往占有极大的比重。认识世界的客观规律主要途径是通过观察、实验，以及在此基础上提出假设和推理等理性思维活动，但是也不能完全排除直觉和想象的作用。这样就使得认识与审美之间形成了一种内在的关系和联系。古希腊哲人最早就是从"数"和"比例"的观念出发来看待世界，从数与比例的秩序与和谐中发现真与美，把真与美看作是同构的。如亚里士多德在《论天》中把星辰看作是一种"天体音乐"，认为这是"我们所听不到的歌唱着的天体的和谐"。[1] 这种美与真的

---

[1] 亚里士多德：《亚里士多德全集》第 2 卷，中国人民大学出版社 1991 年版，第 332 页。

统一的思想曾为不少事例所证明，如狄德罗在《画论》中谈到米开朗琪罗为圣彼得大教堂所设计的穹顶的弧线无疑是最美的，但后来被几何学家德·拉伊尔所证明又是最有支撑力的弧线，"是谁启发米开朗基罗从无数曲线里选择了这一曲线呢？"狄德罗认为显然是从生活经验中得到的审美直觉启示了他。① 正是由于美与真之间有着这样一种近乎神秘的内在联系，往往使得美就不自觉地承担着成为真的信使的使命，以致直到人类认识自然界的仪器空前发达精密的今天，许多科学家还十分强调凭直觉和想象去发现世界的意义和作用，如爱因斯坦认为对于科学发现来说"真正可贵的因素是直觉"，又说"在科学研究中想象力比知识更重要，因为知识是有限的，而想象力概括着世界的一切，推动着进步，并且是知识进化的源泉。严格地说，想象力是科学研究中的实在因素"。②

何况，知识不只是限于科学知识，还包括德性之知即道德意识。道德意识不同于科学知识，它不是达到外在目的的工具和手段，而是作为人的行为的内在准则和动力而产生作用的。也就是说，凡是真正的道德行为都非出于外部强制而是在内心要求的驱使下发生的。因而康德把"意志自律"看作是一个人的德性的根本规定，所以它不可能仅仅依靠间接的知识传授而更需要经由自己直接的、切身的体验才能确立。而审美是离不开"移情"活动的，比如当一个人在阅读文学作品时被作品中的人物命运和遭遇所感动了，他就会超越自己的境况而置身于人物的立场，与他们共享喜悦、分担忧愁，这就等于把别人的经历和遭际转化为自己的经历和遭际，从原本间接的体验中来达到自己直接体验的功效，这也就成了对自己心灵的一种拓展。所以雪莱认为，"要做一个至善的人，必须有深刻而周密的想象力，他必须投身于旁人和众人的立场上，必须把同胞的苦乐当作自己的苦乐"，③ 没有这样一种直接的体验，就不会养成一个人的真正的道德意识。因为一个情感淡漠的人是不会同情和理解别人，为别人作出牺牲和奉献而成为一个有道德的人的。所以通过审美体验无疑是培育人的道德意识的一条极为有效的途径。

以上都是从美育与知育的关系来说，再从美育与德育的关系来看，德

---

① 狄德罗：《画论》，见《狄德罗美学论文选》，人民文学出版社1984年版，第431页。
② 爱因斯坦：《爱因斯坦文集》第1卷，商务印书馆1976年版，第284页。
③ 雪莱：《为诗辩护》，见刘若端《19世纪英国诗人论诗》，人民文学出版社1984年版，第129页。

育是从人的心理结构的意志部分引申出来的。黑格尔认为,"理智的工作仅在于认识这世界是如此,意志的努力在于使世界成为应如此"①,表明意志就是在对象世界实现目的的活动。因此所谓"德育"也就可以被理解为按社会的意志所追求的目的来塑造人的德性的教育。对于德性,虽然在中西伦理学史上各自研究的具体内容不甚相同,但都是从对人的本性的认识出发,为完善人自身的人格的需要来阐述的。如在我国,孟子就是从性善论出发,按人本然具有"恻隐之心""羞恶之心""辞让之心"和"是非之心"而提出"仁""义""礼""智"这四种德性;在古希腊、柏拉图则根据人的心理结构是由知、意、情三者构成而提出"智慧""勇敢""节制"以及由这三者各居其位、和谐统一所生的"公正"这四元德。它们作为道德的标准,目的都是教人应该如何做人、处世、行事,为了在实际生活中去进行实践、得以贯彻。它具体地体现在"对待人"和"对待事"两方面,前者属于"伦理德性",后者则属于"职业德性"。而这两者又不是彼此分离而是相互统一的,因为世界上没有与人互不相关的事,如"造假牟利"是做事的问题,而"损人利己"则就成了待人的问题。甚至在对待自然的问题上,也无不直接间接地与人发生关系,唯此自20世纪70年代以来,才会有"生态伦理学"的兴起。这就是在中西伦理学史上,特别是我国传统的道德观所着眼的主要是伦理德性的原因。由于德性都是建立在人格的基础上的,所以真正德行总是出于人的自由意志的、自觉的行为。而要做到这一点,就既不可能仅凭抽象说教和行为规范去约束,也不可能像亚里士多德和休谟说的仅仅依赖于习惯去培养,而只有通过自己切身的体验,把对于道德原则的理性的认识,内化为自己的意愿,变社会要求我这样做为自己情愿、乐意这样做的时候,才会转化为自己的行动并能长久地坚持下去。这就需要道德情感的驱策和推动。唯此才能使德行与德性得到真正的统一。

但道德原则作为一种"实践的理性"总是要在对象世界中实现自己的目的的。而待人不同于做事,"伦理德性"也不同于"职业德性",前者以别人为目的,这就要求排除个人自身利害得失的计较,把别人当作另一个自己,为别人而奉献、牺牲,唯此才会显出道德的高尚,要是把别人当作只是达到目的的手段,情义也就降到了冰点而成为赤裸裸的利用关

---

① 黑格尔:《小逻辑》,商务印书馆1982年版,第420页。

系，德性就无从谈起；与之不同，做事就是要在对象世界中实现自己的目的，它总是有一定外部现实性的要求，这就不可能没有一定利害得失的计较。但如果一个人在行事中仅仅被结果所吸引，那又必然会被物所奴役而对活动本身失去兴趣，就像马克思在谈到"异化劳动"时所说的，使劳动仅仅成为劳动者为获取报酬所采取的手段，而不再当作"体力和智力的游戏来享受"①，劳动也就成了在外在目的强制下所进行的苦役，就不可能本着敬业的精神去从事。而情感则使人把劳动不仅仅作为手段，而同时也是目的本身，使劳动成为对劳动者本身智慧和技能的一种确证，使劳动者从劳动中找到了自身存在的价值。这样，也就把手段和目的统一了起来，人们就会从活动本身领略到它的意义和乐趣，就会感到自得其乐，乐在其中，乐此不疲，在"乐业"中实现了"敬业"的精神，他对工作也必然是兢兢业业，精益求精的，绝不会产生像那些"打工者"的厌倦的心理。这就是职业道德的一种表现。

正是由于道德的行为都不是仅凭理性告诫而是在情感的驱使下进行的，所以狄德罗认为，"只有情感，而且只有强大的情感才能使灵魂达到伟大的成就"，"情感淡泊使人平庸"，"情感衰退使杰出的人物失色"。②因此通过审美所培育的美好的情感，对于人的德性和德行的养成，无疑会是一种有力的促进。

如果大家都能认识到这些道理，那么，就不会把审美教育看作是可有可无，甚至是多余的，而都会赞同这是造就健全人格所不可缺少的人生的必修课！

（原载2013年第4期）

作者简介：王元骧（1934—   ），男，浙江玉环人，浙江大学人文学院教授、博士生导师，主要从事文艺理论和美学研究。

---

① 马克思、恩格斯：《马克思恩格斯论艺术》，人民出版社1960年版，第369页。
② 狄德罗：《狄德罗哲学选集》，商务印书馆1983年版，第1—2页。

深层审美心理与人格的完善
——深层审美心理与思维艺术综合型人格

张玉能

关于人格的定义[①]，据说全世界已经有了50余种之多。[②] 综合起来，似乎可以说：人格是指一个人的整体精神面貌，是具有一定倾向性和比较稳定的心理特征的总和。英文的人格（personality）词源来自拉丁文 persona，意指"面具"，它是戏剧中的人物身份、性格特征的具体表现，这是人格的最初含义。因此，人格的形成是一个长期的实践过程，并且是一个综合了一个人的遗传因素、社会环境因素、历史时代因素的实践综合

[①]《中国大百科全书·心理学》中的定义：人格是个体特有的特质模式及行为倾向的统一体，又称个性……较为综合的界说可称个体内在的行为上的倾向性，表现一个人在不断变化中的全体和综合，是具有动力一致性和连续性的持久自我，是个人在社会化过程中给人以特色的身心组织。《中国大百科全书·教育》中的定义：人格（个性）是个人的心理面貌或心理"格局"，即个人的一些意识倾向与各种稳定而独特的心理特性的和。……心理学研究人格（个性）的心理特性（能力、性格等）的实质和规律。《简明不列颠百科全书》中的定义："人格"一词含义很多，没有一个公认的定义，但有一个共同的核心意义，即个体独具的各种特质或特点的总体，是每个人特有的心理—生理性状（或特征）的有机结合……《心理学百科全书》（艾森克等人主编）中的定义：在定义方面，仍然很少有一致的看法……人格与一个人动机倾向的稳固组织有关……通常主要指情感—意动的特质。《人格科学》中的定义：人格是认知、情感和行为的复杂组织，赋予个人生活的倾向和模式（一致性）。它像身体一样，包含结构和过程，并反映天性（基因）和教养（经验）；另外，它还包含过去的影响以及对现在和未来的建构，过去的影响包含对过去的记忆。这个定义强调认知机能、情感机能和行为机能的相互联系。作者认为，个体差异仅仅是人格领域的一部分，因此应该从整体的机能系统来定义人格。正如1976年西克雷斯特（L. Sechrest）指出的，常见的人格定义强调个体差异，已经有害于理论和研究的进展。这一定义还指出了人格形成的因素是天性和教养，包括过去的影响、对现在和未来的建构；我们对未来的看法能够决定现在（对未来具有积极图式者与对未来具有消极图式者，其行为和感知会非常不同）。这个定义比较全面地阐述了人格的内涵。

[②] 叶奕乾：《现代人格心理学》，上海教育出版社2011年版，第4页。

体。弗洛伊德的精神分析学说,把人格构成分为"本我"(无意识)、"自我"(前意识)、"超我"(意识或显意识)三个部分。荣格的分析心理学把人格分为外倾型、内倾型和综合型三大类,然后分别与思考、感情、感觉、直觉相配合,就具体成为了8种人格:内倾思考型、内倾感情型、内倾感觉型、内倾直觉型、外倾思考型、外倾感情型、外倾感觉型、外倾直觉型。心理学家巴甫洛夫把人格分为思维型、艺术型、综合型三类。人本主义心理学家马斯洛把人格的形成视为一个自我实现的过程,也就是一个由普通人经过务实的自我实现者达到超越的自我实现者的发展过程。根据上述这些理论观点,我们认为,人的人格及其形成是一个社会实践的过程,它包括生活实践、审美实践和艺术实践过程,人格的完整性、确定性、稳定性是依赖于人类的深层心理和深层审美心理的保存和完善的。因此,人的教育,尤其是审美教育对于人格的完善具有决定性作用。审美教育可以通过塑造人的深层审美心理来完善人的人格。在长期社会实践中生成和发展的审美无意识、审美潜意识,通过审美教育,可以使得普通人成长为务实的自我实现者和超越的自我实现者;可以使得思维型人格与艺术型人格成长为综合型人格;可以使得内倾型人格与外倾型人格成长为综合型人格;从而使得每一个人都得到自由发展。

一、思维型和艺术型的人格分类

生理心理学家伊万·彼得罗维奇·巴甫洛夫(Иван Петрович Павлов,1849—1936)按照每个人神经系统两种信号系统活动的相对优势而把人格类型划分为思维型、艺术型和综合型三类。艺术型者的第一信号系统占据优势,他能够从外部世界获得鲜明、清晰的直接印象,记忆和知觉都极富形象性,想象力极其丰富。思维型者的第二信号系统占着优势,他擅长对认识进行分析和系统化,比较倾向于概括、抽象的理性思维,善于进行概念的判断推理。综合型者的两种信号系统处于比较平衡的状态,综合型是一种中间型的人格类型,兼有艺术型和思维型的特点。一般来说,艺术型者适宜于艺术、体育、工程技术等形象化创造事业;而思维型者则更适于数学、哲学、科学理论等抽象化创造工作。巴甫洛夫的这种分类方法后来已经在他许多学生的生理心理学实验中得到了证实。思维型者的词语反应能力较强,更喜欢使用词语概念进行抽象思维,言语表达具有比较严密的逻辑性。艺术型者更善于接纳对象世界的直接形象刺激，对词语的反应定向能力比较弱，因此比较善于运用知觉表象展开形象思维。不过，人的神经活动的第一信号系统和第二信号系统并不是相互排斥的，只不过思维型者的第二信号系统比起第一信号系统的活动更强、更活跃，而艺术型者的第一信号系统活动处于优势并严密支配和调节着第二信号系统活动。当然，思维型和艺术型的人格并不能分出高低优劣，更不能偏爱偏废，这种神经活动的不同倾向、优势和偏重只是人的大脑反映客观世界的个体特点的表征。两种信号系统在不同人身上的相对优势是人的长期反复不断的生活实践和工作实践、生活方式和工作方式所决定的，因此，为了人的自由全面发展，人类的教育实践，特别是审美教育实践和艺术教育实践应该平衡两种信号系统的活动，改变两种信号系统活动的相互关系，促进二者的协调发展与和谐活动，克服长期的社会分工带来的每一个人的片面发展和异化状况，使二者都得到高度协调发展，以完善人格、完整人性、建设和谐社会。

　　思维型和艺术型人格类型划分，在20世纪脑科学和心理学理论的发展过程中进一步得到了证实和丰富。根据科学家对人类大脑的深入细致研究，特别是美国心理学家斯佩里（Roger W. Sperry, 1913—1994）关于"裂脑人"的研究，人的大脑是分为两个脑半球并由胼胝体等组织联系起来的一个整体。大脑的左右两个半球的功能是有不同分工的，是一个分工合作的功能系统。左脑的主要功能是：语言加工、言语、写作、计算、时间感、节奏感、复杂运动控制；右脑的主要功能是：非词语加工、知觉技能、形象化、模式、面孔及音调识别、情绪的识别和表达、空间技能、简单语言理解。[①] 也有人概括了大脑两个半球的功能优势。左脑三大优势：（1）主管语言；（2）逻辑与数学，擅长于定量思维、数据分析；（3）抽象思维、理性思维、理论思维，包括哲学思维，擅长于推理。右脑三大优势：（1）形象思维，想象力丰富；（2）艺术思维、鉴赏，建筑艺术、设计艺术、广告艺术、文学艺术、音乐艺术，甚至包括领导艺术，都是由右脑完成；（3）直觉、悟性、定性思维。这样，我们就可以看到，巴甫洛夫关于思维型和艺术型人格的类型划分确实是有着脑科学和神经生理机制的依据的。它对于我们展开审美教育实

　　[①] 黄希庭、郑涌：《心理学十五讲》，北京大学出版社2005年版。

践和艺术教育实践以培养各种不同人才，造就全面自由发展的人，都具有重要意义。

二、思维型和艺术型人格与深层审美心理

实际上，思维与艺术的差异和对立是文明社会的一个普遍现象。这种现象在西方美学和文论中一直受到美学家和文论家的关注。早在古希腊美学和文论形成之初，柏拉图就把理性思维与艺术灵感对立起来，把哲学（包括科学）的理性与艺术的非理性对立起来。根据他的理式论本体论，柏拉图把世界划分为三类：理式世界、现实世界、文艺世界，与这三类世界相对应，每种事物也都有三种，比如，床就有三种：第一种是在自然中本有的，无妨说是神制造的，因为没有旁人能制造它，也就是床的理式；第二种是木匠制造的，也就是木匠根据理式制成的现实的床；第三种是画家制造的，也就是画家根据现实的床画出来的文艺世界中的床。在这三种世界中，理式世界是后面两种世界的本源，因此才是最真实的。那么，文艺是什么呢？文艺不过是对理式世界和现实世界的模仿，比如画家画的床是对木匠制造的床的模仿，而木匠又是模仿床的理式来制造现实的床的，因此，画家的画不过是模仿的模仿，影子的影子，和真理隔着三层。一切模仿的文艺都是这种模仿的模仿，影子的影子。这就是关于艺术本质论的"影子的模仿论"。意思就是最真实的存在是理性的理式，而模仿现实及其理式的文艺只是"影子的影子"。由此又产生了"灵感论（迷狂说）"。从理式论出发，柏拉图把文艺当作一种对理式的影像的模仿，而从回忆说的认识论出发，他把诗人和文艺家当作神的代言人，他们是在灵感的指导下达到迷狂状态而回忆起理式而代神立言的。在《伊安篇》中，柏拉图集中地论述了他的灵感迷狂说（创作动力论）。他认为，凡是高明的诗人，无论在史诗或抒情诗方面，都不是凭技艺来做成他们的优美的诗歌，而是因为他们得到灵感，有神力凭附着。这实质上是回忆说认识论的文艺学阐释，诗人代神立言，实质上也就是回忆起神所创造的理式，从而才能达到真实体。为了让诗人成为神的代言人，神就把自己的神力给予诗人，使他得到灵感，这种灵感使诗人失去平常的理智，进入迷狂状态。这就是说，诗人的创作动力来自神灵凭附的灵感，灵感的迷狂状态是对平常理智

的否定，因此，诗的创作是一种非理性的活动，甚至是一种神秘的活动。① 正因为如此，柏拉图把哲学家视为自己的"理想国"的国王，不让模仿的诗人进入他的"理想国"，而只把他当作一种培养理想国城邦的保卫者的教育者，要求他们为政治和哲人王服务效劳。这样就形成了西方美学和文论历史上的理性与感性（非理性）对立、哲学（包括科学）与文艺对立的美学观和文论观。这种美学观和文论观在后世时隐时现。弗朗西斯·培根明确了这种理性与感性（非理性）、哲学与文艺的对立。培根根据心灵的三种功能（记忆、想象、理智）把学问分为三种：历史、诗、哲学。历史是记忆的产物，诗是想象的结果，哲学则是理智的结晶。他认为诗具有神性。他认为诗所给予的是弘远的气度、道德和愉快。由于它能使事物的外貌服从人的愿望，因此它可以使人提高，使人向上；而理智则使人服从事物的本性。他指出，由于诗对人性及人的快乐的这些巧妙的逢迎，再加以它具有与音乐的一致与和谐，在不文明的时代与野蛮的地区，别的学问都被拒绝，唯有诗可以进门并得到尊重。② 德国启蒙主义运动的旗手和理论家赫尔德曾经把人类的历史划分为三个时代：诗的时代、散文时代、哲学时代。这种历史分类法被德国古典哲学和美学的集大成者黑格尔直接借用到他自己的《美学讲演录》之中。③ 意大利启蒙主义美学家维科也与赫尔德有同样的历史分类法。他把人类历史分为：神的时代、英雄时代、人的时代。这三个时代里有三种相应的语言：符号语言或神圣语言，象征的、譬喻的或英雄的语言，以及人的通信的普通语言，用约定俗成的符号来传达他们生活中的共同需要。在维柯看来，诗与哲学是对立的，不可兼得的。他认为推理力越弱，想象力也就越强。诗人可以看作人类的感官，哲学家可以看作人类的理智。④

18世纪末至19世纪中期，德国古典哲学和美学的主要代表人物都把感性与理性、哲学和文艺视为对立的，不过他们都极力促进它们的对立统一，而且都主张通过美和审美及其艺术的审美教育来达到它们的对立统一，拯救人性，使人格达到完整和完善。康德在建立自己的"批判哲学"体系时，设计了一个完整的哲学体系，包括《纯粹理性批判》（认识论）

---

① 张玉能：《西方文论思潮》，武汉出版社1999年版，第4—10页。

② 同上书，第73—74页。

③ 同上书，第109页。

④ 同上书，第117—119页。

(1781)、《判断力批判》（美学、目的论）(1790)、《实践理性批判》（伦理学）(1788) 三部分。康德先写了《纯粹理性批判》和《实践理性批判》，在那里他把世界分为现象界和物自体（本体界）两部分，并且认为人的感性和知性能力只能把握现象界，无法达到物自体（本体世界），那是只能靠理性去信仰的彼岸世界。这样一来，他发现在他的现象世界和本体世界之间存在着一道不可逾越的鸿沟。为了填补这个鸿沟，使世界成为一个整体，他就根据当时欧洲心理学关于人类心理的知（认识）、情（感情）、意（意志）的三分法，来进行思考，对于认识论（科学）、美学（艺术）、伦理学做了划界处理。他认为人的认识（知）对应着现象世界，是科学的研究对象，意志（意）则对应着本体世界，是伦理学的研究对象，而情感则可以充当认识与意志之间的中介，从而去沟通现象界和物自体（本体世界）。因此对应着情感就建立起了他的美学和目的论，这两者关涉情感的判断力，因此写下了《判断力批判》。这样也就形成了康德的完整的哲学体系。康德论证了艺术不是科学，艺术属于技能、实践机能、技术，而科学则属于知识、理论机能、理论。[①] 因此，在康德那里对应于情感的美和审美及其艺术以及美学，就是一种沟通认识和意志、现象界和本体界、科学和伦理学的自由游戏领域。在康德美学的基础上，席勒写下了《审美教育书简》，力图借助于美和审美及其艺术来拯救人性，治疗近代文明社会及其分工所造成的人性分裂的病态。他发现，古希腊罗马时代人性是完整的，即感性与理性的统一、主观与客观的统一、理智与想象的统一。他用这种被理想化了的古代奴隶主民主制的人性状况来反观近代社会。他发现，近代的资本主义社会，由于社会的分工和文化的进步，古代的完整人性被分裂了，人片面发展，成为了一些碎片（断片），变成了职业和学问的附属物，感性与理性分裂了，欣赏与劳动脱节了，手段与目的脱节了，努力与报酬脱节了。为了拯救人类，克服人类近代社会的人性分裂的异化状态，他找到了美和审美及其艺术。他认为审美（艺术）的自由游戏状态可以恢复人性的完整。因为在他看来，审美状态（美和艺术）是自由的游戏，游戏冲动就使人性的两大方面（感性与理性）统一起来。席勒之所以把拯救人类的希望寄托在美和审美及其艺术之上，那就是因为他反对法国大革命的暴力方式。他要寻求一种和平地改造现代社会、恢复

---

① 张玉能：《西方文论思潮》，武汉出版社 1999 年版，第 124—126 页。

人性完整的方式。① 席勒把完整人性和完善人格的希望寄托在运用美和审美及其艺术来进行的审美教育之中。在黑格尔那里，这种美学和文论观点达到了顶峰。黑格尔的哲学体系被称为"绝对哲学"，因为这是一个从绝对精神（理念）出发的绝对精神自我矛盾运动的哲学体系。黑格尔认为，世界的本源是绝对精神，这个绝对精神是一种客观存在的精神实体。它的矛盾运动就形成了世界的图景，即理念的自我矛盾运动过程。绝对精神（理念），首先经过逻辑阶段的抽象矛盾运动，然后外化为自然界，进入自然阶段；自然阶段中，理念外化为无机界、有机界、人；当理念外化为人以后，就进入了主观精神阶段；经过灵魂、意识和精神，理念又外化为客观精神；客观精神又经过法、道德、社会伦理三个方面，最后理念就又回到了自身（绝对精神）；在理念回到自身的过程中，理念分别显现为感性、表象和概念，也就形成了艺术、宗教、哲学的三个阶段。经过这么一个绝对精神自我矛盾运动的完整过程，绝对精神（理念）走完了一个封闭圆圈的历程，这也就构成了黑格尔哲学的完整的圆圈式的体系，它包括逻辑学、自然哲学、精神现象学、法哲学和历史哲学、艺术哲学、宗教哲学等。因此，黑格尔的美学（即艺术哲学）是他的哲学体系圆圈上的一段弧。黑格尔的美学（艺术哲学）既是理念自我矛盾运动的产物，那么，它就是一个以"美是理念的感性显现"为中心的美学体系。就是这个"美是理念的感性显现"的中心命题，在客观唯心主义的绝对理念的基础上，最大限度地把理性与感性、内容与形式、主体与客体、理想与现实统一起来了。尽管这种统一是头脚倒立的，充满着虚幻和矛盾，但是，它毕竟为启蒙主义时代的大陆理性派与英国经验派的分歧和对立画了一个句号，完成了德国古典美学从康德开始的历史任务。正是在这个意义上，黑格尔美学才是德国古典美学的集大成。"美是理念的感性显现"不仅努力实现着理性与感性、内容与形式、主体与客体、理想与现实、必然与自由的统一，而且它包含的实践观是美学的内在胚芽。因为这个命题本身承认人有一种在外在世界中实现自己的冲动，因此，美是人的这种冲动的产物，也具有解放人的性质。这就为马克思主义实践美学的产生奠定了哲学前提。②

---

① 张玉能：《西方文论思潮》，武汉出版社1999年版，第140—141页。
② 同上书，第148—149页。

上述这些哲学家和美学家描述了人类发展史上由于社会分工和社会文明进程而必然产生的思维和理性（科学、哲学）、想象和感性（艺术）之间的矛盾和对立。不过，他们基本上都是从人类的精神、人性、心理方面来分析这种现象的产生根源，而只有到了19世纪中期马克思主义哲学和美学诞生以后，这种现象的最终根源才得到了历史唯物主义的解释。那就是物质生产劳动的发展导致的社会分工和私有制的形成，直接导致了感性与理性的分裂，科学（哲学）与艺术的分离，而要解决这种现象还是得进行社会实践，而在私有制得到根本变革以后，审美教育实践和艺术教育实践就是克服这种现象的主要途径。在《德意志意识形态》中，马克思、恩格斯说："由于分工，艺术天才完全集中在个别人身上，因而广大群众的艺术天才受到压抑。即使在一定的社会关系里每一个人都能成为出色的画家，但是这决不排斥每一个人也成为独创的画家的可能性，因此，'人的'和'唯一者的'劳动的区别在这里也毫无意义了。在共产主义的社会组织中，完全由分工造成的艺术家屈从于地方局限性和民族局限性的现象无论如何会消失掉，个人局限于某一艺术领域，仅仅当一个画家、雕刻家等等，因而只用他的活动的一种称呼就足以表明他的职业发展的局限性和他对分工的依赖这一现象，也会消失掉。在共产主义社会里，没有单纯的画家，只有把绘画作为自己多种活动中的一项活动的人们。"[①]

因此，我们认为，思维型和艺术型人格是人类社会进入文明时代以后，经过了奴隶社会、封建社会、资本主义社会的经济基础的变化发展，在私有制的制度下经历几次大的社会分工逐步形成的，是积累沉淀在人类的审美无意识和审美潜意识的深层审美心理层次中逐步定型化的结果。

首先，物质生产劳动促使人类不断进化，并将大脑和神经系统的专业化分工积淀为生理—心理结构的不同功能区域，为思维型和艺术型人格的划分奠定了神经系统基础。

恩格斯在《劳动在从猿到人的转变过程中的作用》一文中指出："在人用手把第一块石头做成刀子以前，可能已经经过很长很长的一段时间，和这段时间相比，我们所知道的历史时间就显得微不足道了。但是具有决定意义的一步完成了：手变得自由了，能够不断地获得新的技巧，而这样

[①] 北京大学中文系文艺理论教研室：《马克思恩格斯列宁斯大林论文艺》，人民文学出版社1980年版，第28页。

获得的较大的灵活性便遗传下来，一代一代地增加着。所以，手不仅是劳动的器官，它还是劳动的产物。只是由于劳动，由于和日新月异的动作相适应，由于这样所引起的肌肉，韧带以及在更长时间内引起的骨骼的特别发展遗传下来，而且由于这些遗传下来的灵巧性以愈来愈新的方式运用于新的愈来愈复杂的动作，人的手才达到这样高度的完善，在这个基础上它才能仿佛凭着魔力似地产生了拉斐尔的绘画，托尔瓦德森的雕刻以及帕格尼尼的音乐。"① 心理学和人类学的研究表明：劳动使得人类形成了直立行走的行为模式，从而解放了人类的双手，促进了人类的进化发展。有心理学家指出：就人类的发展来说，对于直立行走意义的任何估计都不为过，正是直立行走，使我们的视觉、听觉这两个最主要的获取信息的器官得到了解放，它们能够获得范围更加广泛的信息，眼观六路、耳听八方只有在直立的情况下才能做到；同样，直立行走，也使我们祖先的手变得越来越灵活，双手可以帮助我们获得许许多多的信息，以弥补视觉和听觉等器官的不足；同时由于手从行走中解放出来，它们和视觉、听觉等建立起更加密切的联系，视觉、触觉、听觉等感觉器官之间也建立起相应的复杂的神经联系。这些众多的复杂的神经联系的建立，进一步促进了大脑皮层沟回的发展，产生了许多特殊的机能区，并使这些机能区之间的联系日益复杂，形成了十分精细复杂的大脑皮质结构。直立行走除了促进神经系统得到前所未有的发展外，还使人类的其他器官得到发展，尤其是口腔、鼻腔和咽喉形成了直角，从而加长了呼吸道，促进了发音器官的灵活，为人类语言的发展奠定了基础。而语言的发展又促进了大脑皮质的发展，出现了语言中枢，这些发展最终使人类心理彻底摆脱了动物心理，使人类成为万物之灵。② 由此可见，人类的物质生产劳动改变了人类的行为模式，通过反反复复的实践活动，人类独有的直立行走的行为模式，形成了人类的心理结构模式。这种人类的行为模式和心理结构模式，积淀在人的神经系统活动之中，特别是人脑和中枢神经系统之中：人的深层意识和深层审美意识，主要积淀在大脑皮质的深部，即低级脑水平和脑干、脊髓水平，也就是古皮质和旧皮质。不过，人类的深层意识和深层审美意识的大脑皮质

---

① 北京大学中文系文艺理论教研室：《马克思恩格斯列宁斯大林论文艺》，人民文学出版社1980年版，第119页。

② 张履祥、葛明贵：《普通心理学》，安徽大学出版社2004年版，第38页。

功能定位同样与人的高级脑水平、新皮质水平密切相关，从而是一个比较复杂的网络结构或者立体结构，即立体网络结构。大脑皮质的古皮质、旧皮质、新皮质的三个层次，分别积累沉淀了人类进化过程中不同时期的行为模式和心理结构模式，并且形成了比较固定的神经联系，固定成为了"动力定型"，可以使得人类的心理活动和外在行为系统化、自动化、定向化。物质生产所形成的人类的手的灵巧性、符号语言能力、五官感觉的联动机制等都是通过这种"动力定型"遗传下来并且固定定位于大脑和中枢神经系统的不同部位。这样，思维型和艺术型人格的生理—心理的根基就在长期的物质生产劳动和进化发展过程中产生出来了。

其次，物质生产劳动促成了人类的符号活动，特别是语言活动的发生，不仅为人类思维准备了大脑语言区和语言工具，而且生成了话语生产，话语生产运用大脑两个半球中不同的符号语言，形成了两种信号系统的神经系统活动，生成了形象思维和抽象思维的基本思维方式，促成了思维型和艺术型人格的分野和差异。

心理学家指出：语言是人类最重要的交际工具，也是正常人思维赖以进行的工具。语言是一种符号系统，它包括语音系统、词汇系统和语法系统，具有巩固认识成果和表达思想信息的功能。虽然许多动物也能发音，以表示它们的生理需要和在群体中传递信息，如海豚、鲸鱼能够发出各种声音，传递出许多信息，但这仅仅是动物的本能行为。只有人类才能将这些无意义的语音组合起来产生话语，创造出各种文字符号，能够用变化无穷的方式表达意义。由于人类祖先从事的活动是一种群体活动，这种群体活动从一开始就需要群体成员之间能够传递信息、交流思想感情，因而语言的出现就极为迫切。同时，由于直立行走，人类的发音器官逐渐进化，为语言的最终产生提供了生理条件，这就使语言的最终产生不可避免。正如恩格斯所说的："劳动的发展必然促使社会成员更紧密的互相结合起来，因为它使互相帮助和共同协作的场合增多了，并且使每个人都清楚地意识到这种协作的好处。一句话，这些正在形成中的人，已经到了彼此间有些什么非说不可的地步了。需要产生自己的器官：猿类不发达的喉头，由于音调的抑扬顿挫的不断加多，缓慢地然而肯定地得到改造，而口部的器官也逐渐学会了发出一个个清晰的音节。"由此可见，群体劳动在创造了人的同时，也创造了语言。而语言的出现，实际上使人类有了最为先进的交流工具，摆脱了动物心理的限制，促进了心理发展的质变。……以词作为条件刺激物的第二信号系统是人类区别于动物的本质特点之一,正如巴甫洛夫指出的那样,第二信号系统是人脑的附加物,正是词,使人成为人。……语言的出现促进了人类抽象逻辑思维的产生与发展。即使从人类个体的发展过程中我们也不难看出,人类的思维发展是和语言的发展同步的,随着个体运用语言的能力不断提高和语言的不断复杂化,他们的思维水平也由幼年期的动作思维、形象思维逐渐发展到抽象逻辑思维阶段。人类思维的长期演化也是如此,人类的祖先首先是通过自己的活动形成感性认识,然后运用语言逐渐抽象出事物的最本质的东西,而这种抽象和概括就是抽象逻辑思维。[①] 人类学家和符号学家也告诉我们:人类的物质生产劳动使得人类的群体属性进化发展成为一定的社会关系,人类的社会关系使得人类的相互交流和沟通日益频繁,不仅需要当面的直观行为的直接交流和沟通,而且也需要信息符号的间接交流和沟通,这样就在直观行为的基础上形成了形象化的第一信号系统,进而在第一信号系统基础上产生了抽象化的第二信号系统,从而完全超出了动物性的交流和沟通以及认识和表达。这样一来,以信息符号为工具的话语生产就应运而生,这就给人类的生产实践开辟了更加广阔的领域;也给后来巴甫洛夫依据两个信号系统来区分思维型和艺术型人格提供了社会关系根据。卡西尔在《人论》中考察了西方思想史上关于人的问题的许许多多不同的观点和理论后指出:综上所述,我们完全可以修正和扩大关于人的古典定义。尽管现代非理性主义做出了一切努力,但是,人是理性的动物这个定义并没有失去它的力量。理性能力确实是一切人类活动的固有特性。神话本身并非只是一大堆原始的迷信和粗陋的妄想,它绝不只是乱七八糟的东西,因为它具有一个系统的或概念的形式。但是,又绝不能赋予神话结构以理性的特征。语言常常被看成是等同于理性的,甚或就等同于理性的源泉,但是很容易看出,这个定义并没有能包括全部领域。它乃是以偏概全,是以一个部分代替了全体。因为与概念语言并列的同时还有情感语言,与逻辑的或科学的语言并列的还有诗意想象的语言。语言最初并不是表达思想或观念,而是表达情感和爱慕的。甚至康德所设想和描述的那种"在纯粹理性范围内的"宗教,也仅仅只是纯粹的抽象而已,它仅仅表达了理想的样式,仅仅表达了真正的和具体的宗教生活的幻影。那些把人定义为理性动物的伟

---

① 张履祥、葛明贵:《普通心理学》,安徽大学出版社2004年版,第39—40页。

大思想家们并不是经验主义者，他们也不曾打算作出一个关于人的本性的经验陈述。靠着这个定义他们所表达的毋宁是一个根本的道德律令。对于理解人类文化生活形式的丰富性和多样性来说，理性是个很不充分的名称。但是，所有这些文化形式都是符号形式。因此，我们应当把人定义为符号的动物（animal symbolicum）来取代把人定义为理性的动物。只有这样，我们才能指明人的独特之处，也才能理解对人开放的新路——通向文化之路。① 因此我们认为，物质生产劳动是人类的符号工具产生的根本途径，当符号工具成为一种生产方式的最活跃因素并决定着整个生产过程时，符号生产或者话语生产也就产生了，这种话语生产后来经过人类的思维方式进化发展，也就成为了精神生产。因此，话语生产是产生思维型和艺术型人格的直接实践根源。

再次，物质生产经由话语生产形成了精神生产，精神生产过程中运用不同的符号语言和不同的思维方式就形成了"实践—精神的"艺术生产和纯精神的理论思维的基本区别，直接影响到人的深层心理和深层审美心理层次，成为划分思维型和艺术型人格的心理根据。

心理学依据思维在解决问题时的媒介物不同把思维分为三大类：直观动作思维、具体形象思维、语词逻辑思维。直观动作思维是指通过实际操作解决直观而具体问题的过程，思维在动作中展开，动作停止，关于对象的思维活动也随之停止。3岁前的儿童的思维基本上属于直观动作思维，他们只能在动作中思考并解决问题。如皮球滚到床底下，用手拿不到，怎么办？他会很快爬进去将球拿出来，而不会想一想，可以用一根长竿或别的什么东西将球挑出来，这就是婴儿直观动作思维。其实，直观动作思维也体现在成人的各种活动中，如维修人员修理电器时，动作就是他们解决问题的重要方式。具体形象思维是指人们运用头脑中的各种形象来解决问题的过程。学龄前儿童由于还没有系统和正式地学习语言，他们的思维方式主要是具体形象思维。在日常生活以及游戏过程中，幼儿已积累了大量的表象经验，这些经验就是幼儿思考、解决问题时的重要的思维支柱。例如，在没有实物的情况下，幼儿在回答"大象和熊谁大？""梅花鹿和长颈鹿谁高？""1只苹果加1只苹果等于几只苹果？"等问题时靠的就是已经掌握的事物形象。较前一阶段而言，儿童运用形象或表象操作来解决问

---

① 卡西尔：《人论》，甘阳译，上海译文出版社1985年版，第34页。

题是儿童的外显动作操作发展到对对象的内隐表象操作的结果。但是，具体形象思维主要依靠形象来思考，思维活动易受具体情景的影响。具体形象思维也是成人的思维方式之一，如建筑师、设计师、艺术家等，但成人的形象思维较儿童的形象思维有着本质的差别，语词在成人的形象思维中起着监督、支配的作用。语词逻辑思维指人们运用抽象的概念进行判断、推理的过程，其中，语词是工具，逻辑是方法。如科学命题的提出、理论的论证、科学规律的发现、人格的分析等。语词逻辑思维是词的思维，这是人类思维同动物思维的根本区别，也是人的思维具有高度抽象概括能力，能超越现实并预见事物发展的根本原因。语词逻辑思维是成人主要的思维方式，但它也离不开形象的支持，在成人解决各种复杂的问题时，鲜明而生动的形象无疑有利于问题的顺利解决。上述三种思维的划分是相对的。从个体发展角度看，动作思维、形象思维较词的思维发展得要早，但对成人而言，这三种思维方式是相互联系的，不存在发展水平高低之分，只是在解决一定问题时，以一种思维为主，辅之以其他形式，各种思维共同发挥作用。① 卡西尔认为：作为一个整体的人类文化，可以被称为人不断自我解放的历程。语言、艺术、宗教、科学，是这一历程中的不同阶段。在所有这些阶段中，人都发现并且证实了一种新的力量——建设一个人自己的世界、一个"理想"世界的力量。哲学不可能放弃它对这个理想世界的基本统一性的探索，但并不把这种统一性与单一性混淆起来，并不忽视在人的这些不同力量之间存在的张力与摩擦、强烈的对立和深刻的冲突。这些力量不可能被归结为一个公分母。它们趋向于不同的方向，遵循着不同的原则。但是这种多样性和相异性并不意味着不一致或不和谐。所有这些功能都是相辅相成的。每一种功能都开启了一个新的地平线并且向我们展示了人性的一个新方面。不和谐者就是与它自身的相和谐；对立面并不是彼此排斥，而是互相依存："对立造成和谐，正如弓与六弦琴。"② 我们认为，从人类的思维方式和文化类型的辩证发展过程来看待艺术与科学的对立统一关系是一种切实可行的途径。因为，科学与艺术都是一种符号活动和符号形式，只是它们的思维方式有着一些显著的区别。然而要从符号的本体论角度来看，科学与艺术的差异和对立就不仅仅是思

---

① 张履祥、葛明贵：《普通心理学》，安徽大学出版社2004年版，第229—230页。
② 卡西尔：《人论》，甘阳译，上海译文出版社1985年版，第288页。

维方式和心理形式的不同，而是从话语生产到精神生产发展变化的不同存在本源和存在方式的必然分化。具体说来，物质生产生成了人类的社会关系，社会关系产生了交流和沟通的需要，交流和沟通的需要生成了人类的符号，符号的运用产生了话语生产。随着体力劳动和脑力劳动的大分工，从话语生产中精神生产独立形成，并且逐步分化为以第一信号系统为依据的"实践—精神的"掌握世界的方式或生产方式（宗教生产和艺术生产）和以第二信号系统为依据的理论掌握世界的方式或科学生产①，这就给思维型和艺术型人格的分类提供了实践条件。

三、审美教育与思维艺术综合型人格

综上所述，我们知道，思维型和艺术型人格的对立是私有制社会和社会分工在物质生产、话语生产和精神生产的进化发展过程中逐步产生的，因此也只能在物质生产、话语生产和精神生产的实践过程中逐步去消除。物质生产的高度发展，物质产品的极大丰富，就可以保障人类的物质生存，使得人们有更多的自由时间从事话语生产和精神生产，并且把话语生产和精神生产在审美实践和艺术实践中结合起来形成一种特殊的审美教育实践和艺术教育实践。这种审美教育和艺术教育就可能把第一信号系统和第二信号系统的符号生产或话语生产以及精神生产中的艺术生产和科学生产结合起来，培养造就思维型和艺术型辩证统一的综合型人格。

首先，审美教育在话语生产中可以把第一信号系统和第二信号系统的条件反射活动有机地结合起来，形成感性符号形式与知性符号形式相统一的理性符号形式语言。

席勒在《审美教育书简》第 20 封信关于"审美状态"的注释中写道："对于不完全熟悉这个被无知滥用了的词语的纯粹含义的读者，应该作如下解释。能够出现在现象中的一切事物，可以在四种关系之中来加以

---

① 关于"实践—精神的"掌握世界的方式，以及话语生产、精神生产等的具体论述参见张玉能《话语生产与"实践—精神的"掌握世界的方式》，载《马克思主义美学研究》第 11 辑，中央编译出版社 2008 年版；张玉能《论不同类型实践与美和审美的关系》，载《河南社会科学》2008 年第 3 期（《新华文摘》2008 年第 20 期全文转载）；张玉能《深层审美心理与艺术本质——深层审美心理与艺术的"实践—精神的把握方式"》，载《吉首大学学报》（社会科学版）2012 年第 4 期。

思考。一个事物可能直接与我们的感性状态（我们的存在和健康）有关系；这是它的自然性质。或者它可能与我们的知性有关，使我们得到一种认识；这是它的逻辑性质。或者它可能与我们的意志有关系，作为一个为理性的人而选择的对象来对待，这是它的道德性质。或者最后它可能与我们各种不同能力的整体有关系，而不应该是属于某一种个别能力的一个指定对象；这是它的审美性质。一个人可能由于他的殷勤而使我们感到愉快，他可能通过他的谈话而启迪我们去思索，他可能由于他的性格而引起我们的尊敬；最后，他还可能完全不依靠这一切，而在我们判断他时既不依据任何一种法则也不考虑任何一种目的，却在纯粹的观照中并通过他的纯粹的现象表现方式来使我们喜欢。在这最后一种品质方面，我们审美地判断他。所以，有身体健康的教育，有智力认识的教育，有伦理道德的教育，有审美趣味和美的教育。这最后一种教育的目的在于，培养我们的感性能力和精神能力的整体达到尽可能有的和谐。然而，因为人们受一种虚假的审美趣味的引诱，并由于一种虚假的合理论证而更加巩固了这种谬误，因而他们喜欢把任性的概念采纳到审美的概念里，所以我在这里还得做一点多余的补充说明（尽管这些关于审美教育的书简除了反驳那些谬误以外，几乎不涉及其他任何事情），心灵在审美状态中虽然是自由的，并且是摆脱了一切强制的最高程度上自由的，但是，它绝不是脱离法则而毫无约束地活动；这种审美的自由同思维时的逻辑必然性和愿望时的道德必然性的区别仅仅在于，心灵在审美时所遵循的法则并不被表现出来，而且因为这些法则没有受到反抗，所以没有表现为强制。"[①] 由此可见，最早明确地提出"审美教育"的席勒，把审美教育作为一种整合人的精神能力的教育实践来规定。在他看来，人以自己的不同能力和状态（感性、知性、理性等各种能力的整体）与现实对象发生自然关系、认识关系、道德关系、审美关系；对应着这四种关系就有身体教育（体育）、智力教育（智育）、道德教育（德育）、审美教育（美育）四种教育。为什么审美教育和艺术教育可以全面发展人的整体能力？席勒认为，这是因为审美教育和艺术教育是以人的审美状态或人的自由状态来进行的教育，心灵不受强制，可以与人的各种能力的整体发生关系。这种解释当然是一种合理的说法。不过，如果从话语生产的角度来看，话语生产中虽然在物质生产

---

① 席勒：《席勒散文选》，张玉能译，百花文艺出版社2005年版。

的基础上产生出来，但是话语生产却是运用符号语言工具进行的生产，而符号语言在物质生产劳动基础上不断变化发展着不同的形式，其中最基本的就是两大类：一类是以第一信号系统的条件反射活动为基础的"实践—精神的"艺术生产和宗教生产，另一类是以第二信号系统的条件反射活动为基础的"精神的"理论生产（哲学生产和科学生产）。因此以艺术和艺术实践为主要途径的审美教育和艺术教育，就不仅仅是心理活动，也不仅仅是理论生产，而是一种"实践—精神的"掌握世界的方式和生产实践，它必须把第一信号系统和第二信号系统的条件反射活动综合起来，以形象思维为主，以抽象思维为辅，达到对世界的本质把握；因此，艺术语言就是感性形式与知性形式相统一的理性形式符号语言，而不仅仅是那种以词语为主要形式的知性形式概念符号语言。艺术符号语言的这种综合性，在不同的艺术种类的符号语言中表现得十分明显，而在文学语言中就表现得尤其明白清楚。视觉艺术语言的符号既是感性直观的，又是知性抽象的，是一种具体理性的符号形式。《蒙娜·丽莎》既是一个具体的"这一个"人物，又是代表了文艺复兴时代人文精神的典型妇女形象。每一首诗，哪怕是一首中国古代的五言绝句，它的文学语言也是综合了感性直观符号语言和知性抽象符号语言的具体理性的符号语言。王之涣的《登鹳雀楼》，简简单单的20个字："白日依山尽，黄河入海流。欲穷千里目，更上一层楼。"它给我们描绘了一幅鹳雀楼在白日照耀下依山傍水，层楼雄伟的景象，并且通过词语唤起审美表象世界的形象性和概括性，理性具体地揭示了登高望远的深刻哲理。这样的小诗给人们的审美教育和艺术教育就是把思维型和艺术型相结合的教育实践形式，它当然就可以培养造就出思维型和艺术型相结合的综合型人格。

其次，审美教育和艺术教育在精神生产中可以把艺术生产和科学生产辩证地统一起来。

艺术生产和科学生产在思维方式和话语生产方式上存在着差异和对立，但是它们都是精神生产，它们不仅有着相通的精神生产要素，而且在精神生产范围内也是可以对立统一的。如前所述，西方历代思想家、哲学家、美学家、文论家都注意到了艺术与科学在掌握世界方式和思维方式上的差异和对立，然而，随着在物质生产劳动及其高科技迅猛发展中精神生产本身的分工发展，各种精神生产形式也在逐步产生对立统一和不断融合的趋势。其一，科学和艺术都是人类精神生产的创造性实践，都离不开深邃思想与丰富想象，都需要心灵的虚一而静与空阔若谷。因此，许多科学家喜爱艺术，以艺术启迪科学灵感，像爱因斯坦、华罗庚；也有许多艺术家爱好科学，探讨科学在艺术中的创新，例如绘画艺术中的透视画法和解剖结构，电影艺术中的蒙太奇手法和色彩运用。尽管只有极少数人才可能成为伟大的科学家和杰出的艺术家，但是，通过审美教育和艺术教育把科学和艺术相融合起来以培养像达·芬奇那样的全面发展的人才却是人类的理想。其二，科学与艺术作为两种不同的精神生产方式，在人类发展史上始终是相互促进、携手共进的。一方面，科学为艺术提供了不断翻新的理念和手段，使艺术飞跃发展。中国绘画理念和手段的不断更新，得益于绘画的笔、墨、纸、砚文房四宝的发明和改进，散点透视、平涂线描、墨分五色、以形写神、形神兼备、写意工笔等观念和手法造就了中国画的民族特色，产生了顾恺之、展子虔、吴道子、韩晃、张择端、王维、王蒙、文徵明、唐伯虎等彪炳千秋的中国画大师；焦点透视法、油画颜料、人体解剖学等科学观念造就了凡·艾克兄弟、乔托、拉斐尔、达·芬奇、米开朗基罗、提香、波提切利等空前绝后的西方古典绘画艺术家；现代电子科学发明形成了电影、电视、电子音乐、舞台美术等新型艺术类型，电脑科学和网络技术的发展催生了多媒体艺术，把科学与艺术完美地结合起来。另一方面，艺术也在不断促进科学的观念变化和现实发展。根据可靠的资料，人们推测，语言和文字的发明就是依赖于来源于直观动作思维和形象思维的原始音乐和绘画艺术：语言源于有节律的歌唱，先有表达情感的音乐而后才有语词的概念、逻辑表述，文字的起源经历了从文字画到象形文字，再到表意文字和表音文字的发展过程。机械工程与建筑工程的设计图纸，就演化于直接的形象艺术描绘的规范化和科学化。现代艺术的多元化观念和表现风格，无疑来源于20世纪现代和后现代高新科技的发展，但是，它们同时也反过来启迪着科学家的艺术型灵感，进行多元化的科学探索，进一步拓展了科学发展的广阔空间。其三，科学与艺术作为精神生产方式和精神生产形式，都要为一定的人类精神目的服务，服从于一定的社会目的，为实现真、善、美的统一而不断努力实践。人类的生产与动物的生产的最本质的区别就在于，生产的目的在生产实践之前就以观念的形态存在着了，而且人的生产劳动是"按照美的规律来构造"的生产，精神生产就更加注重生产的人文精神内涵，它们都是马斯洛所谓的精神性的、发展性的"自我实现需要"。因此，科学生产与艺术生产的辩证统一和对立统一就是一种人类社会实践的最终发展趋势。文化工业或文化创意产业的出现，虽然最初是发达资本主义社会的一种意识形态策略，但是，在全球化形势下，和平与发展是世界的大势所趋，科学与艺术携手共同丰富人类生活成为了必然发展趋势，甚至可以超越社会制度和意识形态的界限，科学与艺术联姻的现代文化产业或文化创意产业就是当今和平与发展的一道引人注目的风景线。这样联姻的科学与艺术当然也就可以超越二者的对立，使之达到辩证统一，促进思维型和艺术型相结合的综合型人格的生成、培养和造就，使得人格完善、人性完整。

再次，审美教育和艺术教育在以物质生产为中心的物质生产、话语生产、精神生产的整体之中自由全面地发展人性和人格，促进综合型人格的成长发展。

我们根据马克思主义经典作家的直接论述和现代西方哲学、语言哲学的新发展，把马克思主义哲学和美学的"实践"概念，从单一的"物质生产"拓展为"以物质生产为中心，包括物质生产、话语生产、精神生产的整体"。这样的"实践"概念的规定，绝不是什么实践概念的"泛化"，也不存在什么概念内的矛盾冲突，而是一种完整的实践概念的规定。就像心理学规定"神经系统"是以大脑为中心的，包括外周神经系统、中枢神经系统和大脑的完整系统一样，物质生产是"实践"概念的中心。这是因为，物质生产是人类最初的、最根本的生产方式和生存方式，离开了物质生产，人类就不可能生成出来，存在下去；就是在物质生产劳动中，人类的各种社会关系才自然生成了，人类的交流和沟通也就自然地生成了人类的符号语言及其活动，也就是话语生产出来了，正是这种话语生产方式进一步在物质生产劳动的本质区别基础上把人类的生产与动物的生产区别开来，并且在物质生产的基础上生成了人类的精神生产方式。我们看到，没有话语生产，精神生产方式就不可能生成，因为人类的精神生产是以话语生产的符号语言为工具来进行的，没有话语生产的长期实践准备、积累、沉淀，精神生产方式，无论是宗教、艺术，还是哲学、科学，都是不可能产生的。不仅人类与现实的基本关系，即人与自然的关系、人与他人的关系、人与自我的关系需要物质生产、话语生产、精神生产来分门别类处理，而且从三种生产方式的生成顺序来看，只能是这样的：物质生产→话语生产→精神生产。再者，物质生产对于话语生产和精神生产具有最终的决定性意义和决定性作用。因此，物质生产、话语生产、精神生产，三者既是一个完整的整体，但是又不是相互平行和同等的概念。在使用整体的"实践"概念时，我们应该以整体的存在来对待它；在阐明它们三者之间的关系时，我们应该明确物质生产对于话语生产和精神生产的决定性意义和决定性作用；在说明"实践"对于上层建筑、意识形态、理论、观念等的决定性意义和决定性作用时，我们应该看到，物质生产、话语生产、精神生产的意义和作用并不是完全同一的：物质生产具有最终的决定性意义和作用，话语生产具有中介的决定性意义和作用，精神生产具有间接的决定性意义和作用。这就像对于人的心灵活动，大脑具有最终的决定性意义和作用，中枢神经系统具有中介的决定性意义和作用，外周神经系统具有间接的决定性意义和作用。正是从实践的整体概念上，我们认为物质生产、话语生产、精神生产，是应该具有整一作用，把第一信号系统和第二信号系统，科学和艺术相融合，以形成思维型和艺术型相结合的综合型人格，达到完善人格和完整人性的社会实践总目的。

的确，人类文明的进展，人的能力、潜能和人格的发展也有一种辩证的规律，即为了整体水平的提高必须进行细致分工，让每一个个体在某一个方面的能力、潜能、人格、文明程度得到尽可能的提高和发展，却使得每一个个体不得不片面发展；这样就形成了体力劳动和脑力劳动的大分工，工业和农业的大分工，生产行业和服务行业的大分工。这是一个不得已而为之的权宜之计，在人类历史发展上也确实取得了非常可观的成就。这就形成了人类社会中发展的片面性，特别是西方文艺复兴时代以来的启蒙现代性和工业现代化进程，加剧了这种片面发展的程度。这样的社会状况引起了一些先知先觉的思想家、哲学家、美学家的反思批判，如法国启蒙主义思想家卢梭、德国古典美学家与诗人席勒，等等。这种反思批判就是审美现代性的兴起，其主旨就是通过文学艺术的审美教育拯救人性，完善人格，培养造就全面自由发展的人。这种审美教育思想集中地表现在席勒的《审美教育书简》之中。实际上，审美教育实践和艺术教育实践，利用精神生产过程中的艺术生产的"实践—精神的"掌握世界方式的全面性和自由性，发挥社会实践的物质生产、话语生产、精神生产三位一体的整体效应，使人类个体未能得到发展和提高的能力、潜能、文明素质、人格类型在审美教育实践和艺术教育实践中得到相应的提高和发展，弥补每一个个体发展的不足。经过近三个世纪的提倡和几代人的努力实践，审美教育确确实实也起到了这样的弥补作用，对于完善人格，完整人性，全面发展每一个人，有着不可忽视的社会效果。

总而言之，巴甫洛夫基于第一信号系统和第二信号系统神经活动的人格类型分类，使我们认识到思维型和艺术型人格的差异和对立是一个不可否认的历史事实。为了完善人格，完整人性，全面自由发展人，我们必须在以物质生产为中心的，包括物质生产、话语生产、精神生产的社会实践整体过程中，贯穿审美教育和艺术教育，把艺术和科学的思维方式和生产方式辩证统一起来，以实现卢梭、席勒等思想家、哲学家、美学家的人格理想和人性理想。

（原载 2013 年第 5 期）

作者简介：张玉能（1943— ），男，江苏南京人，华中师范大学文学院教授、博士生导师，主要从事美学、西方文论、文艺学方向的研究。

论日本明治时代美术教育的特征

臧新明

序 章

日本近代,即明治时代(1868—1912)之明治维新解除了日本封闭锁国的沉重枷锁,无论是政治、经济、军事,还是文化、艺术、教育以及各种学术(科),都得到了前所未有的变革,从而使各学科崭新的理论基础亦借着变革的强风渐渐形成。所谓"近代"这一历史断代称谓或是时间概念称谓,在日本学术界亦有着各种各样的说法,笔者赞成19世纪末20世纪初的这一时期也即明治时代为日本近代的说法。因为在这一时期,大量欧美文化,或者说是文明以及情报,或者说是信息流入日本,在经济、产业资本主义形成的同时,资本主义的社会生活形态也开始在日本生根,这正是使日本社会的基础向"近代"转型的重要时期[①]。因此,本文之日本近代界定为明治时代。

明治维新后所制定的基础理论,影响了当时至"二战"结束前的制度和实践走向,而战后(1945)各个领域虽然从思想导向上讲都有不同程度的大小变革,但是明治维新所形成的一些理念和基础模式却至今还有着一定程度的影响。美术教育当然也不例外,明治维新以来美术教育理论的形成和完善以及专业和普及并举,提高了整个国民的审美素质。十年树木,百年树人,这种审美素质的提高难道不能被视为日本能成为世界经济强国的基础素质之一吗?因此,要研究日本美术教育,从明治时代切入是一个较为理想的途径和较适当的选择。

---

① 中村隆文:《从"视线"看日本近代——明治时期图画教育史研究》,京都大学学术出版会2000年版,第6页。

明治时代以前的美术教育，基本都是在一种私塾的教育体制下进行的，受教育的人数非常有限，是为学习专业从而成为专业人士的唯一途径。明治始受西方的影响，学校渐渐导入了美术教育。美术教育的学校化，无疑使接受教育之人在数量上发生了巨大的变化，这从审美普及的意义上讲可以说是一场划时代的变革。同时正因为有了学校这一教育形式的产生才得以有了专业学校和一般学校之美术教育的分化。这里要澄清的是，当时是没有"美术教育"这一名称词汇的，而只有被称为"画学"后又改为"图画"教育的说法。本文之所以用"美术教育"一词不过是以现代之词表述过去之象，另外也容易和现代挂钩或是易于被理解。"美术教育"一词的产生，当然是在"美术"一词产生以后才出现的。在日本"美术"这一概念最初使用，始于明治六年（1873）日本参加维也纳万国博览会。[1] 即便"美术"一词诞生后，也并没有马上出现"美术教育"一词。这一词语的出现和使用是多年后的事情了。即"大正中期山本鼎否定作为美术（艺术）教育的图画中的临画学习方法，而是主张自由画，这引起了一场很大的运动，使图画教育界受到了很大的影响。这种倾向被世界所关注，至20世纪40年代作为美术教育的思想概念再没有发生动摇。日本第二次世界大战后，创造美育协会等团体的活动，表明了应尊重儿童的表现世界已成了美术教育的主要思想"[2]。"美术教育"一词开始盛行。

通过对明治以来日本近代美术教育的研究及其意义的探讨，能给我们一种什么样的启示呢？本文试图以明治以来"画学""图画教育""美术教育""铅笔画""毛笔画"之相应的变迁为研究线索，来考证日本"美术教育"在各个阶段的特征，以此为中西艺术教育之比较研究提供一些参考依据。日本明治时代以前主要是受影响于中国的文化理念，而明治时代起由于一系列原因，在时代背景上看有一种危机感，中国鸦片战争的失败是日本这种"危机感"发酵的引爆剂，他们开始认为如果不学习西方的资本主义工业、经济和教育，不"富国强兵""殖产兴业"，就有沦落为殖民地的可能，于是日本首先从政治上实施"脱亚入欧"[3] 的国策。就

---

[1] 佐藤道信：《"日本美术"的诞生——近代日本的"语言"和战略》，讲谈社2004年版，第34页。

[2] 金子一夫：《近代日本美术教育的研究 明治时代》，中央公论美术出版1992年版，第5页。

[3] "脱亚入欧"是明治初期新政府所倡导的一个从政治上、思想上藐视亚洲的国策之一，其实主要是针对中国而言，因为日本的传统文化主要是受中国的影响，中国鸦片战争的失败，国体的衰落，导致日本不想将自己归属于亚洲，想成为西欧的一员。

国家主体意识上来说，在重视全民教育、普及全民教育等方面，日本比中国较早、较系统地接受了西方的思想和观念。要研究中西艺术教育之比较，日本可以说正好起到一个桥梁的作用，这个桥梁的作用也正是本文的目的所在。

一、明治初期日本美术教育的特征——铅笔画时代
明治五年至十八年（1872—1885）

　　法规是实践活动开始的一个重要起点和依据，日本的美术教育也同样是在明治五年（1872），由于"学制"① 法令的颁布，图画教育才得以作为普通教育之中的一个课目被确立下来，美术教育因此脱离只有专业教育的框架（私塾或个体），成为全民"审美"普及教育中的一个重要环节。这种史无前例的重大变革，虽然发生在100多年以前，但延绵不断地提高了全民审美意识，至今都在对日本社会的发展发挥着重要作用。所以在日本近代教育史上明治初期是一个值得关注的重要时期。

　　虽然在日本近代学校教育中，图画教育作为一个课目的确立是在明治五年"学制"颁布以后，但学校图画教育的起源可以追溯到江户德川幕府时代。即安政四年（1857）川上冬崖②作为绘画调出役，在幕府于安政三年（1856）为翻译洋书及洋学指导而设置的蕃书调所从事西洋画的研究和指导工作。文久元年（1861）蕃书调所各科扩张，画学局成立，川上冬崖任画学出役，并于文久三年（1863）招收研究生，开始授课。这应该是日本最早以"学校"形式出现的美术教育的开始。川上冬崖即是日本最早在公立机关蕃书调所（学校）任职的西洋画指导者（教师）。这所最早的"学校"培养了明治初期日本美术和美术教育方面许多的中坚人物，他们是狩野友信、宫本三平、山冈成章、高桥由一等。③ 由此可见

---

　　① 明治五年（1872）公布的日本最初的近代学校制度相关的法规。明治新政府为了对江户时代的教育制度进行变革，要在全国制定一个新的教育制度，明治四年（1871）因教育制度的统合设置了文部省。

　　② 川上冬崖（宽）（1828—1881），原姓山岸，日本福岛出生，1851年成为幕府大臣川上家的养子，1856年入蕃书调所研究兰学，绘画才能显露，第二年任绘图调出役，1878年所属参谋本部地图科，《西画指南》的编译者。

　　③ 林曼丽：《近代日本图画教育方法史研究》，东京大学出版社1989年版，第10页。

德川幕府时代已完全为明治时代学校美术教育的成立奠定了可行的基础。

德川幕府的结束,明治时代的开始,翻开了日本历史新的也是重要的篇章。明治初期沼津兵学校成立,在诸学科中设置了"画学"学科,川上冬崖任教官。明治二年(1869)兵学校废校,兵学寮诞生,学科中同样有"画学"学科,川上冬崖同样也任教官,小山正太郎、近藤正纯、石川富五郎、伊藤真秀等为助教。明治七年(1874)兵学寮撤销,士官学校成立。教师是由法国招聘而来的阿贝鲁·盖里诺。图画教育教授的方法是川上冬崖先接受阿贝鲁的教授,然后由川上教给助教,再由助教教授给400多名士官学校的学生。[①] 其教育目的是什么?又为什么教授对象是兵队士官?这的确是一个不合理的有趣现象,但在日本当时特殊的时代又不能不说是非常政治下的"合理"现象。不论合理不合理,这都是一个存在的事实。其教育目的可以从铃木祥藏编著的《美术教育的理论和实践》一书中的《美术教育和立场问题》一文得到参考答案:

> 天皇制绝对主义、帝国主义、军国主义的目的,我国战前的教育,对我们来说已经非常明了了,明治五年的学制颁布,在当时的教育状况是人们以治产昌业作为目的而开始的,接着其目的变成为绝对主义的、军国主义的东西了。[②]

这样一个结果的出现,使笔者感到有些意外和吃惊——实用主义居然能实用到利用美术教育而进行军国主义了。

为什么教授对象是兵队士官呢?让我们参阅金子一夫的著作《近代日本美术教育的研究 明治时代》便可知晓:

> 陆军士官学校在明治初期的学校中,是对图画教育倾注了最大力量的学校。从军事意义上讲,地形图的绘制以及地图作成能力的培养是非常重要的。当时,摄影的技术还不发达,用手工画来得快,并且可以做非常明了的描写。医学和博物学也同样是这样的。对这些研究

---

① 林曼丽:《近代日本图画教育方法史研究》,东京大学出版社1989年版,第11页。
② 铃木祥藏:《美术教育和立场问题》,见《美术教育的理论和实践》,明治图书出版株式会社1978年版,第41页。

者来说图画是必要的素养。在陆军即有能使高级将领学习图画的教育。①

　　从上述文字，我们可以发现明治初期的美术教育，除一般的教育以外，还有四项重要特征：其一，美术教育在当时的概念是"画学"，后变为"图画"；其二，最早接受学校美术教育的学生有很大一部分是兵队里的士官；其三，明治初期的美术教育方法是从欧洲移植来的；其四，当时的美术教育的出发点并不都是为了"审美"，而也有是为了军事的需要、战争的准备。这是当时的一种特殊现象。作为研究"美术教育"的目的，应该是看重经过"美术教育"所带来的社会成果，这些社会成果不会是因为"特殊"而来，而应该是由普及的质量和数量乃至全民接受教育后"审美"意识的提高与否来验证的。因此普及的意义是最重要的一点。1886年日本义务教育②的立法与实施更进一步给普及"美术教育（非专业）"带来了保障和实现的可能。

　　美术教育真正走向普及和民众化也即普通教育中的图画教育的确立，是前文所提到的明治五年（1872），法规即"学制"之法令的颁布。其特征首先是从小学教育开始的。具体实施情况如下所述：

　　"学制"将小学校分为上、下两等，在上等小学校设置了被称为"几何学罫画大意"的学科，其他是根据学校可否教授的情况在学科中设置被称为"画学"的学科，后在第二年九月公布的"小学校教则"也改称"罫画"了。

　　下等小学校没有设置"罫画"学科，上等小学校从六级开始到一级（各级为半年）开设这一课程，时间上相当于现在的小学六年级到中学二年级，共三年。"小学校教则"中有关"罫画"的内容，下面有详尽的记录：

　　　　第六级　罫画　1周2字　采用南校板罫画教科书，点、线、直

---

① 金子一夫：《近代日本美术教育的研究　明治时代》，中央公论美术出版1992年版，第28页。

② 日本于1886年开始颁布小学校的法令，6岁到14岁的孩子必须接受义务教育，父母应予以配合，"义务"这一词汇被首次使用。这时"义务"的词义有父母必须强制送孩子去学校的意思。对于国家来说，这一义务也是父母的义务。

1.开成学校《图法阶梯》（明治五年）

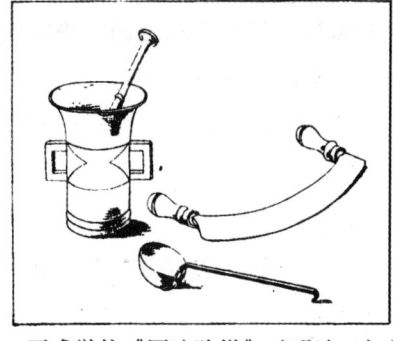

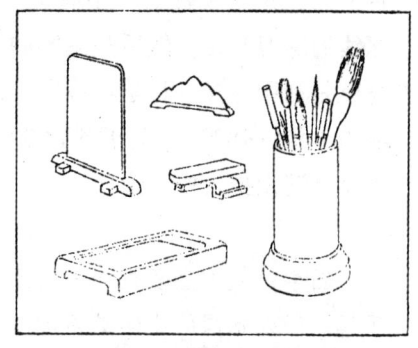

2.宫本三平《小学普通画学本》甲之部第3（明治十一年）

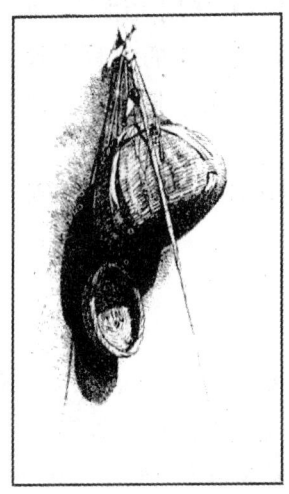

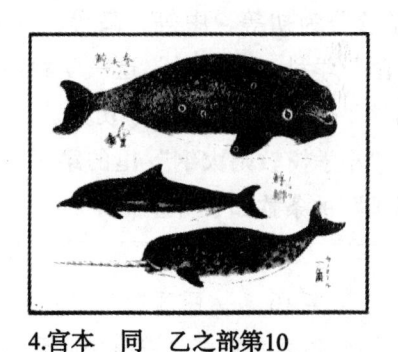

4.宫本　同　乙之部第10

3.浅井忠·高桥源吉《习画帖》第2编（明治十五年）

图1　《图法阶梯》《小学普通画学本》《习画帖》里的内容

线等的学习，利用书法学习之方法可。

　　第五级　罫画　1周2时　桌子、案子类的学习，学习方法和前级（六级）一样可。

　　第四级　罫画　1周2时　用西画（西洋画）的教授法，进行平面、直线类的学习。

　　第三级　罫画　1周2时　平面、直线体之阴影法的学习。

　　第二级　罫画　1周3时　弧线体的学习。

　　第一级　罫画　1周4时　地图之画法的学习，其它各种物体的学习。

从上面"小学校教则"中有关"罫画"的内容来看，从点、线、直线、弧线的练习开始，然后是阴影的表现方法，最后是画地图。当时的美术教育就是利用这样一种学习程序，以达到形与体的画学训练。①

明治十年（1877），关于图画教育，当时的文部大书记官西村茂树在第二大学区巡视报告中说道：

图学能使学生获得许多实际益处，最近欧美的教育家的论述应该了解。所以本国的小学必须加入此科目。②

果然在四年以后即明治十四年（1881）"小学校教则大纲"公布，把小学校分为初等、中等、高等，并且在中等以及高等的学科中设置了"图画"学科，"图画"这一学科名首次出现和使用。同时"罫画"和"画学"的学科名称变成了历史。

"小学校教则大纲"里的第三章"小学校各等科程度"中有关部门"图画"的条款如下所述：

第16条　图画

图画是在成为中等科时开始学习，从直线到曲线，然后学习简单的形体。渐渐画一些图案、器具、叶、房屋等等。成为高等科以后，学习草木、禽鸟、动物、昆虫和鱼甲，然后是山水的学习。这样一个学习顺序。合起来讲，教授几何画法即可，也就是说教授图画的场合下，以眼和手的训练为主要中心内容，最初是从轮廓开始画起，然后是渐渐画出物体的阴影。③

以上就是明治初期美术教育方针和制定的详细规则，也即明治初期美术教育的基本特征。从这些规则的实际层面和具体操作来看，学生们能在正常的学习过程中得到最佳或最基本的普及性的"审美"要求和训练。透过规则应该可领略到的是明治时代对教育的投入和对未来的洞察，仅这

---

① 林曼丽：《近代日本图画教育方法史研究》，东京大学出版社1989年版，第11—12页。
② 《教育史》编纂会：《明治以后教育制度发达史》第1卷，文部省1938年版，第471页。
③ 同上书，第11页。

一点就值得我们思考。

"图画教育"之教科书的使用也是明治初期美术教育的一个重要特色。明治五年（1872）"小学校教则"中所指《西画指南》即是最著名、最早并且是最有影响的一本西洋画的图画教科书。这本书是由川上冬崖（宽）编译，分前篇上、下两册，明治四年由大学南校发行，明治八年《西画指南》后篇上、下两册、附图一册也发行出版，内容有绘画透视图法的翻译。《西画指南》不仅小学在用，中学也将此作为课本。另外明治五年东京开成学校编《图法阶梯》发行，全八册，内容有直曲线、器物、建筑物、风景、植物等线画的排列，除序文以外都是西洋体裁的图版。此外还有明治六年（1873）由文部省发行的《小学画学书》和《南校板罨画本》也是以西洋画为主的教科书。[①] 从以上教科书的内容和使用状况来看，当时的日本，在美术教育这一领域，的确是"全盘西化""脱亚入欧"的一片繁荣景象了。

图2 《西画指南》《小学图画教授新法》

随着西画教育的引入，使"江户人"传统的审美习惯受到了很大的冲击，追求西方写实主义的绘画也渐渐成为一个重要选项，直到与传统绘画分庭抗礼。当然对艺术而言，这是非常有意义的事情，艺术需要这样的多元化。这至少给当时的人们打开了又一扇窗口。还有更重要的一点是绘画科学观的导入，使绘画或绘画教育在思维方式上有所改变，最著名的即是"远近法""阴影法"的应用和对绘画色彩的科学分析。"远近法"

---

① 金子一夫：《近代日本美术教育的研究 明治时代》，中央公论美术出版1992年版，第33—34页。

"阴影法"传入日本,其实不是明治时期的产物。在江户时期的浮世绘版画即开始有所使用,到江户中末期的画家司马江汉(1747—1818)不仅以西洋画的手法制作了铜版画和油画,而且在绘画理论上首开不同于传统的讲法。他曾著文强调西画的写实性和合理性[1]。但这仅仅局限于个别事例,远不能跟学校图画课的设置相提并论。远近法和阴影法的应用,改变了传统绘画的观察方法,可以以一种新鲜、新奇的,近乎真实、立体的视觉概念,以画家之手重复或说是再现一种视觉中的自然景观,以达到一种对绘画的欣赏,一种对自然之描写技艺的赞叹。这是一个从主观的绘画世界向客观的绘画世界过渡的重要时期。从此绘画这一行为,在东方世界不再是以主观为中心的"一统天下",而是主客观相共生的"共荣世界"。

综上所述,明治前期的美术教育是一个由"画学""罫画"到"图画教育"的概念变迁过程,同时也是一个由传统审美到接受西洋绘画思想和概念的"桥梁"时期,在这一变革过程中渐渐完成了前期之近代美术教育的"奠基工程"。这一"工程"的"完成"连同明治中期、后期所承担的工程角色一样把整个日本的美术教育完善起来。如果用一句话来概括明治前期美术教育的特征的话,即是:以西洋画教育体系为主导,并走向学校教育、走向普及教育(见表1)的铅笔画时代。

表1

	小学校数	儿童数	就学率(%)	教员数
明治六年(1873)	12597	1326190	28.13	27107
明治七年(1874)	20017	1714768	32.30	36866
明治八年(1875)	24303	1926126	35.19	44565
明治九年(1876)	24947	2067801	38.32	52262
明治十年(1877)	25459	2162962	39.88	59825
昭和三十三年(1958)	26964	13492087	99.81	366285
昭和六十三年(1988)	24901	9872520	99.994	449347

注:表中的数字是小学校数、儿童数、就学率和教员数的比较。[2]

---

[1] 司马江汉:《春波楼笔记》,见《日本随笔大成》第1卷,吉川弘文馆1927年版。
[2] 桥本泰幸:《日本的美术教育·从模仿到创造的展开》,明治图书1994年版,第11页(原注,根据《新教育学辞典》第一法规出版,平成二年做成)。

本文所引参考文献均为日文原著。

二、明治中期日本美术教育的特征——毛笔画时代
明治十九年至三十二年（1886—1899）

如果说明治前期美术教育之主要特征是以西洋画教育体系为主导的铅笔画时代，那么明治中期则是绘画思想的理性之传统反思下的洋和之争中的毛笔画时代。任何文化只要形成，并经历了历史长时间的锤炼，是不可能轻而易举地被其他文化所吞噬掉的，只能是在互补中不断丰富和充实自己的特性和存在。

明治前期的西洋画对传统的挑战，即会引来这种物极必反式的情绪发泄，换言之，这种情绪将会在某一个时期爆发。在明治中期，压抑了十几年的传统文化，在"国粹主义"勃兴的时代背景下，开始了以美术教育为阵地的论争。其对当时的政治背景的影响又当如何呢？

从明治十年代末开始到二十年代中叶，铅笔画教育到毛笔画教育方向的转化来看，其中的要因一般来说是日本的政治动向从开明主义、欧化主义始，利用儒教主义向天皇制国家主义转换的这样一个过程。这种动向背景的起因是可以考虑和日本美术再兴的运动相关联的。[1]

在这样一个社会背景下，随着西洋铅笔画教育盛行的明治初期的结束，转向于东洋毛笔画教育的开始与复兴即容易被理解了。在这一美术再兴的运动中，最著名的中心人物可算是菲诺罗萨[2]和冈仓天心[3]两位了。他们面对明治初期影响日本美术极大的西洋之艺术的科学理论，以东洋美术史的独特视野，竭力倡导了传统的日本画要走向复兴的推广运动。这运

---

[1] 桥本泰幸：《日本的美术教育·从模仿到创造的展开》，明治图书1994年版，第33页。
[2] 菲诺罗萨（Ernest Francisco Fenollosa, 1853—1908），美国哲学家、美术研究家。明治十一年（1878）来日，在东京大学讲授哲学，同时倾心于日本美术的研究。同冈仓天心一起创立东京美术学校（东京艺术大学前身），为日本画的复兴尽了很大的力量。后任波士顿美术馆东洋部长。著作有《美术真说》《东亚美术史纲》等。
[3] 冈仓天心（1862—1913），本名觉三，横滨人。明治时代美术界的指导者。东京美术学校（东京艺术大学前身）校长，日本美术院的创立者。曾任美国波士顿美术馆东洋部长。著作有《东洋的理想》《日本的眼的觉醒》《茶》等。

动虽然是针对西洋绘画同日本画的论争,却在很大程度上影响了普通教育中之"图画教育"的重大变革。

在美术界的反映是油画和日本画的论争,在美术教育上却体现在铅笔画和毛笔画之间的论争。在这里值得感慨的是,菲诺罗萨一个受西洋教育长大的不到30岁的美国青年,没有偏见地站到了艺术之高度,去倡导一个和自己文化传统相反的东方之艺术复兴的运动,并引导了这场运动的始末。因此这场运动使菲诺罗萨的名字永远留在了日本美术和美术教育的历史之中。这场运动最具代表和最有成果的是,毛笔画教育因此而首次出现于日本学校式的美术教育的课程之中,并得到广泛的应用和推广。

  明治十七年(1885)文部省设置了图画教育调查会,11月15日开始运作,委员是文部省专门学务局任职的冈仓觉三(天心)、今泉雄作、上原六四郎以及被当局任命的多贺章人、狩野友信、狩野芳崖,普通学务局的河村重固、山路一游以及被当局任命的小山正太郎。12月始菲诺罗萨也作为委员参加了进来。主要从事的调查事项是作为普通教育日本画的教授可否采用,如果可行,那么方法如何。关于专业美术的美术教育问题讨论与否,不详。

  这次调查会之委员的人选,除小山正太郎以外,几乎都是菲诺罗萨、冈仓觉三(天心)思想的赞成者。人选的意图也非常明显,是为了回避和西洋画派的正面交锋。

  当然议论是按照菲诺罗萨、冈仓之意图的方向进行。即作为普通教育的图画教育应该是使社会的兴趣向上,并能成为工艺的基础的美术画法比较适当。而且,作为美术画法的方法,使用铅笔、炭笔擦画不如毛笔的表现力,从线和浓淡的美来说,毛笔比较合适。与此相对,唯一的西洋画派委员小山正太郎的主张是普通教育和专业美术教育是不同的。另外,和工业、建筑相关联的话,西洋画比较合适。然而,小山的主张没有获得大多数与会者的通过。明治十七年春,以菲诺罗萨、冈仓的论考为中心的报告书提了出来。文部省将日本画和西洋画的称呼改成为铅笔画和毛笔画了。①

---

 ① 金子一夫:《近代日本美术教育的研究 明治时代》,中央公论美术出版1992年版,第41—42页。

从以上的资料来看,在当时以国粹主义中心为背景的前提下,由铅笔画向毛笔画发展是一条不可逆转的图画教育策略了。当菲诺罗萨和冈仓天心等的图画教育调查会报告提出后,随即建立了东京美术学校。明治二十三年(1891)下半年菲诺罗萨回国,冈仓天心担任东京美术学校的校长,开校后培养了诸多的毛笔画教师,其大部分就职于高等师范学校。由于高等师范图画科任教的西洋画教师小山正太郎因反对毛笔画教师的任用而和教头发生冲突并辞职,因此,作为教师培养中心的高等师范学校的图画科,成了只有毛笔画教师的学校。这给全国造成的影响是可想而知的。此后的几年,高等师范学校图画科毕业的学生到中等学校任教,中等学校的毛笔画教育迅速在全国拓展开来。[①]

由于国家图画教育从西洋式的铅笔画,向国粹主义的毛笔画转向的所谓空前成功,除以上学校的授课方式发生巨大变化以外,毛笔画教科书的盛行与诸多学校的大量采用,同样可以证明这种由明治初期盛行的西洋画教育所带来的"物极必反"的国粹主义复兴的完成。当然西洋画教育这种外来的新种,还比较弱,还不能和拥有历史背景的传统做抗争。明治初期的盛行只是一时的新鲜而已。

如果说菲诺罗萨和冈仓天心等国粹主义所倡导的图画教育策略,给当时的毛笔画教育铺平了可行的道路的话,那么具体的实施又是一种什么样的情形呢？那么让我们就教科书的发行情况来看毛笔画教育的盛行。

毛笔画教科书从明治二十一年(1889)开始发行,最初的教科书有:

关元平、冈本胜元《图画帖》(鹿田治吉,明治二十一年七月,金泽);

巨势小石《小学毛笔画帖》(福井正宝堂,明治二十一年十月,京都);

巨势小石《小学生徒毛笔画的手解》(福井正宝堂,明治二十二年二月,京都);

结成正明《百工画手本》(中央堂,明治二十一年十二月,东京。明治二十年作者以同样的书名出版,但内容可能是铅笔画的范本);

久保田米仙《小学毛笔习画帖》(杉本甚助,明治二十二年二月,京

[①] 金子一夫:《近代日本美术教育的研究 明治时代》,中央公论美术出版1992年版,第46—47页。

图7　　　　　　　　图8

图9　　　　　　　　图10

图3　《毛笔画帖》里的范例

都）；

吉川力藏《毛笔画入门》（金港堂，明治二十二年六月至九月，仙台）。

以上是按铅笔画教科书的题材而配列出版的最早的毛笔画教科书，所有的作者都学习过西洋画并且有着一定的造诣。关元平、冈本胜元的教科书是最早的一部毛笔画教科书，不是毛笔画作品，只是有一些毛笔画的范例而已，其实是一本有铅笔画之感的教科书。巨势小石的日本画教科书，也是一本用非常写实的手法完成的毛笔画教科书，器物、画鸟几乎和铅笔画的感觉一样，但风景画却不一样，日本画的特点变得强烈起来。

下面是被认为是以菲诺罗萨的理论基础而完成的毛笔画教科书：

植田竹次郎《临画帖》（著者刊，明治二十二年，东京）；

冈吉寿《画手本》（日置友次郎，明治二十三年，东京）；

冈仓秋水《彩绘入门》（文林堂，明治二十四年，东京）。

前两本书以线和浓淡顺序的意识比较强，题材没有依赖博物学的顺序，是一本以日本为题材的毛笔画教科书。浓淡同阴影的不同，与光的方向也没有关系，也不从物体的表面来考虑浓淡。以冈仓、菲诺罗萨的理论基础为主要依据的教科书是冈仓秋水的毛笔画教科书。这本教科书是最初采用色彩的教科书。

这些教科书有比较系统的教科书形式要素，也比较有秩序，描绘的对象也没有问题，使用传统题材的可能性增大。此后到明治三十年代，毛笔画教科书大量印刷发行，不仅仅是白描形式，水墨感较强的没骨法的教科书也相继问世。①

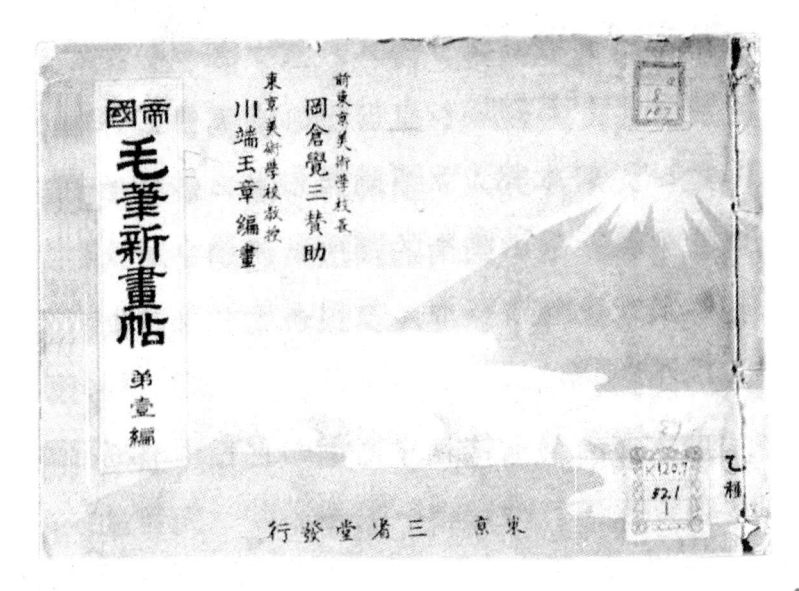

图4 《帝国毛笔新画帖》

在诸多教科书中，《帝国毛笔新画帖》是较有代表性的比较完整的毛笔画教科书。下面我们做一详尽的分析。

《帝国毛笔新画帖》是明治二十七年（1894）九月二十七日发行，由冈仓天心赞助，川端玉章编画，文部省鉴定的教科书。分前编、后编各8册共16册构成，前编为一般小学校使用，后编为高等小学校使用，每一学年两册。

《帝国毛笔新画帖》每册由15图编成，1学年分配的图数有30图。一次两个小时，此教科书可以进行60小时的练习。②

到明治三十年代毛笔画教科书虽仍大量印刷发行，但专业绘画方面日本画的势力渐渐变得弱了起来。其最直接的时代背景是明治二十九年（1896），西洋画的地位在不断巩固增强，同校长冈仓天心相对立的西洋

---

① 金子一夫：《近代日本美术教育的研究 明治时代》，中央公论美术出版1992年版，第49页。
② 林曼丽：《近代日本图画教育方法史研究》，东京大学出版社1989年版，第62页。

12.同（高等小学）第14卷第11图
《反哺の孝》（明治三十一年）

11.白泊徵《日本临画帖》（明治三十年）
第1卷表纸
同　第9卷第5图

13.白泊徵《中等日本临画帖》
（明治三十一年）第5卷（写生画）

图5　《日本临画帖》

画教官，并不是旧派系统的人，而是被称为外光派的印象派系的新人。他们是黑田清辉、久米桂一郎以及藤岛武二、和田英作、冈田三郎助等东京美术学校的一股新的势力。明治三十一年（1898）冈仓天心辞职。除以上的原因以外，更直接的原因是东京美术学校发生了骚乱或说是内讧，并因此而导致许多教员辞职。

　　总之，东京美术学校西洋画科的设置、菲诺罗萨的回国、冈仓天心的辞职、小山正太郎的复职，毛笔画的运动势力的基础已大大地被削弱了。另外只有不是很确实的线和形体的当时的毛笔画，连同不是很完整的教科书一起受到了很大的质疑，作为普通教育的意义被画上了问号。因此，毛笔画的教育活力成为渐渐逝去的光景。[①]

　　明治中期的毛笔画教育时代在惊心动魄的洋和之争中开始，却在灰暗

---

① 金子一夫：《近代日本美术教育的研究　明治时代》，中央公论美术出版1992年版，第50—51页。

中悄悄消失，让人总觉得有一些惋惜。其实"中期"的命运和"前期"一样，批判和否定西洋画之铅笔画教育时代，有些过于猛烈了，"物极必反"。但不论怎样，时代总是要向前的。接下来明治后期的美术教育将会是一幅什么"图画"呢？

三、明治后期日本美术教育的特征——教育的图画教育时代
明治三十三年至大正四年（1900—1915）

这一阶段的时代背景，正是日本近代产业受甲午战争胜利的影响而快速发展的时期。国民生活水准的提高，首先是反映到了对教育扩张的要求之上。明治三十三年（1900）政府更改了旧制的"小学校令"（勅令第344号），即普通小学校的义务教育四年无偿制度确立。明治四十年（1907）再度改正"小学校令"（勅令第52号），使普通小学校的义务教育六年无偿制度确立（普通小学校的图画教育成为必修课目并加入手工课目，高等小学校的图画教育在保持必修课目的同时加入手工课目）。因此学龄儿童的就学率高涨，从明治二十八年的约61%到三十三年的80%多、三十五年的91%。[①] 在这么一种环境下，教育的完备自然就成了政府的一项重要任务和当务之急了。

明治三十年代的美术教育改革运动，即顺势而生，文部省于明治三十五年（1902）设置了一个叫"关于普通教育图画取调委员会"的部门，从事当前图画教育的取证调查，以备制定新的图画教育方针。其中故意用"普通"二字，来强调与毛笔画过于专业的画法的明确区别。"图画取调委员会"由正木直彦任委员长，由上原六四郎（高等师范学校教授，手工教育家）、黑田清辉（东京美术学校教授，洋画家）、白滨徵（东京美术学校教授，日本画家）、小山正太郎（高等师范学校讲师，洋画家）、泷精一（美术史家）、沟口祯二郎（美术史家）、鹈川俊三郎（府中一中教员，东京美术学校日本画科毕业）等委员所构成。这次吸取了上次的教训，在人员的调配上下了一番功夫。高等师范学校和东京美术学校，日本画家和洋画家再加之中和的美术史家、中学教员。这样一个构成，无疑

[①] 桥本泰幸：《日本的美术教育·从模仿到创造的展开》，明治图书1994年版，第62页。

增加了公平和调查的准确性。①

明治前期的西洋画教育运动，中期的铅笔画和毛笔画之争，留下的伤痛还历历在目。政府有关部门及有关人士，反思过去的得失，铅笔画和毛笔画谁优谁劣，不可能有明确答案。因此，希望出台一个可行的图画教育新制度成了共识。这也是这一"图画取调委员会"成立的要因之一。

这个"取调委员会"从明治三十五年（1902）二月起到三十六年七月左右经过多次的讨论、商议，于明治三十七年（1904）将报告书向文部省提出，同年八月文部省在官报上公布发表。报告书中虽然有很多的内容，但重要的事项有两点，即关于普通教育不再有铅笔画与毛笔画的区分，以及需要建立图画教员特别养成所。这两点作为目标，将图画教育的改革进行下去。②

在"委员会"开始运作后，改革的风潮便悄悄刮起。明治三十六年（1903）八月在东京美术学校将全国中等学校的图画教员召集起来，由文部省举办的图画教授法讲习会召开了。讲师是白滨徵，其主要内容是关于图画教授法。这样大的规模，可想而知，待教师们返回各自的学校，将会产生多大的影响，这恐怕是不可估量的。

在这次讲习会中还结成了"图画教育会"这一图画教育研究团体，会长由正木直彦担任，白滨徵任干事。该团体发行了会志《图画教育》，并于同年十二月由图画教育会编撰和发行了《图画教科书》（含师范学校用、中等学校用、高等女学校用三种）。该书的特点是：第一，铅笔画、毛笔画、钢笔画编入了同一教科书中；第二，在自由画之中有写生、摹写、照相和设计相组合的形体；第三，首次将鉴赏的内容编进教科书。这本教科书被认为是首次符合中等学校图画教育的教材。比较遗憾的是，这个团体于大正四年（1915）由于种种原因解散了（白滨徵同其他委员的对立是其中的一个原因）。③

国定教科书的发行和使用是明治后期美术教育的一个重要特征，它充分说明政府对教育的重视。明治三十六年（1903）四月二十九日，随着小学校令以及此实施规则的更改，教科书的国定制度成立了。图画也与国

---

① 金子一夫：《近代日本美术教育的研究　明治时代》，中央公论美术出版社1992年版，第53页。

② 同上。

③ 同上书，第54页。

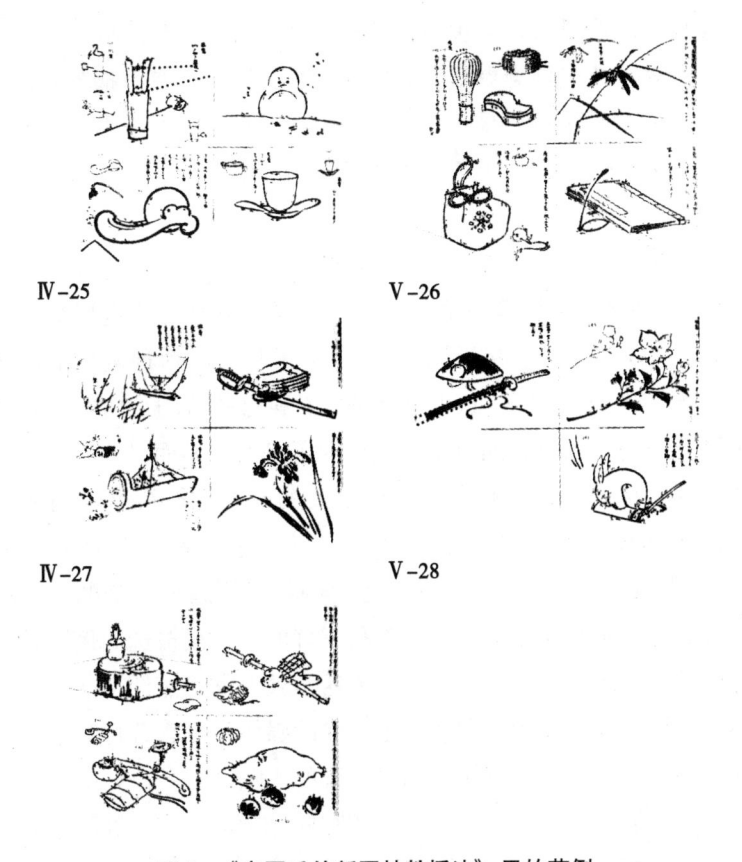

图6 《帝国毛笔新画帖教授法》里的范例

语、算数、日本历史、地理课目一样，被确定为要使用国定教科书。教科书在教育研究上当然是值得重视的一个重要环节。因此，下面将分析国定教科书之有关图画教育的教科书。

明治三十七年（1904）末，《毛笔画手本》《铅笔画手本》被指定为国定教科书出版发行。可是令人吃惊的是，教科书的书名和前面所论之"图画取调委员会"的报告宗旨有矛盾之处，即"普通教育不再有铅笔画、毛笔画的区分"，为什么会有分开的两种教科书？

关于这件事，委员①原是这样说的："……原因在于材料是根据画的情况来决定或者用毛笔或者用铅笔都可以。国定画的手本当初是

---

① 即图画取调委员会——笔者注。

准备按上边的想法来编撰的，可是，文部省方面认为有小学校令的规定，所以不能按调查会调查的原样实行。因此，在不抵触该法令的情况下编撰是必须的。根据这一情况不得不将毛笔画手本和铅笔画手本分开来印制。另外两方面的画风又比较接近，用铅笔也没有差别的。"①

《毛笔画手本》《铅笔画手本》两种教科书显然是注重形似而有不重意境之嫌。"画风又比较接近"，那还区分干什么？两种教科书可能都是西洋的"面"东洋的"里"；也可能是，教科书的目的从内容上就根本没有想去区分毛笔或铅笔，而只是单纯地为了练习造型而已。

明治四十年（1907）随着小学校制度的改革，教科书也随之进行了改订，作为图画科的教材《毛笔画帖》《铅笔画帖》于明治四十二年（1909）印制发行。教科书同样是将毛笔画和铅笔画分开来的，因此证明上文的想法应该是正确的。这两本教科书好的一点是被选的例图是根据孩子们的成长发展阶段来决定的，所以说这本教科书更能调动起孩子们的学习兴趣。教科书是直接和使用者发生关联的媒体，是教育行为中的第一前沿。因此教科书的好与坏直接影响着教育的成败。

《新定画帖》由正木直彦、上原六四郎、白滨徵、小山正太郎、阿部七五三吉等编撰而成，并于明治四十三年（1910）四月印制发行，被普通小学校使用，大正元年（1912）九月被高等小学校使用。这是一部由美术教育专家联合编著的教科书，足以证明对普通教育中图画教育的重视。

《新定画帖》将原来的关于毛笔画和铅笔画的固有观点作了重新的认识，在一个指导计划中将两者全部编入。也就是说，低年级画铅笔画，随着学年的增高，再开始画毛笔画。这本书首次将两种画法统一到了一个空间里。②

总之，明治后期的美术教育特征是，政府在经济发展的前提下，借"小学校令"之义务法实施的强劲东风，利用不断增长的儿童就学率，加

---

① 上原六四郎：《关于小学校手工及图画科的教授》，转引自桥本泰幸《日本的美术教育·从模仿到创造的展开》，明治图书1994年版，第67页。

② 桥本泰幸：《日本的美术教育·从模仿到创造的展开》，明治图书1994年版，第70页。

大了直接掌控普通教育之美术教育的力度。其具体作为是成立"图画取调委员会"和国定教科书的发行，并与此同时积极消除明治前、中期所产生的洋化运动和国粹主义者主导的洋和之争以及铅笔毛笔之争所带来的消极影响。在比较稳健的发展中，求得和谐是明治后期的一个总的印象也即一个总的特征。

结　论

　　纵观日本明治时代四十五年美术教育的风雨历程，从江户时代的闭关锁国，到明治时代的开放，突然打开的窗口涌入了既新鲜又耀眼的光芒，走进了"明治"的"江户人"如何应对这新时代的到来呢？恐怕现代人是不可能回答的，同时也没有回答的权利。作为现代人的我们，只能是研究他们所留下的知识遗产，慢慢分析、论证，来体会他们当时的得失，使我们得到尽可能多一些的启示，少走点弯路。本论即就明治时代的美术教育为对象展开研究和探讨，研究的是明治时代美术教育究竟有何特征，探讨的是明治时代美术教育有哪些经验能为今所用。

　　通过研究发现，明治时代是一个思想活跃、学术动荡不安的时代。就本文研究的题目——明治美术教育来说，前期是"偏西"，中期是"偏东"，后期是"中和"。以这三点应该能概括明治时代美术教育的一个简略的特征。

　　"偏西"使"江户人"感到了西洋绘画的新鲜，因为这"新鲜"一时将传统差点丢失，因此有了要全面西化的明治前期的铅笔画时代。政府竭力进行小学教育普及的工作，使美术教育也受益匪浅，其意义可谓深远。美术教科书的出现和推广，给笔者留下了深刻的印象，其实，印象更深的是最初的学校美术教育是为了战争，这不仅仅是印象深刻，而是吃惊了。

　　"偏东"则引来了国粹主义的盛行。"江户人"的崇洋，使压抑了十几年的国粹主义借得势之际开始反驳了。通过抬高东洋代表的毛笔画，打压西洋代表的铅笔画而宣泄自己的国粹主张。因此这个时期被称为洋和之争的毛笔画时代是再恰当不过了。当一方过于强大的时候，我们看到了弱势代表"小山正太郎"的可怜，当强势转向弱势的时候，即标志着这一时期的即将结束。我们也会可怜他们吗？他们，国粹，在历史上也是非常重要的。没有他们岂不是要一直"洋"下去吗？因为"国粹"，毛笔画首次被进入学校式的普通美术教育的课堂里。这一时期图画教科书出版很多是令人有深刻的印象的。

"中和"的后期是由于对前、中期的反思，有了前期的"偏西"，中期的"偏东"，"中和"的到来好像是必然的。毛笔画和铅笔画没有正确与否，共同存在才是真理。小学校令的两次改发，扩大了儿童的就学率，使审美的、普及的普通美术教育的场所更为广大，对社会的深远影响不言而喻。国定教科书的实施，表现了政府对美术教育的不断重视。有这样的教育韬略，社会不进步才怪。

以上之综述，可谓明治时代美术教育的特征。总之，明治时代的日本不论是教育还是其他行业，都是向上的一个起点，要研究的东西实在是太多，目前对于明治时代美术教育的研究还很不够，笔者期待着向纵深研究下去。

（原载 2013 年第 6 期）

作者简介：臧新明（1964—　），男，河北清苑人，博士，山西大学美术学院教授、日本广岛大学研究员（博士后），主要从事美学、中日美术比较等的研究。

我与《美育》杂志

陈望衡

杭州师范大学《美育学刊》杂志社陈星教授专程来武汉访我，让我写写当年办《美育》的事。事情已经过去32年了，当我从尘封的柜子里将珍藏的《美育》杂志找出来翻看的时候，仍然熟悉或已经有些陌生的作者名字在眼前呈现，杂志中有些文章我精心修改过，感到分外亲切。

虽然《美育》这个杂志20世纪末就停刊了，但仍然有很多人还记得她。记得有一年去麦积山参观，同行中一位不知因何扯到当年的《美育》上去了，麦积山的一位工作人员接过话题说，我看过这杂志啊，很喜欢。我那朋友指着我说，这就是当年《美育》的负责人，那位工作人员既惊讶又高兴，不仅热情地领着我们参观，还将我们的门票全免了。2008年，我去甘肃兰州参加会议，某高校的一位领导开着车来接我去他们学校讲演，在车上，他忽然说："我听过您的课。""是吗？"我感到惊讶。他说："那是1984年，《美育》编辑部在张家界召开全国美育座谈会，同时还在张家界办了一个美学班，您来这班上讲过课，我是学员。"真是巧了！

时光如水，毕竟过去30多年的时间了，当年办杂志的许多事我也不是都记得了，只是凭当年一些文字资料包括日记，将我亲身参与的事写下来，供对这段历史感兴趣的朋友参考。

一、《美育》创办由来

《美育》这个杂志的创办与1980年6月4日到11日在昆明召开的第一次全国美学会议有着直接关系。我还保留一份会议人员名单，86人。老一辈的美学家中有朱光潜先生、伍蠡甫先生、洪毅然先生。李泽厚是会议秘书长。行政级别最高的是孙耕夫，他是中国社会科学院哲学研究所常务副所长，其次是汝信，他当时是中国社会科学院哲学研究所副所长。具体组织工作是由齐一与李泽厚两人做的,齐一当时是中国社会科学院哲学研究所美学研究室的主任,李泽厚是副主任。会议名单上特别列出因故未参加会议的人,其中有王朝闻、蔡仪、马采、蒋孔阳、黄药眠、叶秀山等。我有幸参加了这次会议。

从会议发的简报中得知,周扬同志一直非常关心这次会议,并在5月26日就如何开好这次会议谈了几点意见。其要点是:(1)要用马克思主义的观点研究美学,努力用历史唯物主义对美和美感这种现象做科学的说明,逐步形成一个马克思主义的美学体系;(2)要整理几千年来中国的美学遗产,对这些史料用马克思主义的观点进行整理、分析、批判和继承;(3)要注意研究美学对人民生活起什么作用,其中包括美育问题。关于美育,周扬谈得比较多,比较细。他说:"我们要提高整个中华民族的科学文化水平,加速实现我国社会主义现代化建设,艺术界、文学界、理论界在这方面如何作出自己的努力呢?这里面包括一项很重要的内容,就是为培养全面发展的社会主义新人,在美育方面贡献自己的力量。美育同德育、智育、体育有着密切的关系,是缺一不可的。一个人要全面发展,不能缺少技术教育,也不能缺少美育。在现代化教育中,没有美育是不成的。"周扬不仅从人的培养角度谈了实施美育的重大意义,还结合当时的形势,着重谈了清除"十年动乱"所带来的灾难与加强美育的关系,他说:"在人民群众中,尤其是在青少年中大力提倡和实施美育,这是一种长远的具有重大战略意义的任务,而在当前,又有很大的迫切性。十年动乱不仅在经济上政治上给我们的国家带来了巨大的灾难,而且给我们民族在精神上造成了极大的创伤。'四人帮'一伙疯狂破坏文化,破坏人世间一切美的东西,把历史上和现实中那些最丑恶最肮脏的东西捧为神圣,加以宣扬,向广大干部和群众灌输,使得一些人,尤其是许多在十年浩劫中长大的青少年,不清楚什么是美,什么是丑,什么是文明,什么是野蛮,什么是高尚,什么是邪恶,甚至根本颠倒了美丑善恶。这给我们民族在心灵上造成的危害和创伤远远比在经济上造成的损失大得多,更深重得多。我们一定要改变这种状况。为此,必须首先改善党的领导,搞好党风,同时需要大力普及科学文化,加强共产主义道德教育和审美教育。"①

---

① 摘自会议简报,周扬讲话全文以《重视审美教育,加强美育研究》为题,刊发于《美育》1981年第3期。

根据周扬同志的讲话精神，这次会议的议题有四：美的本质问题、形象思维问题、中国美学史问题、美育问题。美育议题的讨论安排了两个下午（分别为6月5日和6月8日）。

关于美育问题的讨论，与会的《哲学研究》编辑樊公裁写的一个会议综述是这样说的："与会同志普遍觉得，现在提出美育是非常必要的。现代化教育不能没有美育。有的同志说，美育的任务是培养人们的审美能力，端正人们关于美的观念、概念。美的观念、概念不正确，就使人们成为'美盲'。真正普遍地施行美育于劳动人民，只有在社会主义制度下才具备充分优越的条件。今天我们搞'四化'，培养社会主义的一代新人，不可没有美育。有的同志认为，美育的发展一定要把美育建立在实现'四化'的基础上，并且要为'四化'服务，离开这个基础是不行的。会上不少同志建议，应该将美育列入教育方针，我们培养的人才，应当是德、智、体、美几个方面都得到全面发展。目前中小学往往用数理化挤掉了语文、音乐、美术等课程。其实，美育对德、智、体都有促进作用。没有艺术，生活就枯燥，影响智力的发育；美与善有密切的关系，故美育可以提高道德修养；美育可以养性怡情，对促进身体健康有很大的作用。事实上，理工科的学生对于文学、艺术、音乐都有很大的兴趣。"①

会议临近结束时，传来消息：朱光潜、伍蠡甫、洪毅然、萧肃四位德高望重的学界前辈联名给教育部写了一封信，建议在党的教育方针中加进"美育"②。代表们情绪很激动，那两天都在说这个事。那时，我刚从湖南人民出版社的少儿读物编辑室调到文艺编辑室，我在少年儿童读物编辑室做编辑时，主要工作是参与编写一本名为《小蜜蜂》的刊物（此刊改名三次，《红小兵》《红领巾》《小蜜蜂》）。由于有这样一个工作背景，对美育很敏感，当即想到应该运用我在出版社工作的有利条件，创办一个美育杂志，呼应朱先生等的倡议，为社会也为美学事业做一项贡献。我将此想法跟同去参加这次会议的湖南师范大学的杨安仑老师说了，他很是赞同。

我是6月14日从昆明乘火车回到长沙的，路上用了两天。6月15日

---

① 樊公裁：《动态：第一次全国美学讨论会在昆明召开》，载《哲学研究》1980年第7期。
② 这封信会议没有散发。后来，教育部采纳了朱光潜先生等的建议，在教育方针中加进了"美育"。

晚，我约上杨安仑老师一道去湖南省出版局副局长胡代炜同志的家，向他汇报会议情况，并提出创办《美育》的建议，胡代炜副局长很是赞成，并定下明天让我们向局党组汇报。6月16日下午，湖南省出版局党组和湖南人民出版社的领导集体听取了我和杨安仑老师的汇报，一致赞成创办《美育》杂志，并定下了办刊宗旨："普及美学知识，进行审美教育。"6月18日上午，我受局党组委托去省委宣传部联系请示办刊一事，恰遇省委宣传部屈正中部长。屈部长说，焦林义书记（省委文教书记）不在家，如果要一并向他汇报，就等几天，如果不等他，今天下午就行。湖南省出版局领导愿意下午就汇报，于是，当天下午，屈正中部长就听取湖南省出版局和湖南人民出版社领导关于筹办《美育》杂志的请示汇报，我与杨安仑老师参与了这次汇报。屈部长明确表示同意湖南人民出版社创办《美育》杂志。6月19日，湖南人民出版社领导召集部分编辑室负责人开会，我也参加了。会上，社领导决定将我从文艺编辑室调出，并根据我的提议从政治理论读物编辑室调出一位编辑，组成《美育》编辑室。领导确定由我牵头，负责筹备刊物。6月20日，我代湖南省出版局起草了向宣传部的创办《美育》杂志的请示。

没过几天，省委宣传部的正式批件下来了。回忆办刊之顺利，简直如在梦中，今天想来，不可思议。但在那个时代，一是《美育》切合时需，二是手续没有那样复杂，刊号就在省出版局手中。就这样，《美育》这棵幼芽很快钻尖拱土，迎着阳光雨露，舒枝展叶了。

二、创刊号出版前的社会调查

《美育》创刊号1981年1月出版。创刊号的发稿时间是1980年11月，就是说，我们的准备工作足足有4个月的时间。这段时间，我们开了好几个座谈会，其中留有记录的是8月14日的座谈会。地点在湖南出版局三楼会议室。这个座谈会由我主持，出席座谈会的人来自共青团湖南省委、湖南省教研室、湖南第一师范、长沙市一中、长沙市十四中、七七零厂、湖南师范学院，共12人。湖南省出版局郑副局长出席了会议。

座谈会上，有人谈起在湖南邵阳地区出现的剪喇叭裤和剪长头发的事。原来，"文化大革命"结束后，西方和港台的一些生活方式通过各种渠道传到了中国大陆，一种名为"喇叭裤"的裤子开始在青年中盛行。

另外，一些男青年也效仿美国嬉皮士，蓄长头发，觉得这时髦、美。当时，有人出来说话了，说这是腐朽的资产阶级生活方式，要扫荡。于是，就有一些人手持剪刀，在街上剪人家的"喇叭裤"，剪人家的长头发，社会上闹得沸沸扬扬。此种情况不独邵阳有，其他地方包括长沙市也有。

座谈会上，也有人提到流行音乐，说是这种来自港台的音乐很受欢迎，但只能悄悄听，说是资产阶级腐朽生活方式。他的单位有一位青年就因为听流行音乐，受到领导的严词批评。有意思的是，有一次，这青年经过领导家的窗前，竟然听到从窗帘流出来的也是流行音乐。

座谈会上，有同志说，过去谈"美"色变，将"美"看成"资产阶级的生活方式"，现在，我们可以理直气壮地谈"美"了。但什么是美，什么是丑，还是不清楚。因此，他们很赞同湖南人民出版社办《美育》杂志，认为这个杂志可以帮助青年辨别美丑，提高审美能力。

提出以上问题的多是共青团干部，他们虽然很年轻，但接受的一直是"正统"的马克思主义教育，由于从事的是青年工作，对于青年的思想动态很关注。他们谈"喇叭裤"、长头发、流行音乐，持的立场基本上还是要批判的，但又拿不准，所以，很希望《美育》刊物来谈谈。

来自学校的老师则希望《美育》多介绍点西方的和中国古代的名画，因为自"文化大革命"以来，这些东西基本上见不到了，青年们对于美的艺术很饥渴。不过，提这个建议的老师仍然有顾虑，担心名画中有"封资修"的黑货，所以，又补充说，不能只是登作品，还要加强分析，分清精华与糟粕。

那个时代人们的思想远没有今天这样开放，"文化大革命"毕竟搞了十年，"左"的东西远没有肃清，"资产阶级"仍然是贬义词，人们生怕与它沾上了。阶级斗争那时不提了，但各种批判不断。办刊物的当下，就在批"资产阶级精神污染"，所以，大家说话都还比较小心。

社会上正面的话题是实现四个现代化，简称"四化"，座谈会上，结合"四化"，也有人提出青年的立志问题、青春问题、理想问题、爱情问题等，希望未来的《美育》能展开这方面的讨论，报道这方面的先进典型。

座谈会上，来自中小学的老师特别谈到中小学音乐美术教师的奇缺，希望在《美育》中呼吁一下。

回忆那个时代人们的思想、情绪，有点像黎明，天是亮了，但天空还堆叠着层层的云雾，不很明亮。刚才做过的噩梦还在脑海里萦回，多少有些心有余悸，但是，逐渐地，阳光透过厚厚的云层，驱赶着迷雾，天是越来越明亮了；噩梦的阴影也在逐渐淡化，以至于消泯，无影无踪。

三、为创刊的组稿活动

刊号批下来后，我急于想去北京，一是想向中华全国美学学会特别是向朱光潜先生汇报，二是想获得美学家们的支持，给我好的稿子。1980年7月8日，我带着一份办刊计划，进京向中华全国美学学会汇报并组稿了。

到北京后，第一站去和平里，李泽厚先生当时住在和平里。李泽厚对于湖南这么快就定下办一个杂志感到十分惊讶。我请求他支持，他说支持没有问题。我就向他索稿，他爽快地答应了。北京回来不久，我收到李泽厚寄来的文章：《什么是美学》，文笔轻灵活泼，说理透辟，在李泽厚的文章中别具一格，今日读来还觉得挺新鲜的。①

我继续去北大燕南园访朱光潜先生，听说湖南人民出版社要创办《美育》杂志，朱先生很高兴，说："你们办了一件功德无量的大好事。"又说："30年代上海李金发他们曾办过一个美育杂志，格局太小，很快就没有了。你们要办成大美育，品味要高，气度要大。你们的办刊方针'普及美学知识，进行审美教育'，很好，我同意。"我请他为《美育》创刊号提供一篇稿子，他说，手头没有太合适的文章，不久前人民出版社的董秀玉采访过他，写了一个专访，是为香港一个杂志写的，不知是否适合于你们。回到长沙后，我与董秀玉联系，获得了这篇稿子，将它分成上、下两部分，发表在创刊号和第2期上。

王朝闻先生为美学界重量级的人物，与朱光潜先生一样，是美学界泰斗，他是我北京组稿的重点对象之一。此前我跟王朝闻先生不认识，敲门进去后自报家门，王先生就当我是老朋友一样，一点也不矜持，十分随和。待我说完来访的目的，王朝闻说，上个月的全国美学会他本是要去参

---

① 这篇回忆写了一半，因要去美国参加学术会议及讲学，停下来了。2013年5月31日，我去科罗拉多州访问李泽厚，谈及当年事，李泽厚不仅清晰地记得当年我去他家约稿之事，而且还记得这篇文章的题目。

加的，临时有事又去不了。朱先生他们向教育部写信要求在教育方针中恢复"美育"的事，他知晓了，很赞成。下面，他就大谈起美育的重要性来了。王朝闻先生是典型的性情中人，一谈到他感兴趣的事，就忘乎所以，我极乐于听王朝闻先生说美育，不打断他。待王朝闻先生说完一个段落，我就介绍《美育》刊物的性质，说这是一个普及性的美学刊物，主要面向青年、中小学教师，关于刊物如何办，很想获得他的指导。说到刊物，王朝闻先生冷静下来了，他有条不紊地谈了几点意见。我当时记下了，回长沙后，做了整理，整理稿如下：

你们创办这个刊物，很好。办刊方针我看还不错。先办起来，在实践中还可以不断地修改方针嘛。对于办这个刊物，我提出几点看法供你们参考：

一、地方与全国的关系。我们要面向全国是对的，不仅要面向全国，还可以面向世界。《美育》这种刊物，世界上也是不多的，你们办得好，有国际意义。办刊物，你们当地要有几个骨干，然后向全国伸手。当地的骨干要与全国从事美学的人有联系，有一定的美学和文艺素养，有了一套人马，有了一个基地，以它为中心，就可以办好这个刊物。

二、普及与提高的关系。你们强调普及是对的，但不要忘记提高。一定要在提高的指导下普及。你们编辑一定要看得深一些，想得深一些。这样组织的文章才有好见解。普及者一定要比被普及者高明一些，如果你不比他高明，他还看你这个刊物干什么？有些普及性的刊物之所以办不好，办不下去，问题就在这里。你们登的文章，要求有科学性，有深刻的见地，但又要深入浅出。"雅俗共赏"是对的，要做到这一点，我要强调提高，你们的刊物要做到这个地步，虽然是面向中小学教师、青年的，但专家也要看。谈美学的文章，应该平易，不要把"美"当标签，其实美学文章并不在乎挂"美""美感"这样的字眼。

三、栏目问题。你们的栏目设计大体上不错，但栏目不要硬凑合，如果这个栏目稿子不够，可暂缺。艺术美欣赏是大栏目，如果每期各种都有，不易集中，也显得死板，可以适当集中一下，如谈语言美，生活中的语言、警句、笑话、戏剧中的台词，可以集中来谈。又如谈风景，一首风景诗配上一幅风景画就比较集中。

　　四、关于美。美与真、善是统一的，现在青年人不知道什么是美的，什么是丑的，把外国丢掉的东西捡起来当成美，他们以为新的就是美的，其实新的不一定是美的。夏天来了，姑娘选裙子问什么颜色最美，这很难说。比如说红颜色美不美？有人说它是美的，但红颜色在某种情况下是丑的。你把红颜色往墙上一挂，引起的是恐怖。裙子不一定哪种颜色好，看与上衣的配合，与人的配合。花衣服花裙子一大片，看起来就灰了，其实并不美。

（据 7 月 13 日王朝闻谈话记录整理）

　　王朝闻这个谈话没有发表，但这整理稿保留下来了。其后，我与王朝闻先生保持联系，9 月 19 日，他给我写一信，这信整理成《始于足下——致〈美育〉编辑部同志们》，发在《美育》1981 年第 1 期即创刊号上。

　　这次在北京，访问过的人物很多，据日记记载，有朱光潜、王朝闻、蔡仪、汝信、李希凡、兰翎、王子野、缪俊杰、杨辛、胡经之、朱狄、敏泽、齐乙、佟景韩、朱立人、李范、聂振斌、程代熙诸多名家。

　　佟景韩先生当时在编《世界美术》，我向他约稿时，他给我介绍了邵大箴先生，于是我就去访邵先生，他当时住在离北京站不远的一个胡同里。邵先生是留苏的，对西方美术有很深的研究，我向他介绍了《美育》创刊的背景与我们的办刊方针，请他写稿并代我组稿，邵大箴先生爽快地答应了。后来，他不仅寄来了他的稿子《"绘画味"和"哈萨克牧羊女"》，而且给我寄来了艾中信先生的大作：《寓教育于欣赏——从吴作人的〈双鸽图〉谈起》，并寄来了吴作人画作的胶片，这篇文章与吴作人的画均发表在《美育》的创刊号上。

　　北京组稿完毕，又去一趟承德，拟请避暑山庄的王世仁先生写建筑与园林方面的稿子。王世仁先生参加了昆明会议，是园林专家，很遗憾，他不在家。

　　归途去了天津、武汉等地，拜访了吴火、童坦、张赣生、徐迟、碧野、刘纲纪、彭立勋等，他们都对《美育》表示支持。这次组稿 7 月 8 日始，26 日结束，整整 18 天，辛苦自不消说，但收获非常之大。

　　从北京回来后，不久，我又去杭州、上海、广州等地组稿。在杭州拜访了吴战垒等；在上海，拜访了伍蠡甫、施昌东、樊莘森、韩尚文、钱谷融、江曾培、蒋冰海、林同华等；在广州拜访了马采、秦牧、黄秋耘等。他们都乐意为美育写稿，并表示愿意代为组稿。

在上海组稿时，有人对我说，你应该去上海师院拜访陈科美教授，他是极力呼吁美育提倡美育的。陈科美教授那时约莫有80岁了，因脚伤，在家养病。听说湖南正在创办美育刊物，十分兴奋，滔滔不绝地谈他多年来提倡美育的坎坷经历。他说，新中国成立后，曾进行过"五育"：德育、智育、体育、美育和综合技术教育，但1958年后，美育被忽视了。教育界有些同志认为，人应该全面发展，对于美育的被忽视，很是担心；社会上也有这方面的议论，于是，1961年初，上海《文汇报》组织美育问题的讨论。陈科美教授说他写了一篇文章：《美育应作为全面发展教育的组成部分》，刊发在1961年5月30日的《文汇报》上。1962年，《文汇报》的记者向他索稿，他又写了一篇：《美育的任务和实施原则》，此文发表于9月2日的《文汇报》。陈科美先生说，发表第一篇文章谈美育还好，政治形势比较宽松，文章发表后，赢来了不少赞赏，没有什么人说要批判他。然而第二篇文章发表时，政治形势就有点不对劲了，"左"倾思潮影响到了教育思想领域，《文汇报》的"美育"讨论立马刹车。也就在这一年，他参与编写的《教育学》一书"美育"一章给取消了，这一章就是他写的。1964年阶级斗争风声更紧，教育界已开始了大批判，除了批"爱的教育""凯洛夫教育"以外，还批"美育"。人们噤若寒蝉，哪里还敢再说"美育"？1966年，"文化大革命"一开始，他被打成牛鬼蛇神，所写的关于"美育"的文章均成为了大毒草。说起这一段经历，老教授感慨唏嘘。他接着说，"文化大革命"刚结束，人们还心有余悸，不敢谈美育。1978年，他应某教育刊物之约写了一篇谈美育的文章，清样打出来了，最后还是给抽掉。直到1979年党的十一届三中全会之后，人们的思想才逐渐解放，禁区才逐渐被打破。对于我们创办《美育》，陈教授说，他不仅举双手赞成，而且还会尽最大的努力给予支持。

听陈科美教授讲这番经历，我心中也很不平静，我建议他将这段经历写下来，寄给我们。陈科美教授后来写了，这就是发表在《美育》创刊号上的《回顾与展望》。

四、《美育》创刊号的推出

当时办刊物，盛行请顾问，顾问多是名家。《美育》自然也要请名家，我提出的顾问名单是朱光潜、王朝闻、蔡仪、洪毅然、李泽厚、蒋孔阳五位，名单为湖南出版局和湖南人民出版社的领导批准，下一步就是征求他们本人的同意了。那时电话不方便，只能写信，当然最好是面请。恰湖南人民出版社的编辑朱正要去北京参与《鲁迅全集》的注释工作，我就托他去与北京的四位学者谈，朱正将这事做好后，给我写了一封信：

> 望衡同志：
> 兹将您布置的任务的执行情况汇报如下：
> 朱光潜和蔡仪二位，已当面谈妥，同意担任顾问。
> 　王朝闻未见着，我是下午四时到达他家的，尚高卧未起。据其夫人云，自上月得神经官能症，即在家休息，也不写文章。我说明来意，其夫人说她知道湖南办这刊物的事，我说请她转达请做顾问的事，她表示可以转达。她说，现在病中，只怕不能做什么具体的事。我说，这顾问也没有什么具体的事要做，不过是对刊物提点改进意见之类也。因此，这一位也可以认为是同意了。李泽厚也未见着，是不在家。我即留下了一张十分详细的字条，请他夫人转交，并留下我的地址和电话号码，请他打电话联系，但尚未接到电话，只要他没有打电话来表示抗议，就可以认为他已同意了也。
> ……
>
> 朱正 11 月 6 日夜

洪毅然发来电报，蒋孔阳发来信，均同意做顾问，顾问的事就这么定下来了。

筹备刊物期间，组了不少的稿，也开了不少的座谈会，所有的成果均要落实在版面上。根据当时定的"普及美学知识，进行审美教育"的办刊方针，几经反复，创刊号设定的栏目为"美学知识""美育丛谈""艺术美欣赏""生活美探讨""自然美欣赏""美学随笔""美学家轶事""读者园地""美术作品"等。当时，还有一个想法，要将最重要的名家的稿子发表在创刊号上。于是，"美学知识"栏有李泽厚的文章：《什么是美学》；"美育丛谈"栏有陈科美的文章：《回顾与展望》、艾中信的文章：《寓教育于欣赏》；"艺术美欣赏"栏有邵大箴的文章：《"绘画味"与〈哈萨克牧羊女〉》、朱狄的文章：《谜一般的微笑》；"生活美探讨"

栏有蒋孔阳的文章:《生活与美》、洪毅然的文章:《生活美小议》;"自然美欣赏"栏有作家未央的文章:《君山情思》、美国作家吉琳·道格拉斯的文章:《初雪》;"美术作品"栏有达·芬奇的《蒙娜·丽莎》、科罗的《林妖的舞蹈》、中国画家吴作人的《双鸽图》、董希文的《哈萨克少女》等。

王朝闻的信《致美育编辑部》、访谈录《朱光潜教授谈美学》不列入栏目,置于诸栏之首。这样一种安排,得到领导的同意。

11月8日我的日记写道:"这一个星期为《美育》封面、插页搞得忙碌不堪,现在插页总算发稿了(这是第二次发厂)。这一个星期还写了《美育》的《致读者》,领导和同志们都反映不错,写得精练生动,打印了几份征求意见,只个别词句提了点意见。"

关于《致读者》在送给局社各位领导审阅过程中还是有一些小故事的。原稿有"爱美是人类的天性",领导认为有"人性论"之嫌,给删掉了,另外,原稿中有郭沫若的一段话,也给删掉了,之所以删掉,是因为这段话中有一句话:"人类婴儿时代就有美的要求"。关于这段话,领导倒是没有明确地说是人性论,但他拿不准。经过反复修改后的《致读者》明显地看出那个时代"批判"的痕迹,新中国成立以来一直到十一届三中全会之后,中国社会一直热衷于批判,"文化大革命"是批判的总爆发,称为"大批判","文化大革命"批"资产阶级反动路线"、批"封资修"、批"走资本主义道路的当权派"。"文化大革命"结束后一段时间批林彪、"四人帮"。《美育》筹办于1980年,创刊于1981年1月,正是批林彪、"四人帮"的时期,所以,文章中有这样一段:"在林彪、'四人帮'猖獗时,美,被当作为资产阶级专利品而践踏了;美育,被视为资产阶级教育而毁弃了。加之几千年旧社会剥削阶级思想的影响,以致今天我们仍有不少人真假不分,善恶不分,美丑不分。正是有感于清除林彪、'四人帮'遗毒和旧社会影响的需要,感于培养社会主义新人的需要,我们特创办了这个刊物。"

刊物的封面也是费尽心机的,具体如何折腾我记不清楚了。翻看当年1980年11月12日的日记,有这样一句:"《美育》封面几经波折,今日才定下来,不过,还不理想。"确实不理想,所以,第二期就完全变了样,仅刊名"美育"二字未变。

《美育》创刊号目录和第二、三期目录在12月19日的《人民日报》

刊出。这个刊物就这样产生了。还记得创刊号样本送到编辑部的情景，那是一个上午，阳光灿烂。拿着尚散发着油墨芳香的刊物，我们左看右看，挑了一大堆毛病。虽然自己给自己挑了许多毛病，但心情还是很高兴的，就像那天的太阳，很灿烂。

五、《美育》创刊号的反响

《美育》创刊号于 1981 年 1 月出版。新华社发了电讯，中央人民广播电台播出了消息。香港有几种报纸发了消息，国家新闻出版局发了简报。感到遗憾的是我手头没有保留这些资料，应该是可以查到的。

诸多的美学家如王朝闻、洪毅然、蒋孔阳、刘纲纪、周来祥、王世德等都给我来信表示祝贺，更重要的是，他们都认真地读了刊物，在信中提出一些具体的建议。

王朝闻在 1981 年 2 月 10 日的信中说："万事起头难，刊物起了头，就好办一些了。"他在信中特别谈到儿童画的问题，让我们注意，他说：

> ……如今，儿童画颇受非儿童的成年人重视，但好事与坏事往往搅在一起。怎样诱导儿童按他们自己的感受作画而不是把他们当成成年的画家来要求，甚至乱捧一通，变相地"杀害"幼芽，这也是值得探讨的美育问题的一个方面。真善不等于美，但美和真善不应当是对立的。炮制"小大人"的搞法，违反了儿童的天真。儿童的当众挥毫是否值得提倡，可能是有问题的。我对此并未调查研究，只向你（编者内部）提出建议，就长沙等地的方便条件，组织中小学语文或"小四门"教师，作点调查研究，也许可能产生对儿童的美育有指导作用的论文或报导。在方法论上，千万不要先有框框（我的反"小大人"论也不应当成为框框）。工厂的光荣榜、奖旗、奖状、广告、商标，正如你已经注意的封面设计一样，值得从美的角度加以探讨。

洪毅然先生是美育最热心的作者和读者，他收到创刊号后，于 2 月 19 日给我写信，信中说：

> ……关于杂志，内容甚望抓住"美育"主题不放。力避滑向一

般化，似可有二大重点：一、美学知识的普及；二、从美育角度对学校、社会、家庭各方面的艺术教育的探讨。此外，凡所选刊的美术作品一定要精选确可供欣赏、确能给人以美的享受的，因而，制版、印刷必须精致（宜以少而精为原则！一般地好的，让普通刊物去用）。

  还有，题花和题目字体，也要很讲究！

  这一期的封面，有画的那一部分，嫌太花了。最不好的是蒋（蒋孔阳）文的和缪（缪俊杰）文的两个题花，简直像卅年代以前某些油印刊物所见。又，李范文的那种花体美术字，也像二十年代的（二十年代李金发编的《美育》就用的）。这些都仅供改进参考。不过，这个刊物毕竟问世了，可喜可贺！任重道远。愿共不懈努力为之！

  给创刊号提各种具体意见很多，特别让人感动的是读者的来信，他们用"甘霖""及时雨"来比喻《美育》的到来，他们在信中也提出许多具体的建议，其中有一些大学生想考美学研究生，来信问我们该如何考试。根据这部分同学的要求，我们后特意在刊物刊登了北京大学、中国人民大学、南开大学、山东大学等大学的考研试题。

六、媒体对刊物的评论

  刊物办到1983年，比较成熟了。刊物的影响在扩大，在这种情况下，为提高刊物质量，我们以在刊物中夹有调查表的方式，对读者进行调查，不久便收到千余封回信。恰好新华社驻湖南记者站刘诗训来刊物采访，在获得这些信息之后，他写了一篇文章，名为《美育杂志社向读者调查表明：青年审美趣味正向高一级发展》，此文发表在1983年7月14日的《文学报》上。全文如下：

《美育》杂志社向读者调查表明
青年审美趣味正向高一级发展

  本报长沙讯：从《美育》杂志社最近收到的一千多封读者调查

信中可以明显地看出，我国青年的审美趣味正在向高一级发展。

由湖南人民出版社编辑出版的《美育》杂志，于一九八一年创刊，是我国唯一普及美学知识、进行审美教育的杂志。该刊编辑部今年元月发出了读者意见调查表，至今已收到一千多封来自全国各地的回信。填表写信的绝大多数是二十岁到三十岁左右的年轻人，他们当中有学生、教师、干部、农民、战士。一位读者在来信中写出了很多人共同的心声："对于美的渴望和追求，也许是我们这一代人的心愿吧。十年动乱中，我们失去了很多东西，甚至什么是美，什么是丑也分不清。"

这一千多封读者来信，没有一封提出希望介绍西方"流行歌曲"、"迪斯科"之类的要求，希望介绍服饰美、发式美、摆设美的也只有很少几封信，绝大部分要求介绍古今中外"真正的文学艺术佳作"，并要求详细、具体地解释这些作品美在哪里。一位青年写道："在'雅'与'俗'之间，我们要求更'雅'一些。因为我们要加强自己的修养，提高审美能力。而'俗'的东西，我们已感到厌烦。"

青年人已不满足于消遣性地听音乐、看电影了，越来越多的人渴求增加各种文学艺术的美学知识和马克思主义美学的基本原理知识。绝大部分来信要求开设"美学入门"、"美学指导"、"艺术基础知识"等专栏，有些还提出增设"大家谈"之类的专栏，希望参加美学问题的讨论。

不少年轻人开始把自己的工作与"美"联系起来："当教师的，怎样在学生面前表示语言美、仪态美？如何发掘学生的心灵美？""我是建筑工人，希望多传授一点建筑美，不要让人瞧不起我们建筑工人"；"我是一个厨工，希望能读到关于食品方面的美学文章"……

来信中约有三分之一的人要探讨人的心灵美，探讨社会上美与丑的现象，建议颂扬社会上美的东西，鞭挞社会上丑的东西。许多读者对美学家们提出了希望，请他们的文章不要把美说得"玄而又玄"，要多联系现实，解释艺术与社会生活中的美丑现象。（刘诗训）

我将《美育》这两年的发稿情况与社会反响也向洪毅然、蒋孔阳两

位先生通报了，请他们对这个刊物做一个评论或者对读者做个推荐。两位美学家欣然答应了。洪毅然先生写的文章寄给了我，我转寄给《人民日报》。1983年5月10日的《人民日报》刊发了洪毅然先生的文章。文章如下：

《美育》——一个新美育园地

洪毅然

"五四"时期，蔡元培先生曾经大声疾呼："文化运动不要忘了美育。"目前，我国正值社会主义现代化建设新时期，作为社会主义精神文明重要组成部分的美育任务，已在事实上提到日程上来了。

为此，需要做的事情，其中当务之急的一项工作，就是普及美学知识，帮助人们明辨真正的美、丑，以致不为庸俗低级的种种假"美"所惑。

湖南人民出版社有见及此，紧接一九八〇年在昆明召开的全国首次"美学会议"对美育问题进行热烈讨论之后，从一九八一年起，编辑出版双月刊《美育》，迄今已经出至第十一期。该刊主旨非常明确，提出的口号就是要"普及美学知识，进行审美教育"。内容则务求"图文并茂"，又"雅俗共赏"。无疑，这样的刊物，现在正是十分需要的。特别因为"美学"这门学科，近年来在我国已由"冷门"变成了"热门"，甚至在社会上——尤其青年中，已经出现一种所谓"美学热"的时候，人们对学术性较强的专业书刊，往往苦于不易读懂，而又渴望入门，获得一些美学常识，就更需要诸如此类通俗书刊，负起美学知识的普及责任。所以，该刊出版两年来，受到广大读者的欢迎，绝非偶然。

《美学》上的文章通俗易懂，栏目也很多，有美学知识讲话，美学随笔，美学漫步，美育丛谈，自然美欣赏，艺术美欣赏，生活美探讨等等，实际包括群众生活、生产各个领域中的审美活动实践与社会、学校、家庭、个人诸方面的审美教育问题。启蒙作用和向导作用，可称兼而有之。

有必要顺便提一下，到目前为止，尽管美学界关于美学的研究对象及范围，尚无一致意见，一直还存在着各派不同认识和争论。然而，实践已经说明：不仅广大人民群众的日常生活，以及工、农业生产劳动，乃至科技、伦理、教育……诸领域中，实际都包含着不可忽视的审美因素，都有美学问题，正有待于积极探索、研究，才能促进不断丰富人们相关各方面的美育教养，提高全体人民的审美文化水平，从而也才更有利于社会主义精神文明的建设。

我希望已经有一定影响的《美育》，能循着它的上述既定方向继续前进，把它办得更好，而且希望能有更多类似的书刊，涌现出来，共为普及美学知识，进行审美教育，推进社会主义美育事业，作出各自应有的贡献！

蒋孔阳先生也写了文章，他径直给了《文汇报》，6月13日的《文汇报》刊发了蒋先生的文章：

从美育谈《美育》
蒋孔阳

一个画家想画一个泼妇的形象，但苦于找不到模特儿。有一次，他去排队买小菜，忽然一个女的蛮不讲理，插队进来。周围的人批评她，她把周围的人都骂了。事后，画家去找这个女的，想请她当泼妇的模特儿。经过再三劝说，女的终于答应了，但声明一点：不准把她插队时的形象画进去。这一事实，说明了要一个人装扮成丑的形象，他还愿意，但要他承认自己就是丑的形象，他可千万不干。爱美而恶丑，这是人的天性。正因为人有这样的天性，所以我们能够通过艺术的力量，通过美育，通过文学艺术把美丑善恶鲜明地、生动地区分开来，表现出来，使美的灿烂夺目，丑的原形毕露，叫人一看，都愿意弃丑归美。狄德罗曾说，一个坏人看戏，看到坏人那样可恶，因而"不再那么倾向于作恶"（《论戏剧艺术》）。古今中外，都是这样通过文学艺术来进行审美教育，叫人懂得美和丑的。

在新形势下，为了适应我国当前文学艺术要为社会主义的审美教育服务的需要，湖南人民出版社创办了《美育》杂志。这一事实的本身，就是值得鼓励的。创办两年以来，它的销路稳步上升，证明它已经受到了读者的欢迎。它的好处是雅俗共赏，图文并茂，既生动活泼，通俗有趣，而又内容丰富，知识性强。我们每读一期，都或多或少地可以得到一些收获，受到一些教益。就拿一九八二年第六期来说，其中有一个栏目叫《美学漫步》。这一栏目，一共收了九篇短文，都不是长篇大论，只是抓住生活或艺术中的某一点，然后生发开去，从不同的侧面谈到美的某一方面。例如《六月荷花香》（周钧韬），从江南六月二十四日是荷花的生日谈起，谈到荷花的美，再谈到美的形象性。又如《音乐的耳朵》（李丕显），从马克思的一句话："对于没有音乐感的耳朵来说，最美的音乐也毫无意义"谈起，谈到人的审美能力，谈到美的创造和美的欣赏是人的本质的一种表现。《琴声之美从何来？》（朱式蓉）一文，则因苏东坡的一首《琴诗》，谈到琴声既不是来自琴本身，也不是来自人的手指头，因而证明"美是主体把对象统一于自身的创造活动的成果"。《笔底龙蛇腾空起》（秦裕芳）一文，则从书法家的"悬肘"，来探讨书法家的艺术美。《在喜剧的笑声里》（朱立元），这一标题就很醒目，它用生动的例子说明了喜剧的笑是一种绝大的精神力量，它不仅像马克思说的："把陈旧的生活形式送进坟墓"，而且也能够"把崭新的生活形式接来人间"。《演员与黑格尔的"这一个"》（吴承基），则又从戏剧表演的角度，探讨了戏剧的美，是在于找到黑格尔所说的"这一个"。至于《背影的魅力》（唐宗良），更是出人意外，它把人们不大注意的"背影"，当成一个美学问题，提出来加以探讨。《莫把风景当点缀》（王云缦），则又转到电影方面，说明电影镜头应当怎样处理自然美。最后，《性格的立体感》（张德林）一文，又妙思别出，从人物形象的塑造上，谈到人物性格的美在于它的多层次性和多侧面性。一组短短的九篇文章，就这样琳琅满目，构成一个多样统一的小整体。说多样，因为他们所谈的问题以及它们谈问题的方式，各不相同。说统一，则因为他们都服从于一个共同的目的：探讨美。

那么，从不同的方面来探讨美，与美育又有什么关系呢？我们说，美的本质就是人生的本质。探讨美的价值和意义，实际上就是探讨人生的价值和意义。真正的人生，应当是美的；因此，对于美的追求，就是对于人生的追求。正因为这样，所以马克思在《一八四四年经济学哲学手稿》中，把"美的规律"当成人类劳动的规律，认为人类在劳动中创造自己的时候，同时也创造了美。不能创造美的劳动，或者违背了"美的规律"的劳动，是异化的劳动。异化的劳动，是违背人之所以为人的本性的，因而不美。

《美育》抓住了美这一题目，从艺术美方面、生活美方面、自然美方面，以及其他有关美的方面，来向我们灌输美的知识，进行美的教育，从而使我们于不知不觉之中，懂得了什么是美，什么是丑，懂得了什么是真正的有价值的人生。那个插队骂街的女人，如果看到了自己丑恶的形象出现在画面上，她会感到惭愧，因而后悔的。孔夫子说："知之者不如好之者，好之者不如乐之者。"美育的作用，既不在于行政的命令，也不在于板起面孔说教，而就在于不知不觉之中，叫人好之、乐之，并在好之、乐之当中，受到教育，使自己的心灵和行为变得更美好一些，更高尚一些。古人说："移风易俗，莫善于乐。"这说明他们早已懂得了文学艺术对审美教育有巨大的作用。

　　但是，美育不仅是愉快的，而且还应当是严肃的。我在翻阅《美育》的时候，总有那么一点感觉，似乎它更偏重于引起读者的爱好和兴趣，至于怎样把读者引向更高的审美欣赏境界，似乎还嫌不够。我们不仅不反对爱好和兴趣，而且认为审美教育正是要从爱好和兴趣出发的。但是，我们不能满足于爱好和兴趣，我们还要提高一步，引导读者去追求更高的美的境界，从而在追求中，达到把人提高的目的，提高到以共产主义思想为目标的理想性。这也就是说，人应当有崇高的理想，因而我们的艺术欣赏和艺术创造也应当有崇高的理想。这一理想不是来自于空想，而是来自于整个人类文化遗产中最优秀的审美理想。多介绍一些人类文化中最优秀的艺术典范，是我们进行审美教育的最强有力的手段。目前，《美育》在这方面已经做了一些工作，但做得还不够，而且也还比较零乱，因此提出来，以供参考。

　　今日来读三篇文章，感慨系之，文章中有诸多观点我们今天仍在用，当然，有些观点可能过时了，我将它录下来，为历史留个记录。

七、全国首届美育座谈会

　　1984年10月9日至19日《美育》编辑部在张家界举办了全国美育座谈会。这次会议的由来，跟全国美育形势有关，主要由共青团倡导的"五讲""四美"活动在全国开展得轰轰烈烈，"文化大革命"后，美育进入了教育方针，全国中小学都比较重视美育，涌现了一些美育开展得不错的先进典型。就对我的影响来说，最直接的是中华美学学会，中华美学学会此时对美育重视了，成立一个美育研究指导小组，由蒋冰海先生牵头，成员中有北京师范大学的李范、北京舞蹈学院的朱立人、华东师范大学的楼昔勇、《美育》编辑部的我。我当时很想为美育做更多的事，遂提出一个想法：由《美育》编辑部来举办一个全国美育座谈会。我将此想法跟美育指导小组说了，他们都很支持。

在得到中华美学学会的支持后，我向湖南省出版局的胡代炜副局长汇报了，胡代炜副局长一听就表示出强烈的兴趣，遂召集湖南人民出版社几位领导开了一个会，此事很快就定了下来。考虑到诸多专家未来过新开发的武陵源风景区（即现在的张家界风景区），代炜副局长拍板此会放在武陵源风景区开。当时武陵源风景区开发不久，它的宾馆是不是有能力接待会议，心中无数。代炜副局长派湖南人民出版社一位副社长与我先行去张家界了解情况，最终选定张家界景区（当时武陵源景区有索溪峪、天子山、张家界三个）的一家宾馆。

会议经过半年多的筹备，于10月13日在张家界开幕。出席这次会议的著名学者有：王朝闻和他的夫人解驭珍女士、陈科美、蒋孔阳、洪毅然、齐乙、黄济、滕纯、赵宋光、聂振斌、张瑶均、朱狄、蒋冰海、胡经之、周来祥、李范等，特别引人注目的是一批来自基层的共青团干部、中小学教师，共70余人，来自17个省市。

10月9日会议代表在长沙报到，住湖南宾馆，10月11日乘汽车去张家界。那时去张家界不方便，一天不能到达。我们在常德吃中饭，晚上在桃源县城住下。记得当天晚上我还陪洪毅然先生去看中医袁彩云，袁用中医治疗白内障，很有名气。10月12日下午，我们这支车队才到达目的地——张家界。

会议13日正式开始。首先由我代表《美育》编辑部做了一个发言，回顾编辑部这四年来的工作。然后，就是大会发言。

会议自始至终充满着欢乐的气氛，都是正面谈美育的重要性、美育的经验。这次会议的情况，由《光明日报》记者唐湘岳与《美育》杂志张先瑞联合写的报道《正是橙黄桔绿时》发表在1985年第1期的《美育》上，会议论文也选了11篇摘要刊登在同期上。作者与题目是：

黄济（北京师范大学教育系）：《美已进入生活的各个领域》

齐乙（中国社会科学院哲学研究所）：《关于建立"美育中心"的设想》

彭若芝（华南师范大学教育系）：《美的熏陶》

张连捷（山西省教育科学研究所）：《美育是一种情感教育》

明鉴（武汉师范学院）：《技术美学已进入教学领域》

陈俭贞（天津市教研室）：《要注意环境布置》

刘健儿（北京师范大学教育系研究生）：《北京八中美育搞得好》

梅俐生（重庆石油学校）：《一堂生动的美育课》

章新建（安徽省教育科学研究所）：《舞蹈与美育》

陈超南（上海社会科学院哲学所美学室）：《谈健美》

李榷（上海教育学院）：《对犯罪青年进行美育》

这些文章涉及美育的诸多方面，很有价值。其中，齐乙的文章是最具建设性。不妨将他发言的摘要转引在这里：

在促进审美教育的普及与提高实现美学现代化的工作中，需要美学界共同努力。大家不妨提供一些大胆的设想，例如，有几位美学工作者一直在酝酿建立"美育中心"。为了集中组织和推动审美教育的普及与提高，协助美学这一学科的建设，交流艺术创作和鉴赏的经验，指导群众文化事业的发展，确有必要建立"美学中心"这样的机构，以协调美学领域各方面的工作。为此，"美育中心"就必须有比较完善的设施：如图书馆、实验室、展览厅、演出场、出版社、俱乐部、招待所等，作为美学工作者活动的场所，美学学会基地，既为学术研究工作提供条件，也给予群众审美活动某些方便。"美育中心"应当与艺术院校和美学研究单位密切合作，同地方文化合作中心建立广泛的联系，并且为国际学术交流开辟道路，争取有关基金会和教科文组织的支持。"美育中心"可以实行企业化，如果经营得当，不但不会增加国家的财政负担，而且可能创造不小的经济效益。"美育中心"北京可以办，各省市自治区也可以办，规模从小到大。工作量力而为。这些设想即使一时不能实现，只要美学界有志之士坚持不懈地努力争取，总会逐步办到的，因为这是于人民有益的美好事业。

之所以转引此文，是因为齐乙的建议太好了，在今天也不过时。

会议开了三天，游览也是三天。游览的第一天上午，代表们去爬山，我问王朝闻夫妇上不上山，他说，体力可能不行，就在金鞭溪走走，我遂留下来，陪着他们。王朝闻先生是一位极具童心的美学家，这天，我们走着，谈着，很轻松，忽然，他停住脚步，并用手挡住我们。我们不知发生了什么事，停下了，只见先生弯着腰，瞄着前面溪边一块小石头，说："看，那像不像一只小鸟，不要将它惊飞了。"我们轰地笑了。

这次会议，有一个副产品——办了一次美学讲习班。缘由是这样的：会议筹备期间，常德师专中文系系主任吴雄甫来长沙看我，谈到这次会议。我说这次会议有许多著名的美学家参加，开会加上会后旅游有好几天，不利用这个资源真是太可惜了。吴雄甫心有所动，问我有什么想法。我说，最好合作办个讲习班，具体组织工作由常德师专负责，我管请讲课的老师。报上一登广告，来的学员还不少，一是想听专家讲美学，二是借此机会来张家界旅游。我文章开头提到的那位大学的领导参加的就是这个讲习班。当时条件太差，我去看过学员的宿舍，是竹子搭的干栏式长屋，学员们睡的通铺，真难为他们了！讲习班早于会议开始，第一位去讲的是厦门大学的卢善庆。开会时，讲习班没有停，没有做大会发言的专家，就安排去讲。我也去讲过一讲，讲的是《黑格尔的艺术本质论》。

讲习班结束后，常德师专送我一套《鲁迅全集》，这就是全部报酬了。我正需要此书，因此也很开心。此后一段时间，估摸有一两年，全国开大型的学术会均伴有讲习班。

10月19日会议代表返长沙。20日，我陪王朝闻、蒋孔阳、洪毅然、张瑶均、朱狄等去岳阳参观。21日王朝闻等去武汉参加湖北省美学学会举办的一个学术会议，我本来也应去开会的，但实在是累了，在送走王朝闻他们后，就回长沙了。

八、在政治与学术的交响曲中前行

《美育》创刊时，"文化大革命"结束已经5年，中国的政治形势进入了春天，1979年十一届三中全会召开，改革开放的大局已定。1982年党的十二大又提出了建设四个现代化的社会主义强国的目标。

尽管改革开放的大局已定，但人们思想一时跟不上。国门打开，西方文化涌入中国。人们感到惊讶，感到新奇，一时有点手足无措，无所适从。1979年9月27日在北京美术馆东侧的街头公园出现一个名为"星星画展"的现代派艺术展，但画展仅只展出两天，有关部门认为这是资产阶级腐朽艺术，遂将它禁了。虽然这个展览是禁了，但现代派艺术进入中国，已成定局。

《王琦同志谈西方现代派绘画》是我以《美育》记者身份采写的一个谈话录。我当时之所以要做这样一个专访，是因为现代派艺术在中国艺术界影响巨大，已经成为热门话题，虽然官方对它仍然持警惕，但再不能像对待星星画展那样采取禁的办法了。有分析的介绍、评论是急需的。当时我很希望找到一位专家比较深入地谈谈现代派艺术。1982年中央美术学院教授王琦先生到长沙来了。王琦是很有成就的版画家，也是美术理论家。他能不能谈谈现代派艺术呢？于是，我去采访他。事前，准备了十几个问题。

从第一问到第十问都是让王琦先生正面介绍西方现代派绘画的。王琦先生的介绍是学术性的，很客观，第十一问涉及个人观点了。我问："看来，您是不主张全盘否定抽象派的？"王琦的回答是：

> 我们对抽象派艺术要进行认真的研究和分析。我个人不喜欢抽象派，但也不主张禁止它。特别是一般年轻人，要让他们自己从各种不同艺术的流派中，去提高认识、鉴别的能力，有比较才会有鉴别，我自己就是从这样一条路子上走过来的。至于整个现代派艺术，应该作具体分析，现代派绘画也有一些可取之处，可供我们借鉴。现代西方，有不少现实主义画家都是从现代派转变过来的，对他们的艺术更应该认真地研究。

这个回答是非常得当的。政治上无懈可击，学术上更是立得住。

我的第十四问："您认为现代派的绘画是美还是丑？"王琦的回答是"这要具体分析，有的现代派作品当然也含有美的因素，但也有许多作品我认为是丑的。法国画家布拉格说：'从垃圾堆里可以产生艺术'。这种从垃圾堆里产生的艺术怎么能令人产生美感呢？当然是丑的。但有许多人也认为从那里会看到美，因为美丑的标准在不同人们的心目中都各占有自己的不同位置。"

我这样详尽地介绍对王琦先生的这篇采访（刊登在1982年第4期《美育》，题《王琦同志谈西方现代派绘画》）是想表达对王琦先生的敬重，在那样一个时候，不说违心的话，说实话，不媚时，不媚俗，很可贵。

港台通俗歌曲也在此时进入大陆，深受百姓欢迎。但官方的态度则比较冷淡，当时，邓丽君的歌曲还只能偷偷地听。《美育》也发表过应时性的文章，对港台歌曲做过批评。虽然港台通俗歌曲在大陆开放还需稍待时日，但大陆自己的通俗歌曲已经在流行了。1983年，著名歌手谢莉斯、王洁实来到长沙，我特地去做一次专访，记得那次随同我去采访的还有崭露头角的青年作家蒋子丹。

那些年，由于还没有能够真正做到解放思想，"文化大革命"的遗毒没有肃清，各种批判不断，提法也不一：一会儿是批"资产阶级自由化"，一会儿是"抵制资产阶级精神污染"，还有一阵，批"资产阶级人道主义""人性论""社会主义异化论"等。虽然批判不断，但远没有"文化大革命"的那种气势与规模，也没有给持不同意见的人戴什么帽子，限制其人身自由。总体来说，你批你的，我说我的，不违背宪法就行。所以，整个社会包括学术界还是平稳的。记得正是在批"资产阶级自由化"的时候，有个刊物竟然将朱光潜先生一篇旧稿找出来发表了，此稿因为对沈从文、老舍非常推崇，没有提及鲁迅，为高层某领导不满，当时我去北京，问过朱先生，处境如何。记得朱光潜先生摆一摆手，非常平静，我知道，他没事。

我深知，要办好《美育》，有两条原则是必须坚持的：

一是政治上守住底线：不违背宣传口径。当时的刊物也发表了一两篇批萨特存在主义、弗洛伊德精神分析学的文章，但不是打棍子，而是有所分析的。当然，观点不一定对。刊物也批评过资产阶级的腐朽的生活方式，有些显然是批错了，比如有文章批评港台流行歌曲，说是"颓废、低级庸俗"的，称为"寒流"。

二是学术上力攀高峰，精益求精。作为美学刊物，它的学术品格不仅要真，要善，而且要美。文章内容要好，文笔也要好，雅俗共赏，通俗易懂。

物色第一流的学者为刊物写稿是办好刊物的关键。让我非常感动的是，诸多美学家都是有求必应的，其中就有朱光潜、蔡仪、王朝闻、蒋孔阳、洪毅然这样的大美学家。王朝闻先生给我的稿子，字迹难以辨认，我不敢交给别人誊抄，总是自己来整理。稿面最清晰的是蒋孔阳的稿子。同济大学建筑系的陈从周教授是我国著名的园林学家，1982年夏，我在全国高等学校美学教师培训班上结识他，他是老师，我是学员。我请他为《美育》写稿，他爽快地答应了。他不仅答应为美育写稿，还专门抽个时间，领我去参观豫园，一边走一边讲筑园的艺术手法，特别是园中水道的设计，印象极为深刻。后来，他给《美育》寄来了《园林美与昆曲美》一文，我将题目改为《园林与昆曲》，发表在《美育》上。

即使是谈生活美的文章，我也尽量请著名的作家、学者写。《美育》创刊时，恰逢"五讲""四美"活动在全国开展，1980年冬我去广州组稿时，拜访过著名作家秦牧，当时是约秦牧写《艺海拾贝》这样的文章，没有想到他愿意写关于心灵美的文章，这就太好了。此文发表于《美育》1981年第2期。

教育界也是我组稿的重要对象，我请了著名的教育学家苏灵扬谈《语文教学与美育》（《美育》1981年第6期）。

文章的学术味要纯正，为了这种纯正的学术味，必须有系统地介绍美学知识，而介绍美学知识的文章一定要请专家来写，于是，我请杨辛、甘霖老师谈美学原理、周来祥老师谈中西美学比较、彭立勋老师谈审美心理学。

介绍美学知识的文章一定要活泼。为此，在形式上就要有讲究。有专家自己写的论文，也有访谈。访谈这种形式，是很受读者欢迎的。《美育》发表了一些这样的文章，有冬晓的《朱光潜谈美学》、刘纲纪的《美的对话》、我的以"对宇"为笔名采写的《李泽厚同志谈美学》。

那时普及性的美学书很少，基于美学普及的需要，《美育》也发一些美学词条。词条有的是学者自己撰写的，有的是译自外文。那时我在努力学英文，以"东行"为笔名译过美国著名作家爱默森的《论美》，此文发表于《美育》1984年第2期，另外，也以"对宇""望衡"为名发表过几篇美学译文。

艺术是美学的主角，谈美学不能不谈艺术。《美育》立足于介绍高雅艺术，每期都刊登美术史上有定评的优秀作品。选画在当时不是一件容易的事，《美育》的美术编辑是广州美术学院毕业的，他找母校给予帮助，一般来说，想要的名画底片都还能找到。伍蠡甫先生、马采先生都称赞过

《美育》刊登的名画，认为选得精。马采先生还说，美育上刊登的《蒙娜·丽莎》是他所见过的印刷品中最精美的。

老百姓喜欢看电影，当时的新电影，只要比较受欢迎的，《美育》都以各种不同方式予以评介。《山道弯弯》是根据湖南作家谭谈的同名小说改编的，我们自然更多地给予关注。1983年，著名演员谢芳来湖南了，我去宾馆采访她。谢芳是我们那一代人的偶像，她"文革"前主演的《青春之歌》《舞台姐妹》《早春二月》均很轰动。"文革"结束后，她重新出山，主演了《泪痕》等影片，反响也很强烈。谢芳祖籍湖南，说起她与湖南的关系，充满感情。她还将她写的一首诗《长沙哟，我爱你》给我，此诗连带我的专访均在《美育》上发表了，谢芳那首诗用圆珠笔写在一张白色的稿笺上，底稿我现在还保存着。

音乐是美育的重要手段，有朋友介绍我去找上海音乐学院的廖乃雄先生，说他对于西方古典音乐有研究。于是，我找到他，请他系统地介绍欧洲古典音乐。廖先生当时比较忙，但还是爽快地答应写稿。我们为廖乃雄开了一个专栏"音乐美鉴赏"，发了他很多文章。

我深知不能将《美育》办成一个纯粹的理论刊物。有合适的先进典型，《美育》应该报道，文体不妨活泼些。1983年3月，张海迪的事迹作为电视讲话在流传（报纸没有登）。我立即想到，《美育》上应刊登这个讲话，于是立马通过《中国青年报》与张海迪联系，让她同意发表这个录音讲话。我们几个人连夜奋战，通过听录音，将这个讲话整理出来了。发表时，误将海迪的家乡山东"聊城"写成"辽城"，为此，我一直很愧疚。

有人问我，当年办《美育》最快乐的事是什么？——访问学者。那时，我喜欢出差，最长的一次出差18天，不感到累，只是感到快乐。我最喜欢去的地方是北京、上海，因为这两个地方有诸多我的师长、同行、朋友。那时电话还算是奢侈品，一般人是装不起电话的。去访人，不一定先打电话预约，自报家门而进。到吃饭时分，朋友也大都是在家里招待的。朱光潜先生、李泽厚先生均在家里招待过我。有一次，我去访蒋先生，蒋先生看家里实在没有什么好吃的，将我带到学生食堂去了。我们一起吃学生餐，很开心。

我感到得意的是，美学界德高望重的学者差不多均拜访过，他们各有自己的风采，他们的为人、为学给我极大的感染与深刻的影响。他们给我均写过很多信，留下了一段珍贵的岁月记录。办《美育》那些年，我也访问了一些著名的作家。记得在天津访过孙犁，他当时约莫八十来岁了，自己定的规矩：接受来访不超过半小时。我去访他时，他的办公桌临近我坐的一个角落就有这样一个字条，压在玻璃板下，但那天他精神很好，心情也很好，一直谈了一个多小时。我还提醒过他，他说，今天破例，我高兴。我认为孙犁是为数不多有明确的美学追求的作家。那天的谈话主要是围绕着他的白洋淀派小说。徐迟在20世纪80年代以散文《哥德巴赫猜想》轰动全国，其影响力不亚于电视剧《渴望》。我去武汉采访过他，他住在一座旧楼上，房子很大，木地板，家中光线不是很明亮。徐迟有点矜持，虽然那天我们谈话似是不够充分，但他的学者气质仍然给我留下深刻印象。戏剧家张庚是湖南人，我记得他住在崇文门的一栋高楼上，我们的谈话从他的《桂林山水》（发表于《人民日报》1959年6月2日）开始。我是从一本美学论争集中读到这篇文章的，写得真美，观点也甚好。这不是严格意义上的论文，李泽厚却将它当作重要的美学论文来看待，写了一篇《山水花鸟的美》，与之商榷，也发表在《人民日报》（1959年7月4日）上，两个湖南人打起口水仗来了。我看过两篇文章，觉得很有趣。忆起当年游桂林的往事以及写作此文的由来，张庚平静而自然，张庚在我的心目是一位很大气、很厚道的学者。

　　有些大学者，我本有想法去拜访的，却因种种原因未能访到，如茅盾、巴金、梁漱溟、周谷城、贺绿汀。周谷城的地址是陈科美教授提供的，到了后，发现不是周老的住所，后来也没有再去打听，就这样，错失了访周谷城的机会，太遗憾了。

　　因为办《美育》，也交了一批中青年的作者朋友，这些人大都是我的同道。当时，多名不见经传，现在其中也不乏有成就的学者、作家、艺术家了。雪泥鸿爪，见面的机会极少，然时在念中。人生就是这样，既风云际会，也风流云散，恰如《红楼梦》所言："千里搭长棚，没有不散的宴席。"叫人感叹唏嘘。

　　20世纪80年代上半叶是很值得怀念的年代，"文化大革命"才结束，百废待兴，百事待举。人们的观念不太一致，有些人还残留着"文化大革命"的旧观念，头脑中阶级斗争的阴魂不散，总是想到还会有资产阶级复辟，还在嚷着批这个，批那个。而有些人早想到美好的未来去了，"四化"的宏伟目标在吸引着人。当时，社会上各种议论很多，似是有些乱，但总体来看，在进步，在发展，在前进。这种形势很像早春，严冬已经逝去，春风已经吹来，万木开始复苏，百花正在含苞，雀鸟欢跃争鸣，欣欣向荣的景象开始出现。虽然不时有寒潮，有风雨，但它们已经无力摧毁花木，也无力禁锢百鸟歌唱了。

《美育》就是在这样一个背景下，在政治与学术的交响曲中行进成长的。

九、离开《美育》

我是1985年6月离开《美育》杂志的。

不少朋友问过我为什么离开《美育》，其实，原因很简单，就是为了去从事专业的美学研究。我是在大学接触美学的，在校期间，就写过《评别林斯基的美学思想》《曹禺〈胆剑篇〉的语言艺术》《论毛泽东诗词的美》等论文，编辑过《马恩论文艺》的集子。1968年大学毕业从事中学教育，那时"文化大革命"还未结束，美学研究就只能是一个梦想罢了。1978年，国家恢复研究生制度，我参加了中国社会科学院第一届硕士研究生入学考试，笔试已经合格，进京参加了复试，成绩不错。由于我所在的单位不同意我去学习，我没能如愿去攻读硕士研究生学位。不过，我并不丧气，在京等待面试时，我结识了朱光潜先生，这是我一生最大的幸运。朱先生第一次与我见面时，建议我读马克思、恩格斯的美学著作，并开列了一个书目。回到长沙后，我按照这个书目，一篇一篇地认真地读，每读一篇，就将体会用信的形式发给朱先生。朱先生也做些回复。后来，我将这些体会，整理成近两万字的《试论马克思实践观点的美学》一文，1981年4月下旬，周扬同志来湖南，我请一位朋友将此文转呈给他，他很欣赏这篇文章。我在5月8日的日记中记载："邓老师告诉我，在省文学研究会筹备会上，康濯同志说，周扬同志看了陈望衡的文章，认为有见解，很不错。"周扬同志将此文带到北京，推荐给了李泽厚先生，李泽厚先生将它发表在他主编的《美学》杂志第3期上。此文后为多种专题文集选入，有较大的影响，虽然是我的美学处女作，但我也一直将它视为我的代表作之一。

因为朱光潜先生的推荐，我参加了1980年6月在昆明召开的全国第一次美学会议。在这次会议上，我的发言受到重视，不仅录入会议简报，还被樊公裁先生写入综述（没有写我的名字，是从会议简报将我的发言整段录入的），发表在《哲学研究》上。

昆明会议是我人生的重要节点：我认识了许多重要的美学家，这既为我创办《美育》提供了最好的条件，也为我今后研究美学提供了最好的条件。由于湖南省委宣传部长屈正中和出版局副局长胡代炜的高度重视，《美育》以意想不到的速度办起来了，赢得了美学界的一片赞誉。

也因为办《美育》，我与中华美学学会领导机构、与全国诸多美学家关系更密切了。《美育》刊物蒸蒸日上的时候，我的美学研究也在迅速发展。1981年至1985年，我每年发表了好些美学论文，级别高的报刊有《文艺研究》《人民日报》。这些文章中，有《简论自然美》等三篇文章为《新华文摘》转摘。《简论自然美》还上了《新华文摘》的封面要目，《光明日报》也摘要介绍。1982年至1985年，连续4期的《中国哲学年鉴》都介绍我的文章。1985年，我的美学专著《艺苑谈美》出版；学术论文集《美学王国探秘》、专著《艺术美》（与张涵合作）、《黑格尔美学论稿》（与李丕显合作）和译著《人生道路的选择》正在出版之中。一些报刊如《文论报》《湖南日报》《年轻人》发表了对我的专访与报道，对我的研究成就给予了充分的肯定与鼓励。

准确地说，早在1978年我报考研究生时，就不安心编辑工作想去做专业研究了。1980年昆明会议后，做专业研究的志向已经坚定。关于这，湖南出版局、湖南人民出版社的领导很清楚。《美育》的迅速上马，让我处于一个两难之间。按我的初衷，将《美育》办起来，然后离开。然而，事与愿违，《美育》上马以后，我更难调动了。

刊物开始筹备，我被领导定为牵头人，当初就只有两个人，另一个是我从政治理论编辑室要来的。后从外面再调入3人，组成了5个人的编辑部。领导起初想让我担任《美育》编辑室主任，但他们知道我不安心编辑工作，就先放着，让那位从外面调入的党员做主任（那时我不是党员）。领导曾征求过我的意见，我自然同意，这位党员同志本是我推荐到《美育》编辑部来的，为人、学养均好。更重要的，他来做主任，这于我的调动有利。领导似是知道我的想法，明确地说，要在编辑部发挥主导作用，不能调动。

1980年昆明美学会议才完，为了培训高等学校的美学师质，教育部委托中华全国美学学会办全国高校美学教师培训班，第一届在北京办，时间就在 1980 年的秋天。我报过名，中华全国美学学会也愿意接受我，但因为要筹办《美育》，只得放弃，第二届在上海办，时间为 1981 年 7 月至 10 月。我向领导提出要去参加，领导开初不同意，最后只得同意了。按领导的想法，让你去学习了，回来后就得安心工作。而我因为参加了这个进修班，更想从事专业的美学研究了。

科研与办刊的矛盾变得尖锐突出！出版社实行的是坐班制，刊物的事也很多，我完全是挤时间做科研。那时，真个是分秒必争，见缝插针，只要有一点点时间，我都会挤出来学习。口袋时兜着英语单词本，有机会就掏出来记几个。脑袋不歇着，总是有文章的构思在转。为写文章，常常开夜车，有时竟达天明。1984 年 5 月我终于病倒了，需要入院。入院后，再检查，不能确诊，让我休息半个月来复查。半个月后去医院复查，病没了，原来不是真病了，是太累了。

我向朱光潜先生、李泽厚先生、蒋孔阳先生诉苦，获得了他们的同情。朱先生给湖南省社会科学院副院长杨慎之写信，推荐我去湖南社会科学院工作；李泽厚先生起初不主张我调离编辑工作，后来，他也认为我应该去做研究或教书。在收到我的信说身体不好时，他回信说："希望这次验血没事才好。即使没事，也不要太用功太劳累了。来日方长，不要性急。写作计划均可放远一些。在中青年人，你的成绩算是很不错的了。你不满足自己的成绩，这是我最欣赏的一点。"为我的调动，李泽厚老师去找过高层的重要领导，可惜未果。后来，他主动给深圳大学校长罗征启写信，推荐我去深圳大学工作[①]。蒋孔阳先生在得知我编辑与科研两者难以兼得的情况后，有意将我调入复旦大学。当时外省有三所大学、本省有两所研究机构愿意接受我，但是，湖南出版局就是不同意我调走。这让我非常恼火，我真的要病倒了。

1983 年 1 月，湖南省出版局将《美育》编辑室原主任调到别的出版社去工作，让我担任《美育》编辑室主任。他们的意思我是明白的，一是表示对我的重用，二是让我死了调动的心。但是，我没有因此而放弃调动的念头，仍然在积极地寻找能帮助我调动的力量。

思来想去，只有找更高的领导了，我找过当时的省委宣传部部长，他没能帮助我。在朋友的启发下，我给湖南省委文教书记焦林义同志写了

[①] 朱光潜先生、李泽厚先生均将他们的推荐信的复印件寄给我，我至今珍藏着。

信，并且去了焦书记的家，向他面陈我的想法。焦书记认为，我想去做科研工作，这没有错，而且于我也很合适，于是，他明确批示同意我调入科研机构。在焦林义书记的干预下，湖南省出版局终于同意我调动。1985年6月26日，我到湖南省社会科学院哲学研究所报到了。

离开《美育》杂志社，胡代炜副局长找我谈过一次话，问我是不是可以将刊物带到湖南社会科学院去。我感到惊讶，代炜局长怎么说这话？代炜副局长是延安来的老干部，曾在陕北公学学习过，在359旅工作过。中南局存在时，他担任过中南局宣传处处长。代炜同志真心地认为美育很重要，在湖南出版局和湖南人民出版社诸多的领导中，他是对《美育》杂志支持最多的一位。代炜副局长深深知道，《美育》的背景主要是美学界的支持，美学界又主要靠我在联系着。现在我要离开刊物了，肯定地，刊物与美学界的联系会有所削弱。代炜同志为刊物的命运担心了。他问我可不可以将刊物带到湖南社会科学院去，是真心希望这个刊物能继续存在下去并且办得更好。但我怎么能够带着这个刊物去新的单位呢？我不就是为了争取更多的时间与精力从事专业研究而要求调离刊物的吗？因此，我明确地对代炜副局长说，我不能带刊物去新的单位。

说实在话，当调动已成定局，我一点高兴劲也没有。相反，很伤感。这个刊物跟我的关系太深了！从筹备到我调离，整整五年的时间，我为它投入太多的心血。虽说我一直在闹调动，但是，我也一直在兢兢业业地工作，为《美育》煞费苦心。

当然，《美育》也给了我更多的回报。从内心深处，我是非常爱《美育》，爱这个杂志的。

说到湖南省出版局、湖南人民出版社的领导，他们不让我调动，甚至不让我去读研究生，也不是出于对我的不满，而是真心认为我是一名比较有发展前途的编辑，想培养我。那时，"文化大革命"才结束，编辑人才确实也比较缺乏。我是1974年进入湖南人民出版社做编辑工作的，历经四个编辑室——《红小兵》杂志、少儿读物编辑室、文艺编辑室、《美育》编辑室，回忆在湖南人民出版社的11年，我感到很充实。这是我学术道路上一段重要的历程，它对于我的成长，弥足珍贵。《美育》编辑室的主管为湖南人民出版社的副社长袁琦，他是部队转业干部，为人正直，做事开明，在工作上我们彼此尊重，比较和谐；在生活上，我们是朋友，工作之余，常在一起聊天，很开心。袁琦同志后来调离湖南，去国家出版总署工作，此后，我们一直没有见过面，我非常想念他！编辑部的同志都是我从各地搜寻调来的，也许在具体稿件的处理上，我们会有不同的意见，但彼此也都能相互尊重和理解，我们的相处是融洽的。特别值得我回味的是 1984 年在张家界开的全国美育座谈会。编辑部人员除一人留守外，都去了会议。会议上的全部事务都由我们承担。会议开得有声有色，编辑部的同人功不可没。当时大家都很年轻，我三十多岁，最大的也只是四十岁出头，如今都是老人了。"树犹如此，人何以堪！"岁月悠悠，人事沧桑，同人们早已散落四方，有的已不在长沙，或北京或广州。我们也是多年未见了，虽然《美育》在各人的心目中地位不同，但我深信，我们都是爱她的，《美育》是我们共同培育的孩子，是我们共同心血的结晶。《美育》联系着我们一份难以忘怀的共同的回忆，一份难以割舍的共同的情感。真希望我们有机会能在长沙重聚！

（原载 2014 年第 2 期）

作者简介：陈望衡（1944— ），男，湖南邵阳人，武汉大学哲学学院教授、博士生导师，主要从事美学、中国传统文化研究。

"视觉性"的培养
——一个当代美育需要关注的话题

易晓明

随着社会经济、科技的高速发展，技术在当代社会中发挥着越来越大的主宰作用。日益更新的网络传播技术、信息技术、电子技术等创造了大量的视觉图像和视觉体验，从而使得人们的生活和社会文化发生了前所未有的变化，即生活和文化的高度视觉化。正如海德格尔所说，当今"世界被把握为图像"。

由此，当代社会文化表现为从传统文字的、印刷的文化逐渐转向影像的、技术的文化，图像成为文化的主角。可以说，我们已经进入了视觉文化的时代。视觉文化是指文化脱离了以语言文字为中心的理性主义形态，日益转向以形象为中心，特别是以影像为中心的感性主义形态。[①] 它不仅包含传统的精致高雅艺术，更包含了影视、广告、卡通、动漫、网络游戏等大量流行的和大众的视觉影像。面对这样时代的到来，学校美育能够做什么样的应对呢？笔者认为培养学生的"视觉性"应该成为当代美育的重要使命之一。

一、何谓"视觉性"

在这样一个视觉文化的时代，各种刺激感官的影视、广告、动漫、游戏、网络、通俗读物、流行时尚等视觉图像铺天盖地。它们不仅成为人们生活中必不可少的部分，而且也潜移默化地影响着人们的态度、观念、价

---

① 周宪：《日常生活的"美学化"——文化"视觉转向"的一种解读》，载《哲学研究》2001年第10期。

值和信仰，悄悄地改变着人们的生活方式和行为习惯。美国著名视觉文化研究者米歇尔说："视觉物所打开的其他文化的边界乃是社会的边界。无论视觉文化是什么，它必然是不仅植根于形象的解释，而且也植根于凝视的社会领域的描述之中，植根于主体性、身份、欲望、记忆和想象的建构之中。"① 视觉文化产品不仅仅是一个简单的视觉符号或形象，而是暗含着文化、意识形态、价值观念甚至是权力关系等复杂的社会意义。所以人们接触、消费和追求视觉文化产品的过程不是一个简单的"看"的过程，包含在视觉文化中的各种意义在观看的过程中会不知不觉地渗透和融入到人们自身视觉经验的建构中。因此在当下，为了更好地理解社会，更好地建构自我，每个人都迫切需要具有"视觉性"（Visuality）。"视觉性"是西方视觉文化研究中的一个概念，它表征的是人们对视觉文化的理解能力。"视觉性"的核心在于看与被看的关系，它指向的不是视觉对象的可视性，而是看的行为背后所有的结构关系，以及对不可见世界的觉察和把握。所以"视觉性"强调的不是纯粹的、生理的视觉行为，而是一种思考和理解的活动，更是意义生成的过程。

然而当代人的"视觉性"是薄弱的。视觉图像为人们观看提供了许多方便，"却没人能保证观众在视觉图像领域也已充分受教，能正确地解读越来越复杂的讯息"②。目前人们所接触的大量视觉图像与他们对这些图像的解读能力之间存在着巨大的落差。美国视觉文化研究的先锋米尔佐夫指出："在当代文化里，视觉经验的积累和符号分析之间的差距，需要把视觉文化教育作为一个学科研究领域。"③

当代学生正是一群被大量视觉文化所包裹的新生代，他们甚至是视觉文化最为热情的拥护和追求者。然而从现实来看，他们对于视觉文化接受得多，反思得少；冲动得多，冷静得少。而且目前在学校教育中关于视觉文化的教育也是相对缺失的。所以为了让当代学生更好地生活在视觉化的社会中，培养他们的"视觉性"就应该成为学校美育应有的使命。我们不仅要引导学生"看"什么，还要教会他们怎么"看"；要引导他们不仅"看"到其形式，还要"看"到其背后的意涵；不仅"看"视觉图像本

---

① 周宪：《视觉文化的转向》，北京大学出版社2008年版，第20页。
② 章戈浩：《可见的思想》，山东文艺出版社2008年版，第218—219页。
③ Duncum Paul, "Visual Culture: Developments, Definitions, and Directions for Art Education", *Studies in Art Education*, 2001, Vol. 42, No. 2, pp. 101—112.

身的意义，更要"看"到其延伸的意义；不仅"看"视觉符号表层意义的差异，更要"看"其深层意义的共通。更为重要的是，在观看的过程中，学生能够主动反思自我，积极实现自我。因此学生的"视觉性"培养重在关注他们如何看视觉影像以及看到了什么，引导他们实现自身视觉经验的积极建构。

二、"视觉性"培养的范式——西方视觉文化艺术教育

也正是在视觉文化的时代背景下，西方一些艺术教育者，如凯莉·弗德曼（Kerry Freedman）、保罗·邓肯（Paul Duncum）、凯文·泰文（Kavin Tavin）等探讨了艺术教育的视觉文化转向。2002年，美国学者保罗·邓肯（Paul Duncum）提出了"视觉文化艺术教育"（Visual Culture Art Education, VCAE）的新概念。如今它已经成为西方视觉文化教育的代表。

保罗·邓肯在《阐释视觉文化艺术教育》中对什么是视觉文化艺术教育进行了这样的解说：1. 视觉文化艺术教育的立足点是学生的文化经验。不仅要"看"图像的形式，还要"看"图像背后隐藏的意义。2. 视觉文化艺术教育的主要目标不是培养艺术表现力，而是赋予学生自我评判图像的权力，培养学生对图像的批判理解力。3. 视觉文化艺术教育不仅重视审美价值还关注社会议题，要把审美经验纳入到社会文化背景中考虑。4. 视觉文化艺术教育是历史的、跨文化的。[1]

由此可见，西方视觉文化艺术教育与我们现有的艺术教育存在着较大的差异，前者是以视觉文化为取向的，而后者是以艺术为取向的，这使得两者在教育目标和内容上呈现了不同的内涵。人们一般认为音乐、美术、舞蹈、戏剧、雕塑等才是艺术。艺术有着高雅与流行、经典与大众的区分，前者才是真正的艺术。而且艺术主要给人一种审美的体验。所以现行艺术教育的内容——"艺术"主要集中于传统的"精致艺术"。然而当今社会艺术与生活的界限、雅俗艺术的界限越来越模糊，各种艺术要素、形式日益渗透到人们日常生活中，原先只包含高雅精致艺术的艺术品范畴正

---

[1] Duncum Paul, "Clarifying Visual Culture Art Education", *Art Education*, 2002, Vol. 55, No. 3, p. 6.

不断地扩大。当今的视觉文化不仅包含了传统的精致高雅艺术，更包含了日常生活中大量的广告、服饰、动漫、网络游戏等大众影像。所以视觉文化艺术教育倡导者认为艺术教育应该用"视觉文化"来取代"精致艺术"，应该大大拓展艺术教育的内容，不仅有精致艺术，更要让学生学习生活中的艺术。

而且他们认为任何艺术都不是一个孤立的审美对象，它是一个文化系统，与社会的政治、经济、文化、历史等有着紧密的联系，其背后渗透着社会意识形态、价值观和信仰、社会阶级阶层关系等。所以艺术教育不是只教会学生感受艺术、创造艺术，而是要将审美体验放在它所在的社会背景中感受，研究审美与意识形态的互动，引导学生理解审美形式背后的社会意义，教导他们敏锐地观察和分析日常生活中的图像，考察艺术与社会的关系，培养学生批判性地思考视觉文化的能力。不仅如此，视觉文化艺术教育更加强调通过对视觉文化的批判性解读，帮助学生分析视觉文化与自我的关系，从而促进他们确立积极的自我认同和对社会生活的看法。

由此，我们可以认为西方视觉文化艺术教育已经不是传统意义上的艺术教育，它更是美育，是培养学生"视觉性"的教育。它的基本理念和实践模式可以成为我们培养学生"视觉性"的有益参考，这种新的教育范式可以启迪和丰富我们现有的学生人文素养教育。我们需要扩大以往过于精英化的艺术教育视界，引入诸如时尚、广告、影视、网络、包装、设计、动漫、电游等视觉图像和大众艺术。视觉文化与艺术教育的结合，不仅能够培养学生的"视觉性"，丰富学生的审美经验，而且增强了艺术、审美教育与社会生活的联系，发挥了其促进社会变革、实现民主生活的重要价值和使命。对视觉文化文本进行分析和解读有助于学生更好地理解他们所身处的社会，他们的日常生活；也有助于他们更好地觉察社会与自我的关系，反思自身的态度、信仰和价值。在与视觉文化的不断互动的过程中，学生不仅能够实现对外在世界——社会的解构与建构，也可以实现对内在世界——自身主体性的认识与提升。

三、"视觉性"培养的本土探索

正是以西方视觉文化艺术教育的内涵和理念为指导，笔者在大学生艺术教育中进行了旨在培养学生"视觉性"的教育探索。为了更好地阐释如何培养学生的"视觉性",在此呈现笔者以"广告解读"为内容所开展的大学生视觉文化教育。

在商品经济高度发展的今天,广告已经渗透到当代大学生生活的各个领域,它无时不在,无处不在。广告背后所暗含的各种价值观念等已经潜移默化地影响了他们的生活方式、职业理想、价值观、信仰等。选取"广告"作为教育内容,目的在于让学生能够从被动的广告接受者转变为积极的广告反思者,引导他们对广告进行深度的审视和解读,既能感受广告的艺术性和审美性,分析广告与社会意识形态、文化等的联系,又能澄明广告与自我的关系,促进他们确立积极的自我认同和对社会生活的看法。

为了让学生学会解读视觉图像,笔者向他们介绍了理解视觉文化的方法和视角,主要是符号学的分析方法,以及女性主义、社会批判等视角。符号学将一切社会和文化都看作符号,认为符号不仅具有外在的表层意义,还有隐藏的深层意义。罗兰·巴特(Roland Barthes)将符号的意义层级化,第一层级是明示意义(Denotation),包括语言的直接表达和图像本身传达的信息,针对广告影像主要探讨它呈现的是什么人、物、事以及怎样被呈现的;第二层是隐含意义(Connotation),重点讨论的是广告表象背后传达了何种内涵、意义和价值。

女性主义对视觉文化的理解主要是基于性别的差异。一方面,他们认为观者的性别不同会造成视觉文化阐释的差异。另一方面,女性主义认为一些传统的性别形象和观念该受到质疑,不仅要"看"到视觉图像中的性别形象和性别观念,而且要对性别偏见进行批判性的思考,从而形成自身对性别的认同和建构。社会批判的视角则在更大范围内强调视觉文化包含着诸如阶级、种族、性别等种种不平等的权力关系。人们在看视觉符号的过程中,应具有对社会的反思和批判意识。这种视角旨在帮助学生分析和诠释视觉文化的政治、社会、经济等特殊主题,探讨图像的形成元素、产生原因及其潜在信息和意义,从而发现"真相",培养学生对日常生活的批判能力,特别是图像背后隐藏的意识形态。

为了引导的具体性,笔者给学生提供了一些分析广告的参考问题:这是一个什么广告?给你怎样的审美感觉(如古怪、滑稽、干净、优美、罗曼蒂克、可口、愉快、迷人、自然、非传统、新潮等)?采用何种色彩、构图、形象等传递出来的?如何传递?其主要受众是谁?谁会被吸引而购买？如何辨别？它想让受众相信什么？广告中人物性别、民族、种族、阶层是什么？如何体现？有"性"吗？如果有，怎样体现？是否反映了一些固有传统观念和刻板形象（如男性中心、等级观念等）？抑或突破原有传统观念？如何体现和表达？其中暗含了何种意识形态、社会观念和价值取向等？广告中的文本和形象是怎样互补或冲突的？其创作者（艺术家）、广告商（商家）、文字创作者分别想让我们相信什么？他们是一致的吗？这个广告是否影响你观念？怎样影响的（如消费观、职业观、人生观以及自我形象定位等）？

学生们以小组为单位，分别从食品、化妆品、服装、生活用品、房地产等广告类别中选取了冲击大、印象深或喜爱的广告进行了解读。学生自行分成八组，各组选择的广告分别是：第一组："奥林巴斯 E-3"广告；第二组：百事可乐广告；第三组：美国达美航空公司（Delta Air Lines）广告；第四组：平安保险广告（方言篇）；第五组：中央电视台广告"相信品牌的力量"；第六组：Payeasy 广告（2005—2009 年）；第七组：英国话务公司推广的免费通讯广告"talk talk"；第八组："马自达汽车5"的广告《圣诞树篇》。从各组的研究报告可以看出，学生是如何解读广告以及他们从中获得了什么。

（一）学生能够用多元的视角深入解读广告，重新审视广告的价值

学生们不仅关注广告的审美价值，还关注其情感诉求。如第八组学生说："在这次对于'马自达5'《圣诞树篇》的广告的解读过程中，通过小组的讨论，我们不断挖掘在这个平面广告下所可能隐藏的深意，才发现，原来当广告充满了艺术美与情感内涵时，对于我们这些观赏者而言是多么的美妙啊！原来广告可以给我们的不仅是一件产品，还可以向我们诉说一些我们可能没有注意到的美好。"第七组对"talk talk"广告的美丽和浓情的解读："通过演员们肢体动作演绎出一幅幅温馨的生活情境——恋人、家庭、儿童等，以此说明无论谁只需加入'talk talk'就可享有爱的联通方式。"学生们不仅关注广告所传递的消费信息，还关注其所传递的价值观念，如第二组的百事可乐广告通过一系列明星的"酷"告诉了学生，年轻就要"酷"，"百事可乐，年轻一代的选择"。广告不仅仅是一种促销赢利手段，更是一种特殊的文化模式，如第四组对"文化决定品牌，品牌决定力量"的"央视"广告进行解读，广告采用中国传统的水

墨画与现代科技相结合，幻化成一系列中国文化形象，展示了中国的历史悠久、继往开来和与时俱进。学生们不仅关注广告的表层意义，还关注其深层的强国姿态，如第三组达美广告拍摄的非洲场景展示了非洲的贫瘠、落后，美国是站在一个"强者"立场来看待通航非洲的。学生们不仅解读广告中的刻板形象和观念，还对其进行反思和批判，如第一组"奥林巴斯 E-3"广告中，相机像男人的目光一样能够对女性的胸部进行快速聚焦，美丽女性形象被严重扭曲，其背后隐藏着男性霸权。任何的解读都是在解读者的生活境遇和文化背景中进行的。解读广告的同时也反映学生的文化立场，如第六组解读 payeasy 的广告，其研究报告的形式相当创新，自编自演了名为"广告百分百"的娱乐节目，并邀请 payeasy 的广告创作团队（由小组成员假扮），对其广告进行深层的解读：等待就会有真爱（三部曲）→我喜欢的就是名牌→期待下一次不如靠自己→用爱打败不景气→发现最好的女人。在此基础上，小组成员进行创作，设计女主角遭受各种压力最终享受幸福，同时为 payeasy 制作了新广告词"懂得爱自己，才能享受爱"。

　　通过广告解读，学生们对广告的态度发生了一系列的转变。从广告的厌恶者变成广告的欣赏者，开始从艺术表现、情感诉求等方面去发现广告的美。有学生反思道"在整个解读广告的过程，正如标题'乱花渐欲迷人眼，深入解读方觉奇'概括的一样：在这个信息爆炸的时代，很多东西我们似曾相识却又浅尝辄止，于是我们感叹我们找不到自己的钟爱，竟不曾反思，原来是我们过快的脚步和不深的接触让我们朦胧了发现美的眼睛。很多事物，深入了解后，才有可能真正认识它，喜欢它，甚至是崇拜它"。与此同时，学生观看广告的视角和深度也发生了改变，从将广告作为单纯的营销手段拓展至女性主义、消费主义、后殖民主义以及社会批判理论等视角挖掘其暗含观念，"从一个广告的被动接收者变成了一个立体地去读广告的人"。（学生语）

（二）学生感受了广告对自身的影响，意识到广告潜移默化的作用

　　通过对广告的深层审视和解读，许多学生体会、理解了广告对人的潜移默化作用，明白了一些企业为什么不惜巨资去做广告。比如有位学生反思："这次研究分析的广告是我比较喜欢的一个品牌'百事可乐'广告，其播出年限是 1998 年，时隔 11 年之后我依旧能清晰记得广告的每一个细

节,至今也一直都是百事公司的忠实消费者,并会关注百事明星、球星以及百事产品,包括服饰、可乐以及其他饮料等。"由此可见,11年前的百事可乐广告已经深入了该学生的内心,成了他日常生活的一部分。有学生在解读平安保险的广告后说:"我慢慢体会到,广告对于我的影响是潜移默化的。通过广告,品牌已在你脑中留下痕迹。当遇到其他的同平安相关的景或物时,你会不禁想起'平安保险'。经过一次次的继续强化,你的消费观念也在不断地调整。尤其是这类情感诉求广告直接诉诸你的精神体验,更易使你产生共鸣。""分析 payeasy 广告不仅丰富了我对广告这一领域的认知,更多的是给我带来了思想上的改变。五期的广告、五期的标语就像是验证了我们的成长,感触最深的是最后一期'自己认为最好,才是最好',虽然只是一句广告词,却坚定了我一直彷徨的人生观——对自我的价值定位。"由此可见,作为一种视觉文化,广告不仅显在地传递着商品的信息,还潜在地塑造着观者的生活方式、价值观、信仰和态度等。后者的影响常常是持久、深刻的,且不易被人觉察。通过解读广告,学生们真切地意识到广告对他们所产生的影响力,实现了对自我的再认识。

这次解读活动是学生们第一次对自己生活中熟视无睹的广告做了凝视,也是第一次以一种批判的视角去审视视觉文化,去反思视觉文化与自我的关系。对于日常生活中的视觉图像,他们大多是习惯性地接受,很少停下脚步好好"看",反思就更少了。这次解读让他们感受到了惊喜和变化:"这次活动让我改变了'看'广告的态度与视角——原来广告还可以这么看!原来广告中还有这么多内涵!……太多'原来',也太多原来没有注意到的方方面面在这次活动中被注意到……"(学生语)"参与这一广告解读活动给我的感触有很多,让我感觉到生活中有很多东西都有让我们去感悟的价值。也许那看似很平凡的一幕背后也蕴含着一段深深的'故事',也隐藏着一曲动人的旋律。艺术和美就在我们生活之中,多一份心,多一份情去感受,你会获得很多能让你一生受益的东西。"(学生语)

西方视觉文化艺术教育的主流立场认为视觉文化是一个各种意识形态相互冲突和抗争的场域,因此侧重于对社会不平等的批判和颠覆。然而通过研究,我们发现一些视觉影像本身具有很好的审美价值,它们传递着美好的情感以及积极的价值追求。所以视觉文化教育应避免固守意识形态批判的立场,教会学生的应是一种态度、一种信念、一种方式,使学生不仅具有积极探索视觉影像所根植的社会、文化、政治、经济背景，敢于用怀疑的精神去反思和审视视觉文化的能力，同样也要让他们感受视觉文化内在的审美价值，形成丰富的感受力和积极的审美情趣。

（原载 2014 年第 2 期）

作者简介：易晓明（1971— ），女，江苏南京人，南京师范大学教育科学学院教授、博士，主要从事美育、艺术教育、德育研究。

席勒《美育书简》的汉译

赖勤芳

在德国古典美学发展过程中,席勒具有从康德到黑格尔的过渡意义,因而占据了一个十分特殊的位置。陈平早就指出:"如果没有席勒美学思想的衔接,那么,在德国古典美学史的这根长链上,将会失去关键性的一个环节,从而使得整个西方美学的发展可能在某些方面失去内在的逻辑联系。"[①] 而在中国现代美学的发展过程中,"席勒"也同样起着重要的中介作用,它是沟通中德、中西思想文化的一座"桥梁"。尽管席勒在中国的意义并没有像康德、黑格尔、马克思那么突出,但也依然是不可或缺的一个环节。20世纪80年代李泽厚在谈到建立人类学美学时,就这样总结道:"如果从美学角度看,并不是如下许多人所套用的公式:康德——黑格尔——马克思,而应该是:康德——席勒——马克思。贯串这条线索的是对感性的重视,不脱离感性的性能特征的塑形、陶铸和改造来谈感性与理性的统一。不脱离感性,也就是不脱离现实生活的历史具体的个体。"[②] 李泽厚把席勒作为从康德到马克思的中介,用意明显:一是纠正中国美学界长期受康德黑格尔唯心主义美学影响所导致的错误;二是建立客观性与社会性统一的马克思主义美学。可见,席勒美学对中国美学建设具有诸多可以借鉴的合理成分。本文旨在对席勒和他的代表作《美育书简》做一些"汉译"方面的整理、补充与拓展性说明,以便为全面审视席勒美学

---

① 陈平:《席勒美学思想初探》,载《美学》1985年第6期。
② 李泽厚:《美学三书》,安徽文艺出版社1999年版,第464页。

（尤其是美育）的中国意义提供更为客观的基础。[①]

一、"传"的呈现

　　美育论是席勒最重要的思想贡献之一。而要认知、了解席勒美育，一种比较可靠的方式就是通过席勒其人。在19世纪末以来的"西学东渐"的大潮中，席勒等一大批西方学人作为西学代表被译介到中国——其中"传"是一种主要的方式。在中国古代，"传"既是一种特定的文体，又是一种重要的文化载体，具有"传世"意义。"传者，传也，记载事迹以传于后世也"（许慎）；"笃其实而艺者书之，美则爱，爱则传"（周敦颐）；"凡其美而传，传而久，莫不以适于用之为贵"（徐文弼）。古人的各种解说，莫不体现出"传"具有文化学、美学、传播学方面的特色。[②]过渡到近代，"传"的这种特色体现得更加鲜明：这就是通过介绍传主的生平事迹和褒扬传主的处世行为，以突出传主的伟大人格，进而起到宣传进步思想、感化普通民众的教育作用。因此，"立传"在近代亦是流行的，且是一种得到进步革命家和具有先进思想的中国学人青睐的写作方式。席勒被译介到中国，起初也主要是以"立其传"的方式进入的。不过，由于席勒与歌德之间的特殊关系，一般把席勒与歌德并称，即在译介歌德的同时译介席勒。如1903年由上海作新社印行的《德意志文豪六大家列传》（日本大桥新太郎编写、赵必振翻译），其中的传主就包括歌德（可特）、席勒（希陆）两人。除"分传"外，还有"合传"。如1904年3月《教育世界》第70号发表的《德国文学家格代希尔列尔合传》，即是把歌德（格代）与席勒（希尔列尔）合在一起立传。1905年3月《新小说》上刊登了两张欧洲大诗人的画像，依次为"德国人舍路拉，德国

[①] 国内近年来有代表性的研究成果，除卢世林的《美与人性的教育——席勒美学思想研究》（人民出版社2009年版）和叶隽的《史诗气象与自由彷徨：席勒戏剧的思想史意义》（同济大学出版社2007年版）等之外，其他值得重视的是丁敏的《席勒在中国：1900—2008》（上海外国语大学博士学位论文，2010年）和张艳的《席勒美育思想在中国的接受史研究》（南开大学博士学位论文，2010年）。两文都是接受史研究，丁文比较全面、客观，但偏于作为文学家的席勒；张文以王国维、蔡元培、朱光潜等为例，重在接受个案研究，而轻在对接受史的全面、细致梳理。这种研究现状成为本文写作的动机。

[②] 森茂芳等：《美学传播学》，云南民族出版社2001年版，第54—60页。

人哥地", 此即席勒与歌德两人并立出现。1932年上海安国栋发行叶善编译的《奥里昂的女郎》, 在书前有《席勒尔小传》, 其中译者也是把歌德与席勒互作比较。① 歌德与席勒堪称德国文学史上的"双璧"。正如宗白华所评价:"德国两位最大诗人歌德与席勒之结为好友并成为十年长期创作的伴侣, 是德国文学史上一件奇异而有趣又含有极大意义的事件", "在两人交谊的十年间(至席勒之早死), 是两位创作最多最伟大的时期, 奠定了德国文学在世界文学里的永久地位。"② 为歌德与席勒同时立传, 亦充分说明了近代以来中国思想界对以歌德、席勒为代表的德国启蒙精神的肯定和推崇。

20世纪之初对译介席勒贡献最大的首推王国维和《教育世界》杂志。《教育世界》由罗振玉发起, 王国维主编, 办刊时间为1901年5月至1908年1月, 设有"传记"等专栏。该杂志发表了一系列署名或未署名的传记文章, 所遴选的传主有苏格拉底、柏拉图、亚里士多德(雅里大德勒)、康德(汗德)、叔本华、尼采、歌德(格代)、席勒(希尔列尔)、莎士比亚(莎士比)、培根(倍根)、拜伦(白衣龙)、斯蒂文森(斯提逢孙)、霍布士、洛克、休谟(休蒙)、斯宾塞、黑贝尔(海别尔)、列夫·托尔斯泰(脱尔斯泰)、斯宾诺莎(斯披洛若)、卢梭(卢骚)、霍恩氏等一大批西方文学家、哲学家、教育家。在这些传记文章中, 传主涉及席勒的有两篇, 其中一篇为上述所提及的《德国文学家格代希尔列尔合传》, 另外一篇就是发表在该刊1906年2月第118号上的《教育家希尔列尔》。两篇均为佚文, 现公认出自王国维之手(或创作或译自日文原著)③。前文不仅盛赞二传主的杰出地位, 而且将这两位德国伟大作家从境遇、阅历、思想、天分等多方面展开对比, 使得两人的各自特点一目了然, 最后发出了"文豪不诞生于我邦"的感叹; 后文称席勒是"世界的文豪"、与歌德"相并"的"教育史上之伟人"及"由人道之发展上而主张美育"的"世界大诗人"; 不但为"广大的教育家", 而且是"实际之教育家"; 认为席勒的美育论是"鉴于当时之弊而发", "莫不含有道德的教育的旨趣", 等等。这应是国内最早介绍席勒及其美育论

---

① 卫茂平:《德语文学汉译史考辨》, 上海外语教育出版社2004年版, 第143页。
② 宗白华:《宗白华全集》第2卷, 安徽教育出版社1994年版, 第38—40页。
③ 钱鸥:《王国维与〈教育世界〉未署名文章》, 载《华东师范大学学报》(哲学社会科学版)2000年第4期。

的传记文。尽管篇幅不长，但是一个在美育领域具有突出建树的席勒之形象已得到初步的呈现。

蔡元培是一位十分注重"传"的美育提倡者。他在一生中写下了大量的传记文，所涉人、事也极多，为后人留下了丰富的史料。他采用的传体十分多样，有传、祭、悼、赞、序、记、忆、墓表、行述、事略、家传等。不仅如此，他还善于利用这些传体进行各种写作。如在留学德、法期间所译、著、编的《伦理学原理》（1909）、《中国伦理学史》（1910）、《欧洲美术丛述》（仅成《康德美学述》一卷，1916）、《欧洲美术小史》（仅成《赖斐尔》一卷，1916）等作品中，他常常以立传的方式介绍中西伦理学家、哲学家、美学家的生平和思想；而在《〈勤工俭学传〉序》（1915）、《〈科学界的伟人〉序》（1924）等文中用"可当传记读"这样的言语评人论书。在近代以来的中国学人中，这种时时以"传记"的眼光进行打量的情况，是颇不常见的，也充分说明他对"传"文化具有一种特殊的关爱和理解。① 此外，在美学的研究法上，他提倡从主客共通的方面即美术家入手研究美术，如"搜集美术家传记"。② 作为中国现代"美育之父"，蔡元培受惠于德国美学特别是席勒美育思想颇多。尽管他并未写过专门的"席勒传"，但对席勒美育的认同不舍采用"传"之方式。如 1930 年他为商务印书馆《教育大辞书》撰写的"美育"条目，就是一篇"美育传"。该条目写道："及十八世纪，经包姆加敦（Baumgarten, 1717—1762）与康德（Kant, 1724—1804）之研究，而美学成立。经席勒尔（Schiller, 1759—1805）详论美育之作用，而美育之标识，始彰明较著矣。（席勒尔所著，多诗歌及剧本；而其关于美学之著作，惟 Brisfe über die ästhetische Erziehung，吾国'美育'之术语，即由德文之 Ästhetische Erziehung 译出者也。）自是以后，欧洲之美育，为有意识之发展，可以资吾人之借鉴者甚多。"③ 次年 5 月，他为环球中国学生会 25 周年纪念会所做的演讲中，也这样提道："美育的名词，是民国元年我从德文的 Ästhetische Erziehung 译出，为从前所未有。"④ 尽管他在这两次说辞

---

① 赖勤芳：《论蔡元培的传记写作》，载《浙江师范大学学报》（社会科学版）2012 年第 4 期。
② 蔡元培：《蔡元培全集》第 4 卷，浙江教育出版社 1997 年版，第 315 页。
③ 蔡元培：《蔡元培全集》第 6 卷，浙江教育出版社 1997 年版，第 600 页。
④ 蔡元培：《蔡元培全集》第 7 卷，浙江教育出版社 1997 年版，第 79 页。

中都没有说明从何种德文资料中直接译出"美育",但从他留学欧洲的背景看,不难肯定其来自席勒。蔡元培对"美育"一词的译介及对美育的提倡,无不包含一种"传"的精神。

张君劢在 1922 年 10 月 2 日于上海美专举行自由讲座后,发表在《时事新报·学灯》上的《德国文学家雪雷之〈美育论〉》是第一篇最全面介绍席勒(雪雷)和阐发席勒美育思想的文章。第一部分即是"雪雷之事略",对席勒生平作了 500 余字的介绍,举其"重要剧本"9 种:《盗》(*Die Raulaer*)、《飞阿斯哥》(*Fiesco*)、《奸与爱》(*Kakaber Lieke*)、《西班牙太子童揩罗》(*Don Carlos*)、《德将华伦斯顿》(*Wallenstein*)、《苏后斯丢阿》(*Maria Stuart*)、《法爱国女贞德》(*Jiny Frauv Reenn*)、《墨细那之新娘》(*Brautvv Meseina*)、《威廉戴尔》(*Wilhelm Tell*);"有名"之历史著作《荷兰独立史》《三十年战史》;"最有名"诗《美术家》《理想与生活》《唱歌之力》《妇女之尊严》《行路》《钟声》。最后总结席勒作品的要旨是奖励自由之人格。当然,这篇文章最重要的贡献还在于详细介绍席勒的《美育论》和通过比较方式对孔子美育思想的"发现"。

1926 年由樊炳清为商务印书馆编纂的《哲学辞典》出版。该辞典列有席勒(席勒尔)一条,实际上就是一篇以席勒为传主的小传:

席勒尔 Schiller, Joham Christoph Friedrich von (1759—1805)
德之文学大家。生于威丁堡之玛尔巴哈(Marbach)。早岁,学于教会学校,志在肄习神学。会威丁堡公设立兵学院,谕军人皆遣子弟入学。席勒尔之父,军医也,当遣。其在兵学院时始习律法,后改医学,皆非所甘。窃读莎士比亚、卢梭诸人之书,而爱好之。试作一戏曲,题曰群盗(Die Raübër)。朋侪惊赏,咸谓旷代奇才。时甫十八岁也。八一年,卒业,补军医,始敢公其作于世。曼尼亨姆(Mannheim)之歌场,乞得而演之,名大噪。威丁堡公咎之,规以以后非医书莫作。席勒尔意不堪,乃之曼尼亨姆;与歌场主约,为撰脚本。八五年,去而游来比锡(Leipzig)。居近一岁,生计奇艰。寻至德勒斯堡(Dresden),寄寓于恺奈尔(Kerner)之家。恺奈尔性方严,且任事勇毅,席勒尔颇为所感化焉。"Dos Carlos"一曲,成于是时,语多自道也。八七年,徙居威马尔(Weimar),作希腊群神曲、艺术家诸诗,意境益入古。明年,以威马尔官廷之汲引,得为燕那(Jena)

大学之史学教授。就职日，以"研究万国史之目的何在"为演题，发表其对于历史之哲学的见地，大为众所称许。是时始撰卅年战争史。会病，属稿中断。病愈后，兼研究康德之哲学，就中于伦理学及美学方面，致力尤深。以此成美育书简集、优美及威严诸书。初哥德（Geothe）文名，久震全国。席勒尔以数奇不偶，负气独不下。哥德心亦轻之。九四年，二人始谋面于威马尔，一见而相敬服，卒成莫逆之交。爰刊行一杂志，约同执笔。九六年以后，席勒尔思想，益臻成熟，多有发挥哲理之诗，发表于杂志中。如散步、幸福、理想及生活诸篇是。而尤脍炙人口者，数钟声曲（Das Lied von der Glocke）。九八年，谢去杂志而专力撰制脚本。其"Wallenstein"、"Die Jungfran von Orleans"、"Wilhelm Tell"三大杰作，陆续告成。平时名著甚多，盖不可具举焉。自九九年，即移家威马尔，卒于其地，年四十七。里仁范铜为哥德席勒尔携手并立像，用志不忘。论者，谓十八世纪后来，德国文学，有空前之盛，而为之魁伯者，实惟哥德、席勒尔二子。皆哲学化之诗人也。哥德豪于才气，以旷逸长；席勒尔则深于情思，以沈挚著。所谓异曲而同工者。①

　　该词条仅 800 字，简述了哲学家席勒的生平、成就，不过对席勒哲学、美学成就的介绍仅寥寥两句："病愈后，兼研究康德之哲学，就中于伦理学及美学方面，致力尤深。以此成美育书简集、优美及威严诸书。"这也反映出当时中国知识界接受西方哲学、美学的水平。

　　当代学者曾有这样的论断："在第一期的五十年里，中国接受西方美学的影响方面，从引进姿态和美学学科建设态度两方面来考察，又大致可分为两个阶段：1927 年前是'知人'而'不论世'，虽注重对西方近代以来美学的引进，但既不论某种观念的背景和知识系统，亦不涉及其历史地位和时代特征。学者们还无暇顾及美学的系统建设，甚至对美学与美术之间的界限划分都未及完成。这也是五四前后之急切心态所致。"② 这里所说的"知人论世"，其实是做"传"的一种特定要求。"传"具有"实

---

　① 樊炳清：《哲学辞典》，商务印书馆 1926 年版，第 473—475 页。
　② 汝信、王德胜：《美学的历史：20 世纪中国美学学术进程》，安徽教育出版社 2000 年版，第 387 页。

录"功能,要求通过客观记录传主的一生的活动情况及其所生活的时代状况,如此必须在个人与时代之间建立"对应"关系。为了要达到"真实"效果,除遵循历史真实、艺术真实之外,还必须做到"人格真实",即把传主置于特定的历史环境中,以各种艺术手段去突出、强化"人格进化之历史"①。从这一角度出发,近代以来出现的各种"席勒传"略显简单,尽管在一定程度上突出了席勒与时代之间的关系,突出了席勒的某种人格特点,但在艺术方面显然是较为粗糙的。在这一方面,显然不能与新中国成立后出版的诸多"席勒传"并论。②但从历史效果看,这些"席勒传"也不失为启蒙的一部分,为读者提供了认知席勒及其美学、美育思想的一条途径。"传"之席勒是引进席勒美学、美育思想及至实现中国化的重要部分。

二、"美育论"的引述

席勒集文学家、哲学家、美学家、历史学家、教育家等于一身,是个通才式人物。在19世纪末以来的"西学东渐"中,中国学人虽然已经注意到席勒这一重要的德国学人,但是主要定位在文学家及教育家身份,特别突出的是他在剧本、诗歌等文学方面的成就。至于席勒在美学、美育方面的成就,主要是在引述过程中得到体现的。通过翻译、引用、绍述、转述、评价等各种方式,席勒的"美育论"逐步进入,并引起越来越多的关注。

前期王国维引进西方美学,以康德叔本华为主,并揭举出一个"柏拉图—康德—叔本华"的哲学美学系统。这似乎表明王国维对席勒美学是"绝缘"的,"但他于1904年初首次提出'审美境界',却是本于席勒;他的倡导美育所受席勒启迪尤多。席氏美学从康德来;叔氏书中援引

---

① 郁达夫:《郁达夫文集》第6卷,花城出版社1983年版,第283页。
② 新中国成立后出版的"席勒传"有:[德]弗理德伦代尔(Friedlander)编《席勒评传》(傅韦译,人民文学出版社1955年版);董问樵《席勒》(复旦大学出版社1984年版);[德]约翰·雷曼《我们可怜的席勒:还你一个真实的席勒》(刘海宁译,中央编译出版社2007年版);[德]吕迪格尔·萨弗兰斯基《席勒传——或德国理想主义的发明》(卫茂平译,人民文学出版社2009年版)等。

席勒处也不少，对席有所继承"。① 除写作席勒（希尔列尔）传之外，王国维在许多文章中提及甚至引用席勒的观点。这些文章有：1903年8月《教育世界》第56号上的《论教育之宗旨》；写于1907年并收入《静庵文集续编》的《人间嗜好之研究》；作于1904年并收入《静庵文集》中的《叔本华与尼采》《书叔本华遗传说后》之附文《叔本华之遗传说》；1905年7月至1906年1月《教育世界》第104—106、110、115、116号连载了谷鲁斯（哥罗宰氏）的以评价席勒、斯宾塞"游戏说"的"游戏说"；1906年7月《教育世界》第129号上的《述近世教育思想与哲学关系》等，总计有近十篇。这些都直接表明了王国维与席勒之间具有十分密切的联系，甚至在某种程度上说是以席勒为"精神"导师的。但是由于王国维多次的兴趣、学术转向，使之与席勒之间保持了一种"若即若离"的暧昧关系，从而使得后人产生了"误读"。撇开这一争议性话题，我们不得不承认王国维对席勒美学、美育论所做的中国化努力，是具有开创性的。此外，与王国维关系密切的樊炳清也注意到席勒的美育观。如1913年发表在《教育世界》第5卷第6号上的《美育论》（署名余箴）一文这就这样评价席勒（歇勒）："从歇勒之说，则美所由生，不外人间胜余势力之结果。人之势力用以保存生命而有余，则必以游戏（意同消遣）之动向而宣泄之，有此动向乃有所谓美，而遘之者以为乐焉。"

　　民初蔡元培已在《对于新教育之意见》中提出注重"世界观及美育"的要求。1917年8月他又在北京神州学会上公开演讲《以美育代宗教》，这使得"美育"几乎成为社会的热点话题之一。在这种氛围中，有关席勒美学、美育思想亦随着源源涌入的西方各种思潮，而再次进入中国，并受到一些学人的垂青、追捧。席勒的美育论更是被当时的一些学人自觉或有意识地引入。如1917年萧公弼在《寸心》杂志第1、2、3、4、6期连载了《美学·概论》，首次试图全面介绍欧洲重要美学学说，并与中国古代有关美学学说初步加以比较与结合。在这5期文章中，有两期（篇）文章中论及席勒（喜拉氏）。第2期《美学之发达及学说》中写道："康德美学之学说，至喜拉氏（Schiller）始大发展，氏以为'美之感觉者人类特有之良知也。'""故氏生平最提倡'人类美的教育'，以为教育家苟垂精于此，因势利导，必能收最大之效果者也。"在第4期《发生的生物

---

① 佛雏：《王国维哲学美学论文辑佚》，华东师范大学出版社1993年版，第407页。

学的美学》一篇中又这样写道："而喜拉氏（Schiller）于美的玩赏，以游戏动作比拟而说明之，尤为深切著明。"

而就蔡元培本人而言，他在许多文章中进行了引述。如 1920 年《美学的进化》一文中总结了席勒（希洛）的"主张"："绍述康德的理论，又加以发展的，是文学家希洛（Schiller）。他的主张有三点：一、美是假象，不是实物，与游戏的冲动一致。二、美是全在形式的。三、美是复杂而又统一的，就是没有目的而有合〈目〉的的形式。"① 1921 年秋他在北京大学讲授《美学》课程，并兼任国立北京高等师范学校教育研究科教授。现留有美学讲稿的一部分，其中在提到摩曼氏的"就美术品而为心理的分析"时，蔡元培就是把席勒（希雷尔）等人作为例子来说明透过艺术作品可以窥见艺术家的不同心理。他说："格鲁斯与他的学生曾从鞠台（Goethe）、希雷尔（Schiller）、莎士比亚（Shakespeare）、淮苹内尔（Wagner）等著作中作这种研究，看出少年的希雷尔，对于视觉上直观的工作，远过于少年的鞠台；而淮苹内尔对于复杂的直观印象的工作，亦远过于鞠台。"② 此外，1924 年旅欧期间的蔡元培应商务印书馆之约编著《简易哲学纲要》（列为"现代师范教科书"）一书，其中"美感"部分就有 5 次谈及席勒（失勒）。这些都体现出蔡元培对席勒美学的关注。

1921 年 6 月 6 日《时事新报·学灯》刊载了陈望道的文章《游戏在教育上的价值》（署名"春华"）。作者摘述了《中华教育界》第十卷第九号余家菊的《游戏世界》和《时事新报》上姜丹书的《玩具和教育》的观点。其中把席勒（息尔罗）与斯宾塞作为"势力过剩说"的重要代表："儿童的生活，是游戏的生活；儿童的世界，是游戏的世界。……倡导势力过剩说的说是'人类和高等动物，因为壮健而且闲暇，所以要游戏。'这一派可以以德国的息尔罗，英国的斯宾塞做代表。"同时他还列举了以德国底格子麦次及拉查鲁斯为代表的"疲劳说"、美国底格鲁斯（Pnof Gnoss）的"能力练习说"、以何尔博士 Dr Hall 为代表的"反复说"。最后评价说："不是游戏，不能发展儿童活动的本能；并且因为能力过剩的缘故，反而做出不道德的事情来。"

1921 年《教育世界》第 13 卷第 1、2 号发表了李石岑的长篇论文

---

① 蔡元培：《蔡元培全集》第 4 卷，浙江教育出版社 1997 年版，第 307 页。
② 同上书，第 436 页。

《艺术教育学的思潮及批判》（署名"天民"）。文中有一段"附记"，高度评论席勒（希尔列尔）的具有"新人文"精神的美育："与希腊思想相同，以为'美即是善'，是美育同时又兼德育的。而且美育不单为德育底根本，又是一切科学底根本。……美育的地位，可以说是比德育还要高些。这就是希尔列尔以美育为教育的理想了。"这段文字后来还一字不差地被搬用到他的另外一篇论文《美育论》中（发表在《教育杂志》1922年第1期）。

1922年张君劢《德国文学家雪雷之〈美育论〉》一文对于席勒（雪雷）"美育论"的介绍不可谓不详。关于《美育论》的由来，该文这样说道："□□（原文脱）潜心康德哲学，不事著作，且对于霍王爵表示谢意，乃以研究康德哲学之结果，著为《美育论》，以书札之形式，于每书中发表其意见，而名书皆致霍王爵者也。其文成于1793年，翌年霍王爵宫失火，书毁去；至1794年，雪氏主撰《时》之杂志，将致霍王爵之书，加以扩充，成为二十七封，此即今日雪氏集中之所谓《美育论》也。"至于该书的内容，分为"人格之破碎""两种冲动""游玩冲动""游玩冲动与全体人格"四部分，进行了全面的介绍。

1924年黄忏华在《美学略史》中对席勒（西略尔）有所介绍。他在介绍康德以后的哲学时，提及席勒在美学史上的地位："最初在这个方向，修正康德美学的，是西略尔（Schiller）。他的假像论，游戏冲动论等，都可以看见用人性论的历史的见地补康德说法。他的古代近世对照论，预告解霖黑智儿等的说法。"此外还提道："西略尔美学上底译本，有《优美与威严》《崇高论》《美育论》《素朴的诗和感情的诗》。"①

1925年《教育杂志》第14卷第9号发表了黄公觉的《嘉木氏之美育论》一文，在介绍西方美育发展史时就详细评论了席勒（许勒）的贡献及局限："自从希腊时代到现在，关于各种美术的言论，很是不少；关于各种美术教授的论著，也已经有了；但关于美育的言论或者著述，就稀若'凤毛麟角'了。有之，当尝自百年前的许勒（Schiller）。他曾经写了许多关于'人类美育'（The Aesthetic Education of Man）的书信，讨论这个问题，他对于美育的见解很为奇特。他将美育看与政治有密切的关系。……许勒解释美育既然不当，那么，后来的人又如何呢？但是我们若

---

① 黄忏华：《美学略史》，商务印书馆1924年版，第23—33页。

曾经稍微研究过这个问题,便知道自许勒首创美育论之后,继续讨论这个问题的著述,差不多很少。直到现在,一般教育家才觉悟教育的究竟目的,除了真善以外,还有美一项;教育手段除了德育、知育、体育这三者以外,还有美育一项。"

1926 年沈建平在《教育世界》第 17 卷第 4 号上发表了《近代各派艺术教育说之批判》,其中把席勒(Schiller)作为"审美的人生相,便是道德态度的本质"这一说的代表,并继续写道:"他在他所著的冥想诗《艺术家》及《书翰文体美育论》的结论中,颂扬艺术的生活是道德的事实的圆极。他更把美的道德当做人类活动最高级看。"

1934 年世界书局出版了李安宅的《美学》。该书的附录乙"参考书目"中提到"本书参考最得力的书有下列几种",其中第四种为:"Friedrich von Schiller(1759—1805)的 Aesthetical and Philosophical Essays(《美学与哲学论集》,大部分在 1792 年以后出版),有 The c. c. Brainard Publishing Co. 在美国出版的译本,为 Nathan Haskell Dole 所编。本书将人性分为兽性与理性,而用艺术的美牵合起来,以得美满的人生;此说虽嫌十分简单,然在理解人生与体会艺术的透辟处,实有针针见血的手笔。倘于美学已有科学的认识,再读此书,定有启发。否则,先读此书,便易被简单系统所骗。"[1] 席勒的观点在文中有所体现,如在"上部——价值论"的第四章,主要评价"中和态度"的"美"。其中提道:"凡是一样的冲动,倘若受到抑制便足破坏其他者,这个冲动算重要冲动。所有重要冲动无一互相抵角,便算组织最高,态度最美。"结尾部分:"又因一般人都是各种冲动互相冲突,所以人格破碎,总是片面人格对付外界,弄得分隔。显得毫不偏私,触处没有个我在(impersonal)。"[2] 这些观点都是来自席勒的。

宗白华深受"歌德人生"的启示,也对歌德的这位"至交"席勒(释勒)颇多关注。此外,大概也受田汉等人的影响。1920 年代初,田汉、宗白华、郭沫若三人因讨论新诗等问题而经常通信(后结集出版,名为《三叶草》)。在信中,田汉经常提到席勒,如说歌德"不觉陷于

---

[1] 李安宅:《语言·意义·美学》,四川人民出版社 1990 年版,第 118 页。
[2] 同上书,第 180—182 页。

Schiller 所谓'堕落的交际'"。① 宗白华于 1925—1928 年在中央大学授课《美学》时谈到"艺术的天才",1926—1928 年在"艺术学"的讲演中谈到关于美感范畴"滑稽之美"、艺术品分类时,都曾举席勒为例。他发表在《中央日报》1935 年 1 月 11 日上的《释勒的人文思想》一文,其中评道:"他的人文主义是德国古典时代人文思想的精髓,他的美育论是美学上不朽的大作";"歌德的《浮士德》是象征着这种永远的追求,而释勒则在他的《人类美育论》中,想从'美的教育',使堕落的分裂的近代人生重新恢复它的全部与和谐,使近代科学经济的文明,进展入优美自由的艺术文化,如古希腊与文艺复兴时代。"此外,宗白华还翻译了歌德与席勒的五封通信和德国汉耶·玛耶的《席勒与民族》。②

朱光潜于 1936 年初版的《文艺心理学》是一部研究文艺理论的书籍,亦是"从心理学观点研究出来的'美学'"。③ 在该书"美感经验的分析""文艺与道德""克罗齐美学的批评—传达与价值问题""艺术的起源与游戏""艺术的创造""悲剧的喜感"等章节中,都有举席勒作为重要例子。如在"艺术的起源与游戏"一章中,他说:"最流行的学说把艺术溯源到游戏。康德便已指出艺术和游戏的类似。诗人席勒在他的《美感教育书简》里把这个学说加以发挥。在他看,艺术和游戏同是不带实用目的的自由活动,而这种活动则为过剩精力的表现。……孔子所谓'行有余力,则以学文',本是一句规范生活的格言。席勒的主张颇相近,不过他的话是一种科学的解释。"④ 此外,该书初版时没有参考书目。朱光潜原有一个很详细的目录,怕它占据篇幅太多,所以没有付印。1937 年再版时,应读者要求,他又重新附加,但力求简要。这一简要参考书目分:目录、重要原著入手书籍、专题要籍四部分。"重要原籍"7 本,之一就是 Schiller: *Letter on Aesthetic Education*,并注明"参看 V, Basch: *La Poétique de Schiller*"。1964 年 8 月朱光潜出版了《西方美学史》,在下卷

---

① 宗白华:《宗白华全集》第 1 卷,安徽教育出版社 1994 年版,第 245 页。
② 五封信和《席勒与民族》的具体翻译时间不详,其中所译的歌德、席勒订交时讨论艺术家使命的两封信,原收入作者所编《艺境》未刊稿,现收入《宗白华全集》第 2 卷;所译的 1794 年 8 月席勒与歌德的三封通信和汉耶·玛耶的《席勒与民族》,现收入《宗白华全集》第 4 卷。
③ 朱光潜:《朱光潜全集》第 1 卷,安徽教育出版社 1987 年版,第 197 页。
④ 同上书,第 368—369 页。

"德国古典美学"部分专列"席勒"一章,详细介绍了席勒的美学思想。该书附录"简要书目"分三部分:西方美学史、西方美学论著、重要美学名著。其中"重要美学名著"第15条为"席勒的《审美教育书简》(参考《古典文艺理论译丛》1963年第五册)和《论素朴的诗和感伤的诗》(参看《古典文艺理论译丛》1961年第二册)"。《西方美学史》中"席勒"这部分内容曾先期刊载在《北京大学学报》1963年第1期,篇名为《席勒的美学思想》。

王国维、蔡元培、萧公弼、陈望道、李石岑、张君劢、黄忏华、黄公觉、沈建平、李安宅、宗白华、朱光潜,这是一份长长的名单,充分体现出中国现代美学学人对席勒的关注。尽管他们译介的席勒美育论并不全面,但是席勒对中国现代美学的意义已不容忽视。

三、《美育书简》的翻译

凡谈到席勒,几乎无不谈到他的代表作《美育书简》(或译《审美教育书简》等)。朱光潜说:"席勒的最主要的美学著作《审美教育书简》是他的美学思想最集中最有系统的表现。"① 汝信说:"《美育书简》是席勒的最重要的、也是影响最大的美学著作,研究席勒美学思想最好从这部著作开始。"②《美育书简》,原是席勒为回馈丹麦公爵奥古斯腾堡和伯爵史梅尔曼的资助而特意书写的27封书信集。这些书信曾于1795年分三次发表在席勒自己主编的杂志《季节女神》上,在当时德语世界产生了十分重要的影响。这部"美育的历史性宣言""美育的法典",同样对汉语界产生了深刻影响。中国现代学人认识席勒也大都是从这部书开始的。我们从上述诸多引文亦可以看出,此书已屡屡被提及,只是译法略有差异而已:"《论人类美育之书简》""《人类美的教育之书牍集》"(王国维),"人类美的教育"(萧公弼),"《美育论》"(张君劢、黄忏华),"关于'人类美育'(The Aesthetic Education of Man)的书信"(黄公觉),"《书翰文体美育论》"(沈建平),"美育书简集"(樊炳清),《人类美育论》(宗白华),《美育教育书简》(朱光潜),等等。书名翻译不统一的情况

---

① 朱光潜:《西方美学史》,安徽教育出版社1987年版,第97页。
② 汝信:《席勒的〈美育书简〉》,载《美学》1980年第2期。

同样体现在其人名翻译上。"Schiller"的汉译一度比较混乱:"昔勒"(李凤苞)、"希陆"(赵必振)、"席尔列尔"(王国维)、"许雷"(马君武)、"喜拉"(萧公弼)、"息尔罗"(陈望道)、"雪雷"(张君劢)、"西略尔"(黄忏华)、"许勒"(黄公觉)、"席勒尔"(樊炳清)、"喜拉"(李金发等)、"塞勒"(瞿秋白),等等。另外,仅蔡元培一人就至少使用"席勒尔""希洛""希雷尔""席勒"四种译名。30年代中期席勒诞生150周年纪念之际,"释勒"与"席勒"两种译名并用,而此后才逐渐确定译名为"席勒",并通行至今。20世纪前期关于"《美育书简》""席勒"的这段译名史,亦是当时学界接受席勒情况的真实反映:有介绍、有引评,但又都较简略。除张君劢的《德国文学家雪雷之〈美育论〉》之外,其他专论文章极少见到。这自然与未完整翻译席勒的美学论著,特别是他的这部代表作有十分直接的关系。

显然,这种情况与席勒文学作品的翻译情况是很不对称的。席勒文学作品的单译始于1911年。当时马君武在《新中华》杂志上发表了席勒剧作《威廉·退尔》的全译本。1914年应溥泉的《德诗汉译》中收入了席勒(裔勒)的《质友》(今译《人质》)。此后席勒的戏剧、诗歌、教育论著、美学理论陆续被译介到中国。特别是席勒戏剧作品,以相当快的速度进入现代中国,其意都在"唤醒民众",推动现代中国的启蒙和救亡运动。而有关席勒在美学、美育方面的成就,多是顺便提及的。如1928年由李金发、黄似奇撰写的《德国文学ABC》(作为由王云五主编的"ABC丛书"一种),其中关于席勒(西拉)一章就是以介绍席勒的文学成就为主,主要是选译了席勒的一些诗歌、剧本。对于席勒的美学成就只是在文末稍带提及:"西拉一生,不独对于德国戏剧有大贡献,即全欧剧界,亦深受他的影响。西拉除文学作品外,尚有关于历史学及美学著作,俱极有名。美学上有所谓游戏本能说,即西拉所首创的。"①

尽管《美育书简》中的许多观点已被人所知,但是该书完整的翻译则是姗姗来迟。1934年中德学会在北京举办了席勒(释勒)175周年诞辰纪念展览会。此次展览会提供了由中德学会印发的德汉对照小册子《释勒展览说明会》。这个说明书不仅对本次会议进行说明,还首次对席勒的中国译介情况进行了梳理。此外,还预告了几部即将刊印的译作,其

---

① 李金发、黄似奇:《德国文学ABC》,世界书局1928年版,第56页。

中包括张嘉谋译的《人类美术教育》。张嘉谋即张君劢（《德国美学家雪雷之〈美育论〉》一文作者），《人类美术教育》即现在通称的《美育书简》。遗憾的是，张君劢的这部译作最终并未能够与读者谋面。第一个真正投入精力进行翻译的当是著名诗人冯至。1928年10月至1935年6月，冯至先后在柏林大学和海岱山学习，主科是德国文学，副科是哲学和美术史。他于1935年9月回国，次年暑假后到上海同济大学任教授兼任附设高中部主任。1937年抗日战争爆发后，冯至跟随同济大学离开上海，辗转桂林等地，于1939年初到昆明。从这年暑期到1946年，冯至在西南联大外文系任德语教授，整整过了七年。在这期间，他阅读杜甫和陆游的诗、歌德的著作和出版不久的《鲁迅全集》，写作十四行诗（后编成诗集《十四行集》）和中篇历史小说《伍子胥》，还写了不少的杂文和抒情散文（其中部分后来编成抒情散文集《山水》）。此外，他还与朋友常常谈些文学问题，受了不少的启发。"在昆明的那段生活，我的思想最为活跃，写作也勤奋，我是常常怀念的。"① 冯至在晚年如是回忆。也就是在昆明期间，他从德文翻译了席勒的这部美学代表作。具体地说，是1942年2月开始翻译的，且约在一年的时间内便完成了这项工作。他之所以翻译此书，是受友人贺麟的建议。但是这部译稿，一直并未付之出版，直至后来得到从事德国古典美学研究的范大灿的关心，并由他进行审校。范大灿为每封信撰写了内容提要和详尽的注释。该译稿最终于1985年12月由北京大学出版社出版，署名冯至、范大灿，取名《审美教育书简》。② 这部书从初译到最后出版，间隔了40余年。

当然，冯至和范大灿的合译本并不是最早出版的汉译本。1984年9月中国文联出版公司就出版了由徐恒醇翻译的《美育书简》。徐恒醇和冯至、范大灿的译本都是全译本。实际上，该书的节译本在20多年前就出现了，这就是曹葆华在1963年《古典文艺理论译丛》第5册上刊出的《美育书简（选）》。这个"节选"的原文来自美国耶鲁大学出版社的

---

① 冯至：《冯至全集》第12卷，河北教育出版社1999年版，第609—610页。
② 在1958年由人民文学出版社出版的《德国文学简史》中，冯至译为"《美育通信》"。此外，冯至在1955年还写过4篇相关文章：《反抗暴政、反对战争的诗人——席勒》（《工人日报》1955年5月5日）；《席勒》（《新观察》1955年第9期）；《席勒作品在中国》（为某外文刊物撰写，中文底稿写于1955年5月）；《"建筑自由庙宇"的伟大诗人——纪念席勒逝世一百五十周年》（《人民日报》1955年5月4日，后被《新华月报》1955年第6期转摘）。

《美育书简》英译本,并参照《席勒全集》俄译本和英译本译出,选译的是其中的第 23—27 封信共 5 封信。可以说,这个"节译本"为中国读者打开了进入席勒精神世界的一扇窗户,也为后来许多译者的完整翻译提供了参考。徐恒醇就是在借鉴各位前辈学者的有关译介资料的基础而翻译的。徐恒醇的这部译著在当时也是作为"美学译文丛书"一种推出。这套"丛书"的主编正是当时在中国美学界十分活跃、影响甚大的李泽厚。他在"丛书"序言中指出:值此"美学热"之际,大家需要一些美学知识,也应该尽量翻译一些"或名著或名家,或当年或今日具有影响"的美学著作。《美育书简》被纳入这个"美学译文丛书"当中,本身就说明了席勒美学的经典性和影响力。此外,当时国内还有许多"美学"刊物推出研究席勒美学的文章,如 L.P. 维赛尔的《席勒与马克思关于活的形象美学》(徐恒醇译,《美学译文》1980 年第 1 期)、汝信的《席勒的〈美育书简〉》(《美学》1980 年第 2 期)、毛崇杰的《席勒美论的唯心主义系统》(《美学论丛》1984 年第 6 期)、陈平的《席勒美学思想初探》(《美学》1985 年第 6 期)。20 世纪 80 年代《美育书简》的汉译是新时期"美学热"的一部分,是当时人们对席勒美学、美育思想的再次重视的直接体现。

1987 年还出版了一个汉译本,这就是由缪灵珠翻译并由中国人民大学出版社出版的《美育书简》(依据德国古典文学丛书《席勒五卷集》译出)。进入 21 世纪以来,又先后出现了三个汉译本:张佳珏译的《人的美学教育书简》(载《席勒文集 6,理论卷》,人民文学出版社 2005 年版)、张玉能译的《审美教育书简》(译林出版社 2009 年版),高燕、李金伟译的《席勒美学信简》(金城出版社 2010 年版)。截至目前,这部席勒的美学代表作至少已经有 6 个汉译版本,这极大地方便了对席勒美学思想的研究,尤其是在资料上提供了更多的选择。

总之,从"传"席勒其人、"述"席勒其说,到最终全面翻译其代表作《美育书简》,席勒美学在汉语语境中是一个相当微妙的存在。这一存在的背后,其实是西学东渐路径的选择及不同外来文化在中国的博弈,与康德、黑格尔、尼采等许多德国美学家东渐的情况一致。[①] 中国学人接触席勒有不同的语言途径和利用方式。王国维、樊炳清等熟谙日语,他们多

---

① 叶隽:《清民之际尼采东渐的三道路径》,载《中国文学研究》2011 年第 2 期。

借助日文书籍进行转译；蔡元培、张君劢、李石岑、宗白华等有留德经历，他们多是从德文书籍中直接获取；朱光潜曾留英、李安宅留美，他们也多是从英文书籍中直接获取。但是所谓直译，也并不代表他们是直接从席勒文本中翻译而获得的。这些情况意味着席勒《美育书简》的汉译是建立在日、德、英等多种语言路径的较量（最终是以德语路径居上）上。这种来源不一的情况，极易造成对席勒美学思想的异解。此外，还需应对"席勒化"的问题。"席勒化"一词出自马克思、恩格斯论文艺的几封信。苏联在20世纪30年代公布了马、恩的这些信，中国文坛从1933年起开始译入，有瞿秋白、赵季芳、周扬等从俄文的直接编译，有欧阳凡海、楼适夷等从日文的转译。其中瞿秋白在1933年4月1日《现代》第2卷第6期上发表的《马克斯、恩格斯和文学上的现实主义》（署名静华）一文中，最早译出"不应该'塞勒化'，而应当'莎士比亚化'"。对"席勒化"的批判本身就是在中国建立马克思主义美学的一部分，而这势必制约中国对席勒美学的接受方式。[①] 席勒美学所历经的跨文化的复杂境遇，亦使之成为西方美学，尤其是德国美学影响20世纪中国美学的一个标本性案例。

（原载2014年第2期）

作者简介：赖勤芳（1972— ），男，浙江金华人，首都师范大学中国语言文学博士后流动站研究人员，浙江师范大学人文学院副教授，硕士生导师，主要从事中国现代美学与文论研究。

---

① 关于中国的"席勒化"这一问题的详细探讨可以参阅李伟民的论文《"莎士比亚化"与"席勒式"批评演进在中国》，《安徽大学学报》（哲学社会科学版）2005年第6期。

戏剧艺术的审美价值

王廷信

一、戏剧的本体与类型

戏剧是人类共有的艺术形式，但由于民族、地域、国家的区别，戏剧又表现为丰富多彩的艺术形式。换句话说，不同的民族、地域或国家，其戏剧的表现形式都有一定的差异。但尽管如此，戏剧的共性是不变的，那就是"扮演"，即由人装扮成不同于自身的一个虚构故事中的人物进行表演，从而产生特定的欣赏价值。笔者曾在撰写博士论文《中国戏剧之发生》时认为，扮演是戏剧的形式本体。意谓任何戏剧形式，都无法脱离扮演这种行为而存在，不同形式的扮演，构成了不同民族、不同地域或不同国家的戏剧特征。

中国戏剧也因扮演形式的多样而形成不同类型的戏剧。从载歌载舞的原始戏剧，到以动作、舞蹈、滑稽调笑为主的小型杂剧，再到以歌舞演故事的大型戏曲，中国历史上的戏剧类型当是丰富多样的。随着宋元时期文学艺术的变化，尤其是集文学与表演于一体的说唱艺术的发达，以戏曲为主的戏剧艺术开始在中国盛行。这种艺术的强势地位与影响掩盖了中国戏剧的其他类型，成为中国戏剧的主要类型。

自近代以来，在中国境内除了源自宋元的以歌舞演故事的戏曲艺术之外，还有泊自国外的话剧、歌剧、舞剧三大戏剧类型。这四大类型的戏剧也是全世界最主要的四种戏剧类型。每一类型的戏剧，都有其不可替代的魅力，这种魅力正是其审美价值。

与音乐、绘画等较为单纯的艺术形式不同的是，戏剧总是体现出高度的综合特点。不同的戏剧类型在表现手法上虽然各有侧重，但多是通过综合不同的艺术形式来为观众虚拟出一个独特的精神世界。尽管人们在剧场看到的是真人表演，但舞台上的人物和场景都是虚拟的，通过逼真的虚拟来与观众产生共鸣。

与电影、电视剧这种综合艺术有所不同的是，戏剧以其在现场为观众进行表演体现出其独特的审美价值。在剧场中，观众的倾听、叹息、掌声都是直接来自舞台上演员的现场表演。戏剧的现场表演使其对观众的感染力大大增强。

戏剧自身的审美价值是如何形成的呢？在原始戏剧阶段，戏剧多是简单的生活情节或神灵故事的表演，缺乏成熟的剧本。这种表演情节单一，主要出现在人们的节日娱乐或祭祀活动当中，多属于自娱自乐的艺术活动。当戏剧进入成熟阶段时，戏剧的舞台表演都要按照特定的剧本来进行，从而形成了"一剧之本"，即剧本。剧本所呈现的主要是戏剧舞台表演所要表现的故事。因此，以剧本为载体的故事便形成了戏剧艺术的欣赏内容之一。它决定了剧目的基本性格。戏剧也是以舞台形式表演给观众欣赏的，其在舞台上的表演形式是戏剧审美意义产生的又一主要来源。观众在欣赏戏剧的过程中形成了自身对于所赏剧目的感受和看法、获得娱乐满足，并借助这种感受和看法提升自己对于生活的认识，从而实现了戏剧审美价值的完成。

二、戏剧故事的审美意义

对于故事的欣赏，是观众进入剧场的主要动力之一。一个感人的故事借助舞台的现场表演，往往可以给观众心灵的启迪和震撼，可以唤起观众生活的信念和勇气、启发观众对于社会与人生新的思考。与此同时，观众也可借助欣赏一场不同于实际生活的虚拟故事的现场表演而获得娱乐和消遣，使精神得以放松。

戏剧故事一般体现为悲剧、喜剧和正剧。

悲剧多是一个不幸的故事，往往表现一个人或一群人的不幸命运。例如古希腊悲剧家索福克勒斯的著名悲剧《俄狄浦斯王》，表现俄狄浦斯王面对神谕的不幸命运。

忒拜先王拉伊奥斯曾得到一个神谕，说他必定死于自己亲生儿子俄狄浦斯的手中，因此，托牧人将儿子流放。牧人怜悯俄狄浦斯，便将俄狄浦斯转给科林斯国王波吕波斯。俄狄浦斯曾因神谕说他必将堕入杀父娶母的悲惨命运。为躲避这场命运，俄狄浦斯浪迹天涯，在忒拜国附近一个岔路口因与正在出行的拉伊奥斯一行人争吵，在不知情的状况下杀死了自己的亲生父亲拉伊奥斯，后又因解开了拯救忒拜的斯芬克斯之谜而继承了王位，娶了先王的遗孀伊奥卡斯特为妻。但他并不知道伊奥卡斯特正是自己的亲生母亲。后来忒拜城郊瘟疫蔓延。为了拯救生灵、驱除瘟疫，俄狄浦斯派妻舅克瑞翁赴阿波罗神庙祈求神谕。克瑞翁回来把神谕禀告给俄狄浦斯王，说是要严惩杀害先王的凶手才能消除瘟疫。俄狄浦斯为了消除瘟疫、拯救百姓，执意要找到凶手。但未料经过一番验证，俄狄浦斯发现自己正是杀死亲父娶母为妻的凶手。真相大白后，伊奥卡斯特上吊自杀，俄狄浦斯刺瞎了自己的双眼被流放。

这个故事本身就非常值得欣赏。我们不仅可以从中体会到俄狄浦斯心地的善良与命运的不幸，而且可以体会到剧本故事构思的精巧。这种精巧从神谕所引发的悬念到人物之间激烈的冲突，从俄狄浦斯欲奋力找到凶手驱除瘟疫到在驱瘟过程中发现自己的罪孽而走向毁灭，无不让人扼腕称叹、感慨万分。

悲剧是人的理性无法把握命运安排时的情感反应。俄狄浦斯王企图摆脱神的预言，但就是在他极力摆脱神示的过程中走进了命运的陷阱。亚里士多德在《诗学》中认为："悲剧是对于一个严肃、完整、有一定长度的行动的摹仿。"[①] 悲剧的行动是严肃的、完整的。一个格调轻佻的行动、一个片段式的行动不足以产生悲剧效果。在《俄狄浦斯王》中，每位人物都是以严肃的态度对待自己的行动、奔向自己的目标，而且通过复杂持续的故事情节把他们各自的行动完整地展现出来，让我们伴随他们行动的过程感受他们的悲剧命运。悲剧也需要一个具有一定长度的情节演化过程。缺乏这个过程，就无法为悲剧的力量蓄势，也就无法使悲剧产生强烈的感染力。在《俄狄浦斯王》中，忒拜国民一再呼吁俄狄浦斯拯救国民，俄狄浦斯也一再强烈谴责导致瘟疫的凶手，并声言一定要严惩凶手，但在最后却发现自己就是凶手。这个过程是依靠一系列富有戏剧性的情节构成的。这些情节的进行过程，也就是为悲剧感染力蓄势的过程，也是俄狄浦斯与命运搏斗，最后被命运降伏的过程。黑格尔认为，悲剧是两种实体性

[①] 亚里士多德：《诗学》，陈中梅译注，商务印书馆1996年版，第63页。

伦理力量的冲突。冲突双方所代表的力量都是合理的，但同时都具有道德上的片面性。每一方都坚持自己的片面性而损害对方的合理性。这样，两种善的力量的斗争就必然会引起悲剧的冲突。[①] 索福克勒斯的另一部悲剧《安提戈尼》描写俄狄浦斯因杀父娶母罪而遭流放。他的两个儿子厄忒特俄克勒斯和波吕涅克斯为争夺王位而互相残杀，一同死去。王位落在他们的舅父克瑞翁手中。由于波吕涅克斯曾勾结外敌攻打祖国，克瑞翁便命令将他的尸体丢弃在田野里，并宣布谁敢违犯这项法令，就将谁处以死刑。他的妹妹安提戈尼出于对哥哥的爱和宗教律条，不顾法律的约束，埋葬了波吕涅克斯，因此国王决定把她囚禁处死。安提戈尼的未婚夫海蒙是克瑞翁的儿子，听到安提戈尼被处死的不幸消息而自杀，海蒙的母亲听到儿子自杀的消息也自杀而去。这是一场由于两种实体性伦理力量之间的冲突而造成的悲剧。在这场悲剧中，有两种合理而又片面的力量强烈搏斗、互不妥协，因此导致悲剧的发生。在此，悲剧的快感来自主人公对自己理想的执着追求精神。他们在一种坚韧的意志支持下捍卫这种理想，正是这种为理想而搏斗的精神给我们带来了快感。但由于这种搏斗是以他们的生命为代价的，所以会产生悲剧快感。我们在获得这种快感的过程中，也伴随着我们对主人公坚持理想精神的同情和对他们为理想付出生命代价的恐惧。

　　悲剧具有强大的震撼力。这种力量来自审美主体与审美客体力量的悬殊。审美主体无法克服来自审美客体所显示的富有绝对压倒性的力量，这种力量使审美主体感受到一种无奈之情，但又在无奈之中唤起了勇气，使自己心中的卑琐、懦弱之情被净化。曹禺的著名悲剧《雷雨》所表现的繁漪的婚姻悲剧、四凤的爱情悲剧，都让我们面对繁漪的固执和四凤的执着时感到人的力量的伟大，这种力量是一种压倒性的力量，它足以构成我们对于繁漪和四凤的尊重，但即使是如此崇高的力量也难免面对毁灭。这种毁灭正是源自无形的社会力量。这种力量压倒了繁漪和四凤的崇高，从而使他们对于美好爱情与婚姻的追求陷入不可自拔的状态。而当我们面对这种状态时，自然会产生一种无奈之情。这种无奈是对时代的无奈，对于人的命运的无奈。它也促使我们从心灵深处进行反思，唤起我们战胜无奈的勇气，从而净化了我们内心的卑琐与懦弱之情。

　　如果说悲剧给人的感觉是震撼的话，那么喜剧则会给人轻松与欢畅，

---

① 黑格尔：《美学》第3卷下册，朱光潜译，商务印书馆1981年版，第285—287页。

让人笑对他人的错误。喜剧多是一个幸运的故事，往往表现人物因误会、愚蠢乃至自作聪明所发生的可笑事件。例如法国喜剧大师莫里哀的《太太学堂》，表现一位一心想娶一个傻太太以避免自己戴绿帽子的人的滑稽故事。

阿尔诺耳弗经常担心妻子给丈夫戴绿帽子，所以他便找了年仅四岁的乡下少女阿涅丝，还将自己的姓名改为德·拉·树桩。阿尔诺耳弗先将她送到修道院与世隔绝，阿涅丝长大之后，他把她从修道院接出来，欲娶为妻室。为了防止阿涅丝与他人过多交往，他安排两个仆人侍奉看管，并设了种种防范措施。但令他未曾料到的是，阿涅丝却在他出差期间偷偷爱上了他自己的朋友奥隆特的儿子奥拉斯。奥拉斯只知道阿涅丝的男友叫做德·拉·树桩，不知道德·拉·树桩正是阿尔诺耳弗，所以一直把阿尔诺耳弗当作自己的知心朋友，并在与阿涅丝恋爱期间经常把秘密告诉阿尔诺耳弗。阿尔诺耳弗得知奥拉斯爱上自己的女朋友十分恼火，但也假装不知情，在奥拉斯找他帮忙之时也满口答应，但总是暗中作梗。后来，奥拉斯的父亲奥隆特要求奥拉斯与昂立克的女儿结婚。奥拉斯因爱上了阿涅丝委托阿尔诺耳弗劝他的父亲拒绝这场婚姻。阿尔诺耳弗为了避免奥拉斯与阿涅丝结婚反而规劝奥隆特强迫奥拉斯即刻结婚。但未料到阿涅丝恰恰就是昂立克寄养到乡下的女儿。阿尔诺耳弗发现真情后羞愧出走，奥拉斯如愿与阿涅丝成婚。

《太太学堂》中的阿尔诺耳弗是一个典型的愚蠢而又自作聪明的滑稽人物，该剧以精巧的构思、曲折的情节、犀利的讽刺手法揭示了阿尔诺耳弗因愚蠢而犯下的错误。亚里士多德在《诗学》中认为，喜剧的模仿对象是比一般人较差的人物。所谓"较差"，不是指一般意义上的"坏"，而是指具有丑的一种形式，即可笑性。可笑的东西是一种对旁人没有伤害，又能引起人们发笑的丑陋现象。《太太学堂》中的阿尔诺耳弗正是一位比一般人"较差"的人物，他傲慢自大、刚愎自用，经常笑话别人的婚姻，自作聪明认为自己有能力教育好一位太太，并采取了诸多匪夷所思的手段实施他的教育战略，但从未想到会适得其反。他犯的这种错误观众看后非但没有受到伤害，反而会引发观众释然大笑，借以让观众避免同类错误。

"喜剧"一词，在古希腊是由"载歌载舞的欢乐行列"和"诗歌"两个词汇构成。最初出现于古希腊庆祝狄奥尼索斯（酒神和喜神）节日中的歌舞表演当中。后来,"喜剧之父"阿里斯托芬以艺术作品的形式将喜剧艺术戏剧化。阿里斯托芬的著名喜剧《云》描写斯瑞西阿得斯因欠债而烦恼,便让他的儿子斐狄庇得斯向苏格拉底学习诡辩术以抵赖债务利息。儿子不去,他自己亲自前往学习。斯瑞西阿得斯因年岁太大,苏格拉底不乐意再教他。他便逼迫儿子拜苏格拉底为师学习诡辩术。当债权人向斯瑞西阿得斯索要债务利息时,他利用诡辩术抵赖债务,让债权人哭笑不得。他的儿子斐狄庇得斯从苏格拉底处学到诡辩术后,没有用来替父亲抵赖债务,反而要打他父亲,并利用诡辩术力论"儿子打老子"的道理。斯瑞西阿得斯挨了儿子打后,决定烧掉苏格拉底的"思想所",并向云神悔罪。康德在《判断力批判》中认为,喜剧是主观理性对喜剧对象的一种自由轻松的嘲弄。"在一切引起活泼的撼动人心的大笑里必须有某种荒谬背理的东西存在着。(对于这些东西自身,悟性是不会有任何愉快的)。笑是一种从紧张的期待突然转化为虚无的感情。"[①] 斯瑞西阿得斯本想让儿子拜苏格拉底为师学习诡辩术以规避债务利息,这种愿望在剧中给观众造成一种期待,让观众期待斯瑞西阿得斯如何从苏格拉底处学习诡辩术为斯瑞西阿得斯抵赖债务利息。但由于斯瑞西阿得斯的愿望本身含有不道德的荒谬背理的因素,所以他的愿望没有实现,反而遭到儿子的痛打。这种结果让观众对斐狄庇得斯的期待"突然化为虚无",所以能够引发观众的大笑。这也是喜剧故事带给观众的审美快感。

鲁迅在《再论雷峰塔的倒掉》中认为:"悲剧将人生的有价值的东西毁灭给人看,喜剧将那无价值的撕破给人看。"[②]《俄狄浦斯王》心地善良,一心想着给国家驱除瘟疫,但在此过程中毁灭了自己。《太太学堂》给观众展示的是一个自作聪明的愚蠢之人阿尔诺耳弗所犯下的幼稚错误。因此,悲剧和喜剧从不同侧面给人以启示,也给人带来截然不同的快感。

在众多的戏剧故事中,除了悲剧和喜剧之外,还有一种介于悲剧和喜剧之间、不同于悲剧和喜剧的故事类型,那就是正剧。16世纪莎士比亚所写的诸多传奇剧、18世纪狄德罗所写的诸多表现现实题材的戏剧、一些表现民族英雄正气的历史剧均属于正剧。黑格尔在《美学》中认为,正剧是"处在悲剧和喜剧之间的是戏剧体诗的第三个主要剧种。这个剧

---

① 康德:《判断力批判》上卷,宗白华译,商务印书馆1964年版,第180页。
② 鲁迅:《鲁迅选集》第2卷,人民文学出版社1983年版,第59页。

种没有多大的根本的重要性，尽管它力求达到悲剧和喜剧的和解，或至少是不让这两方完全对立起来，各自孤立，而是让它们同时出现，形成一个具体的整体"①。黑格尔认为，正剧源于古代希腊的林神戏，是一种悲喜混杂的戏剧形式。近代以法国剧作家狄德罗所创作的"市民剧"（亦称"严肃喜剧"）为代表的戏剧多为正剧。正剧的题材多为日常生活，多表现日常生活中普通人的故事，没有悲剧的严肃的震撼力量，也不像喜剧那样滑稽可笑，而是表现为一种较为平和的风格。狄德罗的《一家之主》《私生子》是正剧的标志性剧作。

三、戏剧舞台表演的审美价值

如果说故事是观众走进剧场的动力之一的话，那么观众对于不同类型戏剧的兴趣以及演员的表演风格也会吸引观众走进剧场，也就是说，对于表演的欣赏是观众走进剧场的又一动力。

戏剧是当众表演的现场艺术。在多数情况下，观众对于戏剧的类型和演员都是有选择性的。有的观众喜欢以歌舞演故事的戏曲，有的观众喜欢以对话与动作演故事的话剧，或者以歌唱形式演故事的歌剧、以舞蹈形式演故事的舞剧。有的观众喜欢某一位演员的演出风格，有的观众会喜欢某一个剧团的演出风格。这些都会促使观众走进剧场观看戏剧。

戏曲是中国传统的表演艺术，自宋元以来已经形成了自己独特的表演体系。戏曲舞台审美价值主要产生于演员的唱、念、做、打以及戏曲舞台表演虚实相生的美学原则。

我们在剧场欣赏戏曲艺术，除了对于剧情所体现的故事的欣赏之外，主要就是看演员的唱功、念功、表演功夫和武打功夫，这四大功夫就是演员的演技。一位优秀的演员往往兼备唱、念、做、打四大功夫，但大多数演员兼善两到三种功夫。此外，戏曲舞台表演分行当进行。行当一般按照性别、年龄、性格等特点来划分。不同剧种中的行当略有区别，但总体来说可以划分为生、旦、净、末、丑五大行当。戏曲演员一生一般会专工一行，少数演员可工一行以上的表演。我们欣赏戏曲演员的表演，往往也会按行当来欣赏，不会强求一个演员在每个行当都有出色的演技。例如，

---

① 黑格尔：《美学》第 3 卷下册，朱光潜译，商务印书馆 1981 年版，第 294 页。

京剧表演大师梅兰芳主要工旦行中的青衣，京剧表演大师马连良主要工生行中的老生，昆剧表演大师王传淞专工丑行。

梅兰芳的表演以优美大方、典雅华贵著称。他八岁学艺，十一岁登台，后登京剧"四大名旦"之首。他善于运用歌唱、舞蹈、表情、手势等手段表现人物性格，塑造了嫦娥、杨贵妃、天女、林黛玉、洛神、麻姑等一系列性格鲜明的女性人物形象，赢得了国内外观众的广泛赞誉。梅兰芳的表演之所以独树一帜，主要是因为他能博采众长。在唱腔方面，梅兰芳吸收昆剧、南梆子的唱腔，形成了不同于传统京剧风格的唱腔。在扮相方面，他善于从绘画当中汲取营养，使他的扮相既能体现中国古典艺术的精髓，又能生动形象地表现人物性格。在表演方面，他的表情、眼神、手势都能自然得体，使人物形象在舞台上栩栩如生。1930年，梅兰芳赴美演出，赢得了美国舆论界广泛好评。《纽约时报》评论员赞扬道："梅兰芳身穿华丽的戏装在舞剧中的表演，犹如中国古瓷瓶和挂毯那样优美雅致，使观众觉得自己是在跟一个历史悠久而成熟的奇妙成果相接触。"《纽约太阳报》评论员说："人们不无惊奇地发现，数百年来，中国演员在舞台上创造出一整套示意动作，使你感觉做得完全合情合理，这倒并非由于你理解中国人的示意，而是因为你明白美国人也会那样表达所致。我倾向于相信，正是这种示意动作的普遍性使我们感到梅兰芳的表演涵义深邃。"[①]

戏曲塑造舞台形象的主要方法就是虚实相生。这与中国古典艺术一脉相承。中国传统戏曲舞台很少借助布景来表现人物所在的场景，人物的场景主要借助演员的唱词和动作来呈现。因此，中国戏曲舞台形成了一套借助唱词和动作来虚拟场景的艺术手段。例如，京剧《秋江》中尼姑追赶自己爱慕的书生到江边后，搭乘一艘民船。民船艄公接尼姑上传以及上传后开船均在江边的水面上进行，舞台上虽然没有水和船，但尼姑与艄公的表演，让观众感受到江水和船只的存在。在这场戏的表演中，江水和船只是虚的，演员的精湛表演是实的，虚实有机结合，给观众呈现出人物在江边登船的生动场景。戏曲舞台虚实相生的艺术方法常常按照一套程式化的动作来实施。这套程式化的动作多来自日常生活，是对生活动作的高度提炼，观众也对此形成了约定俗成的认知。因此，戏曲舞台的程式化动作也

---

① 梅绍武：《梅兰芳访美演出盛况拾遗》，载《百年潮》2003年第3期。

经常被人们当作欣赏的对象。例如许多剧目中都有将军骑马出征的场景。舞台上,扮演将军的演员只拿一只马鞭,再配一位牵马的马童,通过演员的圆场、翻身、卧鱼、摔叉、掏翎、亮相、策马、勒马等技巧表现将军出征前的英雄气概和特殊心境。这套舞蹈动作就是京剧的表演程式"趟马"。一个武生演员精彩的"趟马"程式表演往往会唤起观众特别的审美快感。

话剧主要是以人物的对话、独白、表情和近乎生活化的动作来塑造舞台人物形象的。与此同时,话剧塑造舞台的方法也偏于写实,剧中人物往往会在一个较为真实的场景中进行表演。因此,话剧往往会为观众呈现出一个真实的幻觉,让观众在幻觉般的真实场景中欣赏演员的表演。

"第四堵墙"是话剧制造真实幻觉的著名舞台方法,这个概念是19世纪末随着镜框式舞台的出现而出现的,特指镜框式舞台朝向观众的一道界限,这道界限虽然没有墙,但编导和演员在塑造舞台形象时要意识到这道"透明墙"的存在,要为观众塑造出一个绝对真实的舞台形象。最早使用这个概念的是法国自由剧院的评论家让·柔琏。他说:"观众必须暂时忘记自己是在剧院里,为此我们相信有必要在大幕打开时立即关熄场灯,这样,舞台画面就突出了,观众也更集中注意力于舞台。……演员要表演得像在自己家里那样,不去理会观众的反应,任他们鼓掌也好,反感也好。舞台前沿应是一堵第四面墙,它对观众是透明的,对演员是不透明的。"① 这段评论源自1887年3月30日法国自由剧院演员安图昂表演的独幕剧《雅格·达莫尔》。这出戏以真实的场景让观众忘记自己是在剧院里看戏,给观众造成了真实的幻觉,也赢得了观众的热烈掌声。独幕剧《雅格·达莫尔》的意外成功让自由剧院的发言人让·柔琏于次日发表了这段评论。从此,以制造真实幻觉的"第四堵墙"风靡戏剧界,它标志着安图昂自由剧院的美学主张:"舞台上是生活,正如你透过一堵墙壁看到人家屋子里那样。"也有人打了一个更浅显易懂的比喻:"观众似乎通过钥匙孔看戏,而演员则是过着一段真实的生活。"② 苏联戏剧家斯坦尼拉夫斯基把"第四堵墙"的理论发展到极致,他在训练演员时特别强调演员对于日常生活的真实体验,力图借助演员生活化的体验加强舞台表演

---

① 吴光耀:《"第四面墙"和"舞台幻觉"》,载《戏剧艺术》1984年第2期。
② 同上。

"第四堵墙"的感觉。后来，德国戏剧家布莱希特发明了"陌生化"理论，亦称"间离效果"理论，强调艺术与日常生活之间的区别，力图打破这"第四堵墙"，让观众从幻觉中走出来，从而丰富了话剧的舞台方法。自20世纪中期以来，话剧塑造舞台形象的方法日益丰富，形成了风格多样的表现形式。

无论怎样的表现形式，由于话剧主要采取对话、独白以及动作来表现，所以话剧仍然脱离不了与日常生活十分贴近的真实感。我们欣赏话剧表演，也主要看演员表演的真实度、看人物之间表演关系的和谐度。一位优秀的话剧演员总能用真情的投入感染观众。北京人民艺术剧院的著名话剧演员于是之是这方面的典型。他在担任老舍剧作《茶馆》王利发这个角色的表演时就体现出特别生活化的真实特点。他从自己的生活中调动类似王利发的人物形象汲取养分，如他小时候所住的胡同里自行车厂的青年人、他上小学时的校工陈大爷，他也去走访北京的茶馆，并通过读剧本充分理解王利发这个茶馆掌柜的应有状态。在此基础上，于是之在舞台上所扮演的王利发就以生动形象、真实感人的特征赢得了观众的喜爱。他也因担任该角色的出色表演而登上艺术巅峰。联邦德国《莱茵内卡报》载文说：对于是之扮演的王利发，"观众是屏着呼吸观看这个人物从青年到老年，在一个专横的世界中谋生存。于是之对角色的处理，是演出中的最高成就之一。"《法兰克福报》通过《茶馆》评价于是之和北京人民艺术剧院的演出"风格上遵循细节丰富的现实主义，表演的表现力丰富，有感染力"。[1]

歌剧源自16世纪的意大利。16世纪末，一群知识分子聚集在巴尔迪伯爵的宅第里，讨论古希腊音乐理论。他们借鉴古希腊悲剧，把音乐与文字交织在一起，想给当时的音乐一个新的面貌。当时佛罗伦萨的统治者美第奇为他们提供了实现这种音乐的场所，早起的歌剧由此开端，后来逐步传播到欧洲各地。[2] 截至目前，歌剧已成为遍布世界各地的戏剧类型。

歌剧是融音乐、文学、舞蹈、美术为一体的综合艺术。歌剧的审美价值主要源自音乐与戏剧两大元素。其中音乐是歌剧审美价值产生的主要元

---

[1] 黄维钧：《风规自远 才见天心（五）——话剧表演艺术家于是之的艺术之路》，载《中国戏剧》2011年第5期。

[2] 亚历山德罗·塔韦尔纳：《歌剧》，石乔译，浙江人民出版社2003年版。

素。歌剧产生数百年来，涌现出无数优秀的音乐家和歌唱家，也产生了难以计量的歌剧谜。

歌剧一般分为正歌剧、趣歌剧、喜歌剧、大歌剧、小歌剧五种体裁。意大利的歌剧以正歌剧为主。正歌剧指最早出现于17、18世纪，以神话及古代英雄传奇为题材的意大利歌剧。一般分为3幕，由朗诵调与咏叹调连缀而成，很少有重唱和合唱。如罗西尼的《威廉·退尔》、威尔第的《奥赛罗》。后来，歌剧也体现为某种地方特点，出现了诸如佛罗伦萨歌剧、罗马歌剧、威尼斯歌剧、那不勒斯歌剧等。

歌剧的音乐主要由序曲、间奏曲、咏叹调、宣叙调、谣唱曲、重唱、合唱、舞曲八种形式构成。不同形式的歌剧音乐都具有其独特的艺术魅力。其中咏叹调（aria）是歌剧中的独唱段落，用来抒发人物情感、表现演唱技巧，是歌剧中最为重要的歌唱形式。

欣赏歌剧首先要了解剧目的故事情节，故事情节体现出强烈的戏剧性，不同的戏剧人物在剧目中的地位、他们之间的冲突与融合，都由故事情节来支撑。一个演员的歌唱总是围绕剧中人物的性格来体现的。对于故事情节的了解，有助于我们深入领略演员的演技与歌剧音乐的魅力。例如由著名音乐家威尔第创作的四幕歌剧《阿依达》，主要描写埃及公主阿姆涅丽斯爱恋埃及战将拉达梅斯但拉达梅斯却深爱着阿姆涅丽斯的女奴阿依达。在此过程中，拉达梅斯却不知阿依达恰恰是埃及的敌国埃塞俄比亚国王的公主。这出曲折凄美的爱情歌剧是被上演次数最多的剧目。在这个剧目中有一首由阿依达演唱的女高音咏叹调《凯旋归来》，歌词表现阿依达盼望拉达梅斯凯旋但又怕拉达梅斯率军打败自己的父王凯旋埃及的矛盾心情："我不能说出我父亲的姓名，我不能呼唤深爱的人，父亲和爱人都是我的亲人，这让我怎么办？让我祈祷，但祈祷变成了咒骂和嘲笑，连哭泣也是罪恶不能被饶恕，这黑暗生活的痛苦真是难熬，这样活着我宁愿死掉。"咏叹调《凯旋归来》表现出阿依达面对恋人和亲人时内心的挣扎和无奈，成为感动无数人的知名唱段。

舞剧是集舞蹈、音乐、文学、美术于一体的另一类戏剧形式。不同民族或国家的舞剧发展历程与表演风格都有区别，但以舞蹈为主要形式表演故事情节的内核是恒定的。在世界舞剧史上，影响最大的是源于意大利的芭蕾舞剧。15世纪末，在意大利出现了"席间芭蕾"，是最早的芭蕾舞剧，如1489年在米兰公爵婚礼上演出的《宴会芭蕾》。后来法兰西国王卡尔八世来到意大利发现这种舞剧,就把这种艺术引进法国。"1581年在法国皇后路易丝的妹妹的婚庆大典上演出的《皇后喜剧芭蕾》就是由一位杰出的意大利艺术家波诺瓦叶精心设计的芭蕾舞剧。这是历史上第一部大型芭蕾舞剧,也是芭蕾史上的一个重要的里程碑。"[①] 但在法国宫廷,这种舞剧也只是在一个统一的主题之下,具有松散结构的舞蹈、歌唱、音乐、朗诵和戏剧的综合表演。17世纪70年代,专业的芭蕾舞演员才应运而生,芭蕾舞剧也开始形成。此后不断完善,18世纪,有人提出"情节芭蕾"的主张。到19世纪,出现了演员穿脚尖舞鞋跳舞的演技,芭蕾舞剧的表演形式也初步定型。

芭蕾舞的魅力主要在于舞蹈。在芭蕾舞剧中,双人舞、独舞、群舞都是经常使用的结构形式。双人舞是古典芭蕾舞剧的核心舞段。大都用以表现男女主人公的爱情、争斗、厮杀或其他关键情节。一般分为出场、慢板舞——由男女演员运用扶持和托举技巧合作表演的抒情舞段、变奏——男女演员分别表演的独舞,用高度凝练的技巧表现人物性格和情绪、结尾——男女演员穿插表演,最后以合舞结束。由于双人舞结构严谨、层次分明、技艺精湛,所以,它最能反映出一部舞剧或演员的水平。群舞主要用来烘托主要人物、渲染气氛。

欣赏芭蕾舞剧同样要了解剧情。由俄罗斯著名作曲家柴可夫斯基作曲的著名芭蕾舞剧《天鹅湖》是蜚声剧坛的芭蕾舞剧目。《天鹅湖》表现的是王子齐格弗里德与天鹅姑娘奥杰塔的爱情故事,人物众多、情节复杂动人。王子看到一群天鹅飞过,动了打猎念头,随即独自追往天鹅湖。在湖畔,王子发现天鹅是少女变成的。他为美丽的公主奥杰塔所倾倒。奥杰塔告诉他是魔王罗特巴尔德施法将她们变为天鹅囚禁于此,只有坚贞的爱情才能让她们恢复人间生活。王子信誓旦旦永远忠于对奥杰塔的爱。在为王子选妃的舞会上,王子不忘心中的天鹅姑娘,拒绝了所有候选人。魔王带领女儿奥吉莉娅突然闯入,由于她酷似奥杰塔,使王子受骗了。正当王子宣布奥吉莉娅是自己的意中人时,奥杰塔飞临窗外,王子始知上当,绝望地朝天鹅湖奔去。湖岸被阴郁气氛笼罩着,奥杰塔向女友们悲诉王子变心的情形。齐格弗里德赶来了,他激动地表白心迹,重申对奥杰塔的爱情始终不渝。狂怒的魔王掀起风暴,搅翻湖水,企图毁灭这对忠贞情侣。王子

[①] 肖苏华:《音乐舞蹈系列芭蕾舞艺术欣赏》,山西教育出版社1997年版,第3页。

起而同恶魔搏斗，在爱情的鼓舞下终于获得胜利。

芭蕾舞剧《天鹅湖》舞台形式典雅华丽，舞蹈形式丰富多彩、细致入微，堪称一出舞蹈饕餮大餐。例如在表现王子出行打猎发现天鹅姑娘奥杰塔一见钟情试图靠近奥杰塔时，奥杰塔惊恐躲闪最后消逝，舞台上用了群鹅表演的华尔兹来体现少女奥杰塔宁静、纯洁而又丰富的内心世界。接下来王子与奥杰塔的一段双人舞在群鹅大半圆形舞队的陪衬下，表现奥杰塔欲将命运寄托给王子时的复杂心境。王子用一系列身体动作表现出对奥杰塔的爱恋与承诺。这段双人舞运用隐喻、象征等语汇充分展现了这对青年男女之间的饱满爱情。芭蕾舞剧集中运用人的肢体动作表现剧情，展现出高度的抒情化风貌，是高度诗化的戏剧类型，也是最为纯净、最令人心旷神怡的戏剧类型。

四、结　语

戏剧是与人类文明同步的艺术形式。从最初的萌芽，到今天丰富多彩的表现形式，戏剧以扮演的本体形式进行抒情与叙事，伴随着人类文明的进程。无论以怎样的艺术形式表现故事，戏剧都绽放出无与伦比的风采，充实着人类的精神世界。戏剧的审美价值是永恒的，但也是需要观众付出努力的。对于戏剧故事内容和舞台表现形式的充分理解，是我们接近戏剧、领会戏剧魅力的前提。戏剧以内涵丰富的故事情节、充满活力的舞台形式、千姿百态的艺术语汇为我们虚拟出一个独特的精神世界，让我们惊叹人类自身的创造力。

（原载2015年第5期）

作者简介：王廷信（1962—　），男，山西河津人，文学博士，东南大学艺术学院院长、教授、博士生导师，主要研究领域为艺术历史与理论、艺术传播学、艺术社会学、戏剧戏曲学等。

碰撞与融合

——对中国当代专业音乐创作审美价值的思考

张小梅 韩江雪

音乐作为一门满足人们听觉需求的艺术,承担着独特的审美功能,具有不可替代的文化审美价值。价值论的研究视角贯穿了包括经济学、心理学、哲学、艺术在内的各类社会科学,在音乐美学领域也常以价值论来理解和阐释某个时期的音乐功能。马克思主义认为"'价值'这个普遍的概念是从人们对待满足他们需要的外界物的关系中产生的"。[①] 而音乐的价值体现的是一种受众与音乐之间、欣赏者与被欣赏者之间的辩证统一关系。随着社会语境的变迁,音乐的审美价值不断产生变化,而新的音乐审美趋势也会反映出一个时代特有的标记。20世纪下半叶以来,媒介高度发展,全球化趋势带来了多元文化融合,后现代文化形成、深化,在这样的社会语境中,碰撞与融合成为我国当代专业音乐创作新的审美价值特征。

一、"媒介即讯息"[②] ——媒介高度发展的影响

当今社会,经济飞速发展、信息膨胀,各类媒介搭载着异常丰富的信息迅速渗透进各个领域以及大众的生活。媒介的发展对音乐的影响可谓是革命性的,它一方面变革了音乐的传播方式,使当代专业音乐作品的传播媒介不再限制于端庄严肃的音乐厅和音质完美的唱片;另一方面成就了音乐作品呈现形式的变革,即从单一的依托听觉产生意义到视听融合的综合艺术。由此,专业音乐创作拥有了更多可能和更广阔的发展空间,且视听

[①] 王次炤:《音乐美学新论》,中央音乐学院出版社2003年版,第48页。
[②] 麦克卢汉:《理解媒介》,何道宽译,译林出版社2013年版,第18页。

融合手段使视觉感官与听觉感官互相融通,在一定程度上消解了高雅艺术与大众之间的区隔,也更易于专业音乐作品在人民大众间的传播。

互联网拥有惊人的信息传输力量。发生在专业音乐院校象牙塔里的音乐创作行为以及与人们日常生活区隔开来的音乐厅里的演出行为一旦搭载上互联网,便有机会为更广阔的人群知晓甚至迅速成为社会文化热点。比如,人们对谭盾的有机音乐三部曲《交响协奏曲:纸乐》《水乐》和《垚乐》的议论,以及2001年发生在谭盾和卞祖善之间的有关现代音乐的争论被各家媒体报道、评论进而最终演发成为至今仍引人深思的"媒介事件"。2001年谭盾与卞祖善在电视节目上进行的有关音乐内容与形式关系的争论,就是通过电视媒介以及报纸和网络的传播而迅速发酵为大众关注的社会文化热点。此后,谭盾的三部有机音乐作品分别由纽约爱乐乐团、洛杉矶爱乐乐团和维也纳交响乐团于中国本土之外的音乐厅首演,分别由水、纸和石头承担重要的乐器功能。即便没有亲临首演现场,国内观众还是通过网络欣赏到了这三部颠覆协奏曲、交响曲定义并极大拓宽音乐内涵的作品。人们通过高清网络信号坐在家里欣赏这些充满反叛精神的音乐:水声、打字声、纸抖动声以及石头的敲击声都可以被组织成"音乐",看上去有趣,并不深奥又如此"高雅",获得了新奇、惊异的审美体验。

新时代的移动社交网络革命性地改变了人们的交往模式,值得一提的是,谭盾在2014年为中国国家交响乐团创作了全球首部移动社交网络交响曲"微信交响曲"《隆里格隆:为微信与观众吟唱而作的交响诗》。这部作品使得交响乐队、现场观众、微信音差、人们日常口语"隆里格隆"这些完全不同的审美语境融合在一起,俗与雅混杂,产生出了新的审美价值。音乐是人们生活形态的抽象体现,谭盾在《隆里格隆》的总谱扉页写道:"我的音乐是我生活的一面镜子,变化无穷的生活给了我的音乐变化无穷的空间和想象。"微信是每个人都在使用的社交工具,这样的音乐会使人们感到亲切,有切身的触动,十分有趣。可见,新兴媒介的出现不仅对人们的日常生活产生深远影响,也为现代作曲家提供了新的艺术创作灵感。

此外,国内各大古典音乐节的官方网站、音频网站、作曲家个人网站都成为我国当代专业音乐作品传播成熟的媒介依托,人们可以用手机、电脑等任何带有音乐播放器的随身电子设备在或安静正式,或嘈杂休闲的任意场所欣赏着这些迥然不同于贝多芬、柴可夫斯基,也与通俗音乐有明显区别的现代音乐文本。当代的专业音乐作品面向的群体前所未有的广泛，音乐欣赏这一行为发生的地点前所未有的多样，多种多样的审美体验便由此产生。

综合性音乐艺术如歌剧、舞剧等在20世纪中叶之前已在我国取得长足发展，当今随着影视工业的蓬勃发展，影视配乐异军突起，成为近几十年来专业音乐创作可开掘的广阔领域。谭盾、陈其钢、赵季平、王黎光与张艺谋、冯小刚等导演合作的《卧虎藏龙》《英雄》《夜宴》《山楂树之恋》《归来》《大红灯笼高高挂》《天下无贼》等影片的配乐都是优秀的音乐作品，这些作品的材料多数取自中国的民族与民间音乐，比如赵季平的《红高粱》和《大红灯笼高高挂》；有的又结合了西方的作曲技法，多种风格并存。

影视配乐作品具有独特的审美价值，其独特在于音乐与画面之间产生的相辅相成的共生关系。音乐可以帮助影片完成结构布局，推动影片的叙事，并结合镜头语言对影片人物内心情感建构、场景气氛烘托起到不可替代的作用，有的甚至成为独立于影片的另一条情感线索。音画之间的关系大致来讲有音画同步（synchrony）和音画对位（counterpoint）两种。Juraj Lexmann的电影音乐理论曾提出除了音画同步还有音画异步（Asynchrony），而音画对位再细分下去，分为自然对位（natural counterpoint）、幅和对位（convergent counterpoint）、离散对位（divergent counterpoint）、表现对位（impressive counterpoint）和关联对位（associative counterpoint）。[①] 音画同步和音画对位之间的不同在于，前者是音乐对画面紧密的叙述和服务，而音画对位中音乐依然是服务于画面的，但是可以有相对独立的进行，对画面的服务和依附相对松弛和自由。该理论家认为，音画同步适用于几种场合：第一，故事世界里的音乐表演。比如《大红灯笼高高挂》里三姨太唱戏、《山楂树之恋》里的苏联歌曲合唱。第二，音乐类纪录片。第三，作为增强某个时刻表现力的手段。第四，作为戏剧性的非故事世界音乐。第五，制造喜剧效果。第六，与镜头语言契合。音画异步（Asynchrony），顾名思义，音乐和画面表达意思完全相反。广义的音画异步也具备某些对位的特点，比如在描绘人物内心和实际所处环境之间的矛盾时，可由音画异步的手法达成。比如在影片《大红灯笼高高挂》

---

① 参考 Juraj Lexmann, *Theory of Film Music*, 2006。

的开始部分,颂莲含泪决定嫁作小老婆的情节,镜头是中近景的心痛悲伤的颂莲,而背景处音乐却已是欢腾的接亲的吹打锣鼓乐,这种音乐与画面间的矛盾对比,反而更加深入地反映出了人物的内心感知。音画间的幅和对位,是指当音画间具有相同的美学特征,等同的意味和相同趋向的情感。这种对位方式是影片中最为常见的,是用来加深画面传达情绪的最好方式。比如《山楂树之恋》中静秋和老三第一次见面,场景是在乡间油菜花丛里,陈其钢为这场戏设计的音乐是干净的钢琴单音奏出影片的音乐主题,也是主题的第一次呈示,寓意两人纯真感情朦胧的开始。音画表现对位,是着重于某一时刻为产生戏剧化的感情而运用的一种音乐设计方式,是音乐处于最前景的位置并对观众理解剧情和剧中主题的表现起到决定性的作用,也有视觉效果因为音乐的存在而发生变化的。音画间的离散对位,这种方式用在特殊的地方暗示画面和对白没有表达出的内容。音画间的关联对位,就是音乐与情境的某种属性间有必然关联,从而达到暗示效果。电影工业催生了新的音乐创作形式,也为当代专业音乐创作提供了新的平台,使音乐可以搭载电影进行传播,而这个新的平台要求音乐要为电影服务,配合电影制作。

媒介文化在很大程度上影响了中国当代音乐创作的方向,绚丽的媒介景观与现代音乐创作的融合无疑成就了新的音乐创作思路并使之产生出新的审美价值。在纷繁复杂的社会语境下,人们对于当代专业音乐创作的审美需求更加多元,而文化全球化的趋势更加重了这种需求,民族性与世界性成为审视当代音乐创作审美价值的重要视角。

二、全球化趋势的影响——中国当代专业音乐创作的"民族性"与"世界性"

全球化趋势是不可阻挡的潮流,世界各地凡与他国有政治、经济、文化往来者皆无一例外受到影响。全球化是一个世界各个国家和地区彼此之间在视野、产品、理念、文化互相交换中实现国际化融合的过程。[①] 在音乐领域,这种趋势对音乐创作者、作品和受众都有显著的影响。对于音乐创作者来讲,全球化带来了世界各地新鲜的音乐元素和富有特色的创作手

---

① 参考维基百科 en. wikipedia. org/wiki/Globalization(2015 年 6 月)。

法。比如美国当代的简约主义音乐流派在形成之初受到印度音乐循环、持续音的启发，因而具备了某些"非西方"的音乐审美特征。全球化多元潮流的冲击下，如何处理民族性与世界多元性的关系成为我国当代音乐创作面临的课题。

我国当代的作曲家们具备这种"国际化"的视野和"民族"根源意识，中国当代的交响乐大师朱践耳在创作实践中借鉴西方的创作技法来表现民族的音乐元素，他的交响乐作品是民族性和国际性审美价值兼具的例证。朱践耳认为，每位作曲家都倾其一生努力找寻属于自己独一无二的定位，他给自己的定位便是"兼容并蓄、立足超越"，具体表现为"合一"，"其中包括音乐思维上的虚实合一、情理合一、神形合一；写作技法上的传统与现代合一、有调性与无调性合一、民族性与国际性合一；美学观念上自律论与他律论合一，主体与客体合一、超前性与可接受性合一"[1]。在朱践耳的作品中，这些"合一"是有机融合的，比如他著名的《第十交响曲》，将事先录制的吟唱与古琴音色播放出来，与现场乐队一同进行，这种"录音带"音乐最早始于西方现代先锋音乐实验，是当时很新潮的呈现手法，运用于此，古琴《梅花三弄》的主题和人声吟唱都具备了某种跨越时空之感，效果更佳于现场弹奏演唱。乐曲运用了京剧唱腔来吟诵柳宗元的诗句，效果十分震撼，将中国古代文人的浩然与高洁的品性表现出来，有很强的艺术感染力。交响曲体裁源自西方，是一种可以产生世界性共鸣的体裁，而作品的精神内核是民族的、传统的，这种"民族性"与"世界性"的碰撞与有机融合使听众产生了全新的审美体验。

音乐审美价值的实现需要主观与客观双重因素的存在，并且依赖于欣赏者心理知觉活动才能最终获得。实现音乐审美价值的客观因素是音乐本身的内容，即"基本情绪、风格体系和精神特征三个方面"[2]，三个方面都是音乐本身客观存在的功能性因素。主观因素指的是欣赏者对音乐的需求。连接主观与客观因素之间的就是"通讯活动的过程"[3]，即欣赏者感知音乐内容的过程。而感知音乐分为三个层次，第一个阶段是音乐信号带来的直接刺激而在欣赏者中产生的本能反应，比如对不协和音响的本能逃

---

[1] 参考百度百科"朱践耳"词条（2015年6月）。
[2] 张前、王次炤：《音乐美学基础》，人民音乐出版社2008年版，第248页。
[3] 同上书，第252页。

避、听到急板会本能地有紧张情绪等；第二个阶段是对音乐之美的感知；第三个阶段是对音乐作品中呈现的最深层次的社会精神内核的体悟。当人们的需求被作品具有的客观特色满足的时候，音乐的审美价值便得以实现。

在全球化的趋势下，人们对民族交响乐这种"中西合璧"的体裁怀有更多期待，比如民族性与世界性如何从中体现以及二者的融合会引发怎样不同的体验等问题。人们对于专业音乐代表的高雅音乐文化有需求，听众希望通过这种不同于通俗音乐的古典音乐来提升审美品位、陶冶性情，或者希望通过这部作品了解朱践耳晚期作品的艺术风格，有的听众希望欣赏到现场乐手高超的演奏技巧，也有的则希望能从作品里听出更深层次的精神意涵。而社会对于这样一部21世纪的交响乐也有期待，希望它承担某种社会娱乐、教化功能，或者承载一些意识形态上的内在意义，这些均为人们与社会对于音乐的主观需求。而《第十交响曲》这部作品本身具有的客观的音乐内容为拼贴技术、录音带音乐、西方现代作曲手法，并借鉴了中国传统曲式结构散序、中序、破的多元融合的作品，副标题为唐代诗人柳宗元的名作《江雪》，是一部有标题的单乐章交响乐，并运用了老生、花脸和小生吟唱，传递了较为明确的审美追求。这部作品最具特点的审美价值来源于作品本身富于特色的创作手法，即中国传统的音乐元素与曲式结构结合西洋的乐队编制和现代的音乐语言。当听众的审美需求获得相应的满足时，这部作品的审美价值便产生了。

全球化趋势带来了"民族性"与"世界性"审美碰撞的问题，我国当代专业音乐创作在秉承民族性根源的基础上探索获得世界性共鸣的道路。

三、后现代语境中大众文化 与精英文化的碰撞

在不可阻挡的后现代潮流中，我国当代音乐创作面临的最严峻的挑战和最艰难的选择便是来自强大的大众文化的冲击，是该与大众文化底色的通俗音乐继续做区隔，不顾通俗音乐消费人群之庞大而选择坚守古典音乐传统，还是做出妥协，走下"象牙塔"走向大众，迎合市场越来越多地以市场争夺战的胜负论价值？

音乐学界对"后现代"这一概念进行专门解读的著述从20世纪80

年代、90年代才开始出现,但音乐领域的"后现代"实践则远早于这个时间。带有"后现代"风格特征的音乐多出现于西方,比较有代表性的有偶然音乐、电子音乐、第三潮流等。后现代主义在严肃音乐流派创作中呈现的审美特征是对固有音乐秩序进行解构而造成无序状态,消解旋律、调性、节奏等音乐元素,多种材料混杂并置、拼贴。这些音乐传递了一些超出音乐本体的概念,也常用来表达某些诉求。另外,后现代也具有大众化、平面化、商品化、综合性等特征。大众化与商品化是后现代思潮给音乐带来极大冲击的因素。"雅与俗、台上与台下、传统与现代、艺术与生活、政治与文化、科学与宗教等的界限,在这里都不同程度地消解了。而这种消解,正是后现代主义所为。"[1] 在众多的后现代主义的特征中,精英文化与大众文化的碰撞与交融后呈现的美学特征,尤其是放置于我国当代的社会文化语境中,我国当代专业音乐创作与流行音乐文化的相互渗透相互影响而呈现出的新的风格特征及其产生的新的审美文化价值,尤其值得关注和反思。

大众音乐文化依托大众传媒、依赖市场并产生感官娱乐,具备广泛的流行性,比如流行歌曲等。对于大众文化的观照不可忽视,其广阔的受众群体已形成一股强大的力量,且因其需求量大、触角广,因而有大量作品被创作、复制、发行。精英文化则具备独创性、深刻性,以创造艺术价值和意义为目标,比如交响乐、艺术歌曲等严肃音乐。现如今,强大的大众文化潮流也影响了专业音乐创作,后者也会顾及大众的审美需求,在不降低艺术水准的基础上使音乐通俗易懂。当代音乐创作中调性的回归一方面可以解读为对现代主义音乐作品过分抽象、晦涩的反抗与颠覆,也在一定程度上是后现代潮流中与大众文化相互浸染、妥协的结果。严肃音乐创作会采用流行音乐的元素也会搭载流行音乐的呈现形式,而流行音乐也常借用严肃音乐提升艺术水准。客观来讲,中国当代专业音乐创作已经出现了较为明显的大众文化与精英文化之间妥协的中间地带,比如一些影视剧配乐作品,也比如像"中国风"流行歌曲一样"艺术化"了的流行音乐,如用方文山的歌词写成的流行歌曲《青花瓷》、霍尊的《卷珠帘》,以及具有流行音乐中的艺术品之说的爵士乐。这些音乐形态较之单纯的严肃音乐或者纯粹的流行音乐来讲具备独特的审美价值。近年来,中央民族乐团

---

[1] 宋瑾:《西方音乐:从现代到后现代》,上海音乐出版社2004年版,第25页。

的项目《印象·国乐》的创意充分体现了当代专业民族器乐创作与呈现的新走向。民族乐器代表了我国悠久的音乐历史，体现了我国民族音乐含蓄蕴藉的美学特征。近代以来我国民族乐器曲目创作受到西方作曲技法的影响，拓宽了表现力，但音乐厅的单一表演模式使得受众群体总是有限。《印象·国乐》将多媒体手段运用进来，设置恢宏壮美的舞台布景还原特定的历史背景，让着古装的演奏员们声情并茂地与观众分享手中乐器和音乐的故事，尤其是敦煌壁画上2000多年前的乐器，也用这种手法被"复活"出来。这种视听的美的享受让观众得到生动的审美体验，获得了视觉和听觉的双重满足。这种形式大大降低了音乐文本本身的抽象性和指向不明确性，因此可以让更大范围内的受众"听懂"民族音乐，实现与民族音乐间的审美沟通。这便是"传统审美价值形态与新的审美价值形态互相映照、共同繁荣"①。《印象·国乐》是后现代潮流对传统审美形式的改变，其中的内容虽为传统的民族音乐，然而表演形式却是符合后现代大众审美的。

此外，如今国内各类古典音乐节的演出场所也有别出心裁的选择，比如北京国际音乐节的演出场地连续几年选择了三里屯橙色大厅——这个声学效果无疑与音乐厅相去甚远，但地处三里屯这样的中外文化混杂的都市繁华景观之中的场所，试图消解高雅艺术与人们生活的界限。这里上演过本杰明·布里顿的音乐语言抽象晦涩的当代室内歌剧，上演过需要变换炫目灯光以及电子扩声设备的台湾流行打击乐表演，也上演过朋克摇滚，在这里，大众文化景观与精英文化景观并置而产生的碰撞显得格外有趣。需要观众们正襟危坐的音乐厅"垄断"严肃音乐的局面被慢慢打破，有的音乐会乐手们会从观众中间穿行，也有很多作曲家的作品需要现场观众配合完成，比如谭盾的《纸乐》要求观众一起踩踏纸张。有的音乐会则伴随着观众进场，乐手已开始表演，意欲表达音乐是人们生活活动的一部分，艺术与生活间不再有区隔。

四、结　语

杜书瀛先生说审美价值是"历史的、发展的，审美价值的类型可以

---

① 杜书瀛：《价值美学》，中国社会科学出版社2008年版，第189页。

在历史的发展中发生、发展、灭亡"[1]。20世纪下半叶以来,纷繁复杂的社会—文化语境给音乐领域带来了前所未有的变化与挑战。我国的专业作曲家群体接受了西方共性写作时期作曲技巧的系统训练,继承了西方偏重理性的作曲传统与技法,又深受我国民族文化的浸染与熏陶,同时肩负着表现时代特色创作使命。他们敏感地接收着社会—文化语境变化带来的信号,媒介带来的音乐创作形式的革命,以及全球化和后现代带来的融合及新的对立并将其反映在音乐创作中。我国人口众多,大众文化践行者的群体庞大,力量惊人。艺术创作来源于生活,离不开源于大众的期待。因此,一直以来代表着精英文化的专业音乐创作群体如何处理好与大众的审美期待的关系是亟待解决的新课题。具备较高艺术水准、体现时代信息并能与人民大众完成审美沟通的作品是我国当代专业音乐创作的方向。当人们接触、欣赏着这些具有多媒介性、多元素融合、"雅俗"碰撞等审美特征的音乐,并获得新鲜的感受、感动和领悟时,属于当代社会语境下的音乐的审美价值才得以实现。

(原载2015年第5期)

作者简介:张小梅(1955—),女,北京市人,音乐学博士,北京师范大学艺术与传媒学院教授、博士生导师,主要从事音乐学和音乐史研究;韩江雪(1988—),女,山东济南人,北京师范大学艺术与传媒学院博士研究生,主要从事音乐研究。

---

[1] 杜书瀛:《价值美学》,中国社会科学出版社2008年版,第237页。

适应引领创造

——美育的时代之变漫谈

周　星

从理想的角度看，在市场经济占据上风的时代，审美教育更加需要高扬；在成熟的市场经济环境下，人的审美教育欲求应当更为强烈；而网络媒介时代，审美教育的迫切性和应用价值更为凸显。在这里，美育不能被时代抛却，更不能自己失去修正时代的勇气。而实际上，美育的观念认知日渐重要——这就是非以传统框架而自得的美育封闭体系，而是要开放适应时代需要的审美认识，强化媒介转变时代的美育新途径，坚持根本性的人本教育的美育观念。

作为一直在从事美育包括大学和中小学的艺术教育研究工作者，也同时作为专业的艺术教育教授，在实践中深切感受到时代变迁中的美育观念和美育地位的涨落。一方面，参加教育部高雅艺术进校园，亲身感受到普泛性的美育之受欢迎和具有的动人魅力；另一方面，又担忧传统意义上的审美教育，与实际社会之间的差别。对于美育自身的理解并没有得到更为深入的认知，又囿于审美时代的文化背景改变了接受环境，由之，美育在一定程度上的观念滞后性和方法措施的受限，导致收效不大，改变也不大。探身到基础教育层面，美育的实施受限于长期以来的高考制度和育人功利性的影响，无论是课程还是校园美育的地位都不见明显高升。我们需要思考的不仅是环境，还有美育传统倡导者、接受者和媒介的变化带来的影响，是不是造就了美育倡导效力的降低。

一、现象和观念探究

需要强调，艺术教育的发展还是较以往大大变化了，艺术在每一年招生中超过报名总数10%的比例即是例证。而2012年艺术成为一个单独的门类，更是艺术地位提高的标志。但相关联系的美育，则似乎收益和缺憾都存在。伴随艺术教育的扩大，美育的价值呈现理应更好，但无须讳言，人们对美育的深入认识还不足。美育的基本观念——审美教育精神该到高度重视，并且切实寻找适应时代发展新途径的时候了。美育的独特性在于上可直接联系着哲学的思维，即审美和美学精神，下可以落脚在具体的艺术专业技术掌握上，而根本上是关于人的整体精神审美感觉。但是，我们对于当下需要改进的美育，却亟待有新的认识体系。应当承认，我们一直在教化性的道德与政治意识形态教育上下功夫，其必要性是灌输，但缺乏直抵人心的美育这样一种感化和濡染，对于幼小孩子而言，不免局限口号的大而化之，却难免缺少个体聚焦的情感接受。看到走在大街上的孩子随意嗑着瓜子，大学校园顺手一丢冰棍纸的时候，你就明白缺少身心自觉的人格美培养，会造就的在经济发达后，蜂拥而至国外的旅游点，几乎成为一种不良标志性的灾祸。为什么有时我们会为中国台湾地区所谓的政治畸变、不同势力为政坛的争斗污浊而不齿，但在民间，却感受到接触的社会大众或者校园学者一样的彬彬有礼——自小培养而发自内心的素养，让人成为可以自律而顾念他人的知道善美的人。中国的美善合一精神传统，在当下一定程度的缺乏，影响着许多代人的精神素养。立德树人的重要侧面，不能不和美育紧紧相连，否则就可能延宕或者影响真正的德行之人的培育。

美育固然是学校教育，但也是一种特殊的人本精神教育，即通过催发人的本质情感而实现自发追求美善的目的。因此，审美教育是依赖熏染、沉浸和身心感悟引发对于美的向往感受。它不只是知性的教育，而是感性的诱发，所以，对于灌输的疏远和对于感悟的亲近，是美育的基本精神。由于美育实现的不是偏向技能而是靠近精神情感触发的教育，其高雅和神圣的性质，就需要切近人心情感的感化。而时代已经到了需要和社会进步、经济发展和人心需求相协调的艺术审美教育新阶段。需要在观念认识、决策行为和实践教育的多样化上进行新的努力。特别需要强调，放大来看，美育不仅是学校教育的专利，更是普泛性的教育，延伸到人的成长的终身阶段。所以，美育是人生需要而不是硬性教化，是情感濡染而非技术指标可以衡量，是人的精神接受和人的自然感受相互合一。

二、美育的意义认识

　　在一般意义上，美育的口号和美育的价值不会被否认，但实际上美育在人的精神教育上的意义，却逐渐被更为功利的因素所遮蔽。由于在实际社会中，具有可以计算和衡量的政策指标被看重，而依存于精神情感因素的对象不时被忽视。就宽泛的艺术教育而言，由于其和考试升学没有直接的关系，人们的漠视也自然而生。即便在基础学校中有艺术教育的课程，被具有小升初和中考的压力所导致的占用也不在少数。所以，超越功利的审美教育要破解的包括观念共识、价值存念和实际意义认识，都有重新认识的必要。长期以来美育从宏观上看，是完善社会的人的全面性提升的必要之举，从教育的角度看，美育是人的素养教育必备的基础，也是教育全面丰富性的不可或缺部分。实际上，站在小康社会和世界大国的精神面貌呈现上看，美育越来越成为与经济发展匹配的文化生态要素的重要构成；而美育是一种独特意义的"以德育人、以美化人"的社会文化不可或缺的对象。在社会文化角度，美育的价值在于培育人们对于社会情感认同的人文精神，是学生认同精神文化和认知生活正确观念的思想品德基础，通过美育让人们理解人际关系的情感原则，处理个人和他人、集体利益和个性意识的平衡关系等。这样看，美育功莫大焉。

　　自然，美育在学生阶段就是教育的重要组成部分。但我们要辨析的是，美育的人本性教育的精神不能简单看成教育养成，而是熏染生成。在完善社会的教育体系中，美育贯穿在各个阶段的教育过程中，必须进行审美教育，从美育主要实施途径的艺术，到关切身边的美好事物、关爱自然色彩和声音的美妙，将知识学习的趣味和生活和美结合起来，审美就是一个不教而教的过程。美育不同于一般教育，知识性的获取还在其次，理解美的能力，认识美的高尚价值，区别美丑的差别，崇尚美的精神内涵等都是我们需要实现的目标。

　　现代美育的意识还需要从人的价值上来强化。当市场经济将一切都归于投入产出和利益获取的时候，原本是外在的效力和发展法则侵袭到人本身。斤斤计较和以人为壑的意识，让人非功利的友谊培植、约束行为方式的道德需要、助人为乐的无私精神等都受到冲击。强调美育是修炼人的身心，让高尚的精神和美的情感滋润自身，抗拒过分的物质欲求伤害人的内在品性，对于人格培养从内涵里强化，使得审美具有坚定的支柱，才能为审美文化确立厚实的根基。

还必须确认，美育的价值取决于"育"还是"美"，这涉及如何感知美育的意义。无疑，美育是一体的一个称谓，对于人而言，给予美的教育当然是手段所要，教育的内涵是弘扬美，但其实核心是感知"美"，让人感受到无限美妙的事物所具有的意味，吸吮美的甘露，从而获得精神情感的升华，这样的美育不在于教化而在于濡染。在美育问题上过分强化教育手段而忽略美的领受这一目的，必然违反美育的初衷：美育是一个范畴概念，指称实施的方法和目的，而不是简单的手段和行为。把美育变成硬性的要求，则可能出现几个偏向：一是趋向功利性的知识传授，学习到的概念不能取代感受到的美妙。美育目标是让审美成为自觉的态度和自觉的行为方式。我们知道，艺术家沉浸于艺术却未必要细致知晓概念，因为从自觉地追求和内在外化为创造，艺术是审美的必然呈现。反之，趋向概念性的功利判断，时常成为舍本求末的理由。比如把艺术美变成考级的衡量，或者将艺术高考当成敲门砖，却未必从心底里喜欢艺术等，都是偏向到企图可获得功利性的体现。二是丢弃享受美的自然获取过程，不知道美的事物是需要感悟和品味，不同人对于美的感受角度和取舍实有个体的选择性，美的事物的微妙性正在于不能简单量化而确定好坏，需要各取所需而感同身受，简而言之，美是一种美妙的感受，审美是一种感同身受的呼应而非外在的标签。三是失去美如何实现的要义理解，美重要的还在于内在的激发，以及差异性的多样美质的滋生，美不是简单的外在教化，而是依赖于美的事物的促发和感染，美好的情感和对于美好的自然追求，是美育要实现的目标。让美育成为促发内在情感世界的媒介，实现向善和向上的追求，美育的意义才能实现。

在美育意义认识上，费孝通先生的名言值得赞许，他倡导：各美其美，美人之美，美美与共，天下大同。这对于美是多样性的展现而非单一的呈现，美是需要尊重差异性并且给予审美的赞许和肯定，多元呈现的美相互融合而闪现更为博大的光彩，这世界就可能实现和美而完满的景象等，都具有启发性，是在观念上呈现为美的真实高端的理解。依约而行确认美育，浑然天成的境界就必然完善而美轮美奂。

三、美育的认知偏差与修正

随着时代变化，美育的认识也经历着考验；随着网络时代的到来，美育的途径和媒介变化导致的新问题凸显；随着新世纪文化潮流的演变，美育受众自身的情态对于接受也必须顾及。明显的事实就是：静观的审美和"流观"的审美的变化，的确在认识上产生差别。所谓静观审美，是传统对于美的优雅、沉静、感悟的审美观，静观审美是显然的古典审美意识，需要沉静才能入心，体味的姿态和琢磨的审美方式，对于审美而言是基本前提。因此，审美的文化趣味显而易见。这种静观审美具有的细致性，是和古代社会或者心静文明相匹配，自然优雅而崇高。无论是古琴的悠扬、绘画的安详、书法笔画的欣赏，还是戏曲的虚拟环境的虚空想象的意味，想象性的意味决定了古典审美具有更为明显的感悟性，需要一种心内外的吻合，虚境而得。而"流观"审美是现代社会的环境和媒介造就的，竞争的环境，物质世界的遮蔽，网络无所不可得的诱惑，匆匆而过的追逐，潮流演变更替的反差，让审美的静观受到直接的冲击。在停不下来、不能细致体悟的环境中，审美的匆促显然。功利性的追求和审美之间的冲突日渐明显。比如，不时看到有人在飞机巡航途中偷开手机拍摄连绵的浮云，似乎这是对于自然壮观风景的获取期望，显然现代文明给予了值得欣赏的教化，但却明显破坏飞行守则，显然是违反文明守则，而偷偷摸摸的行径也是明知故犯。对于形式美的教化已经获得，却在本质上并不是美的行为方式。由此，我们说美育似乎得到了知晓效果，而美的精神本质并没有得到。

当下社会的美育还不仅仅是本质美的教育问题，在迅疾变化的时代中，美育在教学体系中的基础还不够牢靠，折射着基础缺憾的问题。考察起来，美育的缺憾在一些方面还需要弥补：

（1）在学校教育中，美育的地位并不高，主要原因是包括学校长期以来注重知识教育忽略素质教育的现实，注重各种升学考试学科的教育而实际轻视艺术素质等软学科的教育，在分科教育中注意知识传授而忽略文化情感的教育等。最为典型的是时常因为各种考核占用美育和艺术教育的课时。显然，美育本身的非功利性，加之美育的情感特点，难以被考试规律所衡量，国家以往的刚性考核没有归入美育的要求。艺术教育成为高考内容等愿望的落空，其实也意味着其自身的功利性。实用哲学主宰下的教育环境，美育的可有可无被没有制度性要求所强化。这也许是制度性的缺陷，但美育自身也要检讨，是不是过于依赖制度的保障而没有意识到自身的优势发挥？实际上，美是不可阻挡的，却以为依附于制度才算美育，这是美育的自信心不足和感染力发挥不够。

（2）艺术教育的人文性和艺术掌握的技术性之间关系的不平衡，是长久以来美育偏安一隅的一个因素。美育是观念教育和情感濡染的结合，相当程度上结合艺术教育来实施。在实际教育中，理论性的美育局限于鉴赏和理论概述的展开，在不少地方使得美育变成概念宣扬和死板教化的代名词，举例的蜻蜓点水，也仅仅是一种补充，美育的鲜活感与实践性的结合没有成熟的经验。相反，艺术教育的偏重专业技巧的学习，付出的技术性训练，也在很多时候忽略着审美精神的结合，技巧性的本能要求与美育精神实质产生裂痕，使得美育注重精神情感的熏染多少被考级、高考特长生加分，或者艺考的减分入学的看得见的需求所压制。一般而论，美育出自美学的传统，在理论性上强化是基本共识，但人文性的思辨，在针对学生的审美教育中如何贴近艺术教育的精神提升，如何克服理论的实效性接受，的确需要智慧把握。

（3）诉诸泛众审美精神教育非功利性的重要性认知不足。我们期望的美育，既要避免纯美学哲学论辩教育的延伸，又要防止去追求功利性的技术主义的阐释。但应该是对于美的情感和审美体验的精神性感悟，才是美育的教育难题。美育很显然不是美学的教育，后者是一种哲学思辨的理论学科，需要专业性的学科体系的教育。美育是针对所有人的审美教育，包括哲学的受教育者，因为其情感教育和审美感悟未必是思辨可以包容的，需要对自然美的欣赏、艺术美的了悟、生活美的快乐接受等。辨析理论不是全部，感性容纳才是要义；判断美只是学理和认知的反馈，而身心一体的欢喜投入才是美育给予人启发的教育。很显然，美育的难题是混融性美的教育，非功利性使其具有不强制但心灵接受的特点。我们应当把美育的支撑性途径的艺术教育、美学基础理论的理性教育，和美育根本性的审美精神教育、美育是情感精神濡染的真切性教育结合起来，告知美育是教育过程并不是死板的知识性教化，是多种途径的情感审美的感知，不是也不可能成为功利性获取的教育，于是，美育的人本性最为重要。要使美育真正成为和美、优美、纯美的自觉接受，成为人的自信需要的一生追求，这样就可以罔顾功利的诱惑，追求美育的纯正性。

（4）美育的情感教育和手段实施之间的缺乏管控，使得美育的学校认识普遍性不足。基于美育的性质，在一般学校中，本能忽视美育。在裁夺时间和课程安排中，美育的相关课程多被放在后端。在需要调剂课程和占用时间时，美育这一类被认为软性的学科课程首当其冲。艺术课程时常因为是"小三门"课，因此师资的重要性和课程的重要性多被排后。一般而论，在各学校中，美育课程的被忽视与时长的低下，到艺术教育师资的比重不高，都使得审美教育在学校教育中处于薄弱位置。实际上，如前所述，我们要承认美育的确是依赖经济发展和人本需要的递增来凸显自身的价值，若长期被漠视则师资不稳和被忽视难以避免。尊重美育对于人才培养的重要性，才能使美育价值得以发挥。重要的是"以德育人、以美化人"对于教育而言日渐重要，美育不仅是获取一点审美知识，更具有造化完善人的功用。近年来对于学校课程教育的补充：课外教育和大学的校园社团活动中，与美育相关的活动受到热捧的趋向越来越明显，说明对于情感和审美教育的自觉性在提高。

但学校教育中美育的课程没有形成体系也还是一个问题：中小学缺乏多样性的美育相关课程；即便有课程比如高中，具体化的音乐、美术课程和第三个艺术综合课程"艺术"课程相冲突。综合艺术课程反而被忽略，在研究者为教育部调研这一课程的现状时，居然几乎找不到全面开设的学校，也没有出版社出版教材，此凸显的是课程体系的缺陷。自然，超越于技巧性的艺术精神认识显然不足，人们和学校对于艺术的认知，还局限在艺术技巧的传授层面。此外，在基础教育阶段，艺术教育师资不足是普遍的事实，而美育师资更为稀罕，县以下尤其是农村学校的艺术师资极度缺乏。大学师资建设略好，艺术技巧性方面的师资有了较好改善，但如何协调艺术教育师资的美育认知，如何培育美育专业师资还需要进一步提高认识。各类学校在课程上的单一化也让艺术缺少应有的尊重，需要建立制度来改变美育课程时常被主课征用的情况。

四、改进美育工作的思考

美育需要通过艺术教育这一途径营造良好的校园文化氛围，使审美实践的效果得以显现。但未必是具有了专业艺术教育就可以滋长审美精神，美育的情感启发依然重要。观念尤其需要廓清。人们时常愤激于一些老人自己摔倒却居然还要诬陷救助者，是所谓"坏人老了，因为老人坏了"，这显然未必真的概括正确，但是普泛性的社会道德的摧毁和重建，因为经济发达和人心向上欲望的反差而凸显。实际上，美育需要从审美角度来修正精神滑坡，辨别失当的丑和端庄的美任重道远。不少文化人担忧现实中部分国人因为贵族精神的消亡，流氓意识的兴起，没有信仰诚信和责任，戾气的增多，"路怒族"的可怕，而为道德低落而伤感时，美育的责任更凸显其重要。美育是从内在里来提升人的素养，国人无论乘机还是境外旅游，基本的文明素养和文化趣味的普泛性缺乏，造成了形象的矮化。美育自有责任拯救，要从小做起，从基础做起，从细节做起。

同样，美育的多样性实现，需要从制度上保障、师资上保证、方法上探索、针对不同类型和年龄来进行。在当下环境中，我们当然期望伴随在艺术教育的制度上强化，可以增强美育的地位。教育部为提高学生审美和人文素养，促进学生健康成长，出台了关于推进学校艺术教育发展的若干意见。根据意见，教育部从2015年起对中小学校和中等职业学校学生进行艺术测评。这一举措明显提升了艺术在基础教育层面的重视度，也大大促进了美育的实施步伐。在高校艺术高考已经开始实施逐年提高文化课分数的比值，这在强化文化价值上显然有助于促发艺术审美的观念认识，因为艺术不是单一的艺术技巧学习而是文化素养的提高，等等。但显然不能仅仅依靠政策的一点点推进，美育自身的观念要提升依然是解决美育的关键。

在实践中，不少大学的美育课程已经具有了审美概论和具体艺术审美类型配套开设的条件，中小学规定的少量艺术课程也有了课标和教材，我们也正在按照教育部计划即将完成高中阶段的"艺术""音乐""美术"的新课程标准，将大大改变艺术只是技巧教育的模式，而转变为培育人本精神教育的新型艺术课标。从实践来看，美育课程的体系性，教授方法丰富性方面都有不少成功经验。综合起来包括：艺术课程学习注重艺术欣赏是一个必要的举措，学生从具体作品中感受美的存在是必要的；让学生选择一种艺术形式实践，对于感受艺术美也是最为有效的方法；固定时间参加社会演出展演活动，是美育教育有效性的良好方法；举办校园美育大家讲座，和教育部等多部委举办高雅艺术进校园活动，是高层次的艺术教育活动；而就在校园中组织环境美化，创办文化墙也是美育的重要部分；学校支持让学生自发创办艺术社团,自我管理和开展艺术活动,是艺术教育的丰富性体现。总之美育有无限拓展的余地,方式方法的探索也值得倡导。

在近年的艺术文化新形态中,大学组织诗歌朗诵和演出,与朗读剧本活动都非常有效。诸如结合现代艺术如电影和微电影,也是越来越值得美育进行开拓的领域,如举办大学生电影节来扩大学生艺术教育方式,组织学生到社区和基础教育学校进行艺术实践,对于自身美育经验积累和面向社会进行审美教育,都是新的开拓。更多的各类学校的微电影创作指导、剧作创意大赛、影片组织活动等,都丰富了校园审美教育。

美育已经是人才培养综合素养的一种标志,如何改进美育教学、提高学生审美的人文素养,还需要不断拓展。无论是体制保障、政策制定,还是观念提升、措施到位,都要针对现实发展需要。以下几个方面也是可以参考改进的思路。

(一) 多元化课程

美育并非单一的"美育"课程设立就完成任务,事实上,美育是借助多样的审美课程,来提高对于美的感受和人文艺术素质的系列课程。所以,就落到实处、从小着手是尤其紧迫的任务。将从小学到大学的美育课程阶梯形的安排,形成递进性的体系。应当增加审美必要课程与学分,尤其是从小学一开始就要设立"美的世界"之类的课内或者课外教材,让学生知道美丑,从心里爱护美的环境和世界,知道从点滴做起实现美的精神。在中学要艺术技巧课程和审美综合课程结合,不偏废的认知美的精神和实践艺术美的统一,自觉追求美。中学的美育课程除需要按照教育部统一规划的课标开足开全美育课外,还要开发具备自己特色的审美艺术课程。大学则应当设置更为宽泛的美育课程,首先要开设审美理论性的课程,多校专家来编选读本,分类鉴赏美的课程也必然要展开,鼓励多元化的鉴赏读本编选。

(二) 适应新媒体时代

网络时代的审美发生多样性变化,包括网络时代艺术新形态、网络新媒体传播艺术、网络时代受众的观念变化等,都促发美育的新局面。我们要倡导对于新媒体艺术形式的审美把握,诸如计算机绘画的认知、电脑动画的普泛性、电脑设计以及新媒体数字摄影创作,带来的艺术表现的手段和方法的变化,美育对象不能忽略网络艺术表现对象的认知,是为了与时俱进。同时,网络艺术传播带来受众的接受强势,短时就实现手机终端的视听接受,对于影像短片、摄影作品、音乐创作等的接受,需要审美介入评价。而网络时代的青年对于审美的观念改变需要正视,"祛魅"的影响导致传统审美的观念位移,不知晓的审美教育狭隘性将遭到抵触。移动媒体的审美面对的都是网络时代的学生,校园内外的网络素养决定了也验证了审美的得失,丢弃这一块的直接影响将减损美育效果。

(三) 自主开拓

在国家既定的审美和艺术课程的规定性外,提倡各类学校自身开发艺术审美多样课程,支持将审美教育作为创新学校教育的重要内容,是适应教学自主性和提高各级各类学校积极性的必要举措。当越来越多的诸如北京的21世纪学校那样自发自由地促发学生审美精神,对课程体系和教材自我设定时,美育的宽泛性就能得到体现。基础教育的课程规定性,并不妨碍各校特色艺术活动的开展,课外艺术的活跃性在许多地方已经得到证明,在学校教育中除了传统的美术、音乐外,戏剧活动、舞蹈活动和影视创作都特别具有审美实践的优势。只有学校的艺术教育积极性得到发挥,美育的丰富内涵才能够得到体现。而美育对于国人自小培养的文化精神和民族素养的跃进就难以估量了。

(四) 教材开发

美育需要读本,在美育宽泛的适应背景中,学校需要多样形态的审美教材,系列的权威性审美教材的编订是当务之急。以往有过一些出色的审美概论和分艺术种类的鉴赏教材,但显然不够。各个学校自身编选的教材有其局限性,需要将美育确立在一个育人根本性的任务基点上,组织专家开发适应不同类型学校的教材,多样化一定有利于美育发展。

(五) 网络传播

网络新媒体时代,艺术借助网络得到超越以往的迅捷传播力,青少年一代和网络的亲缘关系,使得网络传播越发兴旺。许多时候,有别于课堂教学,网络接受的自然性更有独特的接受效应,如何沟通线上的关系,是时代应有的意识。因此美育教学利用网上资料和关注网络传播十分重要，而利用网络扩大艺术课程，最大限度传播艺术精神应当提到议事日程上。已经有了一些网络美育课程获得社会的良好反响，创设美育网站、设立美育课程系列，对于当下美育教育传播新途径意义不凡，尤其是拓展对一般学校、农村学校的审美艺术教育的可能性，网络是最为可行的方式。

中国社会经济发展需要文化提升，人的素养和时代要求相适应，都促进审美素养的提高，而美育的精神坚守和因时而变，也是必须认真对待的问题，相信美育将越来越具有影响力，而这取决于美育观念的与时俱进，也需要造就互联时代的美育传播新途径。

（原载 2015 年第 5 期）

作者简介：周星（1958—　），男，江苏灌南人，北京师范大学艺术与传媒学院院长、教授、博士生导师，主要研究领域为影视史论、影视文化传播与艺术批评、艺术教育理论等。